한암대원 선사

대주선사어록 강설

한암대원 선사

대주선사어록 강설 上

大珠禪師語錄

대주혜해大珠慧海 선사 지음
한암대원閒庵大元 선사 강설

불광출판사

서문

붓을 잡기 이전에 그르쳤으며 손으로 지면을 잡은즉 방망이가 비 오듯이 쏟아지리라. 어떤 사람이 붓을 잡고 쓰는가? 발밑에는 밝은 달을 달고 머리 위에는 해를 이고 비치며 얼굴 위에는 별빛이 찬란하니 두 손으로는 공과 바람을 떨침이로다. 혀뿌리는 입 밖으로 나오지 않았음이니 혀머리는 스스로 출입함이로다. 이와 같은 사람이 붓을 들고 글을 쓸 수 있음이로다. 그런 고로 불조도 능히 설하셨으며 금일 산승도 또한 붓을 잡고 일착하노라.

이렇고 이렇음이여! 납월 이십오일이요, 이렇지 않고 이렇지 않음이여! 비는 적고 바람은 많음이로다. 방하착하여 몰록 쉬니 머리는 셋이요, 눈을 부릅뜬 사람이로다. 한번 보니 천지가 깜깜하고, 눈을 감으니 시방이 밝음이라. 이 속에 이르러서 몰록 깨달았다고 한즉 죽은 글귀요, 몰록 깨닫지 않았다고 한즉 그르침이라. 필경에 어떠한 것인가. 도리어 알겠는가?

눈푸른 사람이 섬광이 번쩍 하는 앞에는 교섭할 것이 없고 구리눈동자 쇠눈으로 본즉 바다 밑 등불이 골수를 통함이로다. 집집마다 문전에는 횃불을 잡고 사시팔절이라. 일륜광이 빛나고 빛나니 옛과 지금에 어둠이 없음이로다. 나의 종에는 말과 글귀가 없으며 또한 한 법도 사람에게 줄 것이 없나니 개개인이 손으로 줄 없는 거문고를 잡고 소를 타고 다리로 북을 치니, 라라리리여! 더벅머리 붉은 다리에 신 밑바닥이 없는 사람이 구곡의 샘에서 희롱하고 헤엄침이로다. 해와 달의 봉우리 위에서 한 발로 홀로 섰으며, 유시에는 십자가두에서 가가대소하여 희롱하여 자재하니 어떤 사람인가? 돌!돌! 오뚝하고 오뚝하여 의지할 것이 없으며 흉중에는 일이 없네. 주장자를 횡으로 잡으니 천하가 태평함이로다. 신!

불기 2557년 계사년 초봄에
학산대원 삼가 쓰다.

執筆已前卽錯 手著紙面卽 棒下如雨滴 何人筆著 足下懸明月頭上戴日照 面上星光爛 兩手振空風 舌根不出口 舌頭自出入 如此之人 筆書然故 佛祖能說 今日山僧亦執筆一著 恁麽恁麽 臘月二五 不恁麽不恁麽 小雨多風 放下頓息 三頭怒目瞋 一覩天地黑 合目十方明朗 到底裏 頓悟卽死句 非頓悟卽錯 畢竟如何 還知麽 碧眼人燗光前 沒交涉 銅睛鐵眼看卽海底燈徹髓 家家門前火把子 四時八節 一輪光灼灼 今古無晦瞑 我宗無言句 亦無一法與人 箇箇手執無絃琴 騎牛脚打鼓 羅羅哩哩 蓬頭赫脚 無靴底人 優遊九曲泉 日月峰上一足獨立 有時十字街頭 呵呵笑 弄自在 何人 咄咄 兀兀無依 胸中無事 橫擔拄杖 天下泰平 哂

佛紀 二五五七年 癸巳 初春
鶴山大元 謹書

◉ 대주선사어록 강설에 부쳐

강의라고 하는 것을 보통 그렇듯이 단순하게 강사가 강단에서 강의하는 것으로만 생각해서는 안 됩니다. 이 조사어록이나 부처님 말씀을 강의하는 이유는 듣는 그 자리, 한 글귀에서 바로 깨달으라고 말씀드리는 것입니다.

그런데 듣는 순간 바로 깨닫지 못하는 원인에는 여러 가지가 있습니다. 강의나 법문할 때 어떤 분은 마지못해 참석하면서 '자리나 채우는 이 시간에 화두를 챙기는 것이 더 낫지 않을까' 하고 생각하는 분도 있고, 또 어떤 분은 '언제나 들어봐야 그게 그건데 꼭 들어야 될 것이 뭐 있나' 하는 생각을 갖기도 합니다. 이렇게 처음부터 한 생각을 잘못 일으키면 모든 것을 그르칩니다. 깨닫지 못한다는 것입니다.

그래서 조사스님이나 부처님께서 가장 중하게 경책하신 말씀이 "모든 생각을 다 비워버리고 가만히 있는 것이 아니라 간절히 알고 싶어 하는 마음을 가진 사람, 이 한마디 법문을 꼭 들어야 하겠다는 간절한 생각이 아주 큰 그 사람은 진리의 법문을 들으면 한 글귀 아래에서 바로 자기의 한 생각이 뒤집어져서 즉각 해결이 된다."는 것이었습니다.

제가 출가했을 때는 대처 비구 정화 때였는데 그 당시 큰스님들은 누군가 강원을 마치고 경에 대해 법문한다고 법상을 차리면 모두 나와서 법문을 들었습니다. 크게 이름이 높지 않은 사람이 법문한다고 해도 가사 장삼을 수하고 위의威儀를 갖추고 제일 먼저 나와서 법회석에 앉아 있었습니다. 또 강사스님이 강의한다고 해도 그렇게 하셨습니다. 그렇게 법을 듣는 데에 조금도 소홀하지 않고 지극정성으로 참석해서 들었습니다.

그런데 그 후로 선방에 다니면서 보니까 법문을 챙겨 들으려 하지 않는 이가 많았습니다. 그들은 법문 듣기를 소홀히 여기며 "그렇게 법문만 들어서 뭐하느냐?"고 말합니다. "그런 것은 다들 하는 소리이고 그런 것 누가 못하느냐?"라며 가지 않습니다. 그러는 사람이 공부에 있어 정말 남보다 먼저 깨닫느냐 하면 그렇지 않습니다. 그저 일생 혼자 한다고 하면서, 묻는 것도 별로 없습니다.

이런 것이 오늘날 큰 폐단입니다. 비단 승가만이 아니라 공부 좀 했다 하는 신도들 가운데서도 "나도 학문이 있으니 부처님 말씀이나 조사어록을 읽고 알면 되는 것이지 구태여 법문을 들을 것이 있느냐?" 하면서 잘 들으려 하지 않는 분들이 있습니다. 이러한 생각으로 인하여 크게 깨닫겠다는 마음을 갖지 못하고 도리어 자기 자신을 잘못된 방향으로 향하게 합니다.

법문 한마디라도 지극히 듣고자 하는 마음, 그 하나가 바로 깨달음에 이르는 길입니다.

달마 스님이라고 해서 아무런 근거 없이 그냥 말한 것이 아니라, 배우려는 자들이 오면 반드시 『능가경』이나 부처님 말씀 중에 심지법문心地法門의 요지에 대한 것을 이야기해 주고 가르쳤습니다. 달마 스님뿐 아니라 역대 선지식들이 모두 그와 같이 부처님 말씀에 근거해서 말씀하셨습니다.

오늘날 워낙 조사어록을 중요시하니까, 조사어록은 근기가 높은 사람들이 보는 것으로 생각하고 부처님의 경전은 초학자들이나 근기가 낮은 사람들이 보는 것으로 착각하는 경향이 있습니다만 절대 그렇지 않습니다. 조사스님들은 스스로 공부해 마친 후에는 반드시 부처님께서 하신 말씀에서 한 치도 어긋나지 않게, 즉 부처님 말씀을 근거로 해서 말씀하셨습니다.

어느 큰스님이 말하기를 "사람들이 '따로 스님의 저서를 세상에 내놓아 많은 분들이 읽을 수 있도록 하면 좋지 않겠느냐'고 하지만 나는 그런 짓은 안 한다." 하였습니다. 제자가 물었습니다.

"그 무슨 말씀입니까?"

그러자 그 스님은 "내가 설사 하나의 책을 펴낸다 할지라도 나중에 가서 그 허물을 면할 길이 없다. 왜냐하면 내가 한 그 말이 이 세상에 최초로 나온 것이라면, 누가 볼 때 이 말이 귀하고 참 좋은 깨달음에 대한 말씀이라고 믿겠지만, 방대한 조사어록이나 부처님 경전을 보면 내 말은 빙산의 일각이라, 부처님 경전이나 조사어록에 전부 다 들어 있는 것이기 때문에 이 소리는 별 수 없다는 허물을 면하기 어렵다."라고 말하였습니다.

부처님과 역대 조사스님들이 깨달은 차원에서 하신 말씀은 누군가가 새로운 것을 발명하듯이 그보다 좋은 것이 다시 나올 수 있는 종류의 것이 아닙니다. 천하에 없는 누가 나오고, 설령 미륵 부처님이 나온다 하더라도 그 미륵 부처님 역시 『화엄경』과 『법화경』의 말씀을 하시지 달리 말씀하실 것이 없습니다. 그래서 그 법문 그대로 할 뿐이며, 미래 56억 7천만 년 후에 가도 다른 법문을 하는 것이 아니라 바로 이 법문을 한다는 것입니다.

그러니 여기에서는 모든 것을 버리고 법문 한마디 한마디를 간절한 마음으로 들어야 빨리 깨달을 수 있고, 설령 지금 깨닫지는 못하더라도 발심을 더 하게 되고, 분심이 나서 더 열심히 공부하게 됩니다.

우리가 진정으로 이 세상에서 잘 살고 행복하게 사는 문제에 대해, 부처님과 역대 조사스님들께서는 "깨달아서 해탈한 사람만이 진정한 행복과 진실한 삶의 의미를 알고 살아간다."고 말씀하셨습니다.

대주 선사는 세간에서 살면서 학업을 마치고 또 세상살이도 겪어본 후 나이 스물여덟이 넘어 출가했습니다. 살면서 세상사를 가만히 생각해 보니까 큰 의미가 없고 다람쥐 쳇바퀴 돌듯 별 것이 없었습니다. 늘 '이게 아닌데' 하고 생각하고 생각한 끝에, 절에 찾아가 스님의 한 말씀을 듣고는 '아, 내가 궁금해 하고 찾고자 하던 것이 바로 여기에 있구나!' 하고 출가를 하게 됩니다.

우리가 세상을 살아가는 데 있어서도 잘 살려면 무엇보다 시비가 없어야 합니다. 야구장에서 야구를 해도 여러 개의 안타를 계속 치다보면 혹 시비가 발생할 수 있지만 홈런을 날리면 거기에 대해서는 시비가 없습니다. 홈런은 경계를 넘어서기 때문에 누가 시비할 수도 없고 그냥 천천히 돌아서 홈인하면 되는 것입니다.

바로 역대 조사스님들의 삶이 그러합니다. 이 세상 속에서 어떠한 것을 구한 것이 아니라 그것을 확 넘어가 버렸습니다. 넘어간 그곳은 일체 시비가 끊어진 자리입니다.

그러면 우리가 멋지게 잘 살 수 있는 길에 대하여 마조 스님의 법맥을 이은 대주 스님은 어떻게 밝히고 있는지 법문을 통하여 살펴보겠습니다.

서序

대주 선사는 지금의 복건성인 건주建州에서 주朱씨의 아들로 태어났다. 지금의 절강성인 월주越州의 대운사大雲寺에서 출가하여 도지 화상道智和尙에게 참례하고 가르침을 받았다. 세월이 흐른 후에 마조馬祖 스님을 찾아가서 절을 하니 마조 스님이 물었다.

"무슨 일로 왔느냐?"

"저는 불법을 구하러 왔습니다."

마조 스님이 말하였다.

"여기에는 한물건도 없는데(我這裏一物也無) 무슨 불법을 구한다는 말이냐?"

그리고는 다시 말하였다.

"자가보장自家寶藏을, 네 집의 보배창고를 돌아보지 아니하고 집을 버리고 어지러이 돌아다니니 무엇을 하겠느냐?"

선사가 물었다.

"어떤 것이 저 혜해의 보배창고입니까?"

조사가 말하였다.

"지금 나에게 묻는 그놈이니라. 너의 보장에 일체가 구족해 있는데 네가 어찌 바깥으로 구하려고 하는 것을 가하다 하겠느냐?"

선사가 언하에서 바로 본심을 깨달아 알았다. 뛸 듯이 기뻐하여 스님께 진심으로 예를 올리고 6년을 시봉하였다. 그 후 처음 출가하여 가르침을 받았던 스승인 도지 화상이 연로하였기 때문에 마침내 대운사로 돌아가 시봉하였다.

은사를 시봉하며 살림하는 가운데 대주 스님은 「돈오입도요문론頓悟入道要門論」 한 권을 썼다. 마조 스님에게 이 책이 전해져 열람해 보시고 대중에게 말하기를 "월주에 큰 구슬이 하나 있는데 참으로 둥글고 밝아서 그 빛이 자유자재로 비친다."고 하셨다. 대중 가운데 선사의 성이 주씨임을 알고서 찾아가 의지하려는 사람들이 있었다. 이로부터 선사를 일러 대주 화상이라 하였다.

찬탄해서 말한다.

보배를 오랫동안 묻어 두고 집을 나가 밖으로만 구해 달리더니
사람의 가르침을 만나 비로소 본래 갖고 있음을 알았도다.
비추어 씀에 방소方所가 없으니 용이 울고 사자가 포효하도다.
도에 들어가는 곳에 문이 없으니 선사께서 그 창을 열어보였도다.

師建州朱氏子 依越州大雲寺智和尙受業 初參馬祖祖曰 來須何事 曰 來求佛法 祖曰 我這裏一物也無 求甚麽佛法 自家寶藏不顧 抛家散走作麽 曰那箇是慧海寶藏 祖曰 卽今問我者 是汝寶藏 一切具足 何假外求 師於言下自識本心 踊躍禮謝 執侍六載 後以受業師老 遽歸奉養 撰頓悟入道要門一卷 傳至馬祖 覽訖告衆曰 越州有大珠 圓明光自在 衆中知師姓朱 推尋依附者 號師爲大珠和尙 贊曰 寶藏久埋 抛家外走 逢人指出 始知本有 照用無方 龍吟獅吼 入道無門 師闢其牖

◉

'무일물無一物'이라는 것은 마조 스님만 무일물이라 한 것이 아니라,

육조 스님, 그 위의 33조사, 그 위의 부처님으로부터 한결같이 나오는 말입니다.

"한물건도 없다."

육조 스님이 "본래무일물 하처야진애本來無一物 何處惹塵埃, 본래 한 물건도 없는데 어디에 티끌이 끼일 것이 있겠느냐?" 하는 그런 차원입니다. 그런데 육조 스님은 그래서 인가를 받았다는 것이지만, 또 어떤 선지식은 "한물건도 없다고 해도 나는 너를 인가하지 않을 것이다. 그러면 어떻게 하겠느냐?"라고 했습니다. '육조 스님은 한물건도 없다고 해서 인가를 얻었는데, 나는 지금 네가 나한테 한물건도 없다고 한다 해도 너를 인가해 주지 못한다. 깨달았다고 인가해 주지 못한다'는 말입니다. 이럴 때 뭐라고 해야 되겠습니까?

마조 스님께서 "왜 너의 보배창고를 돌아보지 않느냐?"는 말씀에 대주 선사가 "어떤 것이 저 혜해의 보장입니까?" 하고 물었습니다.

이에 대해 마조 스님이 "지금 나에게 묻는 그놈이니라. 너의 보장에 일체가 구족해 있는데 네가 어찌 바깥으로 구하려고 하는 것을 가可하다 하겠느냐." 하고 말씀해 주신 그 한마디에 대주 선사는 깨달았습니다.

그런데 다른 조사어록에 "저는 어찌 못 깨닫습니까?" 하고 묻는 학인이 있습니다. "이런 똑같은 법문을 듣고 대주 스님은 해결이 되었는데, 나는 이 말을 들었는데도 왜 해결이 되지 않습니까?" 그 말에 대해 "대주 스님은 이 한 글귀, 이 한 법문을 듣기 위해서 혼신의 힘을 다해서 간절한 마음으로 들었기 때문에 깨닫게 되었지만, 너는 심혈을 기울이지 않고 들으니까 안 될 수밖에 없지 않느냐?"라고 답했습니다. 대주 선사는 언하에 다 알았습니다. 알았다는 소리는 그냥 아는 것이 아니고 확실하게 깨달아 알았다는 소리입니다.

대주 선사가 마조 스님을 6년간 시봉하고, 출가 시의 은사스님인 도지 화상이 연세가 많아 거동하기가 힘들게 되자 찾아가서 시봉을 합니다. 요사이는 계를 받고 난 후에 법사스님을 정했거나 정하지 않았거나, 은사스님을 찾지 않는 경우가 많습니다. 그러나 대주 스님은 은사스님을 극진히 시봉합니다. 그렇게 시봉하는 가운데 「돈오입도요문론」을 쓰셨습니다.

이 대주선사어록은 쓰여진 그 당시에 빛을 본 것은 아닙니다. 나중에 세월이 흐른 뒤에 조카 상좌 되는 현안이라는 사람이 아무도 관심을 두지 않고 휴지조각처럼 버려져 있는 것을 마조 스님에게 보입니다. 스승인 마조 스님이 보고 극찬을 했고, 그 후에 이 대주어록을 보고 공부해서 깨달은 사람이 많았다고 합니다.

만금萬金의 서序

지난날에 『전등록』을 한번 열람해서 보다가 대주혜해 선사에 이르렀는데, 대주 선사가 처음 마조 스님을 친견하고 사람들을 제접하는 선기가 굉장한 말로부터, 여러 종파의 묻는 바에 넓게 응대하여 그들로 하여금 혀를 묶고 의기를 상하게 하거나 마음으로 기꺼이 승복하도록 하는 것에 이르기까지 정말로 경쾌하지 아니함이 없었다.

대개 대주 스님의 말은 경율론 삼장에 대한 요지이다. 사事에 즉하고 이치理致에 즉해서 전부가 용이고 전부가 체이다. 그 최고 높은 곳을 향하는 하나의 기틀을 발명해서 사람을 죽이고 살리고 마음대로 한다. 자유자재라, 종과 횡으로 역으로 순으로 할 것 없이 합철해서 근본 근원에 돌아가지 아니한 바가 없다.

그래서 지은 것을 「돈오입도요문론頓悟入道要門論」이라고 했는데, 예전에는 성행해서 많이 보더니 요즘에는 보는 이가 많지 않더라. 근래에 와서 사명四明의 비구 묘협妙叶이 와서 말하되 "일찍이 폐협단간弊篋斷簡 중에서 다른 글과 더불어 묶인 이 논 한 권을 얻었는데, 어찌 감히 나만 사모하겠는가(私淑). 기꺼이 총림과 더불어 이를 함께 하고, 이 엄청난 말씀을 다시 나무판에 새겨 만들도록 해서 원컨대 후에 사람들로 하여금 알게 해야 한다."고 하였다.

새롭게 출판할 글이 첫째부터 여섯째에 이르기까지 무릇 육엽(최고의 종지)을 나타내 보인 것이니, 일찍이 솥에서 고기 한 점을 맛보는 것과 같다. 그러니 어찌 전서(全書 모든 책)를 다 보기를 기다릴 것인가.

아아, 대주선사어록은 언어문자냐, 언어문자가 아니냐?

만약 언어문자라고 말하면 도道는 언어문자가 아니며, 만약 언어문자가 아니라고 말하면 부처님께서 말씀하신 경율론 삼장이라는 문文이 분명하게 눈앞에 있지 않느냐. 이 노승의 가슴으로부터 유추된 것이 모든 것을 융합하고 하나로 꿰어서 섭해 버린다. 그런데 그간에 혹 "스스로 선禪을 알지 못한다."고 하거나 "한 법도 가히 볼 것이 없다."라고 한다든지 하는 등의 말을 하는 것은 도적을 짓는 것으로 마음이 허하다고 할 것이다. 이것은 모두 정情을 다해서 한 번 그대로 깨끗이 드러내지 못했기 때문이다.

이제 내가 이와 같은 말을 하는 이 모든 것이 결국은 아무것도 없는 얼굴에 무엇을 덕지덕지 바르는 것에 지나지 않는다. 그래서 후에 이것을 보는 자가 마조 스님의 이른바 "대주의 둥글고 밝은 광명은 가히 모든 것을 다 투과해서 지나가니 자재해서 막힌 바가 없다."는 말의 정채精彩를 당하에 착득한다면, 곧 색色에 따라서 마니摩尼가 누구에게나 다 족하다는 것을 알 것이다. 만약 너희들이 그렇지 못하다면 공연히 껍질에 꽉 둘러싸여서 막혀 있음이니 무슨 수가 있겠느냐. 이마에 바른 눈頂門眼을 갖춘 자가 있거든 시험해서 판명해 보라.

홍무洪武 6년 계축 가을 9월 14일 용하비구 만금萬金 삼가 씀

曩閱傳燈錄 至大珠海禪師 自初見馬祖 及接人機語 以至泛應 諸宗所問 使之結舌喪氣 心悅誠服 處未嘗不爲之慶快而不已 盖師之言 一本於經律論之要旨 而卽事卽理 全體全用 以發明向上一機 殺活予奪 縱橫逆順 無不合轍而還源也 所撰頓悟入道要門論 昔旣盛行 年來殊不多見 近四明比丘妙叶 來言嘗得此論 洎他語共一編 於弊篋斷簡中 寧敢私淑 樂與

叢林共之 輒罄已長 俾工復鋟諸梓 願一言識其後 且出新板之文 自一至六 凡六葉以示 然嘗鼎一臠 又何待覩其全書

噫 大珠此編 語言文字耶非耶 謂其語言文字則道非語言文字 謂其非語言文字而三藏之文 了了在目 與此老胸襟流出者 融會貫攝 羅列而前陳 其間或自謂我不會禪 並無一法可示於人 看他此等語 直是作賊人心虛 盡情抖擻不下 所以今日 不免被人再加塗 抹後之覽者 若於馬祖所謂 大珠圓明光透 自在 無遮障處 當下著得精彩 則隨色摩尼 人人無不具足 其或未然 滯殼遮封 有甚麼數 具頂門眼者試爲辨取

洪武六年 癸丑秋九月望日前龍河比丘萬金拜識

◉

그 다음에 대주선사어록의 원서原序가 이어집니다. 『속장경』에 보면 대주선사어록의 서문은 이후의 원서 하나밖에 없는데, 여기에서는 1917년(民國 6년 丁巳年) 여름, 장사각경처(長沙刻經處)에서 간행한 『대주선사어록』을 저본으로 하여 앞부분에 서문을 두 개 더 놓았습니다.

차례

대주선사어록원서大珠禪師語錄原序

대저 선지식이라는 것은 망망한 바다의 배와 같이 마음을 깨닫지 못한 일체 중생을 능히 다 제도하며, 캄캄하게 어두운 긴 밤에 한 개의 밝은 횃불이 되어 많은 중생들의 어두움(羣昏)을 다 파해 없앤다.

대주 화상이 처음에 마조를 참례해서 혜해의 법계(慧海之法界)에 들어감으로써 스스로의 보장寶藏을 비로소 열었다. 그래서 참으로 신령스러운 그 변설이 하늘을 흘러넘치니, 비유컨대 대천세계에 물이 탕탕하게 흘러감이요, 기개가 높고 높아서 둥근 그릇에 구슬이 구르는 것과 같다. 곡진하게 여러 방편을 베풀어서 자비를 드리워 일체의 중생을 이롭게 하고, 지극한 도를 발해 드날렸으니 어찌 필설로 다 찬탄할 수 있겠느냐?

묘협妙叶 유나는 사명취산의 대중리大中理 공公의 제자로 정신이 매우 특출하게 뛰어났다. 숙세에 신령스러운 근기를 잘 갖추었고 본래로 지혜의 종자를 잘 길렀다. 참선을 하는 여가에 틈틈이 이 노사의 어록을 열람해서 보았는데 거기에서 증득하여 들어간 바가 있었다. 그래서 평생 가슴에 맺혀 있던 그 물건이 확 벗겨져 버리니 위로 부처님 말씀과 조사 말씀에 의심할 것이 없었다. 이는 또한 고탑주古塔主가 이른바 운문 스님의 어록을 친히 열람해서 보고 깨달아 그 법을 계승하는 것과 같다. 그리하여 사재를 털어서 판에 새겨 널리 전함으로써 후대의 모든 사람들이 한가지로 모두 깨닫게 하고자 한다. 이러한 마음을 둔 자가 어찌 옅은 마음으로 가볍게 하겠느냐. 이에 조그마한 공훈이 있다 하더라도 거기에 떨어지지 않을 것이고, 행과 원력이 더욱 군건해짐을 볼 수 있을 것이다. 그러므로 법의 흐름이 마르지 아니하고, 진리의 법을 공부하는 것이 영원토록 계속되어 조계에까지 접하고 지혜의 등불이 밝고 밝아서 오래 존재하니 빛이 소실少室에 더욱 밝게 빛나느니라.

계축 춘맹 10일 아육왕산 사문 석숭유 무이당에서 씀

大善知識者 如巨海舟航 能度迷類 長夜明炬 存破群昏 大珠和尙 首參馬祖 使入慧海之法界 令開寶藏語自家 所以靈辯滔滔 譬大川之流水 岐機疊疊 如圓器之傾珠 於是曲設多方 垂慈利物 發揚至道 烏可以筆舌讚歎載 妙叶維那 四明翠山 大中理公之神足 夙具靈根 素培智種 禪餘之暇閱此老語錄 有所證入 平生礙膺之物 脫然而去 從上佛祖舌頭 一無所疑矣 此亦古塔主 覩雲門語而嗣之 正所謂也 故捐資鏤板 以廣其傳 期以後之來者 同一了悟 存此心者 豈淺淺耶 此之功勳不墜 行願彌堅 蓋可見矣 所幾法流不涸 派永接於曹谿 燈滔長存 光愈明於少室者也

旹歲在癸丑 春孟十日 阿育王山 沙門釋崇裕 書於無異堂

◉

선지식은 깨달아서 후학자를 이끌어주고 모든 중생들을 깨달을 수 있는 길로 인도하는 중요한 분입니다.

육조 밑으로 남악회양과 청원행사가 있습니다.

남악회양 선사에서 '시심마是甚磨'라는 것이 비로소 처음 나옵니다. 육조 스님이 '무엇인고? 무슨 물건이 이리 왔는고?' 하는 데서 시작되어서, 남악회양 선사는 '이 몸 끌고 다니는 이놈이 도대체 무엇인가? 이놈이 무엇인가?' 하는 의심을 8년 동안 끊어지지 않고 지속하여 해결했습니다.

남악회양 밑으로 마조도일, 백장회해, 황벽희운, 반산보적, 남전보원, 석공혜장, 마곡보철, 대매법상 선사 등 많은 도인이 나왔습니다.

한편으로 청원행사 같은 분은 육조 스님을 찾아가서 바로 주거니 받거니 하는 말에서 더 이상 할 것 없이 다해 마쳤습니다. 그래서 "그대는 다른 사람을 가르칠 수 있는 스승이 되었다."고 바로 인가를 받습니다.

청원행사는 육조 스님에게서 바로 인가를 받고 아무도 없는 곳에 가서 법을 일으킵니다. 당시에도 총림이 많지만, 홀로 떠나가서 아주 박토에 초막을 치고 그곳에서 정진하면서 법을 펴며 점차적으로 선원을 지었습니다. 청원행사도 그렇고 역대 선지식들은 그렇게 했습니다. 청원행사 밑에는 석두희천이라는 훌륭한 스님이 나오고, 또 석두 밑에는 약산유엄과 같은 대단한 도인이 나왔습니다.

또한 당시에 화엄종주로서 대가는 청량징관 스님이 있고, 천태종에는 현계담연 스님이 최고 종주였습니다. 기라성 같은 선지식이 엄청나게 쏟아져 나왔습니다.

그때 대주 선사가 나와서 마조 스님을 처음에 6년, 그 다음에 20년간 시봉했다고 하는 것을 보면 대단한 분이라는 것을 알 수 있고, 이 분이 바로 정맥을 이었다고 비문에도 나와 있습니다. 그런데 워낙 백장 스님이나 남전 스님, 마조 스님이 천하를 뒤흔들어 대주 선사는 나중에야 빛을 본 것입니다.

대주어록이 출판되어서 보니 굉장한 도인이라는 것이 드러났습니다. 숨어서 잡일만 하고 상을 내지 않고 풍부히 알면서도 '내가 깨달았다. 내가 도인이다' 하는 것을 절대 입 밖에 내지 않고 지냈다는 것입니다.

대승돈각大乘頓覺은 몰록 깨닫는다는 것입니다. 돈오해서 몰록 다해 마친다는 것이 '돈오성불론頓悟成佛論'입니다. '돈오문頓悟門'이라는 것은 육조 스님이나 마조 스님만 돈오에 대한 문門을 말씀했던 것이 아니고, 천태종에 담연이라는 분과 그의 제자 혜사 선사 같은 분들도 주로 일심삼관법을 수행해서 '바로 깨달아 성불하는 것'이라고 많이 내세웠습니다.

달마 이전부터 돈오성불론이라는 말이 나옵니다. 대주 선사는 그것에 대해 세상 사람들에게 아주 강력히 드러내어 놓았습니다. 대주선사 어록에 깨달음에 이를 수 있는 요긴한 법문이 아주 많이 나옵니다.

공부하면 누구나 자기 자신의 보배창고를 열게 됩니다. 보배창고를 열지 못하는 것은 그만큼 그동안에 딴 일을 했기 때문입니다. 그 보고에서는 극락, 천당, 부처, 신, 악, 선 등 별별 것이 다 나오고 철학, 과학, 예술, 의학 등 안 나오는 것이 없습니다. 복과 덕과 지혜와 일체 만 가지가 전부 이 한마음 속에서 다 나오는데, 우리가 한 생각만 뒤집어엎으면 다 쓸 수 있다는 의미입니다.

"본래 청정하고 본래 부처이니 단지 이 마음을 바르게 쓰면 즉시 여래불(但用善此心 卽是如來佛)이니라."라고 하였습니다. 단지 이 한마디에서 즉시 한 생각 뒤집어엎어 바로 하라고 하였습니다. 바로 하면 부처다 뭐다 할 것이 없는 것이며, 부처의 마음을 바로 내어서 걸림없이 무한하게 보물을 바로 쓸 수 있다는 말입니다. 그런데 왜 그렇게 안 되는가 하면 자꾸 자기가 가지고 있는 그 생각, 아무것도 아닌 그 생각을 버리지 않고 움켜쥐고 있기 때문입니다. 그래서 중생의 잘못된 의식을 방하착하고 청정자성을 밖으로 그대로 쓰라는 말씀입니다.

"부처님은 곡설이요, 조사는 직설이다."라고 했습니다.

이 말에 용성 스님은 깨달았습니다.

용성 스님은 신묘장구대다라니 주력을 삼 년 동안 했습니다. 일제 때 혜월 스님과 함께 언급되는 수월 스님이 아닌, 또 다른 수월 스님이 있었습니다.

용성 스님이 이 의성 고은사 수월 스님을 찾아가서 절을 하고 "나고 죽는 생사대사가 참으로 급하고, 덧없는 이 인생이 금방 지나가는데, 어떻게 해야 생사대사를 면하는 공부를 할 수 있겠습니까?" 하고 묻습니다.

수월 스님은 "말세 중생이 근기가 미약하니 다른 것은 할 것 없고, 신묘장구대다라니를 일념으로 주력하라."고 했습니다.

용성 스님이 신묘장구대다라니를 주력한 지 삼 년 정도 됐는데, 잠자는 가운데에서도 되고 깨어나서도 되고 일하면서도 되고, 생활 속에서 염념상속하여 일념으로 되는 겁니다.

그러던 어느 가을에 누런 벼가 익어서 고개를 숙이고 있는 벌판을 지나가는데, 자신이 어디로 가는지도 몰랐습니다. 소동파가 말을 타고 어디로 가는지 모르고 가다가 폭포수 쏟아지는 데 가서 깨닫듯이, 용성 스님도 신묘장구대다라니 일념 속에서 어디로 가는지 모르고 가는데, 갑자기 들판이 없어지고 하늘과 땅이 없어지더라는 것입니다. 아무것도 없는 속에 천지가 무너지고 자기가 뒤집어지는 엄청난 것을 봤습니다.

이것을 보고 난 뒤에 '이것이 견성인가? 도대체 어떤 소식인가?' 하였는데, 본인이 점검해 볼 수 있는 길이 없으니 전라도 어느 토굴에 공부하는 선사가 있다는 말을 듣고 찾아갔습니다.

자신이 경험한 이야기를 하니 선사는, "그것은 견성한 것도 아니고 깨달은 것도 아니지만 공부하는 도중에 자신의 지난날 묵은 업이 완전히 무너져서 식광識光이 열린 것이다. 이제는 다른 공부할 수 있는 인연이 되었다."고 하시더랍니다.

"어떻게 해야 됩니까?"

"부처님은 모든 유정 무정이 다 불성이 있다고 했는데, 조주 스님은 왜 없다고 했느냐? 그것을 아느냐?"

"잘 모르겠습니다."

"그것을 밝혀라."

그때부터 '왜 조주 스님은 불성이 없다고 했을까?' 이것을 지극히 열심히 참구하였는데 오년 만에 통도사 백련암에서 『선문염송』을 우연히 한번 펴보다가 '부처님은 곡설曲說이요 조사는 직설直說이라'는 글을 읽고 문득 깨달았습니다.

이를 기연機緣이라고 합니다. 그러니까 어느 글귀에도 다 깨달을 수 있는 겁니다. 용성 스님에게는 이 말이 깨달을 수 있는 절호의 기회가 된 것입니다.

깨닫고 난 후에 스님은, "얼마나 많은 세월 동안을 헤매고 찾았던고? 그 험한 길을 걷고 걸어 내 이제 그 일에서 손을 놓게 되었으니 한잠 멋지게 잘 수 있다." 하는 오도송을 읊었습니다.

그것이 무엇이냐는 말입니다.

곡설曲說은 원圓이라, 부처님이 하근기, 중근기, 상근기 할 것 없이 구석구석 다 골고루 돌봐주고 다독거려 준 것을 원, 곡설이라고 합니다.

"깨닫는다는 것이 뭡니까?", "부처가 뭡니까?" 하면 부처님은 세세밀밀하게 잘 이해시키고 설득시켰습니다. 하지만 조주 스님은 "조사가 온 뜻이 뭡니까?" 하면 "뜰 앞의 잣나무"라고 한마디로 말합니다.

최대의 편안한 안심입명처, 최대의 행복, 영원한 천당 극락, 그것이 어디에 있느냐 할 때, 바로 '뜰 앞의 잣나무'라는 이 소식에 있다는 것입니다. 그것을 바로 알면 다 되는 것입니다.

"부처가 무엇입니까?" 하고 물으니 한마디로 "마른 똥 막대기니라."고 하는데, '마른 똥 막대기'라는 것은 세상에 전무후무한 소리 아닙니까?

그런데 이것이 무엇이냐 하면 부처님 팔만대장경의 말씀을 한마디 직설로 요약해서 일러주는 말입니다.

조사스님이 화두를 내려준 것을 어떤 사람은 방편이라고 하는데, 아닙니다. 조사는 방편을 쓰지 않습니다. 부처님이 여러 가지로 방편을 사용했지, 조사는 방편을 쓴 것이 아닙니다. 직설로 바로 일러준 것입니다.

방망이로 후려치거나 아니면 할을 하면서 직설로 갑니다. 그래서 조사 공안화두에서 많은 도인이 배출되었던 것입니다.

'유나維那'라는 직책은 중국의 총림 선방에서 사용하는 말인데, 총림의 전체 대중을 살펴보고 감독하는 책임자로서 공부를 많이 하고 덕망이 있는 분이 맡게 됩니다.

지월 스님은 평생 동안 유나를 맡아 보셨는데, 스님은 원래 타고난 성품이 아주 급해서 조금이라도 잘못한 것을 보면 주먹부터 나가는 분이었습니다. 참선을 열심히 하다가 방한암 스님 법문을 듣고 홀연히 한 생각이 뒤집어졌다고 합니다. 그때부터는 아주 마음이 평온한 분으로 변했으니, 상대방도 편안한 마음을 느끼게 되었습니다.

선방스님들이 공부하다가 지대방에 가서 누워 있는 것을 순행을 돌던 지월 스님이 보시고는 묻습니다.

"왜 시간을 지키지 않고, 참선하지 않고 누워 있어요?"

"배가 아파서 조금 쉽니다."

"배가 많이 아프면 조금 쉬었다가 해야지요."

그러고는 사방을 몇 바퀴 돌다가 다시 지대방에 와서 또 묻습니다.

"아직도 아픈가요?"

사실은 아프지 않지만 피곤해서 핑계를 대고 잠깐 쉬는 것인데 스님이 물어 보시니 수좌는 계속 아픈 척을 합니다.

"예, 아직도 아픕니다."

스님은 다시 한 시간 돌고 와서 또 물어봅니다.

"지금도 아픕니까?"

"예, 지금도 아픕니다."

"그러면 내일도 아플 건가요?"

이렇게 되면 결국 "스님, 들어가겠습니다." 하고 일어나서 선방으로 가서 공부하기도 하고 그랬습니다.

공부하는 학자를 자비심으로 잘 보살펴 이끌어주신 훌륭한 선지식이었습니다.

한 글귀, 법문 한마디에서 한 생각이 뒤집어졌기 때문에 그와 같은 행이 나오게 된 것입니다. 그러므로 후대의 근기가 미약한 초학자들은 부처님 말씀이나 조사스님들의 말씀을 듣는 것이 참 좋습니다. 듣는 언하에서 마음을 고치게 되고, 쉬게 되고, 깨닫게 되기 때문입니다.

지월 스님처럼 생각이 뒤집어져서 성격이 다른 사람으로 변하여 새로운 마음이 태어나는 계기가 오는 것도 숙세에 공부해 놓은 것이 있어야 합니다. 그래야 이 세상에 와서 법문 듣다 한 글귀에 마음이 바로 뒤집어지게 됩니다.

밥 먹다가 체하면 가슴에 그 체증이 무지근하게 남아 있지 않습니까? 그와 마찬가지로 화두 의심은 답답하게 풀리지 않는 덩어리로 맺혀 있게 됩니다. '무엇일까?' 하는 이것이 맺혀 있지요.

'왜 뜰 앞의 잣나무라 했는가?' '어째서 불성이 없다고 했는가?' '이 몸뚱이 끌고 다니는 이것은 무엇인가?' 하는 의심과 알지 못하는 답답함이 가슴에 맺혀 있다는 말입니다. 그런 답답한 마음을 묘협스님은 대주선사어록을 보고 풀었습니다. 통 밑이 빠져서 아래위로 확 통하듯이 그 뭉치가 확연히 녹아서 없어졌습니다.

'판때기 이빨에 털이 났다' '조주가 불성이 없다고 했다' 등 1,700 공안과 조사스님 말씀에 한 치도 의심할 바가 없이 확연히 의심이 풀렸다는 것입니다.

고탑주古塔主라는 분은 요주饒州의 천복승고薦福承古 선사를 말하는데, 이 스님은 운문 스님의 어록을 보고 깨달아 법을 이은 분으로 그 은혜를 갚는다고 운거도응雲居道膺의 묘를 지켰다고 해서 고탑주라고 합니다.

上

頓悟入道要門論

돈오입도요문론

◉

머리 숙여 합장하여 시방의 모든 부처님과 보살님께 예를 올립니다. 제자가 지금 이 논을 지었으나 성인의 마음을 알지 못했을까 두려워 참회를 드리오니 받아주십시오. 만약 제가 성인의 이치를 알았다면 유정 무정의 일체 중생에게 회향하여 베풀게 해주십시오. 원컨대 내세에 모두 성불하게 해주십시오.

稽首和南十方諸佛 諸大菩薩衆 弟子今作此論 恐不會聖心 願賜懺悔 若會聖理 盡將廻施一切有情 願於來世 盡得成佛

◉

당나라 사문 대주혜해 선사가 「돈오입도요문론」을 지었는데, 사문沙門이라는 말은 부처님도 사문에 속하고 아라한을 증득한 이도 사문이고 성문, 독각승도 사문에 들어갑니다. 출가해서 일체 모든 것을 다 쉬고 오직 깨달음의 도를 공부하는 덕을 갖춘 분을 사문이라고 합니다. 대주 선사께서는 이와 같이 겸손한 말씀으로 서두를 꺼냈습니다.

第一

신정으로 돈오하다

문 | 어떠한 법을 닦아야 해탈을 얻을 수 있습니까?

답 | 오직 돈오頓悟 일문이 있을 뿐이다. 그것이 곧 해탈을 얻는 것이다.

문 | 어떤 것이 돈오입니까?

답 | '돈頓'이라는 것은 몰록 망념을 없애는 것이고,

'오悟'라는 것은 얻을 바가 없는 것을 깨닫는 것이다.

문 | 무엇을 좇아서 닦습니까?

답 | 근본을 좇아서 닦아라.

문 | 어떻게 근본을 좇아서 닦습니까?

답 | 마음이 근본이니라.

문 | 그러면 마음이 근본인지 어떻게 압니까?

답 | 『능가경』에 이르기를 "마음이 생하면 만 가지 법이 생겨나고, 마음이 멸하면 만 가지 법이 다 사라진다."고 하였다.

『유마경』에 이르기를 "정토를 얻고자 하면 마땅히 그 마음을 깨끗하게 하라. 그 마음이 깨끗함을 따라 불토가 깨끗하다."고 하였다.

『유교경』에 이르되 "다만 마음을 한 곳으로 잘 단속하면 판단치 못할 일이 없다."고 하였다.

경에 이르되 "성인은 마음을 구하지 부처를 구하지 않고, 어리석은 사람은 부처를 구하지 마음을 구하지 않는다. 지혜 있는 사람은 마음을 다스리지 몸을 다스리려 하지 않고, 어리석은 사람은 몸을 다스리지 마음을 다스리려 하지 않는다."고 하였다.

『불명경』에 이르되 "죄는 마음을 좇아서 일어나고 다시 마음을 좇아서 없어진다."고 하였다.

그런 고로 선악 일체가 모두 마음을 좇아 일어나는 줄을 알아라. 그러므로 마음이 근본이 됨이니 만약 해탈을 구하고자 한다면 먼저 모름지기 근본을 알아라. 만약 이 이치를 깨닫지 못하면 공연히 수고로움만 허비하게 된다. 바깥 모양으로 구하고자 한다면 옳지 못하다.

『선문경』에 이르되 "바깥 모양에서 구한다면 비록 수천 겁을 지날지라도 마침내 능히 이루지 못하리라. 안으로 관조해서 깨달아야 한다. 그러면 한 생각 찰나에 바로 보리를 증득한다."고 하였다.

문 | 근본을 닦는다 하니 어떤 법으로 닦습니까?

답 | 오직 좌선하여 선정을 이루어야 곧 얻는다.

『선문경』에 이르되 "부처님의 성스러운 지혜를 구한다면 선정禪定을 요한다. 만약 선정이 없으면 생각이 시끄럽게 움직여서 선근을 무너뜨린다."고 하였다.

문 | 어떤 것을 선禪이라 하며, 어떤 것을 정定이라 합니까?
답 | 망념이 나지 않음을 선禪이라 하고, 앉아서 본성을 보는 것을 정定이라 한다.

본성이라는 것은 너의 남이 없는 마음(無生心)이니, 정이라고 하는 것은 바깥 경계를 대해서 마음이 없으므로 팔풍八風에도 능히 움직이지 않는 것이다. 이익과 손해, 헐뜯음과 높임, 칭찬과 비방, 괴로움과 즐거움을 이름하여 팔풍이라 한다.

만약 정定을 얻은 자는 비록 범부일지라도 바로 부처님의 자리에 들어간다. 무슨 까닭인가? 『보살계경』에 이르되 "중생이 부처님의 계를 받으면 바로 모든 부처님의 자리에 들어간다. 이와 같은 것을 얻은 자를 즉 해탈했다고 이름하고, 또한 피안에 이르렀다고 말한다. 육도를 뛰어나고 삼계를 뛰어넘은 대력보살이며, 무량한 힘을 가진 존귀한 분이니 이가 곧 대장부이니라."고 하였다.

問 欲修何法卽得解脫
答 唯有頓悟一門 卽得解脫

云何爲頓悟
答 頓者頓除妄念 悟者悟無所得

問 從何而修
答 從根本修

云何從根本修

答 心爲根本

云何知心爲根本

答 楞伽經云 心生卽種種法生 心滅卽種種法滅

維摩經云 欲得淨土 當淨其心 隨其心淨 卽佛土淨

遺教經云 但制心一處 無事不辦

經云 聖人求心不求佛 愚人求佛不求心 智人調心不調身 愚人調身不調心

佛名經云 罪從心生 還從心滅

故知善惡一切皆由自心 所以心爲根本也

若求解脫者 先須識根本 若不達此理 虛費功勞 於外相求 無有是處

禪門經云 於外相求 雖經劫數 終不能成 於內覺觀 如一念頃 卽證菩提

問 夫修根本 以何法修

答 惟坐禪 禪定卽得

禪門經云 求佛聖智 要卽禪定 若無禪定 念想喧動 壞其善根

問 云何爲禪 云何爲定

答 妄念不生爲禪 坐見本性爲定 本性者是汝無生心 定者對境無心

八風不能動

八風者 利衰毁譽 稱譏苦樂 是名八風

若得如是定者 雖是凡夫 卽入佛位

何以故

菩薩戒經云 衆生受佛戒 卽入諸佛位

得如是者 卽名解脫 亦名達彼岸 超六度 越三界

大力菩薩 無量力尊 是大丈夫

◉

과거에 어느 큰스님은 '오무소득悟無所得'이라는 데서 깨달았다고 합니다. 오랫동안 화두를 들고 공부하다가 어느 날 법상에서 조실스님께서 "오무소득이라, 여기에는 하나도 얻을 것이 없다."고 하는 말에 홀연히 깨달았다고 합니다.

돈頓이라고 하는 것은 몰록 깨닫는다는 말인데, 깨닫는 것에 증오證悟가 있고 해오解悟가 있습니다. 증오는 성문, 독각, 보살, 묘각, 등각을 말하는 것이 아닙니다. 부처님이 깨달은 대원각 자리를 증오했다고 하는 것입니다.

선문에서 돈오를 이해하는 데 네 가지 분류가 있습니다. 근기에 따라서 조금 다른데, 사구요간四句料簡이라는 것입니다.

첫째는 점수돈오漸修頓悟입니다.

큰 나무를 도끼로 자꾸 찍어 나가는 것을 점漸이라 하고, 마지막 한 방에 넘어뜨리는 것을 돈頓이라고 합니다.

요사이 제방선원에서 스님들이 안거를 지내면 그 가운데 관법, 아미타불염관 등 다른 여러 가지 수행을 하는 이가 상당수 있다고 합니다. 이런 것을 분명하게 다스려서 돈오頓悟하는 공부의 정맥, 선문禪門의 정맥을 제대로 공부할 수 있도록 이끌어 주어야 하는데 그러지 못해서 큰 폐단이라고 합니다.

이제는 오히려 선방에서 공부하는 이들이 남방의 소승선을 따라가는 경향이 있습니다. 사념처관이라는 것은 소승선입니다.

부처님이 최상승의 참선을 일러줬는데, 그것을 모르니까 방편으로 사념처관의 선, 관법觀法을 가르쳐 준 것입니다. 그때는 부처님이 계셨기 때문에 관법을 해도 언하에 바로 깨달을 수 있었습니다.

그 관법이 예를 들자면 수식관, 고골관, 무아관, 허공관 등 여러 가지 관을 하는 것인데 마지막에는 '수심관修心觀'으로, 마음을 관하는 것입니다.

자기의 마음을 돌이켜 안으로 비추어 봅니다. 마음에서 일어나는 것을 세세밀밀하게 살핀다는 것이지요. 그런데 백두산 천지 못이 끝없이 솟아나는 것과 같이 끝도 없이 흘러가는 마음을 들여다보고 있으니 하나의 습성이 되어 고요함 속에 침체해서 영원히 죽은 송장처럼 그러고만 있다는 것입니다. 깨닫는 것은 생각도 못합니다.

왜냐? 관觀하는 놈이 있고 비추어 보는 대상이 있으니, 이렇게 두 개로 되어 있는 한은 깨칠 수가 없습니다. 대상이 있고 보는 놈이 있어 그 속에 침체해 있게 되는 것입니다.

고요한 맛을 느끼는 업이 굳어졌기 때문에 그 습성은 시끄러운 것을 싫어합니다. 많은 사람과 섞이는 것이 싫고 일하는 것이 싫고 모든 것을 싫어합니다. 이것은 무용지물입니다.

선禪은 그런 것이 아닙니다.

선에서는 머리를 돌이켜서 의심을 일으켜야 깨달을 수 있기에 의심을 강조한 것입니다. 강력하게 의심을 하라는 것입니다.

'무엇이냐?' 하고 의심을 하면 나중에는 대상이 없어집니다. 이것은 제가 공부해 보았기 때문에 확실히 말할 수 있습니다.

화두를 참구할 때에도 앉아서 '뭔고?', '왜 없다고 했는고?' 한다면 이것은 대상이 있는 것입니다. 아직 의심이 없는 가운데 하고 있기 때문입니다.

'불성이 없다'라고 했을 때 당장에 의심이 불같이 확 일어나는 사람이 있습니다. 그 사람은 삼 일이나 일주일이면 족합니다. 삼 일, 일주일이면 자기의 일대사를 해 마칩니다.

그런데 요즘 "조주 스님이 왜 불성이 없다고 한 것이냐?"고 물어보면 의심이 크게 일어나지 않는다고 합니다. 여기에 문제가 있습니다. 이렇게 의심이 없는 가운데 의도적으로 의심을 일으키려고 '왜 없다고 했는가?' 하고 붙들고 있는 것은 아직 대상이 있는 것입니다.

그러나 의심을 강하게 해 들어가면 조주의 '무無'라고 하는 자체가 없어져 버립니다. '무'라는 모양도 없고, 참구하는 나(我)도 없고, 단지 '왜 없다고 했는가?' 하는 그 의심 하나만 남아 있게 됩니다. 이것이 두 개가 무너지는 당처當處입니다.

두 개가 무너진 그 당처의 의심 하나가 깨달음으로 바로 들어갈 수 있는 길입니다. 이것이 돈오頓悟의 길입니다.

돈오의 이 길은 바로 들어가는 것인데, 다른 것은 하다 보면 딴 길로 가서 거기에 머물러 떨어져 버립니다. 일 분이라도 아껴서 '무엇인고?' 하는 의심을 일으키는 공부를 하라는 말입니다. 의심을 일으킨 것이 아미타불 부르고 듣는 것보다 천만 번 더 낫습니다.

참선에 대해 듣고도 '참선이 잘 안 되는데, 의심이 잘 안 나는데' 하며, 안 되는 것만 생각하지 '안 되기 때문에 더욱 해야 한다'는 생각을 하지 않습니다. 안 되면 더욱 강력한 의심을 일으켜 힘을 지어 나가려고 애를 써야 합니다. 달리 쉬운 방법이 없을까 하고 다른 길을 찾아 헤매면 일생을 해봐야 아무 소용도 없고 결국에는 제자리를 돌 뿐입니다.

만약 여러분 가운데서 지금도 명상을 하니, 관법을 하니 하면서 이 자리에 오는 사람이 있다면 반드시 생각을 바꾸어야 합니다. 차라리 그 자리에서 죽을지언정 이 고귀한 생명을 가지고 왜 그처럼 어리석은 행동을 합니까?

여기서 바로 깨달아야 합니다.

둘째는 돈수점오頓修漸悟입니다.

첫 번째 점수돈오와 바뀐 모양입니다. 이것은 앞과 근기가 다릅니다. 어떤 사람이 마음으로, 화살을 겨누어서 쏘면 과녁에 꽂힌다고 알게 된 것을 돈頓이라 하고, 쏘기 위해서 가만히 겨누고 한참 일념으로 공을 들이는 것을 점漸이라고 합니다. 몰록 닦고 점점이 깨닫는 것이지요. 이처럼 처음에 모든 것을 확연히 알고 공을 들여 쏘아 맞추는 것을 돈수점오라고 하는 것입니다.

세 번째는 점수점오漸修漸悟로 차례차례로 닦고 하나하나 깨닫는 것입니다. 15층 건물의 아래에서 옥상까지 올라갈 때, 단번에 아래에서 위로 펄쩍 뛰어올라가는 돈오돈수를 할 수 없는 사람은 1층부터 계단을 통해 차근차근 올라가는 것입니다. 점점 닦아 올라가는 가운데, 한 층 한 층 올라갈 때마다 그 달라지는 경계에 따라 깨닫는 바가 달라집니다. 점점이 닦고 점점이 깨달아 올라가서 마지막 15층에서 다해 마치는 것을 점수점오라고 합니다.

네 번째 돈오돈수頓悟頓修는 단번에 해 마치는 것입니다.

실을 염색할 때 한 뭉치를 염색물에 다 넣어서 한꺼번에 물들이는 것과 같습니다. 실을 한 올 한 올 풀어서 물들이는 것이 아니고 한 뭉치를 단번에 물들인다는 것입니다. 육조 스님처럼 언하에 대오대각大

悟大覺하여 더 이상 닦을 것이 없는 것을 돈오돈수頓悟頓修라 합니다.

부처님께서 깨달은 대원각 자리에 이르는 것을 증오證悟라고 하는데, 이상 네 가지는 증오에 해당합니다.

그 다음에 돈오점수頓悟漸修는 별개의 문제라고 나와 있습니다.

돈오점수는 해오解悟라고 하는데, 몰록 구름이 흩어지고 해가 갑자기 나와서 그로 인해 서리와 이슬이 점점이 녹는 것과 같습니다.

『화엄경』에 "초발심시변정각 연후등지차제수증初發心時便正覺 然後登地次第修證"이라고 했는데, 이것은 『화엄경』에서 말하는 수행 차제를 말하는 것입니다.

이치로 보아 우리가 부처인 것은 인식해서 확실히 알았는데, 막상 사행事行에 나와서 쓰려고 하니 중생심 그대로입니다. 그래서 얼음을 점점이 녹여 가듯이 많은 세월 동안 훈습을 익혀서 업을 녹이고 단련해 나가는 것을 돈오점수라고 합니다.

점수돈오, 돈수점오, 점수점오, 돈오돈수에서 말하는 돈오라는 것은 그 자리를 확실하게 깨달아 더할 것이 없이 다해 마친 대원각 자리를 증오證悟하는 것을 말합니다.

"돈오頓悟의 '돈頓'은 일체 모든 망념이 다 없어졌다."는 것입니다.

대각大覺, 즉 대오大悟해서 확실히 해 마치면 일체 망념이라는 것이 있을 수 없습니다. 십지보살 자리는 나고 죽는 생사를 자유자재로 하고, 남자 여자의 음양을 마음대로 하며, 천지를 주무를 수 있는 대단한 위력이 있는 자리이지만 아직 미세망념이 있기 때문에 불지佛地의 대각 자리는 아닙니다.

그래서 여기에서 말하는 것은 십지, 등각, 묘각을 지나 대각의 자리를 돈오해야 한다는 것입니다.

여기에서 생각의 차이가 벌어집니다.

'나는 여기에서 계룡산 상봉으로 한번에 바로 뛰어올라간다'는 생각을 갖고 그 목표를 향해 가만히 공을 들이는 사람은 한번 힘을 주면 뛰어오릅니다.

그런데 처음부터 '나는 못하니까 낮은 데부터 조금씩 해 올라가야 되겠다'고 생각하는 사람은 어쩔 수 없이 그렇게 할 수밖에 없습니다. 이것은 마음먹은 대로 하는 것입니다.

"이 몸 끌고 다니는 것은 무엇일까?" 하고 화두를 의심하는 것은 여기 앉아서 계룡산 상봉을 바로 뛰어올라가는 공부를 하는 것입니다.

단계적으로 점점이 올라갈 경우에는 30년, 100년, 200년이 걸리지만 아주 강력하게 애를 써서 한번에 올라가는 사람은 '일초즉입여래지一超卽入如來地'라, 대단히 빠르다는 것입니다.

30년을 '뭔고?' 해도 깨닫지 못하는 사람이 '이뭣고'를 내던지고 명상을 해 들어가면 1겁, 2겁의 시간이 가도 힘들다는 사실을 알아야 합니다.

확신을 가져야 합니다.

관법觀法은 상대를 두고 하지만, '뭔고?' 하는 의심에는 나라는 것도 상대도 없어지고, 단지 알 수 없는 의심만이 그대로 독로獨露해서 달덩어리처럼 떠오릅니다. 그러면 그만 깨닫는 것입니다.

관법을 하면 1겁을 해야 할 사람이라도 금생에 '이뭣고?' 하면 만약 깨닫지 못한다 하더라도 죽어서 다음 생에 태어나면 언하에 대오

할 수 있습니다. 언하에, 한 글귀 아래에서 해 마친다는 소리입니다.

그러니 모든 대상을 다 부셔버리고 없애는 공부가 바로 '무엇인고?' 하는 화두 하나입니다. 화두의심 공부를 했던 사람은 다시 태어나도 어디 다른 데 떨어질 데가 없습니다. 다 정리가 됐기 때문에 "본래 얻을 바가 없다."는 이 말을 들으면 "아하!" 하고 단번에 깨닫습니다. 그래서 화두공부는 모든 것을 잘라내 버립니다. 나무로 말하면 잎, 가지, 줄기를 다 쳐내 버린다는 것입니다.

명상이나 관법은 무엇인가를 물고 들어갑니다. 물고 들어가서 업이 되기 때문에 안 된다는 소리입니다.

'뭔고?' 하는 의심에는 그런 것이 다 없어져 버립니다. 모두 깨져버립니다. 의심 하나만 독로해집니다. 앉으나 서나 '무엇일까?' 또 '어째서 불성이 없다고 했을까?' 하는 이 의심 하나가 우주법계에 꽉 들어차서 물아物我가 둘이 아니고 경계가 없어져 버립니다. 그럴 때 이 사람은 언하에 대오할 수 있는 시절이 다가옵니다.

"얻을 것이 없다(無所得)."고 했습니다.

확철대오해서 깨달으면 얻을 것이 없습니다. 욕계, 색계, 무색계에 의지할 곳이 없습니다.

의지할 곳이 없어야지 의지할 곳이 있으면 안 됩니다. 의지하는 것이 없음을 독로獨露, 즉 홀로 드러났다고 합니다. 우주 법계 그대로 홀로 드러났다. '해'라는 것이 어디에 의지합니까? 여러분의 밝은 마음이 홀로 드러나서 대천세계를 마음대로 비춘다는 말입니다. 본인에게 다 갖추어져 있다는 말입니다.

'심위근본心爲根本'이라 했습니다.

우주 만물의 근본이 마음입니다. 이 마음을 떠나서 그 어떤 것도 없다는 것입니다. 마음이 이것을 주장자라고 하고, 이것을 컵이라고 하고, 이 마음이 수천만 개의 이름을 만들어 내놓는 것입니다.

마음이 우주의 근본이니, 이 마음을 좇아서 닦으라고 하신 말씀입니다.

대주 선사는 『능가경』의 "마음이 생하면 만 가지 법이 생겨나고, 마음이 멸하면 만 가지 법이 다 사라진다."는 글귀를 인용하며 모든 것의 근본이 마음이라는 것을 말씀하고 있습니다.

과거에 오백 비구가 공부를 하다 숙명통을 열고 보니까 자신들의 전생이 말로 할 수 없을 정도로 기가 찼습니다. 남매간이나 부모자식간에 음행을 한 일이 있고, 부모를 죽인 일도 있는 등 별별 희한한 일이 다 있습니다. 수 겁을 내려오면서 할머니가 다시 태어나서 손자하고 결혼하기도 하고, 할아버지가 죽어 다시 태어나 손녀와 결혼하기도 하고, 전부 얽히고설켜서 기가 막히는 겁니다.

"이런 업을 지어놓고 우리가 성불하겠는가. 차라리 죽는 것이 낫겠지." 하면서 실의에 빠져 자살하려고 했습니다.

문수보살이 부처님에게 "세존이시여, 이대로 두고 보실 겁니까? 저 비구들이 숙명통을 열어 보고 비관을 해서 죽으려고 하는데 부처님께서 이대로 두고 보시렵니까?" 하고 말합니다.

부처님께서 말씀하시기를 "문수야, 잠시 멈추어라. 마음을 가라앉히고 진정하라. 그렇지 않아도 내가 그 비구들을 위해 법문을 하려고 했느니라." 그러고는 오백 비구를 불러놓고 바로 이 말씀을 하셨습니다.

"심생즉종종법생이오 심멸즉종종법멸이니라(心生卽種種法生 心滅卽種種法滅)."

이 글귀를 일러주는 데에서 그 오백 비구가 모든 의심을 다 타파했습니다. 마치 한 편의 영화 필름이 돌아가듯 나타나던 수십 겁의 숙명이 허공처럼 깨끗하게 없어져 버렸습니다. 아무 흔적이 없는 공성의 마음으로 돌아왔기 때문에 일체 고민할 것이 없었습니다. 그래서 그 오백 비구는 바로 아라한과를 증득하고, 나고 죽는 생사를 다 해탈했다고 되어 있습니다.

'심생즉종종법생'이라, 우리가 한 생각 한 마음을 일으키면 일체 모든 법이 다 나오고, '심멸즉종종법멸'이라, 한 생각 한 마음이 내려앉으면 만 가지 법이 일시에 다 없어집니다.

사실은 여기에서 해결되어야 합니다.

지금 우리가 공부하고 있는 화두선話頭禪이 중국에서만 발달한 것이고, 본래 인도에서 시작된 선이 아니라고 인식하는 분이 혹 있을지 모릅니다만 그것은 잘못 알고 있는 것입니다. 중국의 선 역시 달마 스님께서 전하신 선이었고 인도의 선 역시 그와 같습니다.

제가 1987년도에 인도에 간 적이 있습니다. 인도의 부다가야 대탑사 주지이면서 우리나라의 종정에 해당하는 승정을 만났습니다. 인도는 북부와 남부 두 곳으로 나누어져 있는데 그 분은 북부의 종정입니다. 이 분이 상당히 권위 있는 스님인데, 여러 가지 공부를 많이 하신 분으로 영국이나 미국에 가서 강의도 많이 하시는 분입니다. 그 스님에게 제가 물어보았습니다.

"인도에서도 선을 합니까? 선이 있습니까?"

"있습니다."

"선이 있다면 무슨 선을 합니까?"

"한국의 선이 달마선법이 아닙니까? 여기도 똑같이 달마선법입니다. 다르지 않습니다."

우리가 선을 하면서, "지금 하고 있는 선이 돈오돈수냐, 돈오점수냐, 어디에 해당하느냐?" 하고 묻게 됩니다.

돈오돈수니 점수돈오니 하는 것은 깨닫지 못한 분상에서 근기를 놓고 논하는 이야기이지 깨달은 부처님이나 조사스님의 분상에서는 필요 없는 이야기입니다. 깨치지 못한 분상에서 사람의 근기를 놓고 그런 이야기를 논하는 것입니다.

"격산견연이면 조지시화요, 격장견각이면 변지시우라(隔山見煙 早知是火 隔牆見角 便知是牛)."는 말이 있습니다. 저 산 너머에서 연기가 나면 그곳에 불이 있다는 것을 알며, 담 너머로 뿔이 드러나면 소가 있다는 것을 바로 안다는 것입니다.

이 말은 『벽암록』 첫머리에 있습니다. 『벽암록』을 강의하려면 10년이 걸리지만 이것만 알아서 깨달으면 『벽암록』을 볼 필요가 없습니다.

이것이 바로 돈오돈수입니다.

그러니 담 너머 뿔이 드러난 것을 소인지 모르고, 그곳으로 가면서 조금씩 확인하고 확인해서 머리, 얼굴, 몸, 다리 등 모두 보고 난 다음에 '이것이 소구나' 하는 사람하고, 뿔이 드러났을 때 척 하니 소라고 바로 본 사람하고 비교한다면 어떻겠습니까?

『벽암록』 첫머리의 이 말이 무엇을 가리키는 것일까요?

여기에 아주 깊은 뜻이 있습니다. 어떤 깊은 뜻이 있느냐?

"바다 밑에서 연기가 난다."는 말입니다.

"흐르는 강물을 일시에 중단해서 흐르지 않게 끊어 막았지만 이미 보이지 않는 속에 물이 천 리나 흘러갔도다."라고 했습니다.

이런 것을 척 하니 바로 알면 그 사람은 돈오돈수가 되는 것입니다.

그러지 못한 분들이 '이것이 무엇일까?', '왜 불성이 없다고 했는가?' 하고 공을 들이는 것은 점수를 한다고 보아야 합니다. 이것은 마지막에 한번 깨달아서 다 해 마치려고 하는 것입니다.

"하나를 들으면 셋을 알고, 눈을 마주치면 벌써 몇 근이라는 것을 안다(擧一明三 目機銖兩)."라고 하는데, 이런 것은 전광석화와 같이 찰나에 바로 해결된다는 것입니다.

그렇게 되지 않으면 앉아서 부단히 공을 들여야 합니다.

『유마경』에 "정토를 얻고자 하면 마땅히 그 마음을 깨끗하게 하라. 그 마음이 깨끗함을 따라 불토가 깨끗하다."고 했는데, 부처님의 세계를 정토淨土라고 하고, 이 세상을 예토穢土라고 합니다.

이 세상이 더럽다고 하는 이유는, 중생들이 탐·진·치 삼독심과 오욕의 욕심으로 살아가기 때문에 정토가 될 수 없다는 것입니다. 편하지 않습니다. 그래서 이 사바세계를 고해苦海라 하고, 이 고해를 예토라고 합니다.

티 없고 욕심 없이 보살과 같은 마음을 쓰는 사람의 세계를 극락정토라고 하고, 욕심을 부리고 자기편의 위주로 살며 독단적인 때 묻은 마음을 쓰는 사람의 세계를 예토라고 합니다.

비구승이 300명도 안 되던 과거 정화 때는 공양을 하고 나서 대중공사를 하기 시작하면 어간에 있는 스님들이 돌아가며 한마디씩 이야기를 하는데 그때 당시에는 자기가 잘못하지 않았어도 대중 가운데 나와서 가사를 수하고 "제가 잘못했습니다." 하였습니다. 이것이 바로 부처님이고 보살입니다. 이것이 바로 조사입니다. 조사의 뜻 다르고 부처님의 뜻이 다른 것이 아닙니다.

요사이는 한두 명 이상 모여 앉기만 하면 남 안 좋은 이야기, 헐뜯는 이야기를 하는데, 이렇게 마음을 쓰는 세상이 더러운 예토라는 것입니다. 10년, 30년 쭈그리고 앉아 참선해도 그런 마음 하나 고치지 못하면 정토에 앉아 있는 것이 아니라 예토에 앉아 있는 것입니다.

본래는 정토고 예토고가 없는데 중생들의 보는 눈이 문제입니다. 전부 없어져서 천진하고 깨끗한 그 마음이라야 이 세상 어느 곳을 가도 정토입니다.

『유교경』에 이르되 "다만 마음을 한 곳으로 잘 단속하면 범부를 고쳐서 성인이 된다."라고 했는데, 이 세상 사람들이 마음을 잘 단속하지 못하고 있습니다.

자기를 억제하고 단속하는 것을 지금 우리가 해야 합니다. 우리 시대 모든 사람들이 시급히 해야 할 일이 바로 자기 마음을 단속해 나가는 것입니다.

"성인은 마음을 구하지 부처를 구하지 않는다(聖人求心不求佛). 어리석은 사람은 부처를 구하지 마음을 구하지 않는다(愚人求佛不求心)."고 했습니다.

어리석은 사람은 부처를 얻으려 하고 신을 얻으려 하는 등 바깥으로 무엇을 얻으려고 헤매는데, 지혜 있는 사람은 마음을 조복받고 다스리지 몸을 다스리지 않습니다. 기를 돌리거나 신선방술 같은 것을 하지 않는다는 소리입니다.

"필생必生이면 필멸必滅이다." 반드시 생生하면 반드시 멸滅하는 것이 철칙이고 진리입니다. 생과 멸을 떠나서 진리가 있는 것이 아닙니다. 생과 멸 그 자체가 영원하다는 것을 바로 보고 깨달아야 합니다.

생生이라는 것은 영원히 끝없이 생합니다. 멸滅이라는 것도 끝이 없이 무한한 것입니다. 끝나는 것이 없습니다. 그 생과 멸 자체가 영원한 줄 바로 보라는 것입니다. 생과 멸을 싹 없애고 다른 무엇인가를 얻으려고 하지 말고 바로 보고 바로 깨달아야 합니다.

멸이라는 것이 철칙이고 법입니다. 옷이 다 떨어지면 새로 만들어 입고 바꾸어 입는 것인데, 어리석은 사람들은 날로 죽어가는 이 몸뚱이에 집착해서 영원히 붙들어 두려는 공부를 합니다. 이것은 사마외도邪魔外道고 영원히 헛된 공부입니다.

우리들은 마음을 조복받아야 합니다. 일어나는 온갖 생각을 다스릴 줄 알아야 합니다.

"어리석은 사람은 몸을 다스린다."는 말은 "마음을 바로 보고 다스리라."는 말입니다. 우리 몸뚱이도 우리 마음을 잘 다스리면 건강해집니다. 마음이 무한대로 수양이 되고 다스려진 사람은 절대 화를 내거나 큰소리를 치지 않습니다.

고암 큰스님께서는 어떠한 일이 있어도 화를 내지 않으셨습니다.

고암 스님이 종정이시고 청담 스님이 총무원장이실 때, 청담 스님이 조계종을 탈퇴하신 적이 있습니다. 그러자 고암 스님이 가셔서 "이 조계종을 정화해서 세우신 분이 탈퇴를 하면 어떻게 합니까?" 하고 이야기하셔서 청담 스님이 조계종으로 복귀하셨습니다.

참선수행을 해서 마친 사람은 어떠한 일이 있더라도 화를 내지 않고 그 사람을 쓸어 담아서 가르치고 살립니다. 이러한 마음을 쓰기 위해서 공부하는 것이지, 그러한 마음을 쓰지도 못하면서 일생 동안 '무' '무' 하고 앉아만 있으라는 소리가 아닙니다. 공부하면 자신을 점검할 수 있습니다. 마음이 얼마나 넓어졌는지 또 이 마음을 잘 쓰고 있는지 알 수가 있습니다.

무엇인가 다른 모습을 보여줄 수 있는 것이 현실성 있는 공부입니다. 일생 동안 밥만 먹고 가만히 앉아서 '무' '무언고?' 하고 있는 것이 근본이 아닙니다. 얼른 자기의 마음을 뒤집어엎어야 합니다. 해결해야 한다는 말입니다.

'만법萬法은 유식唯識'이라는 유식사상에서는 만유萬有를 식識으로 나타내고, '삼계三界는 유심唯心'이라고 할 때는 마음(心)으로 만물을 나타냅니다.

그런데 '이 물건'은 본래 이름이 없습니다. 마음이라 할 때는 '마음'이라는 말로 표현했고, 유식법唯識法에서는 유식학적으로 드러내는 것입니다.

『불명경』에 말씀하시기를 "죄는 마음을 좇아서 일어나고, 다시 마음을 좇아서 없어진다."고 했습니다.

모든 사람들에게 죄가 다 있는데 이것은 마음을 좇아서 생기는 것이지 다른 곳에서 오는 것이 아닙니다. 그렇기 때문에 마음을 좇아서 죄가 없어지는 것입니다.

"그러므로 마음이 근본이 되니 여러분이 이러한 죄업의 굴레에서 벗어나고자 한다면 모름지기 근본을 알아라. 만약에 이 이치를 깨닫지 못하면 공연히 수고로움만 허비하게 된다."는 말씀입니다.

바깥 모양으로 구하고자 한다면 옳다고 할 것이 없습니다. 『선문경』에 "바깥 모양에서 구한다면 비록 수천 겁을 지날지라도 마침내 능히 이루지 못하리라."고 했습니다.

"안으로 돌이켜서 마음을 관조觀照하여 깨달아야 한다." 내 마음의 세계를 관조해서 깨달아야 거기에 영원히 편안한 자리, 영원한 안식처가 있다는 말입니다.

그런데 관觀이라고 하니까 여러분은 몸을 관찰하고, 마음이 나가고 들어가는 것을 보는 것을 관이라고 하는데, 그것이 아닙니다. 부처님이 말씀하신 관은 성성적적惺惺寂寂한 본심으로 일체 만물을 걸림 없이 큰 지혜로 비추어 보는 것입니다. 부처님의 큰 지혜, 이것이 올바른 관觀입니다. 우리 중생도 바로 이 관을 투득透得해야 합니다.

그리고 관법에 떨어져 있는 사람을 못 쓴다고 내버리지 않았습니다. 확실히 깨달은 사람은 관하는 사람을 일깨워서 깨달음의 세계로 가는 길을 열어 줍니다. 깊은 선정의 고요한 세계에 침잠해 있는 그 사람을 깨워 일으키는 것이 선지식입니다.

과거에 우두법융 선사는 고요한 세계에 빠져 있었고, 또 4조 도신 선사도 깨어나기 전에 그렇게 빠져 있었지만, 선지식이 일깨워서 깨닫게 해주었습니다. 문답을 해서 최고 대각의 차원에서 주거니 받거니 한마디 일러주니까 그 살아 있는 소리로 인해 죽음의 고요 속에 침잠해 있다가 뛰쳐나왔습니다. 이것이 중요한 것입니다.

오늘날 깊이 관에 빠져 있는 사람은 그 상태가 평생 공부한 자기 재산이기 때문에 버리면 죽는 줄 알고 그것에 대해 심각한 집착을 하고 있습니다. 공부를 하는 사람이 관을 잘못하면 고요에 집착하게 됩니다.

법우 스님 같은 분도 일생 동안 호흡을 해서 기를 돌리는 공부를 했는데, 앉은 상태에서 공중으로 떠오르기도 했습니다. 저도 그렇게 부양하는 것을 봤습니다. 스님인데도 그 공부를 하고 앉아 있었습니다. 고봉 스님이 그 분에게 가서 아무리 타일렀지만, 도리어 고봉 스님에게 "네가 외도지 내가 왜 외도냐?" 하면서 천길만길 뛰었습니다. 고봉 스님이 "내 물어보자. 삼을 한 짐 지고 삼십 리를 가다가 금덩어리를 발견했을 때, 삼을 내어 버리고 금을 지고 가야 할 것이 아닌가?" 하니까, 오히려 "네가 외도며 그런 사람이지, 나는 아니다." 하면서 펄쩍 뛰었습니다. 평생 그러면서 아무것도 얻은 바가 없었습니다. 처음부터 공부의 길을 잘못 든 것입니다.

본래 깨달아 있는 이 마음, 말하자면 불성인데, 바로 여기 이 자리에 대한 소식을 턱 하니 전해주면 척 하니 듣고 깨달으면 되는 것입니다. 그런데 그 말을 해줘도 안 되는 것은 오랜 세월 동안 딴짓을 많이 해서 그 그림자가 수미산같이 가로막고 있기 때문입니다. 그러니 이 말이 들어가지 못하는 것입니다.

더구나 이 공부를 하려고 용기를 내고 애를 써야 할 것인데 아미타불염관, 관법, 옴마니반메훔 주력 같은 것으로 빠지는 것입니다. 그렇게 빠지는 것은 절대 잘못된 것입니다. 화두 공부는 바로 들어가려는 것인데, 바로 들어가는 길을 내던지고 딴 데로 갔으니 천만 년 해도 힘들 수밖에 없습니다.

또 한 가지, 화두선을 하는 분은 현실적으로 당장 눈앞에 영험이 나타나고 효과가 나타나는 것을 바라지 말아야 합니다. 그런 것을 바라는 사람은 공부하는 사람이 아닐뿐더러 깨닫지도 못합니다.

만공 스님도 참선하다가 '깨달았다. 천하에 내가 제일이고 내가 부처이다'라고 하는 경계에 걸려 있을 때, 경허 스님을 만났기 때문에 바로 잡아진 것입니다.

"천상천하에 모든 것이 부처라, 부처 아닌 것이 없다."고 만공 스님이 말했을 때, 경허 스님이 불러서 "천상천하에 모든 것이 부처라면, 어째서 '눈이 있는 돌사람은 눈물을 흘리고, 말없는 동자는 탄식을 한다(有眼石人齊下淚 無言童子暗嗟噓)'고 했느냐?" 하고 물었습니다. 그 말에 만공 스님이 대답하지 못하고 꽉 막혔습니다.

공부를 하다가 어떤 경계가 나타나면 근기가 미약한 사람은 백이면 백 모두 그것에 속게 되어 그 엄청난 기운의 희열, 기쁨에 춤을 추고 날뛰게 되는데, 이것을 바로 잡아주는 데에 선지식이 필요한 것입니다.

화두를 참구하다가 뭐가 환히 보이지 않나, 얼른 깨달아지지 않나, 경계가 나타나지 않나 하는 생각을 하고, 의식적으로 표가 있기를 바라면 그 사람은 공부가 나아가지 못합니다. 전혀 표시가 없어야 합니다.

점점 해나갈수록 아는 것도 다 없어지고 깜깜해져야 됩니다. 만약 아는 것이 조금씩 나타난다면 그 사람은 아는 것에 취해서 다시는 더 나아갈 길이 없고 거기에 떨어지게 되어 있습니다. 그래서 공부하는 사람은 서울에 도착할 때까지는 본 것도 없고, 표도 없어야 한다는 말입니다.

이 공부는 철저히 해서 깨닫는 것이 중요합니다. 지금은 점수돈오漸修頓悟를 하고 있다고 봐야 합니다. 돈수돈오를 못하니까 점수돈오를 하는 겁니다. 나무를 쪼아 나가다가 한 번에 넘어뜨린다는 것입니다. 돈오하면 다 될 수 있습니다. 소승적으로 조금씩 닦아 들어가는 것이 아닙니다.

"안으로 나를 관조해서 깨달아라."고 했는데 여기서 관조觀照라는 것은 곧 의심관疑心觀을 말합니다. 깊이 의심을 해서 관하라는 말이지 그냥 가만히 관을 하고 들여다보라는 말이 아닙니다. "도대체 무엇일까?" 하고 의심관을 하라는 말입니다.

그렇게 해나가면 한 생각 찰나에 바로 보리菩提를 증득한다고 했습니다. 여기서 보리라는 것은 열반, 생사가 없는 영원히 편안한 곳을 말하는데, 이 자리를 바로 증득한다는 소리입니다.

참선하는 것이 바로 그것입니다.

화두를 들고 "무엇일까?", "왜 불성이 없다고 했을까?" 하고 깊이 공을 들이고 애를 쓰는 사람은 뛰어넘을 수 있습니다.

『화엄경』에 비유를 잘 해 놓았습니다. 엄청나게 높은 벼랑에서 쏟아지는 폭포를 거슬러 올라가면 용이 되는 용문 폭포가 있는데, 피라미나 미꾸라지 같은 작은 물고기가 용이 되려고 시도를 하지만 다 떨어지고 맙니다. 그러나 잉어는 그 거센 물살을 차고 용문에까지 올라갑니다.

여러분도 바로 그와 같은 힘을 들여야 합니다. 화두를 드는 것이 바로 그것입니다. 그러므로 여러분이 곧 잉어입니다. 사자입니다.

온몸의 힘을 끌어 모아 단번에 차고 올라가듯이 화두 드는 것을 강력하게 공부해야 합니다. 그냥 어렴풋하게 앉아서는 하다가도 서서는 금방 잊어버리고 온갖 것에 참견하고 할 소리 다 해서는 일생 이 문중의 시주밥만 축내고 잔뜩 빚만 지게 될 것이니 나중에 어떡할 것입니까?

여러분이 하룻저녁만 힘을 들이면 즉시 됩니다. 이렇게 간절한 마음으로 하면 되는데, 그냥 느슨하게 망상 나오면 망상 따라가고 잠이 오면 잠 따라가고 하면 안 됩니다. 남자나 여자나 이 공부 하는 사람을 모두 출격장부라고 했습니다. 대장부로 태어나서 아주 철저하게 해보십시오.

대주선사어록을 보면 우리가 하고 있는 일체 제반사가 결코 근본적인 것이 아니라 지엽적인 일이며, 우리는 이 세상사에서 영원한 안심입명처安心立名處, 즉 해탈의 열반세계를 모르고 살아갈 뿐이라고 합니다.

우리가 살아가는 가운데 꼭 해야 할 일은 바로 나의 마음을 돌이켜서 깊이 비추어 꿰뚫어보는 것, 관조觀照입니다.

그러기 위해서는 정定이 중요합니다. 이 정을 거치지 않고는 우리 중생들이 무진겁 이래로 쌓아온 수미산과 같은 업을 몰록 녹일 수가 없습니다.

일체 중생의 탐·진·치 삼독심과 오욕락의 물든 생각을 독毒이라고 하는데, 이 마음의 독이 우리로 하여금 안심입명처에 도달하지 못하게 하고, 정을 이루지 못하게 하며, 깨닫지 못하게 합니다.

중생들의 삼독심과 오욕락으로 물든 생각, 온갖 번뇌망상을 빼내는 길은 오직 유일하게 정定뿐이라고 했습니다.

어느 스님이 아침이면 공양을 마치고 강가로 포행을 나갔는데, 갈 때마다 그 강가에 한 큰스님이 가만히 앉아 있었습니다. 스님이 조금 일찍 강가로 나가더라도 그 큰스님은 이미 강가에 먼저 와 앉아 있었습니다. "저 큰스님이 어떻게 나보다 먼저 저렇게 나와서 앉아 있나?" 하고 궁금하여 어느 날 두 시간가량 미리 나가서 보니 큰스님이 없었습니다. 그래서 큰스님을 기다리는데 어느 순간 홀연히 흔적도 없이 강가에 큰스님이 나타나 앉아 있는 것입니다.

스님이 선정에 들어가서 보니 그것은 바로 큰 잉어가 강가로 나와서 선정을 익히고 있는 것이었습니다. 선정을 익히고 있는 잉어가 잉어의 모습으로 보이는 것이 아니고 큰스님의 모습으로 보이는 것입니다. 그 잉어가 선정을 익히는 이유는 용문 폭포를 타고 올라가서 용이 되기 위해서입니다. 정력定力을 익히지 않고는 그 폭포를 타고 올라갈 재간이 없기 때문입니다. 폭포를 거슬러 타고 올라갈 수 있는 힘은 정력定力에서 나온다는 것입니다. 이 정력이야말로 일체를 다 이룹니다.

그 잉어가 이 정력을 익힌 다음에 엄청나게 쏟아지는 폭포를 타고 뛰어올라가서 용이 되는 것입니다. 용이 되면 비로소 축생의 몸을 버리고 사람이 되는데, 사람 몸으로 나오되 나라의 왕이 됩니다.

용이 된다는 말은 여의주를 얻어서 풍운조화를 마음대로 부리고 모든 것을 여의자재하게 이룰 수 있다는 말입니다. 그런데 이 여의주는 일체 중생이 다 가지고 있는 것입니다.

용이 되어서 여의주를 마음대로 쓴다는 것은 해탈을 했다는 소리입니다.

참선을 통해 정을 익혀 정력의 힘이 커졌을 때 무량겁 이래로 쌓아 온 무성한 잡초 같은 망상이 일시에 거꾸러지고 없어져서 마음의 무한한 대지혜 광명이 밖으로 발산됩니다.

우리가 참선을 하면서 '무엇일까?' 하고 의심을 관하는 것은 정의 힘을 키우는 것입니다. 정력의 힘을 30분, 1시간 밀고 나가서 그 정의 힘이 커졌을 때 크게 깨닫는 것입니다.

이 정을 익히기 위해 부처님도 오랫동안 공부를 하셨고, 달마 스님도 9년 동안 하셨으며, 남악회양 선사도 8년, 그 밑의 마조 스님도 8년 동안 앉아서 공부하여 정력을 익혔습니다.

그런데 정이 없이 혜각慧覺이 나올 수도 있습니다. 과거나 현재에 정력을 익히지 않았어도 깨닫는 수가 있는데, 그런 깨침을 간혜乾慧, 즉 마른 지혜라고 합니다. 이는 견성의 얕은 지혜가 나온 것으로 강력한 정력의 힘이 없기 때문에 어떤 일에 부딪혔을 때 지혜를 크게 발휘하지 못합니다.

완전한 정의 힘이 곧 일체를 해결합니다.

중국의 6조 혜능 스님과 남악회양 스님, 마조 스님은 선가에 일대 개혁을 일으킨 분들입니다.

당시 공부하는 사람들이 가만히 좌선하는 것을 근본으로 삼고, 선정을 익히는 것이 제일이라고 하여 이것이 하나의 관례가 되었습니다. 이를테면 사회의 모든 일을 내던지고 공부만 하려는 풍조가 형성된 것입니다.

이러한 선가의 풍조를 일신하여 개혁한 이유는 속세의 사람이나 절의 사람이나 일체사를 내던지고 조용한 곳을 찾아들어가서 공부하는 것을 최고로 여기다 보니 불교의 가르침이 대중화와 보편화가 되지 않고 몇몇 사람만 할 수 있는 쓸모없는 것이 되는 악폐단이 생긴 것입니다.

그래서 6조 혜능 스님은 강력히 주장을 했습니다.

"정定이라는 것은 앉아서 가만히 있는 것만 정이 아니다. 일체 움직이고 행동하는 것이 그대로 정이고, 행주좌와 어묵동정行住坐臥 語默動靜 이대로가 바로 정이고 또한 지혜이다. 일하고 행동하면서 항시 공부하는 동중動中 공부를 익혀야 한다."고 말씀하셨습니다.

정이라는 것을 앉아서 좌선하는 것이라고 집착하지 말고, 움직이는 속에서도 철저하게 화두를 챙길 줄 알아야 한다는 것입니다.

"망념이 나지 않는 것을 선禪이라 하고, 앉아서 본성을 보는 것을 정定이라고 한다."라고 했습니다.

조사스님들께서는 "무생무멸 여래청정선 제법공적 여래청정좌無生無滅 如來淸淨禪 諸法空寂 如來淸淨坐", 즉 남도 없고 멸함도 없는 것이 여래의 청정선이며, 일체의 법이 공적한 것이 여래의 청정좌淸淨坐라고 말을 합니다.

선禪이라는 것은 아주 시끄러운 시장 같은 곳에서도 내 마음이 요동함이 없이 어느 곳에서도 자신을 잃지 않고 항상 성성여여한 경계를 말합니다.

좌坐라는 것은 앉는 것만 말하는 것이 아니라 청산부동靑山不動이라, 즉 단풍잎 하나가 흐르는 물에 떨어져서 물결 치는 가운데 흘러간다 하더라도 단풍잎은 단풍잎 그대로 자신을 유지하고 있는 것과 같습니다. 그러니까 일체 모든 경계에 부딪혀서 내 마음이 움직이지 않는 그 자리가 바로 여래의 청정좌라는 말입니다. 꼭 자리에 앉는 모양에만 집착하지 말라는 것입니다.

선방에서 좌선할 수 있는 시간이 주어진다면 앉아서 철저하게 공부를 지어가야 합니다. 자리에 앉는 것만 좌선이고 밖으로 돌아다니는 것은 좌선이 아니라고 분별 망상을 하고 다녀서는 안 됩니다. 밖에 나가더라도 화두를 들고 앉아 있을 때처럼 틈이 없이 챙기라는 소립니다. 그렇게 하는 것이 참으로 공부하는 자세입니다.

"구경究竟에는 증득할 것이 없다. 어찌 앉는다고 하겠는가." 하였습니다.

옛날 장경 선사는 20년을 아무것도 하지 않고 방석 7개가 완전히 구멍 날 정도로 오롯이 좌선을 했건만 견성하지 못했습니다.

그러다 어느 날, 방문 앞에 내려놓은 발을 걷어치우는 순간에 천하를 보고 홀연히 크게 깨달아 더 닦아 증득할 여지가 없어졌다고 합니다. 이에 선사는 게송을 읊었습니다.

내가 크게 그르치고 그르쳤도다.
발을 걷어 올리는 데에서 내가 천하를 보았다.
어떤 사람이 나에게 무슨 종이냐고 묻는다면
내가 불자를 들어 그의 입을 쳐버릴 것이니라.

그러나 우리는 장경 선사의 말을 잘 알아들어야 합니다. '그러면 선방에 앉아서 좌선할 필요가 없지 않느냐?'고 생각해서는 큰 오산입니다. 꼭 어느 하나를 찍어서 이것만을 해야 한다고 고집하지 말라는 소리입니다.

"망념이 나지 않음을 선이라 하고, 앉아서 본성을 보는 것을 정이라 한다. 본성이라는 것은 너의 남이 없는 마음(無生心)이다."라고 했습니다.

무생심無生心을 알기 위해서는 성품 자리를 알아야 합니다. 깨닫기 이전에는 이름으로만 '무생심'이라고 아는 것입니다.

'남(生)이 없다'고 하니 저 나무나 돌처럼 아무것도 하는 것 없이 가만히 있어야 하는 것인가 하고 생각할 수도 있을 것입니다. '남(生)이 없는 마음'이라는 것이 도대체 무엇일까요? 그것은 곧 여러분의 성품이라는 소리입니다.

그러면 성품이라는 것은 또 무엇인가?

성품이라는 것은 나고 죽는 생사가 없는 것이며, 삼도팔풍三途八風

도 없는 것입니다. 세상 사람들은 팔풍八風 속에서 살고 있으며, 팔풍이 사바세계 사람들의 살림살이지만 정을 이루면 이러한 팔풍에 절대 흔들리는 바가 없습니다.

깊은 정定이 이루어진 사람은 곧 부처님의 자리에 들어간다고 하였습니다. 이러한 사람을 해탈했다고 하고, 피안에 이르렀다고 합니다. 삼계육도를 뛰어넘어 부처님의 대정력, 대지혜를 다 갖추어 이 세상 무엇으로도 덮을 수 없는 큰 힘을 가진 보살, 한량없는 힘을 가진 높은 분, 이것이 바로 대장부입니다.

오온십팔계五蘊十八界가 무너져서 청정본성을 증득한 자리는 대무심大無心의 자리며 영원히 부동한 마음, 부동심不動心이요 대정大定입니다.

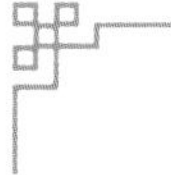

第二

본래 마음

문 | 마음은 어느 곳에 머물러야 합니까?
답 | 머무르되 머무르는 곳이 없는 데에 곧 머문다.

문 | 머무르는 곳이 없다는 것은 무엇을 말합니까?
답 | 일체처에 머무르지 않는 것이 곧 머무르는 곳 없이 머무는 것이다.

문 | 어떠한 것을 일체처에 머무르지 않는 것이라 합니까?
답 | 일체처에 머무르지 않는다는 것은 선과 악, 있음과 없음, 안과 밖과 중간에 머무르지 않는 것이다. 공空에 머무르지 않으며, 공이 아닌 데에도 머무르지 않고, 정定에 머무르지 않으며 정이 아닌 데에도 머무르지 않는다. 이것이 일체처에 머무르지 않는 것이다. 단지 일체처

에 머무르지 않는 것이 곧 머무르는 것이다. 이와 같은 것을 얻은 자를 일컬어 무주심이라 한다. 무주심이 곧 불심이다.

문 | 그 마음은 어떤 물건과 같습니까?

답 | 그 마음은 푸른 것도 아니요 누런 것도 아니며, 붉은 것도 아니요 흰 것도 아니며, 길지도 않고 짧지도 않다.

가는 것도 아니요 오는 것도 아니며, 더러운 것도 아니요 깨끗한 것도 아니다. 나는 것도 아니요 죽는 것도 아니다.

담연상적하다. 이것이 본래 마음의 형상이니라.

또한 이것이 본래 몸이며, 본래 몸이 곧 부처님 몸이니라.

問 心住何處卽住

答 住無住處卽住

問 云何是無住處

答 不住一切處 卽是住無住處

云何是不住一切處

答 不住一切處者 不住善惡有無內外中間

不住空 亦不住不空 不住定 亦不住不定 卽是不住一切處

只箇不住一切處 卽是住處也 得如是者 卽名無住心也

無住心者是佛心

問 其心似何物

答 其心不靑不黃 不赤不白 不長不短 不去不來 非垢非淨 不生不滅

湛然常寂

此是本心形相也 亦是本身 本身者卽佛身也

◉

대부분 사람들은 "사대로 구성된 이 몸은 허망하고 무상해서 흩어지지만 이 마음을 바로 알면 곧 생과 멸이 없는 것이다."라고 말합니다.

『금강경오가해金剛經五家解』 서문에서 함허득통 선사가 "유일물어차有一物於此하니 절명상絶名相이로다, 즉 여기 '한 물건'이 있으니 이름도 모양도 없다."라고 했습니다.

인도의 아트만 사상, 즉 브라만 사상도 "태초에 신성한 '한 물건'이 있으니 불생불멸한다. 이 자리를 아는 현자는 이 세상을 떠날 때에도 불멸의 존재가 된다."고 했습니다.

여기서 똑같이 '한 물건'이 있다고 했습니다. 그러나 부처님 사상과 아트만 사상은 절대적으로 다릅니다. 다른 점을 확실히 알아야 합니다.

아트만 사상의 힌두교나 회교, 그리고 기독교 사상, 또 태초에 한 기운이 있었다(太初混沌一氣)고 하는 노자의 '변전설' 등 세상의 모든 종교가 분명히 무언가 '하나'가 있다고 합니다.

그러나 부처님은 이것을 깨고 나온 분입니다. 이 '하나'를 부처님은 깨버리는 것입니다. "하나라는 것이 도대체 어디 있느냐? 없다."고 한 것이 무아無我사상입니다.

이 무아사상을 바로 알면 견성이지요. 더 할 것이 없습니다.

이 무아사상에 대해 당시 사람들이 "그러면 이 현실에 존재하는 것은 무엇입니까? 눈앞에 사물이 분명히 존재하는데 왜 자꾸 없다고 합니까?" 하며 부처님께 따졌습니다.

이에 대해 부처님께서 연기설緣起說로 대답하시기를 "눈앞에 있는 모든 것이 있는 듯하지만 절대적인 무언가가 있는 것이 아니니라. 현실에 존재하는 것은 홀로 존재하는 것이 아니라 지수화풍地水火風의 네 가지 원소가 인연에 따라 모이고, 색성향미촉법色聲香味觸法의 육경과 색수상행식色受想行識의 오음이 인연에 적취되어 하나의 형상을 이룬 것이지만 이것을 확실히 꿰뚫어 보면 그 자체가 공한 것이다. 뚜렷하게 고정적으로 존재하는 것은 없다."고 하셨습니다. 심식心識이라는 자체가 홀로 있는 것이 아니라 반드시 색성향미촉법의 대상을 만나 존재하게 됩니다. 육경이 없으면 육식이 없는 것입니다.

부처님은 바로 이것을 파헤쳐 보이셨습니다. 이것이 다른 것입니다.

인도의 부처님이 하나도 존재하지 않게 부수어서 없애버린 그것에 대해 중국에서는 '본래무일물本來無一物'이라고 하여 6조 스님, 33조사, 마조 스님, 백장 스님, 조주 스님 같은 분은 한 치도 어긋나지 않았습니다.

3조 승찬 대사僧璨大師가 "지극한 도는 말로 논할 수 없다. 그런데 역대 기라성 같은 학자들은 절대적인 그것, 즉 지극한 이 도를 말로써 표현하려고 하니 참으로 우습다. 그것을 말로 드러내어 절대적인 무엇이 있다, 신이 있다는 등 고정적으로 무엇을 내세우는 것은 천리만리 어긋나는 줄 모르고 공연히 그리하는데 그것을 간택이라 한다. 다만 미워하고 사랑하는 두 가지가 없으면 확연히 허공처럼 명백하다. 즉 지도무난하고 유혐간택하니 단막증애하면 통연명백이니라(至道無難 唯嫌揀擇 但莫憎愛 洞然明白)."라고 말했습니다.

이에 대해 조주 스님은 "나는 허공처럼 밝은 것, 통연명백洞然明白도 주장하거나 머무르지 않고 배격하거늘 무엇을 드러내려 하느냐? 나는 모른다."고 하였습니다.

조주 스님의 말에 대해 어느 학인이 "스님은 모른다고 하시고 말로 드러낼 수 없다고 하면서 왜 '나는 통연명백에도 머무르지 않는다'고 말을 합니까?" 하고 묻습니다. 꼬리를 잡고 시비를 거는 겁니다. 다른 스님들이 무엇인가 드러낸 것을 치면서 '통연명백에도 머물지 않는다'는 말을 왜 드러내느냐는 것입니다.

이에 대한 조주 스님의 대답이 걸작입니다.

"자네는 논리적인 이야기를 좋아하는구먼. 기왕 왔으니 절이나 하고 물러가게나."

오늘날 우리 학자들이 중국에는 인도의 선과는 다른 중국의 선이 있었다고 하는 경우가 있는데 그것은 잘 모르고 하는 소리입니다. 여러 가지 점수의 길보다는 간결하고 요결하게 단도직입적으로 간단하게 바로 들어가는 공부를 제시하였습니다.

부처님께서도 "없지만 그러나 아주 없는 것은 아니다. 있으나 아주 있는 것은 아니다." 하시면서 부정에서 긍정으로 말씀하셨습니다.

"그러면 무엇입니까?"

"그것은 '아뇩다라삼먁삼보리'지. '반야바라밀'이고 '각성'이지."

"언젠가는 아니라고 하더니 다시 '각성'이라 하고 '반야바라밀'이라 합니까?"

"'반야바라밀'이라는 것은 이름이 '반야바라밀'이지 '반야바라밀'이 아니니라."

그리고는 쏙 빠져버립니다.

이것이 바로 "머무르되 머무는 바가 없는 곳에 곧 머무는 것(住無住處卽住)"입니다. 마치 파도를 타는 둥근 공과 같고 사시절四時節에 머물지 않는 밝은 달과 같습니다. 빙글빙글 돌아가는 물레방아처럼 돌아가기도 하고 돌지 않기도 하는 것이 동정動靜이 일원一源이며, 청정본성은 머문 것이 곧 머무름 없는 것이며 머무르고 머무름 없는 것이 곧 머무는 것이니 무유정법無有定法입니다.

"일체처에 머무르지 않는다는 것(不住一切處)"은 "선善이라고 하는 데에도 머무르지 않고, 악惡이라고 하는 데에도 머무르지 않으며, 유물사상에도 머무르지 않고, 무물사상에도 머무르지 않는다."고 했습니다.

세상 사람들은 전부 자신의 사상이 있고, 나름대로 내세우는 하나가 있습니다. 그러나 여기에는 그러한 데에 머무르는 것이 아니라고 했습니다.

"그러면 중간에 머무르는 것입니까?" 하고 묻는 데에 대해서 "중간에도 머무르지 않는다."고 했습니다.

보통 어떤 경전을 강의할 때 그것을 중도실상中道實相이라고 드러내어 말씀을 합니다. 그러나 대주어록에는 "중간이라는 이름을 붙일 수도 없다. 가운데 머무르는 것도 아니다."라고 하고 있습니다.

"또한 공空에 머무르는 것도 아니다." 공해서 일체가 없다는 공의 사상에 머무르는 것도 아니고, 공사상이 아니라고 하는 데에도 머무르지 않습니다.

계정혜 삼학에서 공부를 하여 화두가 순일하게 되어 편안한 마음 하나로 모아졌을 때를 안정이라고 하는데, 이러한 정이라고 하는 데에도 머무르지 않고 또 정이 아니라고 하는 데에도 머무르지 않습니다. 이것이 모든 곳에 머무르지 않는 것이고, 다만 일체 모든 곳에 머무르지 않는 것으로 머무르는 것입니다.

이와 같은 것을 머무름이 없는 마음, 즉 '무주심無住心'이라고 하며, 머무름이 없는 마음이 부처님의 마음입니다.

대주 선사는 "그 마음은 어떤 물건과 같습니까?"라는 물음에 대해 "그 마음은 푸른 것도 아니요 누런 것도 아니며, 붉은 것도 아니요 흰 것도 아니며, 길지도 않고 짧지도 않다. 가는 것도 아니요 오는 것도 아니며, 더러운 것도 아니요 깨끗한 것도 아니다. 나는 것도 아니요 죽는 것도 아니다. 담연상적湛然常寂하다. 이것이 본래 마음의 형상이니라. 또한 이것이 본래 몸이며, 본래 몸이 곧 부처님 몸이니라."라고 답변하셨습니다.

이 대목에서 "담연상적이 무엇입니까?" 하고 조금 더 물었으면 좋았지 않았나 하는 생각이 드는데, 여기에서는 '담연상적'이라는 말로 일단 끝을 맺었습니다. '담湛'은 허공처럼 맑고 고요하고 깨끗하다는 뜻입니다. 진여자성청정심眞如自性清淨心을 말하는 것입니다.

그러면 만약 "담연상적이 무엇입니까?" 하고 물으면 무엇이라고 대답하겠습니까?

"경동천지驚動天地, 하늘과 땅이 뒤집어지는 소리를 내는구나."라는 말로 대답한다면 어떨까요?

"비로자나 부처님 세계 안에서 먼지가 태산같이 들고 일어나는구나."라고 하면 어떻겠습니까?

잘 생각해 보면, 눈이 있는 분은 판단할 것입니다만 이것은 판단하기가 상당히 힘들 겁니다. 그러니 공부해서 판단할 일입니다.

꽃이 활짝 폈을 때 그 꽃이 무엇을 말하고 있습니까?

"성전미어전 묵연안미소聲前未語傳 默然眼微笑라, 말 없는 속에 말을 전하고, 소리 없는 속에서 소리를 전한다."고 합니다.

그러한 차원이라면 머무르는 것이 없습니다. 머무름이 없다는 것은 백두산 천지 못이 한번 솟아난 후에 그냥 있음으로 인하여 마르거나 썩는 것이 아니라 새로운 물이 끊임없이 항상 솟아나는 것과 같습니다.

우리 인생도 머무르지 말아야 한다는 말이 있습니다. 머무르는 사람과 머무르지 않는 사람은 그 마음이 얼굴에 나타납니다.

머무르는 사람은 어딘지 모르게 얼굴에 수심이 있고 편안하지 않습니다. 반면에 머무르지 않는 사람은 툭툭 털어내어 즉각 해결하고 흐름을 따르며 늘 생동하는 사람입니다. 악한 사람도 접하고 착한 사람도 접하고 온갖 사람을 다 접하고 온갖 산천경계를 다 접하더라도 만나고 보는 것을 절대 반대하지 않습니다. 흐름을 따르되 어떠한 것이 오더라도 반대하지 않고 그대로 안고 맞이하면서 절대 쌓아두지 않습니다.

담연상적하기 때문에 전혀 미동이 없습니다. 경계에 속지 않습니다. 누가 나를 조금 칭찬하고 대우해 준다고 해서 좋아하지도 않고, 나를 나쁘다고 비난한다고 해서 화가 나지도 않는다는 말입니다. 이 말이나 저 말이나 전혀 미동이 없는 것을 담연상적하다고 합니다.

머무르는 것이 없어야 되며, 어떤 경계에도 속지 않아야 합니다. 선방에 10년, 20년, 30년 다닌 수좌라고 해도 이것 하나 해결하지 못하는 경우가 많습니다. 누가 뭐라고 하면 단번에 얼굴이 달아올라 큰 일이라도 낼 것처럼 들고 일어납니다. 그러나 그중에는 푹 쉬어서 누가 날 이러거나 저러거나 마음이 오가지 않는 사람이 있는데, 그런 사람은 참 공부를 잘 하는 분이라고 할 수 있습니다.

과거에 대위산에 있는 위산영우 선사가 천하 도인이라고 하니까 덕산 스님이 조그만 걸망을 짊어지고 위산 스님 회상으로 찾아갔습니다.

어느 절이라도 절을 방문하면 조실스님을 찾아보는 것이 상례인데 덕산 스님은 법당으로 요사채로 경내를 빙빙 돌기만 하더니 "와서 보니, 뭐 있는 줄 알았는데 없어." 하고 말하고는 다시 떠나는 겁니다.

가다가 '내가 너무 경솔했나? 한 번쯤은 떠보아야겠다'고 생각하고 다시 찾아가서 방장스님인 영우 스님을 찾아갔습니다.

척 하니 들어가서 방석을 번쩍 들어 "화상和尙" 하고 갖다 대니까, 영우 스님이 걸어 놓은 불자拂子를 잡으려고 손을 뻗었습니다. 순간, 덕산 스님이 "악!" 하고 소리를 질렀습니다. 그러고는 걸망 지고 뒤도 돌아보지 않고 유연히 가버렸습니다.

영우 스님이 시자에게 묻습니다.

"시자야, 아까 왔던 중이 지금 어디 있느냐?"

"짐을 지더니 뒤도 돌아보지 않고 쏜살같이 갔습니다."

"그 사람이 상식적으로 불교를 논하는 것은 아주 반대할 것이고, 저 높은 산봉우리에서 조사를 치고 부처를 치는 훌륭한 사람이긴 한데, 그렇게 독자적으로만 살아갈 사람이네."

그 후에 설두 선사가 위산 스님이 시자에게 한 소리에 대해 "웃기고 있네. 설상가상雪上加霜이구먼."이라고 했습니다.

설상가상이란 엎친 데 덮친 격이라는 소리인데, 설두 스님의 설상가상이라는 말이 누구를 두고 하는 말이겠습니까? 덕산 스님이 떠난 후에 위산 스님이 왜 군더더기 소리를 덧붙이느냐고 설두 스님이 한마디 한 것입니다.

여기에 보면 그 행적이 다 드러나 있습니다.

머무르지 않습니다.

그 분들이 어느 곳에 머물렀다면 그와 같은 즉각적인 해결이나 그러한 처세가 나오지 않습니다. 그러나 중생들은 모두 어느 한 곳에 머물러 있습니다.

청매 조사 같은 분은 머무르지 않는 삶을 살았습니다.

조선 시대에는 많은 스님들이 잡혀가서 죽었습니다. 스님 복장으로 지나가면 신고해서, 스님은 처형되고 신고한 사람은 상을 타기 때문에 스님들이 먹물 옷을 입을 수가 없었습니다. 그래서 청매 스님 같은 분은 지리산에서 흰 바지저고리를 입고 살았는데 혼자 살면 의심을 받기 때문에 부인을 얻었습니다.

그리고 매일 똑같은 일상이 펼쳐지는 겁니다. 낮에는 온종일 밭 매고 밤에는 새끼를 꼬아 짚신을 삼으면서 한결같이 지냅니다. 그 한결같은 마음을 담연상적하다고 해요. 아무 조작도 없고 그대로 진실하게 사는 겁니다.

그런데 그 부인이 마을 사람들이 사는 모습을 보니 아기자기하게 인정을 나누며 사는 것이 좋아보여서 자신도 그렇게 살고 싶어 그만 집을 나가 버렸습니다. 여자는 나가면서 집의 유일한 재산인, 스님이 귀목나무를 다듬고 옻칠을 해서 차 마실 때나 물을 떠서 마실 때 사용하는 표주박을 가지고 갔습니다.

그 여자가 동네에 나가서 한 홀아비하고 살아볼까 하고 접근을 해도 아무도 쳐다보지 않는 겁니다. 1년 동안 다녀도 피곤하기만 하고 뜻대로 되지 않자 '그래도 산에 있는 그 영감이 제일 낫다'는 생각이 들었습니다. 야단치지도 않고, 시비하지도 않고 늘 한결같이 대해 주니까 좋은 생각이 들었습니다.

다시 가야겠다고 돌아오는 길에 냇가에 다섯 남자가 목욕하고 있는 것을 보고 '내가 저 남자들이 보이는 곳에서 옷을 벗고 목욕을 하면 설마 나를 유혹하는 사람이 있겠지' 생각합니다. 그래서 옷을 벗고 목욕을 하는데 남자들이 그 여자를 보기는 하되 목욕한 후 전부 그냥 가버리는 겁니다. '마지막 수단을 썼는데도 실패구나' 생각하고 아주 실망해서 어떻게 오는 줄도 모르고 청매 스님이 있는 토굴로 돌아왔습니다.

토굴에 와서는 "영감, 나 왔어요." 하니 청매 스님이 말하기를 "어디 갔다 왔소? 어째 왔소?" 하는 겁니다.

"어째 오기는 어째 와요. 살라고 왔지요."

"아, 그래. 그러면 살아야지. 그런데 가져갔던 내 표주박은 어쨌소?"

"내가 길거리에다 내버리고 왔는데 그런 건 뭐하려고 찾습니까?"

"그곳에 가면 있을 테니 한번 가보게."

"사람이 많이 다니는 곳이라 없어졌을 텐데요."

"글쎄, 가봐."

그래서 가보니 표주박이 길거리에 그대로 있는데 사람들이 그 좋은 표주박을 보고도 아무도 가져가지 않는 겁니다. 그래서 가져와서 "아니 영감, 이것이 아주 좋은 것인데, 왜 사람들이 보고도 안 가져가지요?" 하고 물어 봅니다.

"여보게, 내가 무진겁을 두고 남의 물건을 훔쳐 도둑질한 일이 없는데 사람들이 내 물건을 가져갈 턱이 있는가?"

청매 선사는 '담연상적'하여 누가 보아도 태산부동한 것 같고 허공 같아서, 한결같이 그대로 지내는 모습이 누가 보아도 좋아 보였습니다.

생악 선사라는 분 역시 천하의 도인인데 청매 선사와는 반대였어요. 생악 선사도 빨래시봉으로 마누라를 얻었는데, 금이야 옥이야 불면 꺼질까 하고 어떻게나 부인에게 잘하는지 마을 사람들이 볼 때 자기들이 아무리 애정을 잘 나눈다고 해도 '저 분에게 비하면 아직 멀었구나' 하고 생각할 정도였습니다. 마누라를 위하고 생각하는 것이 그렇게 지극할 수가 없었습니다. 마을 사람들이 생악 선사가 부인에게 하는 것을 보고 자신의 행동을 반성해서 자기 부인에게 잘하기도 했습니다.

생악 선사의 생활을 보면 탈속한 도인이라는 표시가 전혀 없었습니다. 부인이 빨래하고 나서 빨래 짊어지고 가라고 하면 두말 않고 그렇게 하는 등 마치 종처럼 잘하고, 혹 부인이 옆집에 볼일을 보러 가면 그 사이를 못 참고 자꾸 찾아가서 언제 오느냐고 졸라대니 마을 사람들이 생악 선사를 보기에는 도인이 아니라 속인보다 더한 속물처럼 보였습니다.

어느 큰스님이 나를 보고 "청매 선사가 도인으로서 모양을 잘 나투고 사는 것인가? 그렇다면 속물보다 더 속물같이 사는 생악 선사는 영 시원찮은 것인가? 어느 쪽이 더 나은가?" 하고 물었습니다.

이 물음은 공부를 잘 해서 안목이 난 사람이 아니고는 판단하기가 힘듭니다. 보통 사람들은 '도인은 어떤 것이다' 하고 고정관념을 갖고 있기 때문입니다.

언젠가 미국 법회에 갔을 때 한 보살이 저를 보고 "스님은 밥도 안 드시고 사시지요?" 하고 물었습니다. 이처럼 스님은 어떤 분이라고 고정관념을 세워놓고 있습니다. 이러한 생각을 담아 놓는 것이 전혀 없어야 됩니다. 그것을 담아 놓으면 거기에 머물게 됩니다.

"이 분은 좋고 이 분은 속물이다." 하고 말하면 거기에 머물게 됩니다.

생각에 머물지 말아야 합니다. 마치 거울과 같이 살라는 겁니다. 거울은 물건이 왔을 때는 비치지만 지나가면 본체 그대로 있을 뿐입니다. 맑은 거울을 '담연상적'하다고 합니다.

'머무르지 않는다'는 것은 일체 어떤 것에도 머무르지 않으며, 머무름이 없는 그것을 근본으로 삼는다는 말입니다.

공산주의, 민주주의 등 사상이 어디서 나온 것인가 하면 사실은 사상이 없는 데에서 나온 것입니다. 없는 사상이 근본인데 그것을 내버리고 제2의 모양새에 나와서 살다 보니, 이 세상은 서로 간에 시비가 나고 싸우게 됩니다. 근본을 매각昧覺하고 살기 때문에 그렇습니다.

대주어록에서 말하는 것은 근본을 매각하지 않는 것입니다. 여러분이 일상생활을 살아가더라도 이렇게 살아가야 합니다. 근본을 매각하지 않으면 여러분의 가정에서나 직장에서 문제가 발생하지 않고, 모든 것이 쌓이지 않습니다. 공부를 하면 그렇게 되는 것입니다.

화두를 철저히 잘 챙겨가는 사람만이 이렇게 된다는 것입니다.

"마음이란 길지도 않고 짧지도 않다. 가는 것도 아니요 오는 것도 아니요, 더러운 것도 아니요 깨끗한 것도 아니다. 나는 것도 아니요 멸하는 것도 아니다. 담연상적하다."고 했습니다.

노랗게 익은 과일이 뚝 떨어진 것과 같고, 푸른 하늘 공중에 뜬 달이 적정寂靜하고 명랑明朗한 것처럼 중생의 망념이 탕진한 진면목의 마음입니다.

여러분은 본래 마음, 이것을 잃어버리지 말고 그대로 잘 써야 합니다. 중생의 망견妄見을 벗어나서 깨끗한 불성대로 사는 것이 본심本心입니다.

第三

평상심이 도

문 | 몸과 마음은 어떻게 보는 것입니까? 이 눈으로 보고, 귀로 보고, 코로 보며, 마음 등이 보는 것입니까?

답 | 그러한 갖가지로 보는 것을 허락하는 것이 없다.

문 | 이미 갖가지로 보는 것을 허락하지 않는데 어떻게 다시 볼 수 있습니까?

답 | 이 자성自性으로 보는 것이다.

무슨 까닭인가?

자성은 본래 청정하여 담연공적하다. 공적한 몸(體) 가운데에서는 능히 이 보는 것을 내느니라.

문 | 다만 청정한 몸(體)을 얻을 수가 없는데, 본다는 것은 무엇을 좇아서 있습니까?

답 | 비유컨대 밝은 거울과 같은 것이니라.

거울 가운데에는 비록 모양이 없되 능히 일체상一切像을 보느니라.

무슨 까닭인가?

밝은 거울은 무심하기 때문에 그러하다.

저 배우는 사람(學人)이 마음에 물들인 바가 없어 망심이 나지 않는다. 나라는 것과 상대라는 것, 즉 아소我所의 마음이 멸해서 자연히 청정하고, 청정한 까닭에 능히 이 보는 것을 낸다. 『법구경』에 이르되, 필경에는 공空 가운데 불꽃이 치성하게 일어나듯이 건립한다. 이 사람이 선지식이다.

問 身心以何爲見 是眼見耳見 鼻見 及身心等見

答 見無如許種見

云旣無如許種見 復何見

答 是自性見

何以故

爲自性本來淸淨 湛然空寂 卽於空寂體中 能生此見

問 只如淸淨體 尙不可得 此見從何而有

答 喩如明鑑 中雖無像 能見一切像

何以故

爲明鑑無心故

學人若心無所染 妄心不生 我所心滅 自然淸淨 以淸淨故 能生此見

法句經云 於畢竟空中 熾然建立 是善知識也

◉

귀로 본다는 것이 무엇이겠습니까?

'무정물無情物이 설법한다'고 하는데 무정물이 설법하는 것을 어떻게 듣습니까?" 하고 묻는 것에 대해 "그것은 귀로 듣는 것이 아니고, 눈으로 들어야 되느니라."라고 답했습니다.

이것은 눈으로 듣는다는 소식인데, 대주어록에는 귀로 보는 소식을 말하고 있습니다.

"밝은 거울은 무심하기 때문에 일체상을 본다."고 했습니다.

무심한 도인이라고 하지 않습니까?

어느 천진한 수좌가 "도인은 옷을 벗고 다녀도 보이지가 않는다."고 하는 어느 스님의 말을 듣고 그 스님 방에 찾아가서 묻습니다.

"정말로 도인은 옷을 벗고 다녀도 안 보입니까?"

"그렇지."

"그런 도인이 있습니까?"

"있지."

"어디 있습니까?"

그 스님이 이 천진한 수좌를 놀리려고 그 수좌의 귀에 대고 말하였습니다.

"네가 도인이다."

"제가 도인입니까?"

"그렇지. 네가 도인이지."

이 이야기를 듣고는 그 수좌가 자신을 그대로 도인으로 생각하는 겁니다.

"내가 옷을 벗어도 다른 사람이 보지 못할까요?"

"그럼, 홀랑 벗어도 되지. 다른 사람들이 못 봐."

그 말을 듣고는 방에 가서 옷을 홀랑 벗고는 나돌아 다니는 것입니다. 그러자 "흉측하게 옷을 다 벗고 다닌다."고 보는 사람마다 야단이 났습니다.

"이놈아, 왜 옷을 벗고 다니느냐?"

"나는 도인이라 안 보일 텐데, 보이는가?"

"이 사람이 돌았나. 옷 벗고 다니는 것이 안 보여?"

"거짓말하지 마라. 내가 도인인데 네가 본다고 하느냐? 네가 잘못 본 것이지." 하고 안 믿습니다.

입승스님이 큰방에 불러놓고 후려치면서 야단을 치니 이 수좌가 조실스님에게 쫓아갔습니다.

조실스님이 "아 이놈아, 왜 옷을 벗고 다니느냐?" 하고 말하니까, 수좌가 하는 말이 "아, 조실도 아직 뭘 모르네." 하는 것이었습니다.

"이놈아, 모르긴 뭘 몰라. 왜 옷을 벗고 들어와서 야단이냐?"

"어허, 내가 도인인데, 왜 보여. 보이지 않아야 되지."

사람들이 미쳤다고 추방을 하니 이 수좌가 고민을 하다가 처음에 자신에게 도인이라고 말한 스님을 찾아가서 묻습니다.

"스님, 이상합니다. 내가 옷을 벗으니까 사람들이 자꾸 보인다고 하는데요."

"누가 그러더냐?"

"대중들이 다 그렇게 말하던데요."

그 스님이 "그래? 가만 보자." 하고 한참 보더니 "아, 지금은 보이는구나." 하고 말합니다.

그 스님이 수좌의 귀에 대고, "지금은 보인다. 이상하다. 너는 아직 도인이 안 됐네. 먼지는 안 보이더니, 지금은 보이는 것을 보니 아직

도인이 안 되었다." 하였습니다.

"그러면, 어떻게 해야 합니까?"

"몸이 안 보이도록 자꾸 공부를 해야지."

"어떻게 공부해야 합니까?"

"이 몸뚱이, 이것은 지수화풍으로 모인 것이라 허공처럼 공해서 없는 것이고, 이 마음 또한 찾을 것이 없고 보일 것이 없는데, '도대체 나라는 것이 무엇이란 말이냐?' 하고 깊이 생각해 보아라."

"알겠습니다."

그 수좌가 '이 몸은 허공처럼 공해서 없고, 마음 또한 보일 것이 없는데, 내가 보인다고 하니 과연 나라는 것은 무엇인가?' 하고 자꾸 그 놈을 의심하였습니다. 이 수좌가 천진하니까 공부가 아주 잘되는 것이지요. 일사천리로 파고 들어가는 겁니다.

한 일주일 동안을 밥 먹으러 나오지를 않고, 문을 열고 "뭐 하느냐?" 하고 물어도 모를 정도로 공부하였습니다. 그러다가 9일 만에 조실스님이 문을 확 열고 들어오면서 "이놈아, 깨어날 줄도 알아야지!" 하고 소리를 지르자 그것을 듣고 정신을 차리면서 활짝 깨달았습니다. 깨닫고 난 뒤에 그 수좌가 오도송을 지었습니다.

종전에는 밭에 잡초가 없고 그야말로 바늘 하나 꽂을 데가 없었건만
이제 깨닫고 보니 참으로 지난날의 모든 것이
하루아침에 태산처럼 와르르 무너진 뒤에
티끌마다 그 속에 무한한 부처님이 그대로 항상 설법을 한다.

이 분이 훌륭한 도인으로서 많은 분을 위해 설법을 하고 가르쳤습니다.

이와 같이 '무심하다'는 말은 '마음이 없다'는 말이 아닙니다.

'무심하다'는 말은 일체 사량분별이 없이 그대로 천진해야 가능한 것입니다. 여러분도 천진해야 하고 그대로 믿어야 합니다.

수좌가 빨리 깨달을 수 있었던 것은 천진해서 그 스님의 말을 그대로 믿고 시키는 대로 일사천리로 파고 들어갔기 때문에 가능했던 것입니다. 순진해야 들어가고, 일념이 빨리 되어, 빨리 해결한다는 것입니다. 천진하지 않으면 절대 안 됩니다. 천진무구天眞無垢라고, 깨끗하고 진실해서 티가 없고 조작이 없다는 소립니다.

아무 조작 없이 그대로 믿는다는 말입니다.

여러분이 무심한 거울처럼 되려면 굳건하게 앉아서 화두를 철저하게 참구해야 합니다.

"학인의 마음에 물들일 바가 없으므로 망령된 마음이 나지 아니하여 주관과 객관, 나라는 것과 상대방이라는 것, 즉 아소我所의 마음이 멸해서 자연히 청정하고, 청정한 까닭에 보는 것을 낸다."고 했습니다.

여기에서 "무심한 고로 배우는 사람이 마음에 물들일 바가 없다(學人若無心所染)."는 말을 잘 새겨야 합니다.

남악회양 선사가 육조 스님을 찾아갔을 때 "무슨 물건이 이렇게 왔는고(甚麽物恁麽來)?" 하고 육조 스님이 묻습니다. 이에 대해 남악회양 선사는 앞이 아득하고 깜깜했습니다.

과거에 배운 것도 많고 식견도 넓어 아는 것이 엄청나게 많을 뿐만 아니라 공부를 해서 진리에 대한 생각을 나름대로 가지고 있었기 때문에 육조 스님을 찾아가기 전에 준비가 되어 있었습니다. 그러나 척 하니 들어가는데 "무슨 물건이 이렇게 오는고?" 하는 그 말에 준

비했던 생각이 전부 다 없어져 마치 절벽이 앞에 놓인 것처럼 꽉 막힌 겁니다. 등허리에 땀만 흘리고 그냥 절을 하고는 뒷걸음치고 나와 8년 동안 애를 썼습니다.

"무엇인고?"

설사 '마음'이라든지 '성품'이라든지, '담연상적하다'든지, 주먹을 들어 보인다든지 하는 것을 얼마든지 준비를 했을지라도, 그러한 것들이 몰록 소진해서 흔적도 없이 달아나 버리고, 말을 할 만한 아무런 자료가 없더라는 것입니다.

그렇게 되어야 하는 것입니다. 꽉 막혀서 더 이상 나아가려야 나아갈 수 없고, 물러서려야 물러설 수 없는 그러한 지경에 도달해서 자기가 많이 안다고 하는 생각을 여지없이 짓밟혔을 때 분심도 나고 기가 막혀서 불길같이 의심이 일어나는 것입니다.

"무엇일까?"

이놈 하나를 해결했더라면 그렇게 망신을 당하지 않고 멋지게 해결을 했을 텐데 그놈을 몰랐기 때문에 착잡한 마음으로 의심이 불길같이 일어납니다.

"이놈이 무엇이냐?" 하고 비가 오나 눈이 오나 봄 여름 가을 겨울 사철이 가는 줄 모르고 8년을 지냈다고 합니다.

그래서 깨닫고는 육조 스님을 찾아갔습니다.

"그래 어떻게 해결이 됐느냐?"

"설사 한물건이라고 할지라도 맞지 않습니다."

"8년 동안 애썼다. 해결됐구나."

육조 스님이 다시 "그러면 닦아 증득할 것이 있느냐?" 하고 물으니 남악회양 스님이 "수증불무나 오염즉부득입니다(修證不無 汚染卽不得). 닦아 증득하는 것은 없지 않으나 물들이는 것은 곧 얻지 못합니다."

하고 답합니다.

이 답변이 대주어록의 '약심무소염若心無所染' 문구와 상통하는 문구입니다.

여기에서 이 말을 어떻게 새기느냐에 따라 돈오돈수頓悟頓修와 돈오점수頓悟漸修의 사상이 갈라집니다.

"나는 물들이지 않겠습니다." 한다면 어떻게 해야 물들이지 않느냐는 겁니다. 우리는 모든 것에 물이 듭니다. 아이들도 나쁜 곳에 가면 나쁜 물이 들고, 좋은 곳에 가면 좋은 물이 듭니다. 맹자孟子의 어머니가 아들을 학문적으로 좋게 물들이려고 세 번이나 이사를 했듯이 우리는 가는 곳마다 물들고 끌려갑니다.

여기에서 "물들이지 않겠다."고 하는 것은 '물들이지 않으려고 내 마음을 수행해 나가는 것'을 은연중에 내포하고 있습니다. 닦아 나간다는 말입니다.

공부해서 깨달았다고 나름대로 큰소리하는 분과 얼마 전에 같이 앉아 이야기를 해보니 "깨달았지만 깨달았다고 다 끝난 것이 아닙니다. 생활하는 속에서 그때그때마다 물들지 않도록 성성하게 간수를 잘 해나가는 것이 보림保任입니다."라고 이야기를 합니다. 그러면 이것은 '점수漸修를 해야 한다'는 말입니다.

그런데 '물들일 바가 없다', 또는 '나를 물들인다고 하는 것은 얻지 못한다'고 하면 이것은 이야기가 달라집니다. 이것은 '나를 아무리 물들이려고 해도 물들지 않는다', '물들 것이 없다'는 말입니다.

'나를 물들이지 않겠다'는 것과 '물들일 바가 없다'는 것은 문제가 다른 것입니다.

전자는 '물들이지 않기 위해서 수행을 하고 닦아나간다'는 말이고, 후자는 '근본적으로 물들일 것이 없다'는 것이므로 뜻이 서로 다릅니다.

"학인이 마음에 물들일 바가 없다(學人若心無所染)."

우리나라에 수행하는 분들 중에 두 가지 부류가 있습니다.

'깨달았지만 물들이지 않도록 수행을 해나가야 한다. 이것은 물들게 되어 있기 때문에 나를 그때그때 성성하게 잘 찾고 다루어 나가야 된다'는 생각으로 공부해 나가는 사람이 많이 있습니다. 그것은 돈오점수에 속한다고 보는 것입니다.

문구 하나에 판이하게 달라집니다.

돈오돈수로 말하자면 "물들일 바가 없다. 무엇을 물들일 것이 있느냐?" 하는 것입니다.

그리고 "어째서 물들일 것이 없느냐?" 하는 질문에 대해, 조사어록은 증거를 들이대고 다음과 같이 말하고 있습니다.

"네가 허공에 그림을 그려 보아라. 그림이 그려지느냐?"

"우리의 성품은 허공처럼 비어 있어 담연상적한 고로 본래 깨끗하여 물들일 것이 아무것도 없다."

이것을 바로 알라는 소리입니다. 바로 보고 바로 알아서 그대로 행하라는 것입니다.

'공적空寂하다'는 말은 마음이 허공처럼 확연하게 터져 비어 있어 거기에 때를 묻히고 악과 선 등 온갖 것을 갖다 묻혀도 묻지 않는다는 것입니다.

"어째서 그렇습니까?"

"그러면 허공에 그림을 그려 와보라."

이 말에 깨달았어요. 언하言下에 깨달았단 말입니다. 해결을 다하고는 춤을 추면서 "본래 할 것이 없는 것을 공연히 일생 동안 닦으면 되는 줄 알고 자꾸 닦았구나. 스승만 만나면 더 닦을 것이 없는데, 공연히 착각을 했구나." 하고 말합니다.

여러분도 여기에서 언하에 해결이 다 되면 끝나는 것입니다.

"그러면 망상의 마음이 일체 나지 않는다. 망심이 나지 않으므로 너니 나니 하는 두 가지 취사심이 없어진다(妄心不生 我所心滅)."라고 했습니다.

아소我所 즉 능소能所라고 하는 말은 '나와 너' '주관과 객관'을 의미하는데 이러한 아소심이 있음으로 해서 정情이 있을 때는 '좋다'고 하고, 정이 없을 때는 '싫다'고 하며, 나와 뜻이 맞는 사람은 거두고 뜻이 맞지 않는 사람은 배척하게 됩니다. 이러한 취사분별取捨分別하는 생각을 가지고 있는 것을 중생심衆生心이라고 합니다. 이것은 아직도 벗어나지 못한 것으로 깨닫지 못한 것입니다.

"물들일 바가 없다. 네가 본래 깨끗하고 본래 부처다. 닦을 것이 뭐가 있어? 미래겁을 두고 닦아 보아도 닦는 것으로 되지 않는다. 허공을 매일 닦고 앉아 있으면 해결이 되느냐? '네가 본래 부처고 본래 깨끗하다'는 것을 그 자리에서 바로 보고 바로 알아버리면 뒤집어지는 동시에 일체 망념이 나지 않는다."

취사분별이 없다는 의미입니다. '취사분별이 없는 것'이 바로 '평상심이 도(平常心是道)'라는 것입니다.

'평상심이 도'라고 하면 '평소에 우리가 가지고 있는 이것이 도란 말인가?' 하고 생각할지 모르겠으나 그런 것이 아닙니다.

"구름 한 점 없는 맑은 허공에 해가 중천에 떠 있는데 무슨 취사가 있겠으며, 또 생각으로 어떠하다고 말을 붙일 수 있겠느냐? 그것이 바로 평상심이 도라는 것이다." 하고 조주 스님이 말했습니다.

'평상심시도'라는 것은 '도는 닦아서 쓰는 것이 아니다' 즉 도불용수道不用修이니, 본래 도 자체가 닦는 것이 아니고 도는 그대로 진리요, 진리는 항상 깨끗하고 구족되어 있는 것이라는 것입니다.

닦는 사람은 전부 조작造作입니다.

조작으로 하는 것, 즉 신선방술, 신통술, 양생법, 단전호흡, 명상 등은 전부 지을 작作 자 작입니다. 지어서 일부러 조작으로 하는 것은 마음을 내니까 표가 나타나지만 오래가지 않습니다. 생각을 내는 것은 조작으로 표가 나지만 순간적으로 존재하다가 없어지는 것입니다. 조작으로 하는 것은 소용이 없습니다.

"도불용수道不用修 즉 도는 닦아서 쓰는 것이 아니요, 단막오염但莫汚染이라."

'단막오염'을 '다만 물들이지 말라'고 번역하면 안 됩니다. '다만 물들일 것이 없다'라고 번역해야 합니다.

"다만 생사심도 취사심도 없다."

중생들은 취사심이 있기 때문에 나고 죽는 생사심이 있고, 조작으로 하면 취양하는 것이 있습니다.

"다만 증애가 없기 때문에 통연히 밝을 뿐이다. 단막증애 통연명백但莫憎愛 洞然明白"이라고 했습니다.

'단막증애'라는 말도 '다만 미워하고 사랑하지 말라'라고 하면 안 됩니다. 사랑하지 않고 미워하지 않으려고 노력하는 조작을 해야 하는데 그렇게 해서는 근본적인 해결이 안 된다는 말입니다. 미래겁을 두고 계속 그러고 앉아 있어야 됩니다.

'본래 없다'는 이 점을 확실히 바로 보고 알아야 합니다.

조작을 하는 사람은 '다 있다. 물들 것이 있기 때문에 물을 안 들여야 한다'라고 생각합니다.

"그대들이 그 도를 바로 보고 알아라. 즉 본래 담연상적해서 닦을 것이 없다는 것을 바로 보고 알아야 한다. 그래야 이것을 비로소 평상심이 도라고 말할 수 있다."고 말하고 있습니다.

"평상시의 마음에 조작이 없다."고 했을 때 조작이 없다는 말은 시비도 없고, 취사심도 분별심도 없다는 말입니다.

"무단상無斷常이로다."

'절대적으로 없다'고 주장하는 것을 단斷이라 하고, '항상 있다'고 주장하는 것을 상常이라고 하는데, 이 두 가지 견해가 모조리 없다는 말입니다.

"무범무성無凡無聖이라."

범부도 없고, 성인도 없다고 합니다.

그러므로 경에도 이러한 말이 있습니다. "범부의 행이 아니므로, 성인의 행도 아니다. 비범부행이므로 비현성행이라(非凡夫行 非賢聖行)."

이것을 이름하여 보살행이라고 할 수 있습니다.

보살행은 어떤 것이 보살행인가?

"다만 지금 행하고 머무르고 앉고 눕는 현실에서 모든 물건을 접한다. 지어금행주좌와 응기즉물이니라(只於今行住坐臥 應機卽物)."

보살은 천 가지 만 가지 모든 사람을 오는 그대로 다 응합니다. 응하는 그대로가 도道며, 이것을 무심無心, 무생심無生心이라고 할 수 있습니다. 그러므로 무생無生이 바로 도이고, 자성청정한 것이 도입니다.

이것은 흐르는 맑은 물을 더러운 사람이 마셔도 아무런 조건과 대가가 없이 그대로 더러운 사람에게 들어가고, 좋은 사람이 와서 마셔도 그대로 들어가는 것과 같습니다. 물은 천태만상에 다 들어가며 또 천태만상에 다 들어갔으되 물의 성품은 그대로 존재합니다. 사람에게 가면 사람에게 물로서 존재하고, 나무에게 가면 나무에게 물로서 존재하고, 좋은 사람 나쁜 사람 할 것 없이 다 그대로 존재합니다. 물 자체의 경계에서 볼 때는 나쁜 사람 좋은 사람이 없는 것입니다. 취사분별심이 없습니다. 또 무변한 허공은 좋은 사람 나쁜 사람, 미국 · 한국 · 중국 등 세계의 모든 천태만상을 차별 없이 다 담고 있습니다.

"망상과 망념이 없으므로 평상심平常心이 도"라고 말합니다.

"학인약무심소염 망심불생學人若無心所染 妄心不生, 저 배우는 사람(學人)이 마음에 물들인 바가 없어 망심이 나지 않는다."

이것은 물들지 않으려고 자꾸 노력해서 망심이 나지 않는 것을 말하는 것이 아니라 본래 물들 바가 없음을 바로 알았다는 말입니다.

여러분의 마음이 오늘부터 당장 달라져야 합니다. 사실은 이 말에서 다해 마친 것입니다. 여러분이 본래 깨끗하고 본래 부처니 그대로 밖으로 쓰라는 것입니다.

그런데 막상 마음을 쓰려고 해보면 이것이 안 됩니다.

예를 들어 절의 불사를 하는데 시주를 얼마 하겠다고 기록했다가도 조금 지나면 마음이 변하는 취사분별심을 가지고 있다는 말입니다.

중생심을 가지고 있는 우리들이 안 되기 때문에 부득불 "무엇인고?", "이 몸 끌고 다니는 이놈이 무엇인고?", "왜 불성이 없다고 했는고?" 하고 참구해야 합니다.

조사의 말에는 한 치도 의심할 바가 없습니다.

"만법萬法이 하나로 돌아가는데 하나는 어디로 돌아가느냐?"

본래 무일물無一物이라 하나도 없는데 어디로 돌아가는가?

여기서 해결이 되어야 합니다. 해결이 안 되면, 죽을힘을 다해서 그 놈을 일념으로 파고들어 대의정삼매大疑情三昧에 들어가서 비로소 두 가지의 마음인 취사분별심이 무너져야 합니다. 그러기 위해서 아주 애를 써야 하는 것입니다. 근기가 차이가 있지만 기왕이면 공부를 하되 단박에 이 화두 하나로써 인생을 완전히 해결해야 합니다. 오랜 세월을 두고 단계적으로 순서를 밟아 나아가는 호흡법이나 관법은 미래겁을 다해 가다 보면 중간에 엉뚱한 경계에 속아서 빠져 버립니다.

그러나 "이뭣고?"는 떨어지지 않습니다.

서울이 어딘지 가본 일도 없고, 대전이나 대구도 본 일이 없는 사람이 부산에서 서울 간다고 할 때, 처음에 대구에 도착해 보니 휘황찬란하게 대단히 좋아서 정신이 끌려가 버립니다. "야, 이것이다. 여기가 서울이다." 하고 착각을 하고 속는다는 말입니다. 경계에 속는 겁니다.

이런 사람이 알았다고 나와서 큰소리칠 때 선지식이 필요합니다. 선지식을 만나서 점검을 해보고 대구가 서울이라는 헛된 생각을 일격에 잘라줌으로써, 그 사람이 그곳이 서울이 아니라는 사실을 알고 끝내 서울까지 간다는 말입니다.

이 사람이 다시 가다가 또 대전을 만나 "이것이 서울이다." 하고 기고만장해서 "도를 알았다." 하고 큰소리를 칠 때, 선지식이 그것을 일격에 잘라서 아니라고 가르쳐 줍니다. 아니다, 아니다 하고 계속해서 나아가도록 잘라주면서 서울까지 가는 겁니다.

서울에 가면 "야, 이것이 최고다. 참 좋다."고 하는데, 여기에도 문제가 있습니다. 서울에 이르러서도 큰 문제가 있다고 일격에 쳐서 부숩니다. 서울조차도 부수는 것입니다.

그래서 "천하의 대장수가 태평성세를 이루었지만 그 장수는 태평성세에 머물러 있지 아니하네." 하는 말이 있습니다. 이 한마디에 다 한 것입니다. 진정 도를 아는 사람은 여기에서 다된 겁니다.

이 화두 "이뭣고?"는 당장 눈앞에 내가 훤히 터지는 것이 보이고 영험이 나타나는 것이 있고 현실적으로 빨리 표적이 나타나는 것 등을 바라지 말아야 합니다.

간화선에서는 이 점이 절대적입니다.

그러나 관법은 조금만 해도 이상한 것이 나타나고, 기운이 나는 것 같고, 뭐가 보이는 것 같으니까 현실적으로 무언가 되는 것 같아 혹하는데 그렇게 공부해 나가는 것을 '지을 작作'이라고 합니다.

지어서 해나가는 사람은 미래겁이 되도록 해도 서울은 고사하고 대구까지도 못 갑니다. 중간에 삼랑진이나 밀양 같은 곳에서 헤매고 마는 겁니다.

그러나 "이뭣고?"는 애초에 바라지 않아, 그런 것은 다 접어 놓습니다. 중간에 표적이 나타나고 이상한 것이 보이더라도 싹 무시합니다.

전부 부정이라, 모두 무시해 버리고 단지 본래 깨끗한 마음자리를 바로 깨닫는 것을 근본으로 삼지 그 이전에 나타나는 것을 생각조차 하지 않습니다.

공부를 하다가 어떤 경계가 나타나면 얼른 "이것이 아니다." 하고 재빨리 화두를 잡도리해 나가라는 말입니다. 이렇게 공부하는 사람이 정말 정도正道를 가는 사람이라는 점을 여러분이 잘 알아야 합니다.

"아소심멸 자연청정 이청정고 능생차견我所心滅 自然清淨 以清淨故 能生此見, 나와 너라는 마음이 멸하여 자연히 청정하다. 청정한 까닭으로 능히 이 보는 것을 낸다."고 했습니다.

청정한 데서부터 시계가 오면 시계라 하고, 나무가 오면 나무라 하고, 천태만상 오는 대로 다 본다는 말입니다. 보는 견해를 낸다는 말입니다.

필경에 비어 있는 공空 가운데에 불꽃이 치성하게 일어나듯이 천태만상을 다 창조하므로 이 사람이 선지식이라는 말입니다. 담연상적하고 본래 청정하며, 취사심이 없는 '평상심이 도'라고 하는 이 마음을 가지고 일체 모든 무한한 것을 세우는 사람이 선지식입니다.

第四

자성청정의 자리

문 | 『열반경』「금강신품」에 "가히 보지 못하나 또 분명하게 보며, 아는 것이 없으나 또 알지 못한다는 것도 없다."고 했습니다. 왜 그러합니까?

답 | 가히 보지 못한다고 하는 것은 자성의 근본 자리가 모양이 없어 얻지 못하기 때문에 이를 보지 못한다고 한다. 그러나 보아도 얻지 못한다고 하는 것은 체體가 고요하고 담연해서 가고 오는 것이 없기 때문에 세상의 흐름을 떠나지 아니하면서 세상은 흐르되 이것은 흐르지 아니한다. 그러므로 조금도 걸릴 것이 없이 평평하여 자유자재로 분명하게 본다.

안다고 하는 것이 있을 것이 없다. 자성이 모양이 없으므로 본래 분명함이 없는 이것의 이름이 아는 것이 없다는 것이다. 알지 아니함이 없다고 하는 것은 분별함이 없는 체體 가운데 항하의 모래 수와 같은 쓰는 것을 모두 갖추고 있다. 만약 일체를 분별하고자 할진댄 일에 있어서 알지 아니한 바가 없으며, 이를 알지 아니한 바가 없다고 한다. 『반야게』에 이르되 "반야는 아는 것이 없으나, 일에 있어 알지 아니하는 것이 없다. 반야는 보는 것이 없으나 또한 일에 있어 보지 아니하는 것이 없다." 하였다.

問 涅槃經 金剛身品 不可見 了了見 無有知者 無不知者 云何

答 不可見者 爲自性體無形 不可得故 是名不可見也 然見不可得者 體寂湛然 無有去來 不離世流 世流不能流 坦然自在 卽是了了見也 無有知者 爲自性無形 本無分明 是名無有知者 無不知者 於無分別體中 具有恒沙之用 若欲分別一切 卽無事不知 是名無不知者 般若偈云 般若無知 無事不知 般若無見 無事不見

◉

눈이 눈을 보지 못하듯이 자성청정 자리가 바로 그러합니다. 눈이 눈을 보지 못하지만 반드시 제2의 대상이 있음으로 해서 보는 것이 있습니다.

체體 자체는 보지 못합니다. 그러나 일체 모든 것을 분명히 본다는 말입니다.

우리의 식심識心으로 볼 때는 있다고 합니다. 그러나 밝은 지혜로 보면, 이것이 있지만 본래 담연하고 공적하게 비어 있는 것을 본다는 것입니다. 환화幻化, 즉 꿈과 같은 것입니다.

그것이 바로 보는 것입니다.

중생들은 지식, 학식으로 안다고 하지만 그것은 아는 것이 아니며 아는 것과는 아무 관계가 없습니다.

삼심이 불가득이라, "과거심도 불가득이요, 현재심도 불가득이며, 미래심도 불가득이라(過去心 不可得 現在心 不可得 未來心 不可得)"는 말이 『금강경』에 나옵니다.

얻을 것이 있다면 부처님이 가르친 도와는 천리만리 어긋납니다. 그것은 외도입니다.

세상에서의 모든 종교는 다 얻으려고 하고, 얻어서 가지고 있습니다. 그러나 불교, 부처님의 말씀은 그런 사상이 아닙니다.

요즘 노자, 장자 이야기와 『반야심경』을 같이 강의한 것을 보면 엇비슷해서 『반야심경』이 어떻게 보면 노장사상과 비슷한 것 같기도 하고, 노장사상이 『반야심경』과 비슷한 것 같기도 합니다.

어떤 스님이 인터뷰하는 것을 보니까, "도교나 불교나 기독교나 본래 둘이 아니다."라는 말을 하는 것을 보았는데 절대적으로 다릅니다.

기독교, 회교, 힌두교 할 것 없이 모두 내세우는 것이 있습니다. 말뚝을 세워 놓고 요지부동이며, 도교도 무위자연지도無爲自然之道라고 딱 세워 놓았습니다. 이것은 부처님의 가르침과는 천리만리 어긋나는 것입니다.

부처님 말씀은 "반야바라밀이 반야바라밀이 아니라 그 이름이 반야바라밀일 뿐이다."라고 탁 튀어나갔습니다.

『반야심경』에도 부처님은 일체가 없어서 '얻을 바가 없다. 이무소득以無所得'이라고 했습니다.

그래서 부처님은 머무르지 않고 내세우지 않습니다. 내세우지 않고 머무르지 않는 것으로 이 법을 내세우지만, 다시 이것도 이름일 뿐이다 하고 탁 쳤습니다. 그래서 그 쟁쟁한 인도의 외도 육사가 다 나가떨어졌습니다.

아트만 사상은 "절대적인 무언가 하나가 있는데, 볼 수도 없고 만질 수도 없고 얻을 수도 없다. 그러나 분명 절대적인 것이 하나 있다. 이것은 우리와 떨어져 있는 것이 아니라 우주 모든 것에 다 있다. 이 몸은 무상하여 생사가 있고 생멸심이 있지만, 절대적인 이 하나는 죽는 것도 아니고 나는 것도 아니고, 미워하는 것도 아니고, 더러운 것도 아니고 깨끗한 것도 아니다. 이것을 바로 아는 자는 생멸이 없는 도리를 알고 살아가는 성자라고 할 수 있다."고 말하고 있습니다.

그런데 우리 불교가 "견성하면 죽는 것도 나는 것도 아니며, 성품이라는 것은 청정한 것이고, 청정한 것은 담연상적한 고로 절대적이다." 하면 마치 뭐가 하나 있는 것처럼 인식할 것 아닙니까.

그러나 그것이 다릅니다. 아트만 사상은 무언가 하나가 있다고 긍정하는 것이고, 불교는 무일물無一物이라, '없다'고 하여 그 하나마저도 쳐냈습니다. '쳐낸 것'과 '있다고 말뚝 박아놓은 것' 하고는 천지 차이입니다.

'본래 한 물건도 없다'는 것이 부처님의 무아사상無我思想입니다.

무아사상을 선가의 조사들이 한 치도 어긋나지 않게 그대로 사람들에게 가르쳤습니다. 내세울 것이 뚜렷이 없지만, 분명 말을 하자면 그 가짜 이름을 자성청정自性淸淨이라고 쓸 뿐입니다.

여러분이 영자니, 정자니, 보살이니 하며 이름이 많은데, 쓰기 위해 이름을 붙여 놓은 것을 왜 진짜라고 집착을 하느냐 이 말입니다.

본래 여기에는 이름을 붙일 수 없는 자리지만 그러면서도 무한한 것을 다 가지고 있습니다. 궁전을 생각하면 궁전이 지어지고, 과학을 만들어 내려면 과학을 만들고, 철학이니 예술이니를 생각하면 거기에서 다 나옵니다. 무한한 것이 다 나옵니다.

항하의 모래 수와 같은 대기대용大機大用의 묘용妙用을 다 갖추고 있습니다.

또 알기로 말하자면 무한하게 다 안다는 말입니다. 그러면서 다만 이름하여 알지 못하는 바가 없다고 했습니다. 이 점이 다른 것입니다.

"반야는 아는 것도 없고, 알지 못하는 것도 없으며, 보는 것도 없고 보지 못하는 것도 또한 없다(般若無知 無事不知 般若無見 無事不見)."고 했습니다.

대주어록은 상당히 고차원적인 법문입니다. 이 깨달음, 즉 돈오頓悟는 단계를 거쳐서 닦아가는 것이 아니고 곧장 내 자신을 알아서 깨달아 해결한다는 것입니다. 그러니까 구구절절이 모든 사람들의 인생을 해결하는 것입니다.

과거에 부처님이 설법할 때, 부처님 제자 1,200대중이 듣고 있는데, 화엄신장을 증거로 대면서 말씀해 주신 바가 있습니다.

부처님이 말씀하시기를 "이 사람은 과거에 내가 설법할 때, 설법하는 법상 밑의 좀벌레였다. 내가 설법하는 상상上上 법문을 듣고 그 인연으로 좀벌레의 몸을 벗어버리고 해탈하여 다시 사람의 몸을 받고 태어날 때, 한 번 들으면 깨달을 수 있는 상상의 대근기를 갖고 태어났다. 상상 법문이 이와 같은 작용을 하는 것이다. 오늘 화엄신장으로 있는 8금강신 중의 하나가 말을 할 것이다." 하셨습니다.

그러자 그 신장이 나타나서 자기는 과거세에 법상 밑의 좀벌레였는데, 설법하는 말씀을 듣고 그 인연으로 깨달아 자기 인생을 해결한 대선각자, 선지식으로 태어났다고 했습니다.

이 법문을 듣고 내가 깨닫지 못했다 하더라도, 또 무슨 말인지 모른다 하더라도, 이 법문을 들으면, 그 사람에게는 큰 약이 되는 것이고, 다음 생에 태어나면 이 인연으로 상상의 대근기를 타고 태어난다고 했습니다.

어진 의원이 약을 줄 때 환자는 무슨 약인지 모르고 먹지만 그 환자는 병이 낫는 것과 같이, 부처님과 조사스님의 말씀 또한 그러합니다. 부처님의 말씀은 바로 어진 의원의 양약良藥이요, 조사스님 말씀은 비방秘方이라고 했습니다. 우리가 약을 먹을 때 비방 약을 먹으면 곧 바로 낫습니다. 부처님은 모든 중생의 근기에 골고루 맞게 무한대한 약을 많이 만들었지만, 조사스님은 비방으로써 바로 해결이 되도록 해 준 것입니다.

그래서 이 법문은 어떠한 일이 있더라도 들어야 합니다.

과거의 큰스님들은 법문이 있다고 하면 다른 일을 뒤로하고 참석했습니다. 조실이나 방장이라고 법문을 안 듣는 것이 아니고, 강사나 학인이나 선방의 공부 잘하는 선덕이 법문을 한다고 하면 의연히 먼저 자리 잡고 앉았습니다. 법문을 아주 경청합니다.

이와 같이 법문을 철저하게 들어야 자기 의식을 전환할 수 있고 자기 인생을 옷을 세탁하듯이 몇 번이고 걸러낼 수 있습니다. 우리 자신이 지금 현재 근기가 아무리 출중하다 하더라도 언하에 바로 대오하기는 힘듭니다. 무진겁 이래로 익혀온 좋지 못한 것이 산적해 있어 거기에서부터 인생의 고苦가 있고 여러 가지로 어려운 문제점을 겪는 인생을 살게 됩니다.

그와 같은 고통으로부터 벗어나는 길을 대주어록은 말씀하시는 것입니다.

"『반야경』의 게송에 이르되, 반야는 아는 것이 없다(般若偈云 般若無知)."라고 했는데, 이런 말이 다 의문점입니다.

'아는 것이 있다'고 하면, 우리가 아는 것이 있으니까 아는 것을 가지고 말하므로 언뜻 알아듣기에는 이해가 가겠지만, '반야는 아는 것이 없다'고 하니 도대체 아는 것이 없으면 나무나 돌멩이처럼 아무것도 모른다는 것인가 하고 의심할 것입니다.

이런 의문점을 여기에서는 확실히 풀어줍니다.

"알기로 말하자면 모르는 것 없이 환히 다 안다(無事不知)."

그리고 "반야는 보는 것이 없지만 보지 아니하는 것이 없이 다 본다(般若無見 無事不見)."고 했습니다.

반야般若는 지혜를 말하는 것입니다. 지혜는 우리들이 가지고 있는 총명과 지식을 말하는 것이 아니고, 총명과 지식을 뛰어나서 만 가지 진리를 바로 알아서 바로 보는 눈, 바로 판단하는 마음을 말합니다.

第
五

유무를 보지 않는다

문 | 경에 이르기를 "있고 없는 것을 보지 아니하는즉 이것이 진실한 해탈이다." 하니, 유무를 보지 않는다는 것은 무엇입니까?

답 | 깨끗한 마음을 증득하여 얻었을 때에는 곧 이름하여 '있다(有)'고 한다. 그 가운데 깨끗한 마음을 얻었다는 마음을 내지 않는즉 이름하여 '있음'을 보지 않는 것이다. 나는 것도 없고 머무는 것도 없다는 생각을 얻고서, 나는 것도 없고 머무는 것도 없다는 생각을 짓지 아니하니 곧 이것이 '없음'을 보지 못하는 것이다. 그런 고로 이르되 있음과 없음을 보지 못한다고 한 것이니라.

『능엄경』에 이르되 "알음알이(知見)로 아는 것을 세우면(立知) 무명의 근본이 된다." 하였다. 지견에는 보는 것이 없다. 이것이 곧 열반이며, 또한 이름하여 해탈이라고 한다.

問 經云 不見有無 卽眞解脫 何者是不見有無

答 證得淨心時 卽名有 於中不生得淨心想 卽名不見有也 得想無生無住不得作無生無住想 卽是不見無也 故云不見有無也 楞嚴經云 知見立知 卽無明本 知見無見 斯卽涅槃 亦名解脫

◉

있는 것과 없는 것은 상대적인 원리를 말하는 것입니다. 진실한 해탈은 다른 것이 아니라 유무의 상대적인 대립, 즉 나변那邊에서 벗어났다는 것입니다.

그러나 이 세상은 있다 없다라는 두 가지 상대성을 가지고 투쟁을 하고 시비를 합니다. 이 투쟁과 시비의 굴레 속에서 살아가는 사람은 범부이고, 두 가지 상대적인 대립이 무너진 곳에서 뛰어나서 유무를 쓰는 사람을 해탈했다고 합니다.

유무가 분명히 없긴 하지만 아주 없는 것이 아니고, 없는 데에서 다시 유무를 쓴다는 말입니다. 있는 것을 쓰기도 하고 없는 것을 쓰기도 하면서 마음대로 씁니다. 이것을 융합이라고 합니다. 모든 것을 융합해서 자유자재로 쓰기도 합니다.

수만 개의 밀을 빻아서 밀가루로 만들면, 수만 개의 밀이 하얀 가루로 일색一色이 됩니다. 이 가루에 물을 부어 반죽을 하면 반죽은 한 덩어리이지만 이것으로 수제비, 호떡, 빵, 케이크 등 여러 가지를 다양하게 만들어 낼 수 있습니다.

떡, 수제비, 빵 등 여러 가지를 앞에 두고 묻습니다.

"이것들이 본래는 어떤 모양이었느냐?"

"글쎄요, 이것은 본래 밀가루로, 이러한 모양이 없었습니다. 밀가루 한 덩이에서 모두 나온 것입니다."

"밀가루는 본래 밀이었는데, 그러면 밀은 어디에서 온 것이냐?"

"밀은 땅에 씨를 심어, 없던 것이 나와서 곡식을 맺은 것입니다."

그러면 씨앗을 빻아서 날려버리면 원래 없다는 말입니다.

"없는데, 어떻게 이런 여러 수백 가지가 나오느냐?"

'없다'고 해서 없는 데에서 딱 끊어져 아주 없는 단무斷無가 아닙니다. 없다고 하는, '본래 한물건도 없다(本來無一物)'의 이 자리를 확실히 깨달아서 알았느냐 하는 점이 중요합니다.

이것을 모르고는 아무리 듣고 해도 안 됩니다. 여기에서 확실히 해결이 되어야 합니다.

대주어록이나 조사스님 말씀과 부처님 말씀이 "바로, 이것을 바로 보라." 하신 것입니다. 그래서 역대 조사스님이 단박에 방을 치는 것이 곁가지를 놓고 치는 것이 아닙니다. 단박에 목을 꽉 조르면서 "일러라!" 하는데, 무엇을 알아야 이르지요. 모르면 물에 집어넣고 물에서 나오려 하면 또 집어넣고 하면서 계속 그러니까 그러는 속에서 암두 스님 같은 이는 깨달은 바가 있었습니다.

선지식이 확실하게 바로 직접 다루는 데서 큰 공부가 되는 것인데, 요즘 사람들에게 그렇게 하면 등을 돌리고 원한을 품게 되어 공부하기가 어렵습니다.

과거 선지식스님들이 직접 다루면서 "뭐냐? 일러라!" 하고 막 다그치는 데에서 학인들은 홀연히 깨달았습니다.

대주어록에는 "아는 것이 없다."고 합니다.

무엇을 안다고 하는 것은 대상을 놓고 '이것이다' 하고 인식했을 때 아는 것이 나오는 것인데, 그 아는 것 자체도 본래는 아니라는 말입니다. 아닌데 모든 것을 응해서 또 환히 다 안다는 것입니다.

그러면 여기에서 "있고 없는 양변을 떠났다."고 했는데, 그것이 무엇입니까?

여기에서 해결이 되어야 합니다.

여러분이 깊이 참선하는 것은 이것을 바로 봐서 깨달아 알기 위해서입니다. 우리가 이것을 모르고 살면 천만금을 벌었다 하더라도 끝에 가서는 고통이 많습니다. 벼슬하는 사람도 끝에 가면 별수가 없습니다. 인생은 벼슬을 가지고 되는 것이 아닙니다.

이 세상의 모든 것이 우리가 참으로 잘 살 수 있는 해탈과는 너무나 거리가 멉니다. 본문에 "참으로 해탈을 하려면 있는 것도 없는 것도 보지 못하는 것"이라 말하고 있습니다.

그러면 "있는 것도 없는 것도 보지 못했다고 하는 그놈은 무엇인가? 있는 것이냐, 없는 것이냐? 말씀하시오!" 하고 또 되잡아서 물을 수 있습니다.

여기에서 어떻게 해야 되겠습니까?

'있다'고 답하면, "아까는 '없다'고 해놓고 '있다' 하느냐?" 하고 때리면 맞을 수밖에 없습니다. 그렇다고 '없다'고 답하면, "'없는 것 있는 것 다 없다'고 하고는 또 '없다'고 해." 하면서 거짓말한다고 때리니 또 맞는 것입니다.

어떻게 할 것입니까?

'일러도 30방, 이르지 않아도 30방'이라는 말이 있습니다.

여기에서 우리는 살아나야 합니다.

5신통을 한 신선이 석가모니 부처님에게 "저는 있는 것도 묻지 않고, 없는 것도 묻지 않습니다. 한 말씀 일러주십시오."라고 했습니다.

그에 대해 부처님이 어떻게 했지요?

석가모니 부처님께서는 가만히 '양구(良久)'를 했습니다. 이에 그 신선이 일어나서 절을 하며 "세존이시여, 위없는 최고의 대법을 저에게 일러주셔서 감사합니다." 하고는 갔습니다.

아난 존자가 부처님께 묻습니다.

"부처님께서 아무 말 없이 눈을 감고 가만히 있었는데, 그 분이 법문을 잘 들었다고 하면서 가는 것은 무슨 연유입니까?"

"영리한 천리마는 채찍 그림자만 어른거려도 벌써 천 리를 달리지만, 둔한 말은 매질을 해서 피가 흘러도 잘 가지 않느니라. 모든 사람이 다 그와 같다. 저 선인은 채찍 그림자만 어른거려도 천 리를 달리는 말과 같아서 내가 한 말을 벌써 알아들었느니라."

언어문자 이전에 알아 계합해 간다면 유무중有無中을 마음대로 쓰는 사람이 되는 것입니다. 그런데 그렇지 아니한 것도 있다 이 말입니다.

분명히 말로 한마디 한다는 것이지요. 그 한마디는 일구一句를 일러서 하는 말입니다. 말로 해줘서 거기에서 바로 알아차리면 되는데, 알아차리지 못하고 딴짓이 나오면 여지없이 방이 날아갑니다.

대주어록에는 "유무를 보지 아니한다."고 했는데, 그러면 무엇인지를 여러분이 한번 판단을 해 보아야 합니다.

"깨끗한 마음을 증득하여 얻었다(證得淨心)."라는 말은 여러분이 화두를 열심히 참구하고, 일심으로 염불을 해서 자기 마음의 심성이 어떻다 하는 것을 깨달은 바가 있다는 말입니다. 이렇게 알아 얻었다고 하면 '있는 것'입니다.

"깨끗한 마음을 얻었다는 마음을 내지 않는다(於中不生得淨心想)."고 한 것은, 만약에 얻었다는 생각이 마음 가운데 터럭만큼이라도 남아 있다면 해탈한 사람이 아니라는 뜻입니다.

"이름하여 있는 것을 보지 못한다는 것이다(卽名不見有也)."라고 한 것은 남아 있는 것이 전혀 없기 때문에 '있다'는 것을 전혀 보지 못한다는 소립니다.

"나는 것도 없고 머무는 것도 없다는 생각을 얻고서, 나는 것도 없고 머무는 것도 없다는 생각을 짓지 아니하니, 이것이 곧 없음을 보지 못하는 것이다. 그런 고로 이르되, 있음과 없음을 보지 못한다고 한 것이니라(得想無生無住 不得作無生無住想 卽是不見無也 故云不見有無也)."고 말합니다.

이 세상의 모든 중생들은 살아가는 데 있어서, 십 년 전의 일도 마음 가운데 흔적이 남아 있고, 어제 일도 남아 있습니다. 또 누군가를 위해 보시하거나 좋은 일을 한 것도 남아 있고, 또 그것을 자랑하고 인정받고 싶어 합니다.

"이분은 절에 와서 봉사를 많이 하고, 시주를 많이 했습니다. 이분을 위해서 박수로써 감사의 뜻을 표하는 것이 좋겠습니다." 하면, 기분이 우쭐하고 좋아합니다. 그러나 이렇게 되면 터럭만큼도 공덕이 없으며 소무공덕所無功德, 해탈은 고사하고 점점 더 업을 쌓는 것이 됩니다.

나쁜 것을 보는 경우에도 사실은 상대에게는 나쁜 것이 없습니다. 바깥에는 나쁜 것이 없고 자기 자신에게서 나쁜 것을 분별하는 것입니다. 자기 속에 관념적으로 나쁜 것이 있습니다.

무엇이라도 마음에 조금이라도 흔적이 남아 있으면 안 됩니다. 나쁜 것을 봤다고 하더라도 그 나쁜 것이 밖에 있는 것이 아니라 내 마음에 있다는 겁니다.

밤에 길을 가다가 풀숲에 기다란 새끼줄이 있을 때 깜짝 놀라는 것은 무의식중에 새끼줄을 뱀으로 착각했기 때문입니다. 그러면 왜 무의식중에 새끼줄을 뱀으로 알고 놀랍니까? 그것은 이미 뱀이라는 모양이 우리들의 뇌 속에 입력되어 있음으로 인해 반사적으로 뱀으로 생각하는 것입니다. 입력된 것이 전혀 없는 상태에서는 뱀이라는 인식 자체가 없기 때문에 놀라지 않을 뿐 아니라 관계가 없으며, 새끼줄을 새끼줄로 바로 볼 수 있습니다.

우리 중생들의 마음 가운데에는 없는 것을 인간들이 인위적으로 만들어 고정관념으로 입력시켜 놓고서 그것을 잣대로 보고 있습니다. 이것이 엄청난 착각이라는 것입니다. 이 점을 모르면 살 가치가 없고 매일같이 남을 오해하고 남과 시비하는 짓거리하고 살아야 합니다.

그러니 악도 없고 선도 없으며, 좋은 것도 나쁜 것도 있을 수 없습니다.

왜 없느냐?

스승과 상좌가 둘이 길을 갑니다. 스님은 빈 몸으로 걸어가지만, 상좌는 태산 같은 짐을 지고 갑니다. 상좌는 조금 쉬어가면 좋겠는데, 스님이 어떻게나 빨리 가는지 힘이 들어서, 마음속으로 '왜 이리 빨리 가시나?' 하고 생각하였습니다. 그런데 어느 동네를 지나가다가, 논둑에서 웬 여자가 쑥을 뜯다가 스님을 보고 "스님, 어디를 가십니까?" 하고 인사를 하였습니다. 그러자 스님은 "우리는 먼 길을 갑니다." 하더니 그만 그 여인을 끌어안고 입을 맞추는 것입니다. 그 여인이 화들짝 놀라 "여보시오, 동네 사람들! 이 대사가 나를 겁탈합니다." 하고 소리를 지릅니다. 맨 몸의 스님은 삼십육계 줄행랑을 칩니다. 뒤의 상좌가 생각해 보니 잡히면 죽게 생겼습니다. 그래서 죽어라고 태산준령을 번개같이 넘어 뒤따라갔습니다.

그런 상좌를 보고 스님이 "아직도 짐이 무거우냐?" 하고 묻습니다.

"무거운 것도 없고, 모르겠습니다."

"그래, 본래 무거운 것이 없느니라."

"스님, 그런데 궁금하고 의심나는 것이 있습니다."

"무엇이냐?"

"왜 남의 여자 입을 맞추었습니까?"

"응? 나는 전혀 모르겠는데, 너는 지금도 그 생각을 하고 있느냐?"

"……"

"너와 내가 다른 것이 바로 이것이니라."

흔적이 없다는 말입니다.

이것이 공부해서 해탈한 도인이 살아가는 경지입니다. 전혀 남아 있는 흔적이 없어서 업이 쌓이지 않는다는 말입니다.

그러나 중생들은 하는 것마다 전부 마음에 입력해서 업이 무수하게 쌓여 있습니다. 그 쌓여 있는 업, 고정관념을 가지고 세상을 봅니다. 그런 물건, 그런 사람은 살 자격이 없다고 부처님과 대주 선사가 말씀하신 것입니다.

대주 선사의 말은 머무르거나 흔적조차 남는 것이 없다는 말이며 즉각 즉각 해결하고 지나가면 그만입니다.

이것이 바로 해탈解脫이요, 무심無心이요, 무생無生이요, 무주無住입니다. '무심으로 근본종을 삼는다(無心爲宗)'는 말은 바로 이것을 두고 한 말입니다.

"『능엄경』에 이르되 알음알이로 입지를 삼는다(楞嚴經云 知見立知)."라는 말은 지견知見, 즉 우리가 보고 헤아려서 아는 것, 때 묻은 고정관념으로 아는 것을 세우고 아만을 피운다는 소립니다.

부처님 당시에 주리반특가라는 제자가 있는데, 그 형은 영리하지만 주리반특가는 아주 둔했습니다. '옴 마니 반메 훔'의 앞부분 '옴 마니'를 가르치는데, '옴'을 가르쳐주면 '마니'를 잊어버리고, '마니'를 가르치면 '옴'을 잊어버립니다.

그러다 보니까 보는 사람마다 천대하여 한이 맺혔습니다. 부처님이 할 수 없이 말씀하시기를 "너는 청소를 하라. '빗자루'는 알겠지?" 하시는데, 주리반특가는 '빗' 하면 '자루'를 잊어버리고 '자루' 하면 '빗'을 잊어버리는 겁니다.

"너는 청소나 열심히 해야겠다. 그러나 네가 숨은 쉬지?"

"예, 숨은 쉬지요."

"숨 쉬는데 부담을 느끼지는 않지?"

"부담 느끼지 않습니다."

"숨 쉬는 것은 배우지 않아도 알겠지?"

"그것은 알지요."

"숨 들이쉬고 내쉬는 그것을 잘 보아라."

그래서 늘 숨 쉬는 것을 보면서 청소를 하다가 홀연히 깨달았습니다.

깨닫고 난 후에 하는 말이 "내가 전생에 동서고금을 통해 모르는 글이 없을 정도로 천하의 대학자였다. 어느 날 옆집의 무식한 농부가 편지를 가지고 와서 그것을 읽어 달라 했을 때, '무식한 놈, 그것이 공짜로 되느냐?' 하면서 무시한 그 하나의 과보로 내가 이렇게 무식한 사람으로 태어나는 보를 받았다."고 합니다.

영어 좀 한다고 그것을 대단한 것으로 생각하고, 부처님 경전 좀 잘 안다고 뽐내고 해서는 안 됩니다. 아만심을 버리라는 말입니다.

아는 것으로 누구에게 큰소리치고 자존심과 아만을 세우면, 다음 생에 가서는 반대로 엄청난 과보를 받습니다. 본인이 만든 것입니다.

본인이 마음을 먹으면 그대로 입력이 된다는 말입니다.

그러나 무주無住, 즉 입력이 되지 않으면 괜찮습니다. 머릿속에 담아두지 않고 즉각 해결하면 관계없습니다. 전생의 업도 다 무너져서 불행이라고는 없어 행복이 넘치게 됩니다. 이 사람에게는 세상에 안 맞을 것이 없이 전부 잘 맞아 들어갑니다. 친구 · 부자 · 부부 관계 등 다 잘 맞아 들어간다는 소리입니다.

안 맞고 자꾸 어긋나는 것은 무진겁을 내려오면서 고정관념, 아는 지식, 입력해 놓은 것을 재산으로 삼는 까닭입니다. 그러한 것들이 툭 터져서 아무런 흔적이 없어져야 합니다.

그것을 바로 취모검吹毛劍, 번쩍 번쩍 빛나는 반야지혜의 검이라고 합니다.

반야지혜가 있는 사람은 보통 사람들이 한 달 생각할 것이라도 딱 부딪치는 그 순간에 해결해 버립니다. 반야지혜라는 것은 오래 생각하지 않고 부딪치는 것마다 즉각 해결해 버리고 해결이 되는 동시에 방편이 나옵니다. 그러니까 아무 걱정이 없다는 소립니다.

이러한 지혜가 여러분에게 모두 있는데, 안 되는 원인은 그 쌓여 있는 고정관념 때문입니다.

"『능엄경』에 이르되 지견을 가지고 아는 것을 세우면 무명의 근본이 된다(楞嚴經云 知見立知 卽無明本)."고 했습니다. 일생 지식을 팔아먹는 장사꾼 노릇 하는 업을 지을 수밖에 없습니다.

지혜는 천하 만민을 대해서 즉각 즉각 해결해 버립니다.

"지견무견 사즉열반 역명해탈(知見無見 斯卽涅槃 亦名解脫)."

지견에는 보는 것이 없으며, 이것이 곧 열반이고 또한 이름하여 해탈이라고 했습니다.

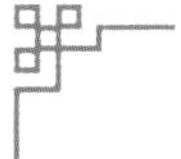

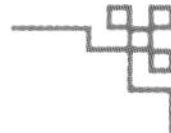

第六

본다고 하는 성품

문 | 어떤 것이 보는 바가 없는 것입니까?

답 | 만약 남자나 여인을 본다거나 그 밖의 모든 색상을 보더라도 그 가운데 애증을 일으키지 아니함이로다. 그래서 보지 못하는 것과 같으며, 곧 이것은 보는 바가 없는 것이다.

문 | 일체 색상을 대할 때 곧 이름하여 '본다'고 합니다. 그러면 모든 색상을 대하지 않을 때에는 또한 이름하여 '보지 않는 것'입니까?

답 | 본다.

문 | 물건을 대할 때는 있음을 따라 보지만, 물건을 대하지 않을 때에는 어떻게 보는 것이 있습니까?

답 | 지금 내가 본다고 말한 것은 물건을 대하거나 물건을 대하지 않는 것을 말한 것이 아니다.

어떤 까닭인가?

보는 성품이 항상한 고로 물건이 있을 때도 곧 보고 물건이 없을 때도 또한 본다. 물건은 스스로 가고 오는 것이 있지만, 본다고 하는 성품은 가고 오는 것이 없느니라. 모든 근根이 또한 이러하다.

문 | 물건을 바로 볼 때, 보는 가운데 물건이 있는 것입니까?

답 | 보는 가운데에는 물건이 서지 못하느니라.

문 | 물건이 없는 것을 바로 볼 때, 보는 가운데 물건이 없다는 것(無物)이 있습니까?

답 | 보는 가운데 물건이 없다는 것(無物)도 세우지 못하느니라.

問 云何是無所見

答 若見男子女人 及一切色像 於中不起愛憎 與不見等 卽是無所見也

問 對一切色像時 卽名爲見 不對色像時 亦名見否

答 見

問 對物時 從有見 不對物時 云何有見

答 今言見者 不論對物與不對物

何以故

爲見性常故 有物之時卽見 無物之時亦見也

故知物自有去來 見性無來去也

諸根亦爾

問 正見物時見中有物不

答 見中不立物

問 正見無物時 見中有無物否

答 見中不立無物

◉

중생들은 보는 것마다 집착과 애증, 사랑하고 미워하는 마음을 일으킵니다. 나에게 잘 대해주면 사랑하고 나에게 잘못하면 미워합니다. 그래서 계속 싸움을 하지요. 그러나 보는 바가 없고 머무르는 바가 없고 생겨나는 것이 없는 무심한, 해탈한 당처當處에서는 애증이 없습니다.

경허 스님은 세상 사람들에게 버림받은 진물이 줄줄 흐르는 문둥이 여자를 들여다보고는 말하지요.

"그래, 맛은 보았느냐?"

"나같이 버림받은 사람을 누가 맛보겠습니까?"

"그래, 내가 너의 소원을 들어주마."

그러고는 3일 동안 방에서 같이 잤지요.

만약 미워하고 사랑하고, 더럽고 깨끗한 것이 있었더라면, 어찌 그렇게 하겠습니까? 불가능합니다.

원효 대사는 해골 물을 먹었을 때, 더럽고 깨끗한 것이 없었습니다. 나중에 해골을 보고 더럽다고 느끼는 순간에 깨달았습니다. 이렇게 깨달아야 합니다. 본래 없는 줄을 깨달았습니다.

미워하고 사랑하는 두 가지 마음이 없는 이 당처를 바로 알고 살아가는 사람만이 세상을 멋지게 살아간다는 것입니다. 이 사바세계를 무대로 삼고 멋지게 살아갑니다.

그러나 친구 간에도 잘 해주는 사람은 좋고, 때로는 나는 잘 해주는데 너는 왜 나에게 잘 해주지 않느냐 하고 섭섭해 합니다. 부모도 자식을 키울 때, 내가 너에게 잘 해주니까 너도 나에게 효도하겠지 하는 대가를 바랍니다. 그런 대가를 바라는 것은 이미 머무른 것입니다. '했다' 하는 생각에 머물렀다는 소리입니다. 또 부부간에도 머무르면 안 됩니다. 조건과 대가성이 없이 스스로 해야 할 자율적인 권한에 맡겨 놓을 뿐입니다.

그것이 뜻대로 안 될 때는 '아, 내가 복이 없구나. 내가 잘못 지어 놓아서 그렇구나' 하고 자신을 바로 보고 깨달아서 자기 자신을 파헤쳐서 나가면 모든 문제가 거기에서부터 풀려나간다는 말입니다.

그런데 내 자신에서부터 풀어나가려 하지 않고 자꾸 상대방을 원망하면, 이것을 두고 '미워하고 사랑하는' 두 가지를 가지고 살아간다고 합니다.

그래서 조건이 좋으면 사랑하고, 조건이 나쁘면 미워하는 것이 머리에 입력이 되어서 고정관념으로 뿌리 깊이 박혀 있기 때문에, 이것을 척도로 삼아 살아가니까 그러한 인생밖에는 살아가지 못하는 것입니다.

그놈이 무너져야 합니다.

미워하고 사랑하는, 증애憎愛라는 고정관념이 없는 속에서 행하는 것은 맑은 청풍淸風과 같아서 다 이룹니다.

천진한 무심도인은 생각이 입력되지 않고 마음에 아무 흔적 없이 지나간다는 소리입니다. 그렇게 되려고 여러분들이 화두 챙기고 공부하는 것입니다.

그놈을 싸 짊어지고 마음속에 가지고 있으면 있는 것만큼 점점 더 복잡하고 전도몽상이 됩니다. 잘하려 하면 실수하고 깨지고 안 되는 것입니다.

그래서 이 점을 깨어 없애야 합니다.

"남자나 여인을 본다거나 그 밖의 모든 색상을 보더라도 그 가운데 애증을 일으키지 아니한다(若見男子女人 及一切色像 於中不起愛憎)."고 했습니다.

이렇게 애증을 일으키지 않는 사람은 가정에서나 사회에서 항상 멋지게 잘 살아갑니다.

"그래서 보지 못하는 것과 같으며, 곧 이것은 보는 바가 없는 것이다(與不見等 卽是無所見也)."

허공에 한 마리 새가 날아갈 때 그 뒤에 아무 자취가 남지 않듯이, 우리 마음도 비어 있어서 본래 흔적이 없습니다. 없는 그 도리를 바로 깨달아 알아야 합니다.

그런데 중생들은 몇 년 전에 한 일도 심어놓고 생각합니다. 화두를 들고 있으면 꼬리를 물고 죽 끓듯이 일어나는 그 번뇌망상이라는 놈이 큰 원수입니다. 망상이 없어야 됩니다.

인간의 본성 그대로 일월처럼 밝게 살아가야 합니다. 해가 허공을 지나가지만 허공에는 해의 흔적이 없는 것과 같은 것이 보되 본 바가 없는 도리입니다.

남자를 보든 여자를 보든, 산과 하늘을 보든, 산천경계 이 모든 바깥 경계를 대할 때에는 '본다'고 하는데, "일체 색상을 대하지 않을 때에는 '보지 않는 것'입니까?" 하고 묻고 있습니다. 이 말에 대해 일체 색상을 대하지 않을 때도 '본다'고 대답했습니다. 진여자성은 보고 보지 않는 것을 초월한지라, 안 볼 때에도 보고 있고, 볼 때에도 또한 보지 않는 것이 되며, 그래서 색상이 있을 때에도 보고 색상이 없을 때에도 보는 성품은 상대를 뛰어나 있습니다.

중생들은 '겉으로 존재하는 물건만 보는 것이지 물건이 없으면 보는 것이 없지 않느냐'고 생각합니다. 그러나 그것이 아닙니다. 물건이 있고 없고 관계없이 항상 본다고 했습니다.

"보는 성품이 항상한 고로 물건이 있을 때도 곧 보고, 물건이 없을 때도 또한 본다."고 했습니다. 물건이 있건 없건 관계없이 이 성품은 항상 보고 있다는 소립니다. 그런 고로 알라, "물건은 스스로 가고 오는 것이 있지만 본다고 하는 성품은 가고 오는 것이 없느니라."고 했습니다. 우리가 보는 이 성품 자리는 가고 오는 것이 없이 그대로 항상하다는 말입니다.

"모든 근根이 또한 이러하다."

이런 경지는 말하자면, 진여자성 자리에서 논하는 이야기입니다. 무생, 무심, 무념, 진여자성眞如自性의 세계에서만 이 말이 통하는 것입니다. 중생들은 너와 나의 구분이 있고, 물건이 앞에 있으면 있는 만큼 보고 눈앞에 없으면 못 본다고 생각하며, 또한 죽는 것과 생하는 것, 좋은 것과 나쁜 것을 구분하는 사량분별심이 있습니다. 육근, 육식을 가지고 놀아나는 중생으로서는 이 진여자성의 세계, "아무것도 없는 데서도 본다."고 하는 말을 이해하지 못합니다.

이해하지 못해도 이 말을 들어야 합니다. 이 말을 들어 놓지 않으면 여러분이 공부하겠습니까? 의심을 못 합니다.

'도대체 그 차원의 세계는 무엇인가?' 하고 공부하게 될 것입니다. 그러나 그런 차원의 이야기를 해주지 않으면 우리가 더 이상 생각하고 공부할 것이 없습니다.

"물건을 바로 볼 때, 보는 가운데 물건이 있는 것입니까?"라는 질문에 "보는 가운데에는 물건이 서지 못하느니라."라고 대답하였습니다.

이것이 무슨 도리냐 하면, '하나의 티끌만 한 것이라도 눈을 가리면 허공에서 꽃이 어지러이 떨어진다(一翳在眼空華亂墜)'는 것입니다.

손바닥만 한 구름이 해와 달을 가리듯이, 여러분이 조금이라도 어떤 생각을 일으키면 그것이 여러분의 무한대한 자성청정 자리를 가립니다.

만약 '우리의 자성 자리가 무엇인가?' 하는 질문에, '뭐, 이런 주장자같이 기다란 것이겠지'라고 생각한다면 그 생각이 우리의 자성 자리를 가린다는 소립니다.

'마음이 본래 없는 것이겠지' 하면 이 '없다'고 하는 한 생각이 일어나서 한 생각 그 자체가 자성의 청정 자리를 막고 있는 것입니다.

여러분들이 여러 가지 생각을 가지고 있다는 것입니다.

누가 나에게 와서 뭐가 어떻고 뭐가 어떻다고 말을 하는데, 중생들은 다른 사람의 허물만 봅니다. 눈이 바르면 바로 보겠지만, 전생부터 익혀온 습성으로 인해 의식 속에 입력된 것이 있습니다. 남녀 간에 애정을 나누는 것, 명예, 재물 욕심과 같은 것이 중생들에게는 뿌리 깊게 입력되어 잠재해 있습니다. 그것으로 인해 순간적인 반사작용이 일어나서 모든 것이 그것을 통해 비치는 것입니다. 그래서 전부 허물만 봅니다.

불자 가운데서도 공부 잘 하겠다 싶은데 뒤로 돌아서서 다른 말을 하는 사람들이 있습니다. 그래서 열 길 물속은 알아도 한 길 사람 속은 모른다는 말이 있습니다. 겉모양만 보아서는 절대 사람 속을 모르는 것입니다. 내가 관심법을 해보면 심리가 환히 드러납니다. 하지만 혼자서 짐작을 합니다. 한 번은 오는 사람에게 '당신은 행동이 어떻고 뭐가 어떻다'고 하였더니 그 사람이 기절초풍하고 놀랍니다.

"스님, 그것이 보입니까?"

"나야 가만히 보면 다 알지."

그러자 그 사람은 가고 나서 다시는 안 오더군요.

그러고는 사람들에게 "그 절에 가지 마라. 그 스님은 사람들의 허물을 환히 다 안다. 큰일 난다." 하였습니다. 그래서 그 뒤로는 '이제는 아예 모르는 척 해야 되겠다'고 생각하고 고쳤습니다.

이 세상의 중생이 자기의 견해를 잣대로 삼고 그 반사작용으로 자기에게 일어나는 것을 볼 때 그것을 바로 착각이라고 합니다. 착각하지 말고 바로 보라는 소리입니다. 그렇게 하기 위해서 공부하는 것입니다.

그리고 절에 다닐 때는 눈으로 봐도 못 본 척, 귀로 들어도 못 들은 척, 옆 사람이 잘하든 못하든 보지 말라는 것입니다. 입으로 말하려 할 때는 손으로 자기 입을 막아야 합니다.

부득이 말해야 할 때는 세 번을 생각하라고 했습니다.

첫째, 내가 이 말을 해서 과연 아무 허물이 없는가? 저 사람도 기쁘고 나도 기쁜 말이 되겠는가?

둘째, 이 말을 해서 업을 짓지 않는 말이 되겠는가?

셋째, 과연 원만한 말이 되겠는가?

이렇게 세 번 생각한 뒤에도 아무 허물이 안 된다고 생각되면 그 때 말하라는 것입니다.

중생의 보는 눈이 전부 자기들이 가지고 있는 중생 식견의 견해, 익혀 온 업의 견해를 가지고 보기 때문에, 신심을 가지고 잘 하는 사람도 모략을 하고 자꾸만 일을 만들어 내는 이유는 바로 업 때문입니다. 과감하게 내 자신부터 깨끗하게 마음그릇을 정리하고 닦아내어 의식을 전환하여 깨어 있는 향상된 의식을 가지고, 또 그런 차원에서 모든 것을 보고 바른 눈으로 판단할 수 있도록 노력하는 것이 가장 중요합니다. 그러기 전에 중생의 눈으로 판단하여 말하고 행동하면 큰 업이 됩니다. 그런 점을 철저하게 잘 생각해야 합니다.

'보는 성품에는 그런 것이 없으니 이 자리를 바로 알아라. 모든 것이 다 그러하다. 물건이 없을 때도 본다고 하니까, 마음 가운데 무슨 물건이 있는가 하는 의문을 가질지 모르나 그런 것이 아니다. 마음 가운데 조그만 것이라도 세우면 안 된다'는 소립니다. 텅 비어서 아무것도 없는 청정자성심으로 되돌려 바꾸라는 것입니다. 그렇게 되면 부처님처럼 살 수 있습니다.

아무것도 세울 것이 없다고 하니까, "물건이 없다는 것이 있지 않습니까? 물건이 없다는 것을 긍정하는 것이 있지 않습니까?" 하고 묻습니다. 이 질문에 대해 "그런 생각도 이 자리에는 세울 수가 없다."고 답합니다.

전에 차를 타고 가는데, 누가 저에게 물어보는 겁니다.

"스님께서는 이 세상에 뭐가 있다고 보십니까?"

"그래 선생께서는 어떻게 보시오?"

"제가 보는 견해로는 일체 아무것도 없습니다."

"없어? 그러면 '없다'고 하는 놈이 거기에 있네? 없기는 왜 없어요? '없다'는 놈이 있지 않나요?"

"그러고 보니 '없다'는 놈이 있네요."

"잘 생각하고 말하시오. 그렇게 단정한다고 해서 아주 없는 것이 아닙니다. 그대는 '없다'고 단정하는 곳에 떨어졌어요. 그러면 '없다'고 긍정하는 놈이 있네요."

"제가 어디 가도 말로 진 일이 없는데, 오늘 스님께 크게 당했습니다. 그러고 보니 제가 지금까지 '없다'고 했는데, 그 말을 내세울 것이 못 되네요."

"못 되지요. 그것이 맞지 않지요."

"잘 알겠습니다. 다시 한 번 깊이 생각해 보겠습니다."

만약 그 사람이 정말 견해가 열린 것 같으면, 여기에서 "덱! 그 무슨 소리를 해! '없다' 하는 그것도 없어!" 하거나, 대주어록에 있는 것처럼 "무물無物도 세우지 못해!"라고 말을 해 볼 수도 있을 텐데, 아무 말 못하고 가만히 있는 겁니다.

그와 같이 '보는 가운데 무물無物이라는 것이 있지 않습니까?' 하는 말에 답하기를 '보는 가운데 물건이 없다는 것(無物)도 세우지 못한다'고 딱 쳐냈습니다.

그러면 여기에서 어떻게 되겠습니까?

그만 입이 딱 붙어버립니다.

여기에서 조금만 깊이 생각하면 즉시 뒤집어집니다. 뒤집어져야 여기에서 한마디가 나오게 되어 있습니다. 즉, 깨달음입니다.

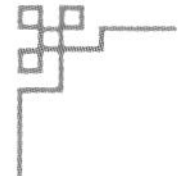

第七

소리를 듣는 자

문 | 소리가 있을 때에는 곧 듣는 것이 있는데, 소리가 없을 때에도 도리어 듣는 것이 있습니까?

답 | 또한 듣는다.

문 | 소리가 있을 때에는 있음을 따라 듣지만, 소리가 없을 때에는 어떻게 듣습니까?

답 | 지금 듣는다고 말하는 것은 소리가 있고 없음을 논하는 것이 아니다.

어떤 까닭인가?

듣는 성품이 항상한 고로 소리가 있을 때에도 듣고 소리가 없을 때에도 또한 듣는다.

문 | 이와 같이 듣는 자는 누구입니까?
답 | 이 자성이 듣는다. 또한 이름하여 아는 자가 듣느니라.

問 有聲時 卽有聞 無聲時 還得聞否
答 亦聞

問 有聲時 從有聞 無聲時 云何得聞
答 今言聞者 不論有聲無聲
何以故
爲聞性常故 有聲時卽聞 無聲時 亦聞

問 如是聞者是誰
答 是自性聞 亦名知者聞

◉

"듣는 성품이 간격이 있고 한계가 있는 것이 아니라 항상 있는 까닭에 소리가 있을 때도 듣고 소리가 없을 때도 또한 듣는다."고 했습니다. 이 차원은 우리의 깨달은 각성 자리, 진여자성 자리에서 말하는 것입니다. 깨달은 자리에서는 '듣되 듣지 아니하는 도리가 있고, 듣지 않되 듣는 도리'가 있습니다.

부처님 말씀은 활(弓)이요, 조사의 말씀은 활줄(弦)과 같다고 했습니다. 부처님은 활처럼 둥글고 두루 원만하게 여러 중생의 근기에 맞추어 설법을 하셨기 때문에 궁설弓說을 하셨고, 조사는 활줄과 같이 직설直說로 간단명료하게 바로 일구一句로 일러서 말씀해 주셨습니다. 직설이라는 것은 근기가 낮고 높고 깊고 할 것 없이 만나는 사람마다 바로 직선으로 일러주는 것입니다.

부처님께서 인생론에 대한 것을 확실하게 밝혀서 말씀하셨기 때문에, 후래의 조사스님들이 그것을 근본 바탕으로 하여 조금도 어긋나지 않게 부처님께서 깨달으신 문제를 중생들을 위해서 여러 가지로 말씀하셨습니다.

달마 스님이 중국으로 와서 '직지인심 견성성불直指人心 見性成佛', 즉 마음을 가리켜서 성불하는 도리를 바로 가르쳐 주었고, 이를 이어 중국 역대 조사스님들이 바로 가르쳐 줌으로써 거기에서 무수한 도인이 깨달았습니다. 바로 가르쳐 주면 다 되는 것입니다. 방을 하고 할을 하고 또 한 글귀를 일러주니 바로 다 해결하여 깨닫는 사람이 무수히 많이 나왔습니다.

그 당시 언하에 해결이 안 되는 사람은 자기 생명을 걸고 당장 죽을 듯이 용맹정진을 했습니다. 그렇게 한 결과 일주일 만에 해결하는 분도 있고, 더욱 애쓰면 3일 만에 해결하기도 하고 또 석 달 만에, 나중에는 삼 년에 걸쳐서 해결한 사람, 또 육 년, 십 년 이렇게 공부를 해서 깨달았습니다. 10년 안에는 거의가 다 해 마친 것으로 나옵니다.

조사스님이 활구법문活句法門을 한마디 하신 것에서 여러분이 언하에 깨닫지 못하더라도, 깨닫기 위해서 철저하게 공부를 애써 나가면 아무리 둔하고 업이 두터운 사람이라 할지라도 10년이면 족합니다. 그래서 "10년이 지나서 해결이 안 되면 이 산승의 목을 쳐라. 내가 다른 말 하지 않겠다. 또 내가 거짓말 한 죄로 무간지옥으로 갈 것이다." 라고까지 말씀하셨습니다.

'무엇인고?' 하고 화두를 해나가는 데에는 어떠한 것도 담지 않고 배제합니다. 조그마한 것도 허용하지 않습니다. 그것이 즉 무주無住,

머무르지 않는 것입니다. "참해탈眞解脫이라는 것은 최고 열반의 깨달음인데 그것은 무생무주無生無住, 남도 없고 머무름도 없어야 한다."고 지금까지 말했습니다.

공안화두는 확실한 불지 그 자리를 깨닫기 위한 것이기 때문에 다른 잔잔한 것이나 영험이 나타나는 것들은 싹 부숴버립니다. 나타나는 것에 집착하면 도리어 헛일이 됩니다. 무엇도 허용하지 않고 무조건 부수고 크게 깨달아서 대각을 이루는 것이 화두공안입니다. 이것이 제일 쉬운 것입니다. 왜냐하면 다른 삿된 길에 빠질 염려가 없기 때문입니다. 아예 무엇을 바라고 구하지 않습니다. 크게 깨닫는 것 이외에 다른 조금씩 얻어지는 것이나 영험 같은 것을 무시하고 싹 밟아 부숴서 흔적조차 두지 않고 집착을 두지 않습니다.

자꾸 애써서 화두 의심이 커져, 그만 그 의심이 꽉 차서 어느 순간 꽝 하고 무너지면 바로 부처라 이 말입니다.

이것을 부처님께서 누누이 말씀하셨는데, 말세 중생뿐 아니라 그 당시의 중생들도 부처님이 직설로 바로 일러주는 한마디를 듣지 않았습니다. "나에게 법을 일러 달라고 묻는데, 나는 이야기해 줄 것이 없다. 그러나 한마디 한다면, 그대가 바로 부처다." 하는 부처님 말씀을 듣고, 사람들이 "우리가 알기로 부처님은 32상 80종호를 갖추고 빛이 나고 몸이 자마금색신이고 모르는 것이 없고 천상천하에 제일가며 능하지 않은 것이 없이 다 능한 분인데, 한 치 앞도 모르는 우리를 보고 똑같은 부처라고 하니 저 양반이 정신이상자가 아닌가?" 하고 모두 도망을 갑니다.

조사스님만 직설로 한 것이 아니라 부처님도 직설로 하셨습니다. 그런데 직설로 하신 말씀을 중생들이 못 알아들으니까, 나중에 가서 할 수 없이 이런 것도 있다고 아닌 것을 옳다고 하시면서 꾀인 것입니다.

"숨은 쉴 줄 알 것 아니냐?"

"예, 숨은 쉬지요."

"숨을 들이쉬고 내쉬는데, 무엇이 그러느냐? 들이쉬고 내쉬는 그 것을 들여다보아라."

사마타, 선정명상은 어떤 대상을 놓고 관법을 하는 것입니다. 마음을 가만히 들여다보고 비추어 보는(觀照) 것입니다. 그리고 허공을 보고 관하고, 부처님이라는 대자비의 사상을 놓고 관하고, 어떤 분들은 물을 놓고 관하기도 하는 등 대상을 놓고 관하는 것을 선정사마타, 관법이라 하는데, 즉 신수심법身受心法의 사념처관四念處觀이라고도 합니다.

이 몸은 코에는 콧물, 입에는 침, 귀에는 귀지, 눈에는 눈곱, 뱃속에는 오줌과 똥, 몸속에는 피고름이니 전부 더러운 것이라고 관합니다. 몸이 깨끗하지 못하다는 부정관不淨觀을 해서 거기로부터 일체 욕심이 떨어지도록 합니다. 탐·진·치의 고통, 재색식명수財色食命睡 욕심으로 인한 고통으로 구성된 이 몸은 고苦의 집합체입니다.

또한 마음은 잠시도 머물러 있지 않고 뚜렷하게 고정되어 있는 것이 아니므로, 무상하다는 것을 관합니다. 관법무아觀法無我, 제법무아諸法無我, 즉 '나(我)라는 뚜렷한 존재가 없구나' 하는 것을 관해 들어가는 것을 사념처관이라고 합니다.

이 수행방법은 근기 미둔한 중생을 조사선, 즉 격 밖의 최고선으로 끌어올리기 위한, 기초적이고 과학적이고 체계적이며 세밀하게 수행해가는 점수점오의 수행방법입니다. 관찰, 느낌, 알아차림으로 깨달아 증득하는 것인데 존재 자체인 이 몸이 공한 것을 깨닫습니다. 이것을 아공我空이라고 합니다. 나의 존재 자체가 공한 줄 알면 이 몸의 고통으로부터 벗어납니다. 이것을 소승4과(사념처관)라고 말하는데 사념처관을 증득하였다고 해서 바로 부처님이 깨달으신 대각 자리는 아닙니다.

부처님과 조사스님이 보는 사념처관은 차원이 다릅니다. 여기에서 낱낱이 다 열거할 수는 없습니다만 석가모니 부처님은 25가지 관법(25有)을 섭렵하셨고 사선정四禪定, 팔해탈八解脫을 증득했지만 부처님이 알고자 하는 목적을 달성하지는 못했습니다. 그래서 부처님께서는 보리수 밑에 앉으셔서 "깨닫지 않고는 절대 이 자리에서 일어나지 않으리라."는 서원을 세우고 깊은 참구에 들어갔습니다. 7일 용맹정진을 하신 마지막 날, 아뇩다라삼먁삼보리 즉 최상의 근본진리를 깨달았습니다.

7일간 무엇을 하셨기에 깨달았는가? 문헌에는 확실히 설명해 놓은 것이 없지만 부처님께서 깨닫고 나서 하신 말씀이 "누가 나에게 이 방법을 바로 가르쳐 일러주었더라면 내가 왜 오랫동안 25유관법, 사선정, 팔해탈을 하면서 세월을 보냈겠는가." 라고 하셨습니다.

과거에 큰스님들께도 여쭈어보고, 인도 부다가야 대탑사의 종정스님과 중국의 선사 민복 스님, 백성 법사스님께 문의해 본 결과 한결같이 조사선, 화두선에서 해결하셨다고 들었습니다. 공부해 보면 확실하다는 믿음이 갑니다. 화두의정話頭疑定이 아니고는 박살나서 깨지지 않습니다.

대상을 놓고 관찰하는 느낌이나 알아차림은 부분적인 것은 맛을 볼지언정 근본적인 부처님 대각 자리를 해결하기는 어렵습니다. 사념처관은 부처님이 그때 당시에 중생들에게 바로 직설로 일러주셨지만 못 알아듣기 때문에 중생들을 끌어들이기 위한 방편적인 선禪입니다. 그 자리로 바로 들어가는 선이 아닙니다.

이렇게까지 이야기를 해줘도 듣고 나서 "뭐라고 했는가? 그래도 관법이 좋다고 하던데."라고 말합니다. 그 사람은 전생에 그것만 가지고 살았던 모양입니다. 그러고는 '화두만 하라고 한다'면서 비방하기도 합니다.

부처님께서 중생에게 직설로 말해줘도 못 알아들으니까 직선의 공부법을 가르치기 위한 방편으로, 우회적으로, 곡설로서 소승선, 방편선을 말씀하신 것입니다.

오늘날 한국 사람들이 화두선을 하는데, 제대로 선지식에게 경책을 받고 직접 가르침을 받아야 하는데 그렇게 하지 못하고 있습니다.

물론 우리나라에서 선을 가르치는 조실스님들의 책임이 없다고는 할 수 없습니다. 왜냐하면 저도 선방에 오랫동안 다녀보았지만 선방에서 공부하는 수좌가 한 철 석 달을 살면서 조실 방에 가서 묻는 일이 없습니다. 조실스님도 그냥 그대로 방치해 놓아둡니다. 조실스님 중에는 공부하는 사람에게 방을 쳐서 경책하고 꾸짖고 야단쳐서 가르치는 분도 계셨습니다. 그런데 공부에 대해서 야단치는 것이 아니라, 아무 잘못한 것도 없는데 괜히 야단치는 것입니다. 분심이 나서 참선을 할 수 있도록 하기 위한 목적으로 그렇게 가르치신 분도 있었습니다. 그러나 일 년을 지내도 가르치는 것이 없는 경우도 많이 있었습니다. 그냥 한 철 살다가 가는 것입니다.

그러면 공부하는 납자가 조실스님을 신信하고 가사를 수受하고 찾아가서 무엇을 물어야 하는데 묻지를 않습니다. 물어보라고 하면 물을 것이 없다는 것입니다. 지금 나아가는 것이 있어야 가서 좀 물어보지 아는 것도 없는 내가 들어가서 무엇을 묻느냐 하는 것입니다.

중국에서도 임제 스님 같은 분은 3년을 공양주 하면서도 조실스님께 생전 물을 생각을 하지 않았다고 합니다. 한 수좌스님이 임제 스님에게 "공양주를 3년이나 하면, 공부나 제대로 하면서 공양주를 하느냐? 그렇지 않으면 그냥 허송세월 보내면서 밥만 하고 있느냐?" 하고 물었습니다.

"전에 법문을 들어보니 본래 할 것이 없다고 하던데요. 할 것이 없는데 공부라는 것을 할 일이 있나요? 이대로가 부처겠지요."

요즘도 흔히 있을 수 있는 일입니다. 지금도 그렇지만 그때 당시에도 법문에 "본래 할 것이 없다. 하기는 무엇을 하느냐 하면 잘못된 것이다. 하는 것은 조작이고 조작은 바로 사도邪道이다. 본래 여기에는 하는 것이 없다. 본래 부처인데 무엇을 하느냐."고 자꾸 강조하니까, 그만 임제 스님도 그렇게 알고 있었던 것입니다. '할 것이 없다는데, 그러면 무엇을 할까?' 하고 고민하다가 '스님들이 아직도 이것이 부처인 줄 모르고 공부를 하고 있으니, 저분들을 위해서 나는 공양주나 해야 되겠다'고 생각하고 자원해서 3년간 공양주를 했습니다. 천진하고 진실합니다.

그 수좌스님이 보니까 임제 스님 공부가 다 된 것입니다. 종기가 다 아물어서 딱지가 앉아 떼기만 하면 그만인데, 그것이 안 되었다는 것입니다. 익기는 다 익었는데 딱지를 떼 준 사람이 없으며, 또 그것을 본인이 가서 물어보아야 하는데 물어보려고도 하지 않으니 그 수좌스님이 "그러지 말고 네가 생각한 것이 확실한 것인지 조실스님에게 가서 물어보라."고 하였습니다.

"물어도 될까요?"

"물어보아라. 물어보면 가르쳐 주실 것이다."

그래서 조실스님 방에 가서 "어떤 것이 불법의 적적대의, 최고 큰 뜻입니까?" 하고 묻습니다.

그러니까 조실이신 황벽 스님이 주장자로 막 두들겨 패는 것입니다. 사정없이 30방을 때리는 것입니다. 맞고서 그냥 내려왔습니다.

수좌스님이 "요번에 가서 물으니 뭐라고 하시더냐?" 하고 묻습니다.

"말도 하지 않고 무조건 사람을 두들겨 패기만 하던데요. 그래서 그냥 맞고 내려왔습니다."

"내일 다시 가서 물어봐. 뭐라고 한마디 해 줄 것이야."

다음 날 또 올라가서 물었는데, 또 30방을 때리는 것입니다. 그러니까 60방을 맞았습니다.

'방장스님이 내가 얼마나 미우면 나에게 한마디 일러주지도 않고 패기만 하는가. 내가 3년 동안 공양주를 해도 이러한데, 내가 더 있어야 뭐 하겠나' 생각하고 걸망을 싸서 방장스님에게는 인사도 하지 않고 가려고 하니까, 그 수좌스님이 "그래도 간다고 인사라도 하고 가지, 그냥 가면 되겠느냐"고 이야기해서 방장스님에게 인사를 합니다.

방안에 들어가지도 않고 문 밖에서 "방장스님 저는 갑니다." 하고 인사를 합니다.

그러니까 황벽 스님이 나오셔서 말하였습니다.

"간다면, 네가 마음대로 돌아다니지 말고, 내가 가라고 하는 곳으로 가거라."

"어디로 갈까요?"

"100리 밖에 가면 납자들을 가르치고 있는 대우 스님이 있으니, 대우 선사에게 가거라."

임제 스님이 대우 선사에게 갔습니다.

그날 마침 대우 스님이 법상에서 법문을 하고 있는 참에 한 수좌가 걸망을 지고 들어오는데, 가만히 보니까 어디서 다 익어가지고 손만 조금 대면 터질 홍시 같은 물건이 들어오는 것입니다.

"어디에서 오느냐?"

"예, 황벽 스님 회상에서 옵니다."

"그래 황벽은 불법을 어떻게 가르치고 있던고?"

"예, 무엇을 물어보면, 막 두드려 팹니다."

"그래서?"

"두 번이나 가서 물었는데, 두 번 다 30방씩 때려서 맞기만 했습니다. 그래서 '이 스님이 나를 미워하는가 보다' 생각하고 나왔습니다. 간다고 말씀드리니까, 여기로 가라고 하셔서 여기로 왔습니다."

"아, 황벽이 너에게 참으로 친절하고 자비롭게 잘 일러주었구나."

그 말에 임제 스님이 깨달았습니다.

"너에게 아주 친절하게 정말 자비롭게 잘 일러주었구나." 하는 소리에서 그만 크게 깨달았습니다.

깨닫고는 임제 스님이 황벽 스님 쪽으로 돌아서서 "황벽의 불법도 몇 푼어치 안 되는구나."라고 말했습니다.

대우 스님이 법상에서 내려와서 임제 스님의 멱살을 잡고 "무엇이? 이놈아, 무엇을 알아서 네가 황벽의 불법이 몇 푼어치 안 된다고 하느냐? 일러라!" 하니까, 임제 스님이 대우 스님의 옆구리를 세 번 꾹꾹 찔렀습니다.

대우 스님이 임제 스님을 딱 밀어 붙이면서 "너는 나와 인연이 있는 것이 아니라 원래 황벽하고 인연이 있으니 그곳으로 가거라." 합니다.

그래서 임제 스님이 돌아오니까, 황벽 스님이 "그래 무슨 일이 있었는가?" 하고 물어보았습니다.

임제 스님이 대우 스님과의 경과를 이야기했습니다.

이를 듣고 황벽 스님이 "그놈의 늙은이, 내가 있었으면 몇 방망이 때릴 것을 그랬구나." 하였습니다. 그러자 임제 스님이 "먼 곳에 있지 않습니다!"라고 황벽 스님에게 한 방 내렸습니다.

"이놈이 호랑이 수염을 당기는구나."

임제 스님이 다시 "할!"을 한 번 하면서 말합니다.

"스님이 호랑이라면 나는 사자입니다. 사자는 죽이기도 하고 살리기도 합니다."

황벽 스님의 직계제자가 임제 스님 아닙니까? 그 『임제어록』이 천하를 뒤집습니다. 임제 스님은 가는 곳마다 닥치는 대로 누구든지 두 마디도 하지 않고 단 한마디만 했습니다. 바로 "할!"입니다.

이래도 "할!", 저래도 "할!".

"밥 먹었느냐?"고 물어서 "먹었습니다." 하고 답해도 "할!"이고, "밥 안 먹었습니다."고 답해도 "할!"이라고 합니다.

"불법을 어떻게 알았느냐?"고 물어놓고, "이렇게 알았습니다." 하고 답해도 "할!"이고, "이렇게 몰랐습니다." 하고 답해도 "할!" 했지요.

이 "할!" 소리에 모두 깨달았습니다.

중국에는 임제 스님뿐만 아니라 대단한 도인이 무수히 나왔습니다. 부처님의 깨달은 이 자리를, 이와 같이 직설로 언하에서 바로 깨닫게 해 준 것이 공안 화두, 즉 조사관이라고 하는 것입니다.

이것을 공부하는 사람들이 진실로 애쓰면 10년 이내에 해 마쳤다는 것입니다. 그렇게 빨리 될 것을 무엇 때문에 무량겁을 두고 하느냐 이 말입니다.

그래서 대주 선사는 "단지 이놈이 무엇이냐?" 할 때, "머무른 바가 없고, 생生한 바가 없다."고 말씀했습니다. 본래 이 자리에는 '아는 바 보는 바 일체가 없다'는 말이며, 그 이름이 '해탈'이라고 합니다. 무생무주無生無住의 그 자리를 바로 가리켜서 '열반'이라고 합니다.

본래 성품이라는 자리는 '가는 것도 없고 오는 것도 없으며, 모든 것이 또한 이와 같다'고 했습니다.

우리가 듣는 것을 귀로 듣는 것으로 생각하면 안 됩니다. 우리의 성품, 즉 진여자성 자리는 소리가 있고 없는 것과는 관계없다는 말입니다.

소리가 있을 때도 듣고 없을 때도 듣는다고 하니 "듣는다고 하는 이 놈은 도대체 누구입니까?" 하는 질문에 "자성이 듣는다. 또한 이름하여 아는 자가 듣는다."고 했는데, '참으로 아는 자'를 말하고 있습니다.

공적영지空寂靈知라, 비어서 적적한 우리의 본래 자성 자리는 신령스럽게 안다는 것입니다. 신령스럽게 아는 자성의 그 자리를 영지라고 합니다. 이것이 '아는 자가 듣는다'는 것입니다.

부처님 당시에 도를 닦는 바라문 구도자가 큰 길 바로 옆의 나무 밑에서 가만히 앉아서 수행을 하고 있는데, 그 앞으로 500대나 되는 수레가 엄청나게 요란한 소리를 내며 지나갔습니다. 그러나 그 구도자는 전혀 소리를 들은 바가 없다고 합니다. 그 선인이 부처님에게 "나는 큰길 가 나무 밑에 앉아 있었는데, 500대의 수레가 지나가는 소리를 전혀 듣지 못했다."고 과시하며 말했습니다.

이에 대해 부처님이 말씀하시기를 "나는 어느 촌락에 짚으로 쌓은 집 옆에서 좌선을 하고 있었는데, 천둥번개가 요란하게 쳐서 짚더미와 집이 벼락에 맞아 다 날아가고 마을 전체가 무너져 천지가 개벽되는 것 같았지만, 나는 그것을 전혀 몰랐노라."고 했습니다.

그 말을 듣고 선인이 부처님께 절을 하면서 "저보다 굉장히 도가 높으시옵니다."라고 말했습니다.

그러니까 일체를 듣지 못할 때가 있다는 말입니다.

화두를 애써서 참구하다 보면 의심이 일념에 들어가서 커지게 되고, 그러면 오고 가는 것을 잊어버린다는 것입니다. 길거리를 가다가도 서 있습니다. 또 많은 차가 번잡하게 오고 가는 길을 횡단보도가 아닌 곳으로 건너가도 그 많은 차에 아무런 관계를 받지 않습니다. 이것이 참 묘합니다. 자기도 모르게 지나가는 것입니다. 차가 지나가는 것을 못 보았다는 말입니다. 화두 일념삼매 속에서 지나가는 것입니다. 오고 가는 차가 있는지도 모르고, 길인지 어딘지도 모르고, 일체 바깥 경계를 몰록 다 잊어버렸다는 것입니다.

이러한 경지가 분명히 있습니다. 이러한 경지에서는 바깥에 있는 모든 경계를 듣지도 보지도 못한다고 하지만 이 근본 자체는 다 듣는 물건이라는 것입니다. 밖에서 서로 이야기를 주고받아도 내가 소리를 듣기는 들었는데 무슨 소릴 했는지 전혀 모를 때가 있습니다. 서로 이야기를 하다보면, 분명히 말은 한 것 같은데 무슨 말을 했는지 몰라서 다시 물을 때가 많습니다. 그러면 상대방이 기분이 안 좋아서 말을 하게 되는데, 그때 가만히 귀담아 들어야 합니다. 무슨 소리가 나는데 바람처럼 스쳐갑니다. 의심 일념삼매에 들어가면 우주 천하에 아무것도 없는 속에서 단지 샛별처럼 성성하게 무언가가 있습니다. 있지만 그 당시에는 있는지도 모릅니다. 그러나 분명히 성성합니다. 그것은 잠자는 것도 아니고, 혼침도 아니고, 생시도 아닙니다. 이러한 때를 깊이 지나가야 깨달음에 가까이 갈 수 있습니다.

이것이 바로 일체를 듣기도 하고 듣지 않기도 하는 것입니다. 듣는 데에서는 안 들을 수도 있고, 듣지 않는 데에서는 들을 수도 있습니다. 이 자리는 모든 것에서 다 듣기도 합니다. 이 당처에서 듣고 안 듣고를 논하지 말아야 합니다. 그러한 것을 붙일 수가 없습니다. 이 자리는 여러분이 깊이 공부해서 화두 의심삼매에 분명히 들어가야 합니다. '무엇일고?' 하는 의심삼매에 일념으로 들어가자면, 부단히 애를 써야 합니다.

여러분이 무진겁 이래로 익혀온 재색식명수 오욕락과 탐진치 삼독 그리고 무수한 생각에 잠재해 있는 업 덩어리는 보이지 않는 속에 태산같이 쌓여 있습니다. 그것이 산처럼 막고 있어 안 되는 것입니다. 그래서 이런 부처님 말씀이나 조사스님 말씀도 일념으로 들어보려고 애를 쓰지만 그래도 잠이 옵니다. 법문 시간에 제일 많이 좁니다. 그것은 잠이 막 들어오는 그 찰나가 육식이 쉬는 때입니다. 육근이 쉬어야 잠이 듭니다. 육근이 놀아나면 잠을 못 잡니다. 불면증에 걸린 사람은 생시처럼 많은 망상을 하고 있기 때문입니다.

번뇌망상 일체가 없는 사람이 빨리 잠이 듭니다. 망상이 없는 사람은 누우면 즉시 잠듭니다. 망상이 많은 사람은 빨리 잠들지 못합니다. 저도 눕자마자 잠자는 스님들을 많이 보았습니다. 공부를 잘 하고 천진하며 단순한 스님이 그렇습니다. 저도 이야기하다가 누워 자면, 같이 이야기하는 사람이 "눕자마자 코곤다."고 말하는데, 그 말을 다 듣습니다.

화두를 들고 애를 쓰면 꾸벅거리며 잠자는 속에서도 분명히 화두를 성성하게 챙깁니다. 생리적으로 졸음이 오면 꾸벅거리기는 하지만 화두를 일념으로 챙기면 화두가 성성합니다. 그래서 화두가 없이 그냥 혼침에 끄달려 꾸벅거리며 조는 사람이 있는 반면에 화두가 성성한 가운데 꾸벅거리는 수도 있습니다. 확실히 분명하게 공부해 가는 사람에게는 혼침이나 망상 일체가 떨어지고, 모든 것이 움직인 바가 없고 자세도 평온합니다.

그런데 주로 용맹정진할 때 많이 졸게 됩니다. 해인사에서도 스님들이 장군죽비를 들고 돌아가며 경책을 하는데, 위아래 없이 함부로 날뛰는 수좌가 간혹 있습니다. 그런 사람은 큰스님이 꾸벅거리면 경책하려고 장군죽비를 갖다 댑니다. 그러면 큰스님은 그 수좌를 보면서 "네가 무엇을 보고 경책을 하려 하느냐?" 하고 나무랍니다.

"졸지 않았습니까?"

“잘 보고 해야지 잘못 보고 하면 경책이 되지 않는다.”

전에 혜암 스님은 앉으면 조는데, 몸이 땅에 닿을 정도였습니다. 장좌불와를 해서 그런지 항상 좁니다. 그래도 그 속에서 분명히 화두를 성성하게 챙기고 있다는 말입니다. 이렇게 화두를 성성하게 챙기는 경우와 혼침의 경우를 잘 간파해야 하는데, 쉽지가 않습니다.

중국의 조주 스님은 조는 사람도 때리고 졸지 않고 똑바로 앉아 있는 사람도 때렸습니다. “저는 졸지 않는데 왜 때립니까?” 하면 “저놈처럼 좀 졸아 보아라.” 하시고, 조는 사람을 때리면서는 “이놈아, 너는 이 사람처럼 졸지 말고 해라.” 하시는 겁니다. 그것은 알고 때리는 것입니다.

딱 앉아 있으니 안 졸았다고 생각하지만 망상하고 있는 것입니다. 망상하면 잠이 안 옵니다. 망상하면 한 시간이 금방 갑니다. 온갖 것을 꿰기 시작하면 별 희한한 것을 다 꿰고 돌아갑니다. 저도 망상을 많이 해 봤습니다. 앉아서 화두는 안 되고 지겹고 해서 망상이 일어나서 꿰기 시작하니까 끝이 없이 망상이 일어나는데, 그러다 보면 어느새 한 시간이 지나가 버립니다. 잠도 안 옵니다. 조주 스님은 그것을 아는 것입니다. 망상이 없어지고 쉬어질 만하면 잠이 옵니다. 그것은 분명합니다. 그때 때리는 것은 정신 차리고 화두 챙기라고 때리는 것입니다. 빳빳하게 앉아 있는 사람을 때리는 것은 “망상이 없는 데까지 들어가서 졸음이 올 정도로 화두를 챙기라.”는 것입니다.

화두 일념삼매는 바깥 경계의 듣는 것과 듣지 않는 것과 관계가 없습니다. 자성이라고 하는 듣는 성품 자체는 항상하기 때문에 듣고 안 듣고는 논하지 말라는 것입니다.

듣는 것은 자성이 듣고, 이름하여 아는 자가 듣는다고 했습니다. 자성과 영지가 듣는다는 말이지요. 그래서 항상 듣고 항상 알고 있는 것입니다.

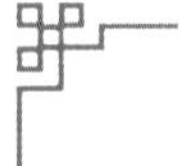

第八

돈오문의 종宗과 체體

문 | 이 돈오문에는 무엇으로 종宗을 삼고, 무엇으로 뜻(旨)을 삼고, 무엇으로 체體를 삼고, 무엇으로 용用을 삼습니까?
답 | 생각이 없는 것으로 종을 삼고, 망념된 마음이 일어나지 않는 것으로 뜻을 삼고, 청정한 것으로 체를 삼고, 지혜로써 용을 삼는다.

문 | 이미 무념으로 종을 삼는다고 말씀하시는데 무념이라는 것을 알지 못하겠습니다. 어떤 생각이 없는 것입니까?
답 | 무념이라는 것은 삿된 생각(邪念)이 없는 것을 말하는 것이니라. 정념正念이 없는 것이 아니니라.

문 | 어떤 것이 삿된 생각입니까? 어떤 것을 이름하여 정념이라 합니까?

답 | 있다(有)는 생각과 없다(無)는 생각을 곧 이름하여 삿된 생각이라 하며, 유무를 생각하지 않는 것을 곧 이름하여 정념이라고 한다. 선善을 생각하고 악惡을 생각하는 것을 곧 이름하여 삿된 생각이라 하며, 선악을 생각하지 않는 것을 이름하여 정념이라 한다. 고통 즐거움, 나는 것 죽는 것, 취하는 것 버리는 것, 원망하는 것 친한 것, 미워하는 것 사랑하는 것까지 아울러 이름하여 삿된 생각이라 하며, 고통과 즐거움 등을 생각하지 않는 것을 이름하여 정념이라 하느니라.

문 | 어떠한 것이 이 정념입니까?
답 | 정념이라는 것은 오직 보리菩提를 생각하는 것이다.

문 | 보리는 가히 얻는 것입니까?
답 | 보리는 가히 얻지 못하는 것이니라.

문 | 이미 얻지 못한다고 말씀하신다시면 어째서 오직 보리를 생각합니까?
답 | 다만 보리라고 한 것은 거짓으로 이름을 세운 것으로, 실로 얻지 못하니라. 또한 앞도 뒤도 얻을 것이 없는 것이니라. 가히 얻지 못하는 고로 생각이 있을 것이 없다. 다만 생각이 없을진대, 이 이름이 참생각(眞念)이니라. 보리는 생각한 바가 없는 것이요, 생각한 바가 없는 것은 곧 일체처에 무심이니라. 다만 위에 설한 것과 무념이라고 말한 것은 모두 일을 따라 방편으로 말한 것이며 거짓으로 이름을 세운 것이다. 다 한가지로 한 몸으로, 둘도 없고 다른 것도 없다. 단지 일체처에 무심한 줄 아는 즉 이것이 무념이니라. 무념을 얻을 때 자연히 해탈한 것이니라.

問 此頓悟門 以何爲宗 以何爲旨 以何爲體 以何爲用

答 無念爲宗 妄心不起爲旨 以淸淨爲體 以智爲用

問 旣言無念爲宗 未審無念者 無何念

答 無念者無邪念 非無正念

云何爲邪念 云何名正念

答 念有念無 卽名邪念 不念有無卽名正念 念善念惡 名爲邪念 不念善惡 名爲正念 乃至苦樂生滅取捨怨親憎愛 並名邪念 不念苦樂等 卽名正念

問 云何是正念

答 正念者唯念菩提

問 菩提可得否

答 菩提不可得

問 旣不可得 云何唯念菩提

答 只如菩提 假立名字 實不可得 亦無前後得者 爲不可得故 卽無有念 只箇無念 是名眞念 菩提無所念 無所念者 卽一切處無心 是無所念 只如上說 如許種無念者 皆是隨事方便 假立名字 皆同一體 無二無別 但知一切處無心 卽是無念也 得無念時 自然解脫

◉

'돈오문頓悟門'이라는 것은 몰록 깨달아서 부처님이 깨달은 그 자리를 우리들도 똑같이 증득하는 것을 말합니다.

몰록 깨닫는 것이 대승불교에서 가장 중요하게 드러내어 말하는 것입니다. 한번 깨달으면 부처님이 깨달은 그 자리를 한 치의 어긋남도 없이 깨닫는다는 것입니다.

남방의 관법은 소승선입니다. 소승선은 소승 아라한과를 증득하는 것을 말합니다. 대승불교의 간화선, 즉 화두 참선하는 방법과는 근본적으로 취지가 다릅니다. 남방에서는 물론 소승이나 대승이라는 문구가 없지만, 소승불교와 대승불교는 그 공부방법이나 취지 그리고 깨달음의 극치가 다릅니다.

소승선은 아라한과를 증득하는 것을 목표로 합니다. 그러나 대승불교에서는 아라한과를 증득하는 것을 목표로 하지 않고, 부처님이 깨달은 최고의 대각 자리를 목표로 합니다.

물론 부처님 생존시의 원시불교 시대에도 부처님께서 말씀하신 대로 수행을 하긴 하지만, 부처님이 깨달은 대각 자리에 가기는 힘들 것이라고 생각하고 아라한과라도 증득하겠다는 뜻이 농후했습니다. 그러나 중국, 한국, 일본 등 북방으로는 최고 일승, 즉 부처님 자리를 바로 깨닫는 대각을 지향하는 불교가 널리 퍼졌습니다.

최고의 목표는 아라한과를 증득하는 것이 아니라, 대각 자리를 몰록 깨닫는 것이라는 것을 바로 알아야 합니다. 중국에서 몰록 깨닫는 돈오문의 방법으로 가르쳐 무수한 도인이 많이 배출되었습니다. 지금 우리나라에서 그와 같이 대각 자리를 바로 깨닫는 공부를 하는 것이 바로 화두선, 간화선입니다.

이 화두는 원래는 참구하는 것을 뜻하지 않습니다. 근본적으로 한마디 했을 때 바로 깨달아서 계합이 되는 것입니다. 근기가 여러 가지로 차등이 있어서 그렇게 되지 않기 때문에 미치지 못하는 사람은 부득이 이 문제를 깊이 의심해서 관조해 들어가는 것입니다. '어째서 무無라고 했을까?', '이 몸을 끌고 다니는, 운전하는 이놈은 도대체 무엇일까?' 하는 것을 깊이 의심해 들어갑니다.

'무無' 했을 때 바로 깨달으면 되는데 깨닫지 못하기 때문에, 근기 따라 차이가 있어서, '어째서 무無라고 했는가?' 하고 깊이 의심해 들어가는데, 아무리 늦어도 십 년이면 족하다고 했습니다. 그러나 관법으로 공부해서 깨달으려 하면 무량 아승지겁을 닦아야 된다고 했습니다. 시간상으로 엄청난 차이가 있습니다.

그러나 우리는 단박에 깨닫는다는 것입니다. 오랜 세월을 하는 것이 아니라 짧은 기간에 해결할 수 있습니다. 무량겁을 두고 닦아야 할 것을 선종에서는 단박에, 언하에 해 마칠 수 있다는 것을 가르칩니다.

1967년도에 세계 불교도 대회에서 스리랑카, 태국, 인도, 버마 등 여러 나라의 고승과 우리나라의 고승이 만났습니다. 우리 스님들이 그분들과 거량을 하였는데 그분들은 조사선의 도리를 잘 모르고 있었습니다.

인도에서 공부를 많이 했다고 하는 보리달마라는 스님이 서울 조계사 총무원에 온 적이 있습니다. 인도는 더운 지방이라 속옷을 많이 입지 않고 팬티에 가사만 걸치고 팔도 드러내고 지내는데, 그 분은 한국에서도 그와 같은 옷차림으로 맨발로 생활을 하였습니다. 영하 15도나 되는 추위에 조계사 나무 밑에 앉아 좌선을 하는 것입니다.

그 당시 우리나라는 인천 용화사에 계신 전강 스님을 선에 대한 최고 선지식이라고 인정을 하고 큰스님으로 모셨습니다. 그 전강 조실스님을 조계사로 청해서 인도에서 온 보리달마 스님과 만나 서로 거량을 해보는 것이 어떻겠느냐는 것이 스님들과 신도들의 바람이었습니다. 그래서 스님들과 신도들이 모인 자리에 전강 스님을 청했습니다. 전강 스님이 보리달마 스님과 대담을 했습니다. 통역하는 분도 같이 있었습니다.

전강 스님이 보리달마 스님께 묻기를 "보리달마라고 하니 전前달마인가, 후後달마인가?"

그에 대해 통역하는 분이 통역을 잘했는지 못했는지 모르지만, 제대로 소통이 되지 못한 것 같습니다.

보리달마 그 분이 "무슨 말인지 잘 모르겠다."고 했습니다.

또 다시 "전달마인가, 후달마인가?" 하고 물었습니다.

그에 대한 대답을 시원하게 하지 못한 것입니다.

전강 스님이 큰소리로 "할!"을 하고 눈을 부라리면서, "내가 묻는 것을 너는 꿈에도 몰랐다."고 말씀하셨습니다.

다시 원상○을 그려놓고 "이 안에 들어가도 30방이요, 나가도 30방이다." 말씀하셨는데, 인도에서 온 보리달마라는 분이 이에 대해 시원한 답을 하지 못했습니다. 전강 스님께서 더 이야기가 안 되겠다고 하시면서 그냥 떨쳐 일어나서 가셨습니다.

또한 동산 큰스님께서 세계 불교도 대회에 참석한 세계 고승들을 안내하여 마지막으로 불국사를 구경하고 참배를 마쳤는데 그 중에 한 외국 스님이 "한국 사찰이 겨우 이것뿐입니까?" 하고 물었습니다.

동산 큰스님 말씀이 "또 소개할 것이 남았습니다. 보세요! 저기 석탑에 돌사자가 우는 것을 보셨습니까?"

세계 고승들이 대답이 없자 "할"을 한 번 하시고 "귀국에 없는 것이 여기는 있습니다." 하니 다른 나라 고승들이 대답을 못했습니다.

왜일까요? 격 밖의 소식은 캄캄합니다.

그분들이 우리가 공부하는 간화선의 도리를 확실하게 공부해서 알았다면, 어찌 서로가 계합이 되지 않았겠습니까? 그분들은 공부를 하기는 했으되, 우리가 공부하는 이 도리를 확실하게 깨닫지 못한 것입니다.

예를 들어 "진흙소가 바다 밑 달을 물고 달아난다." 하면, 남방에서 공부한 스님은 모릅니다. 통과가 안 됩니다.

북방의 경전에 『화엄경』, 『법화경』이 있는데, 남방에는 없습니다. 『금강경』은 팔리어나 산스크리트어 원전이 있습니다. 그것도 후대에 만든 것입니다. 그렇다고 남방에 없다고 해서 이와 같은 경전을 불신하면 안 됩니다.

한국에서 발간되고 미국에서도 발간되는 「불교」 잡지를 읽어 보니, 자기들의 관점에서는 "간화선과 관법수행을 놓고 볼 때 궁극적으로 같은 것인데 우리나라에서 유독 관법을 배척한다."고 써놓았습니다.

또 중국에 6조 대사를 비롯하여 33조사를 통해 내려온 맥이 있습니다. 또 석가모니 부처님 전에 7불이 있었습니다. 과거 7불이 모두 부인이 있고 아들이 있습니다. 석가모니 부처님도 태자로 있다가 결혼해서 아들과 부인이 있습니다. 그 후 가섭으로 해서 내려오는 계보가 남방에는 없고 중국으로 내려오는 북방 불교권에만 있습니다. 부처님과 가섭 존자로부터 33조사의 맥이 분명하게 살아 있습니다.

그런데 「불교」 잡지에서 비방 하기를 "중국 사람들은 묘한 사람들이다. 없는 족보를 다 만들었다. 석가모니 부처님이 언제 누구에게 후계자를 두고 전수해 준 일이 없다. 그런데 중국 사람들이 부처님으로부터 가섭 존자로 또 33조사와 그 후의 역대 조사로 족보를 만들었는데, 확실히 중국 사람들이 족보를 좋아한다."고 합니다.

남방에 없는 경이 북방에 있고, 북방에 없는 경이 남방에 있습니다. 서로 차이가 있습니다. 그러니까 잡지에 비방을 해 놓은 것입니다. 이것이 오늘날 큰 문제입니다.

인도에서 석가모니 부처님께서 열반하신 후 100년, 150년 이후에 북부에서 대승불교가 생겨났습니다. 만약 대승불교가 일어나지 않았으면 오늘날 불교는 없을 것입니다. 그런데 유일하게 중국으로 해서 내려오는 북방에 법이 시퍼렇게 살아 있습니다.

『법화경』과 『화엄경』이 있습니다. 『화엄경』은 용궁에서 용수보살이 가지고 나온 것으로 전해지고 있습니다. 그런데 남방에 없다고 해서 부인한다면 그것은 불교를 꿈에도 보지 못한 것입니다. 불법을 모르는 사람들입니다.

『법화경』이나 『화엄경』이 만약 부처님 사상에 어긋났다면 그것은 외설이라고 볼 수 있지만, 『법화경』, 『화엄경』이 부처님의 사상에 조금도 어긋난 바가 없습니다. 분명하게 부처님 사상과 부합해서 그 사상을 바탕으로 설해져 있습니다. 그렇기 때문에 외설이라고 할 수 없는 것입니다. 부처님이 49년 동안 법을 설하신 가운데 대승 최상의 진리를 말씀하셨지만 후인들이 바로 보고 서술하지 못한 점도 있습니다.

중국의 대주 선사가 말하고 있는 것과 같은 돈오문은 바로 일초즉입여래지一超卽入如來地라, 바로 올라가는 것입니다. 오랜 세월, 보살행을 해서 55위를 닦아 올라가는 것이 아니라 성불도 놀이에서 보듯이 경절문은 바로 올라가도록 되어 있습니다. 바로 올라가는 것이 돈오문입니다. 이러한 도리를 북방에서는 분명하게 세웠고, 또 그를 통해 도인이 무수히 쏟아져서, 법을 활발하게 무위자재하게 걸림 없이 썼습니다. 그러니까 우리는 이 법을 꼭 믿고 참선해야 합니다.

다른 나라에 가서 불교를 배워온 사람들이 문제입니다. 제일 큰 문제가 우리나라 사람 자체입니다. 남방의 사람들은 비방하지 않습니다. 그런데 우리나라에서 그쪽으로 가서 배워온 사람들이 똑같은 한국 사람을 비방합니다. 자기 나라를 욕하는 이것이 큰 문제입니다. 인도에 있는 라즈니쉬의 아쉬람에 가면 한국 사람들이 많이 있는데, 꼭 한국을 폄하합니다. 우리나라 사람들이 스스로 자기를 도끼로 찍어서 스스로 죽는 겁니다. 우리 국민은 이런 점을 개선해야 하고, 우리나라에서 공부하고 있는 선법이 천상천하에서 제일이라는 자긍심을 뚜렷하게 가져야 합니다.

"무념위종無念爲宗"의 무념無念이라는 것은 그냥 되는 것이 아닙니다. 무념은 생각이 딱 끊어져 없는 것을 말하는 것이 아니라 삿된 생각이 없다는 것입니다. 무념이라는 자리는 나고 죽는 생멸심이 없는 진여자성 자리를 말한 것입니다.

우리 정신세계에는 생멸심이 있고, 바깥의 우주 만유에 나타나 있는 것도 생멸이 있습니다. 나에게 이로운 것은 취하고 불리한 것은 버립니다.

부모가 자식을 낳아 기르면서, '내가 너를 열심히 키우고 투자를 하면 네가 성공해서 부모에게 보답해야 하지 않겠느냐?' 하고 생각한다면, 이것은 은혜 은恩 자를 생각하는 것입니다. 반대로 아들이 부모에게 효도하지 않고 부모를 배반했을 때는 원수 원怨 자로 원망한다는 것입니다. 또 자식이 부모에게 버림받는 경우도 많지 않습니까? 버리면 원수가 되고, 버리지 않으면 친한 것이 됩니다.

짐승들은 새끼를 키워서 새끼가 자력으로 생활할 수 있게 성장하면 혼자 살아가라고 쫓아 버리지, 키워준 것에 대한 보답을 받으려고 하지 않습니다. 자기가 낳은 새끼니까 책임과 의무를 다하고 자력으로 잘 살도록 키워 보내지, 새끼에게 보답을 바라고 의지하지는 않습니다. 그런데 유독 사람은 서로 바랍니다. 자식은 부모에게 바라고 부모는 자식에게 바랍니다. 부모, 형제, 친척이 살아가며 서로 바라고 의지하는 데에서 원은이 생깁니다. 잘하고 못하는 것에 관계없이 한결 같은 마음으로 사랑만 해주면 되는데, 나에게 친하게 대하지 않고 배반했을 때 반드시 문제가 됩니다. 억울하고 분한 마음이 하늘 끝까지 충천합니다. "이놈이 나에게 이럴 수가 있느냐?"고 원수가 됩니다.

그런데 대주어록에는 친하거나 원수지는 것에 관계없이 양변의 테두리에서 놀아나지 말라고 하는 것입니다.

좋아하면 사랑하고, 싫어하면 미워하는 것이 우리 중생의 삶입니다. 미워하고 사랑하는 두 가지를 떠난 것이 중도의 마음을 취하는 것입니다.

과거에 심원사에서 있었던 일입니다. 어떤 아주 나쁜 사람이 한 스님을 계속 침해하고 괴롭혔지만 그 스님이 한결같이 친하게 대해줘서, 그 사람이 한 생각이 뒤집어져서 3년 만에 항복을 하고 새롭게 태어났다고 합니다. 그래서 일생 동안 스님께 나무를 해서 불을 때고 시봉을 했다는 말이 있습니다.

그와 같이 정념이라는 자체는 두 가지 양변에서 떠나 있다는 말입니다.

정념으로 살아가는 이 자리, 즉 공부해서 우리의 자성, 때가 없는 본래의 면목을 가지고 살아가는 사람에게는 이와 같은 양변이 관계없습니다. 원친 고락 생멸 등에 걸리지 않습니다.

무문 화상 같은 분은 "봄에는 백 가지 꽃이 있고 가을에는 달이 밝고 여름에는 서늘한 바람이 있고 겨울에는 눈이 있는데, 한가로움이 없는 세상 사람들은 왜 그리 바쁜가? 여러 가지 일을 마음 머리에 걸어 버리면 이것이 다 사람들의 좋은 시절이 된다."라고 하셨습니다. 모든 것이 마음 머리에서 나온 것이라는 말이지요. 근본 마음자리만 바로 알아버리면 좋은 시절을 알게 됩니다. 바쁜 가운데에도 한가한 도리가 있는 것을 아는 것입니다.

어떤 스님이 묻되, "어떤 것이 부처입니까?"

설봉 스님이 대답하시길, "야, 너의 잠꼬대 같은 말이 무엇이냐?"

어떤 스님이 묻되, "어떤 것이 불법의 대의입니까?"

암두 스님이 대답하시기를, "작은 고기가 큰 고기를 삼켰느니라."

어떤 스님이 묻되, "어떤 것이 불법의 대의입니까?"

이렇게 대답할 수도 있습니다.

"금일 좋은 햇볕이 쪼이니 보리가 잘 익느니라."

"어떤 것이 부처입니까?" 하고 물으면 "달은 다섯을 깨지 아니한다." 하고 답할 수 있습니다.

이와 같은 말은 무념의 세계, 깨달음의 세계에서 말하는 것입니다. 그런데 잘 모르시겠지요? 공부를 안 하니까 모를 수밖에 없습니다. 공부를 하면 왜 모르겠습니까? 이것이 전부 우리의 마음 세계에서 떠나 있는 것이 아닙니다. 전부 마음의 세계에서 하는 이야기인데 모르니까 답답한 일 아니겠습니까? 그러니 안 되는 것입니다.

"무슨 뜻인지 잘 모르겠습니다. 무슨 뜻입니까?" 하고 다시 묻는다면, "초3일이니라." 이렇게 했습니다.

이러한 말을 우리가 들을 때, 척 하니 계합이 되면 좋고, 계합이 되지 않으면 "내가 무량겁 이래로 어지간히 공부도 하지 않고 쓸데없는 농사를 많이 했구나." 하고 꾸짖어야 합니다. 이놈을 알고자 하는 공부의 농사를 지은 것이 아니라 헛된 농사만 지었기 때문에 모르는 것입니다. 바로 다 가르쳐 준 이 소식을 모르는 것입니다. 얼마나 기가 막힌 일입니까.

"조사가 서쪽에서 온 뜻이 무엇입니까?"

덕산 스님은 대답하기를 "문밖에는 천 개의 대나무가 서 있고 부처님 앞에는 한 주의 향이니라." 하였습니다.

공부하신 분들이 무념의 세계에서 말씀하신 이러한 소식을 바로 알아들어야 합니다.

정념正念이 중요합니다. 여러분이 오늘 이 법문 듣고 난 이후에는 생멸, 취사, 원친, 증애심이 없어질 것입니다. 이 법문 듣고도 뒤에서 남을 중상모략하고 헛된 망상을 하면 공부하는 사람도 아니고 법문 들은 사람도 아닙니다. 법문을 들으면 그날부터 모든 것이 바뀌어야 합니다. 이 법문 듣는 언하에 바로 정념으로 바뀌는 것이 돈오입니다. 법문을 듣고 자기 인생을 뒤집지 못하면 돈오도 아니요, 평생 근기 미약한 중생으로 남아서 쓰레기통 같은 것이나 들고 앉아서 그 농사나 짓는 수밖에 없습니다.

그래서 그 사람에게 필요한 것이 "문밖에는 천 개의 대나무가 서 있고 부처님 앞에는 한 주의 향이니라." 하면서 일격에 쳐버리는 것이지요.

"어떤 것이 부처입니까?" 하고 물으면 "눈은 가로로 놓여 있고, 코는 세로이니라."하고 답합니다.

이것은 쓰레기통 같은, 꽉 차 있는 사람에게 한마디 해주는 것입니다. 그러면 이 한마디에 다 무너지는 것입니다. 다 무너지고 자기 인생이 바뀌게 되어 있습니다. 이것이 안 되면 철저하게 화두공부를 지어갈 수밖에 없습니다.

"정념자正念者는 보리菩提를 생각한다."고 했는데, '보리'가 무엇입니까?

보리는 바로 여러분의 진여자성 자리입니다. 본래 여러분의 생멸심이 없는, 원친 고락 등 상대적인 것이 없는 그 마음이 여러분의 본래면목이고 바로 보리입니다. 보리는 대승 진리인데, 대승 진리의 자리는 일체 생멸심이 없는 자리입니다. 우리가 이 자리를 꼭 해결해야 합니다.

"깨달음의 진리를 가히 얻을 수 있습니까?" 하는 질문에 대해 대주 선사는 "보리는 가히 얻지 못하는 것이니라."라고 답했습니다.

학인이 묻기를 "어떤 것이 도입니까?"

보득 선사가 답하기를 "악!" 하고 소리를 냅다 질렀습니다.

"잘 모르겠습니다. 소리는 왜 지릅니까?"

"가거라."

그런데 그 학인이 거기에서 깨달았습니다.

어째서 그렇게 되었겠습니까?

이렇게 바로 깨닫는 것입니다. 다른 것이 아닙니다.

"어떤 것이 이 정문頂門의 눈입니까?" 하는 질문이 있습니다.

이마 정頂 자, 문 문門 자, 위 상上 자, 눈 안眼 자, '이마 위의 눈'입니다. 부처님 미간백호가 있고, 신중단의 제석보살이 눈이 하나 더 있습니다. 이 눈을 일척안一隻眼, 하나의 눈이라고 합니다. 시방 대천세계가 일척안一隻眼이라, 하나의 눈이라는 것입니다. 그것이 바로 반야지혜의 눈, 제3의 눈이라고 합니다.

중생의 눈은 고깃덩어리 육안으로, 사량분별해서 식심으로 살아가는 눈이지 지혜의 눈이 아니기 때문에 헤어날 길이 없습니다. 여러분이 이 차원 높은 소리를 백날 들어도 답답하기만 하고 잠이 오고 지겹고 머리 아플 수밖에 없습니다. 그놈이 무너지기 전에는 안 됩니다.

생멸심을 가지면 외짝 눈, 마음 지혜의 눈이 죽은 것입니다.

부처님의 미간백호는 지혜의 눈입니다. 무간지옥까지 우주 대천세계를 환히 꿰뚫어 보는 것입니다.

"어떤 것이 이 정문頂門의 눈입니까?" 하는 질문에 대해서,

"옷은 다 떨어져서 구멍이 났고, 몸은 깡그리 말라서 드러났는데, 집이 무너져 누워서 별을 보는 눈이더라." 하고 답했습니다.

이것이 무슨 뜻인지 낱낱이 설파해 줄 수는 없고, 깊이 공부해 보면 나중에 알게 됩니다.

"보리는 가히 얻지 못한다."

만약 여러분이 공부를 하다가 "깨달은 것이 있다거나, 대승 진리를 얻었다."고 하면 대주 선사의 사상이나 부처님과 조사스님 사상으로부터 십만 팔천 리나 거리가 먼 것입니다.

"이미 얻지 못한다고 할진대 어째서 오직 보리를 생각합니까?

"다만 보리라고 한 것은 거짓으로 이름을 세운 것이니라."

보리라고 한 것도 이름을 붙인 것이니 이름에 속지 마라는 것입니다.

"금강반야바라밀은 금강반야바라밀이 아니라, 그 이름이 금강반야바라밀이니라." 하셨습니다.

세상에는 1+1=2라는 것이 정해져 있지만, 부처님은 1+1=2라고 하고서는 그것은 이름이 2라고 하는 것이지 사실은 둘이 아니라고 하신 것입니다.

여기에서 우리는 깨달아야 됩니다. 여기에서 깨닫지 못하면 안 됩니다. 어느 성인이 그와 같은 말을 한 적이 있습니까? 부처님밖에는 없습니다. 부처님만이 깨달았기 때문에 그렇게 말할 줄 아는 것이에요. 깨닫지 못한 사람은 그렇게 말할 수 없습니다. 깨닫지 못한 사람

은 항상 뒤를 남깁니다. 그러나 부처님은 자취조차 싹 쓸어버려서 흔적이 없습니다. 이 도리를 여러분이 바로 깨달아야 합니다. 밥만 먹고 산다고 해서 사는 것이 아닙니다.

"그래서 실로 불가득이라 했다. 또한 앞도 뒤도 얻을 것이 없는 것이니라. 가히 얻지 못하는 고로 즉 생각이 있을 것이 없다. 다만 생각이 없을진대 이 이름이 참생각(眞念)이니라."

생각이 없다고 단정하면 단견에 떨어집니다. 그러나 부처님은 없다는 데에 머물러 있는 것이 아니고 그곳에서 얼른 튀어나옵니다. 대주선사도 부처님 사상에 똑같이 어긋나지 않게 말하고 있는 것입니다.

"무념이다." 하여 '무념'이라는 생각에 머물게 되면 부처님의 진리는 꿈에도 보지 못합니다. 그 부처님의 뜻에 어긋나지 않게 하기 위해서 본인이 공부한 견해에 따라 이렇게 말씀하고 있습니다.

"보리는 생각한 바가 없는 것이요, 생각한 바가 없는 것은 곧 일체처에 무심이니라."

'무념'이라고 하는 곳에 이르러서는 또 '참생각'이라고 세운 것입니다.

'무심'이 무엇인지 이제 알겠습니까?

생멸, 증애, 원친, 취사 등 두 가지 마음이 없는 참된 보리, 대승 진리, 여러분의 진여자성 자리를 이름하여 보리라고 한 것입니다. 이것은 얻을 바가 없으며, 생각하는 바가 없으니 곧 일체처에 무심이라고 하고 있습니다.

"무심은 취사, 원친, 생멸, 증애의 중생심이 없고, 보리나 진념이라는 것도 세울 수 없는데 중생을 가르치기 위해서 이름을 붙여 세운 것이니라. 그러나 이것은 알고 보면 똑같다. 중생과 부처가 다르고, 성인과 범부가 다르고, 짐승과 사람이 다른 것이 아니라, 이 차원에서는 똑같다. 단지 일체처에 무심하다. 이것은 또한 무념이다. 그러면 자연히 해탈이다."라고 했습니다.

해탈한 것은 벗어났다는 것입니다.

'벗어났다'는 데에 이런 말이 있습니다.

현기라는 호를 가진 증거 비구니스님이 설봉 스님께 한 말씀 법문을 듣기 위해 절을 하며 참례하니까, 설봉 스님이 "어디에서 왔느냐?" 하고 묻습니다.

"대일산大日山에서 왔습니다."

"해가 떴느냐, 뜨지 않았느냐?"

"해가 떴다고 한즉 도리어 눈 덮인 봉우리(雪峯)가 다 녹습니다."

"너의 이름이 무엇이냐?"

"현기입니다."

"날로 짜는 것이 얼마나 되느냐?"

"터럭 하나도 걸치지 않았습니다." 하고 답하고는 나갑니다.

설봉 스님이 비구니스님의 뒷모습을 보고 "현기야! 네 가사가 땅에 끌린다." 하고 부릅니다.

부르는 소리에 뒤를 돌아보니까, 설봉 스님이 "실낱같은 것도 걸치지 않았느니라." 하고 말합니다.

어째서 그랬을까요? 여기에서 확실하게 알아야 합니다.

현기 스님이 설봉 스님에게 완전히 방망이를 맞았습니다.

여러분이 이 도리를 바로 알면 '자연해탈'이라는 자리를 알 수 있습니다.

第九

성인의 행

문 | 어떤 것이 부처님의 행(佛行)입니까?

답 | 일체행을 하지 않는 것을 곧 이름하여 부처님의 행이라 한다. 또 이름하여 바른 행(正行)이라 하고, 또 이름하여 성인의 행(聖行)이라 한다. 앞에 말한 바와 같은 유무 증애 등을 행하지 않는 것이다. 『대율』 권5 「보살품」에 이르되 일체 성인은 저 중생의 행을 행하지 않고, 중생은 이와 같은 성인의 행을 행하지 아니한다.

問 云何行 佛行

答 不行一切行 卽名佛行 亦名正行 亦名聖行 如前所說 不行有無憎愛等是也 大律劵五菩薩品云 一切聖人 不行於衆生行 衆生不行如是聖行

◉

부처님은 어떤 행을 하셨는지 묻는 것에 대해, 일체를 행하지 않는 것을 부처님의 행으로 삼는다는 것입니다.

정행, 즉 바른 행동을 한다는 것은 깨끗해서 티없고 맑은 허공이나 하늘처럼, 빛나는 샛별처럼, 밝은 달처럼, 또 맑은 하늘에 비치는 해처럼 행하는 것을 말합니다. 중생들은 때에 따라 어두운 마음도 있고 때에 따라 밝은 마음도 있으며 아는 것도 있고 모르는 것도 있는 등 고르지를 못하지만, 부처님은 일체 행 자체가 그대로 마치 태양이나 달 또는 맑은 청풍과 같아서 시시비비의 흠을 잡거나 논할 것이 없습니다.

부처님은 좋으면 사랑하고 나쁘면 미워하는 마음을 절대 쓰지 않습니다.

박정희 대통령 당시에 자연을 보호한다고 산중에 있는 사설 절을 전부 철거한 적이 있습니다. 그 당시 서울의 산골짜기마다 사설 절이 참 많았습니다. 그때 법당의 부처님을 부수고 철거한 사람들이 죽은 경우가 더러 있었습니다. 굴러 떨어져 죽은 사람, 자다가 갑자기 죽은 사람, 불상을 부수는 그 자리에서 피를 토하고 죽은 사람들이 있었습니다.

그와 같은 일이 있을 때 사람들은 "부처님이 벌을 주셨다."라고 말하지만, 그것은 부처님이 벌을 준 것이 아니고 부처님을 항상 옹호하고 있는 화엄신장이 벌을 주는 것입니다. 하늘에도 신장이 있고 땅에도 신장이 있는데 선신善神입니다. 산신, 조왕신, 용왕신, 토지신 등이 있습니다.

그래서 자연을 파괴하는 사람치고 잘되는 사람이 없다는 것입니다. 산을 파괴한다거나, 채석한다고 산의 돌을 깨내는 사업을 하면 그런 사람은 꼭 망합니다. 그런 사람 가운데 부자가 되었다는 경우는 하나도 없습니다. 산에 벌목하는 사람도 잘 되는 경우가 없습니다.

산신의 재산이 바로 산인데, 자기 재산을 파괴하니까 산신이 가만히 있겠습니까? 그냥 두지 않습니다. 땅을 파괴하는 사람은 토지신이 용납을 안 합니다. 자연은 절대 파괴하지 말라는 것입니다.

그러한 선신이 있고 또 팔만 사천 금강신이 있습니다. 하늘에는 천신이 있고, 땅에는 지신이 있어서 이 모든 선신을 법당의 신중단에 있는 화엄신장 탱화에서 볼 수 있습니다. 그 선신이 부처님의 진리의 말씀을 파괴하거나 비방하거나 부처님을 파손하면 용납을 하지 않습니다. 또 자연과 내가 둘이 아니기 때문에 결국 자기 자신을 해치는 것이 됩니다.

과거에 스님으로 기행을 많이 한 진묵 대사가 있습니다. 진묵 대사가 항상 술만 마시니까, 시자가 귀찮아서 부엌에서 술을 빨리 내오지 않고 술을 계속 거르고만 있었습니다.

진묵 대사가 "시자야, 뭐하느냐?" 하고 묻습니다.

"술 거릅니다."

진묵 스님은 '곡차입니다'라고 말해야 마시지, '술입니다' 하면 마시지를 않았습니다. 시자가 '술'이라고 하니까 가지고 오라는 소리를 안 하는 것입니다.

또 한참 있다가.

"시자야, 뭐하느냐?"

"술 걸러요."

시자가 그 말을 하는 순간에 턱이 내려앉아 버렸습니다.

그래서 말도 못하고 소리를 지르니까, 진묵 대사가 방에 있다가 화엄신장에게 말합니다.

"신장! 들어라. 철없는 시자가 그랬기로서니 그것을 벌줄 것이 있느냐. 그러지 말아라."

그러니까 턱이 올라붙었다고 합니다.

해인사나 직지사와 같은 큰 절에 가면 사천왕문이 있습니다. 진묵 스님이 그곳에 들어갈 때마다 절을 하면 사천왕상이 앞으로 넘어지려고 했습니다. 절하지 마시라는 것입니다. 비구 250계를 받은 스님에게는 하늘의 제석천신이 절을 받지 않는다고 했습니다. 그래서 진묵 스님이 할 수 없이 절을 안 하고 다니니까, 뒤에 따라다니는 시자도 절을 안 하고 "내가 온다. 내가 다녀오면 인사를 해야지." 했습니다.

또 나한전에서 진묵 스님이 "오늘 누가 생남 불공하러 오는데, 얻어먹지만 말고 아들 하나 점지해 줘야지." 하면서 나한의 머리를 톡톡 때리니까, 시자가 그것을 보고 진묵 스님이 안 계실 때 "생남 불공하러 왔는데, 얻어먹지만 말고 아들 하나 점지해 줘야지." 하면서 작대기를 가지고 나한의 머리를 때렸단 말입니다. 그러더니 시자가 머리가 아파 죽는다고 뒹굴었습니다. 그것을 보고 진묵 스님이 나한전에 "철이 없어 그런 것인데, 무엇을 그러느냐?" 하니까 또 시자의 머리가 나았습니다.

대승보살, 문수, 보현, 또 석가모니 부처님과 같은 분들은 얼굴에 똥을 발라도 절대 벌을 안 줍니다. 가만히 자비로 불쌍히 여깁니다. 『금강경』에도 부처님 사지를 끊어도 가만히 계셨다는 말이 나오는데 증명이 되지 않습니까. 부처님은 절대 벌주는 법이 없습니다. 아무리 극악한 행동을 해도 벌주는 일이 없는데, 벌을 준다면 신장이 주는 것입니다.

'부처님은 일체 증애, 취사 등의 중생심이 없다'는 것입니다.

"『대율』 권5 「보살품」에 이르되 일체 성인은 저 중생의 행을 행하지 않고, 중생은 이와 같은 성인의 행을 행하지 아니한다."고 했습니다. 부처님께서는 미워하고 사랑하는 두 변이 없으니, 순수한 자비심 즉 사랑하는 마음뿐입니다.

第十

지음이 없는 눈

문 | 어떠한 것이 바르게 보는 것(正見)입니까?

답 | 보되 본 바가 없는 것(見無所見)을 곧 이름하여 정견이라 한다.

문 | 어떤 이름이 보되 본 바가 없다는 것입니까?

답 | 일체 색色을 볼 때 물들어 집착(染著)하는 것을 일으키지 아니한다. 염착을 하지 않는 것은 사랑하고 미워하는 마음을 일으키지 않는 것이며, 즉 이름하여 보되 보는 것이 없다는 것이다. 만약 보되 본 바가 없는 것을 얻었을 때 곧 부처님의 눈(佛眼)이라 하며, 다시 별다른 눈이 없다. 만약 일체 색을 볼 때 애증을 일으키는 것은 곧 이름하여 보는 바가 있다(有所見)고 하는 것이다. 보는 바가 있는 것은 중생의 눈이라, 다시 별다른 눈으로 중생의 눈을 지음이 없다. 나아가 모든 근根이 또한 이와 같다.

問 云何是正見
答 見無所見 卽名正見

問 云何名見無所見
答 見一切色時 不起染著 不染著者 不起愛憎心 卽名見無所見也 若得見無所見時 卽名佛眼 更無別眼 若見一切色時 起愛憎者 卽名有所見 有所見者 卽是衆生眼 更無別眼作衆生眼 乃至諸根 亦復如是

◉

"보되 보는 바가 없다(見無所見)."고 하였습니다.
중생들은 보는 것마다 마음이 움직여서 그것에 집착하여 따라가는 것이 병통이지만, 성인과 부처님은 보았으되 그것에 집착하여 따라가지 않는다는 말입니다. 제2의 생각을 만들어서 자꾸 따라가는 것이 없습니다. 즉 흔적이 없다는 것입니다.

중생들은 며칠 전에 음식점에서 맛있는 음식을 먹었으면 또 가게 되는 것과 같이, 나쁜 것은 나쁜 것대로 흔적을 가지고 있고 좋은 것은 좋은 것대로 흔적을 가지고 있습니다.

그 흔적에 끌려서 그에 따라 움직입니다. 그 흔적이 제2의 주인이 됩니다. 진짜 주인이 주인 행세를 하지 못하고 흔적에 끌려간다는 소리입니다. 주인은 종이 되고 제2의 망상이 주인이 됩니다. 이것은 잘못된 것입니다. 이것이 전도몽상입니다.

부처님은 그렇지 않습니다. 일체처에 있어서 어떠한 것에도 집착하거나 구애받지 않고 모든 것을 부립니다.

그래서 부처님은 보되 본 바가 없고, 이것을 바르게 보는 것이라 합니다.

"일체 색을 볼 때 물들어 집착하는 것을 일으키지 아니한다(見一切色時 不起染著)."

중생들은 보면 보는 대로 물이 듭니다. 이것은 가지고 있다는 소리입니다. 맛있는 것을 먹은 것이나, 미워하고 원망하는 소리 들은 것들을 1년이 지나가도 머릿속에 가지고 있고 10년이 지나도 가지고 있는데, 그것을 염착染著이라 합니다. 이것을 또 망상이라 합니다. 망상에 집착하여 또 행동을 하게 됩니다.

노름이나 잡기雜技에 집착하는 경우도 있습니다. 어떤 사람이 집안 살림은 챙기지 않고 바둑만 두니까, 부인이 성화를 하였습니다. 부인 등쌀에 이제 바둑을 더 이상 두지 않는다고 손가락을 끊었는데, 다음 날 되니까 다른 손으로 바둑을 두더라는 것입니다. 이것이 염착입니다.

그러나 부처님은 어떤 생각에 염착하여 끌려가는 일이 없습니다.

우리 중생들도 부처님과 같이 마음을 쓸 수 있도록 다 갖추고 있습니다. 마음을 돌이켜 비추어 보아서, 염착이 없는 본래 마음자리를 바로 보아 알아버리면 부처님처럼 살아갈 수 있습니다.

"일체 색을 볼 때 물들어 집착하는 것을 일으키지 아니한다."는 것이 바로 "보되 본 바가 없다(見無所見)."는 말입니다.

"보되 본 바가 없다(見無所見)."는 말을 잘못 생각하면 '보아도 깜깜하게 모른다'는 말인가 하고 생각할지 모르나, 그런 것이 아닙니다. 알기는 훤히 다 압니다. 어제 본 것, 10년 전에 본 것, 무진겁 이래의 모든 것을 알기는 다 아는 것입니다. 숙명통을 해서 다 압니다. 그러나 그것에 끌려가지 않고 수처작주隨處作主라, 따르는 곳마다 주인이 된다는 것입니다. 중생들은 따르는 곳마다 따라가서 얽매이고 구속받습니다. 나의 것이라고 집착하는 것, 나의 것으로 소유해야 한다는 강한 집착 때문에 그렇습니다.

'본래 나의 것도 아니고 너의 것도 아니며, 본래 나도 너도 없는 것이다' 하는 차원으로 무엇을 소유하는 데에 연연하지도 않고 시비하거나 다투지 않는다는 소리입니다.

그래서 "염착하지 않는 것은 사랑하고 미워하는 마음을 일으키지 않는 것이며, 즉 이름하여 보되 본 바가 없다는 것이다."라고 했습니다.

화두를 챙기는 것도 일념으로 의심을 지어나가야 염착하지 않고 깨달을 수 있습니다. 화두도 의심을 불어넣지 않고 그냥 끌어안고 붙들려고만 하고, 가만히 들여다보기만 하면 그것 역시 착著이 됩니다. 아무 생각도 없는 고요한 속에 깊이 보고 지키는 착이 됩니다. 집을 지키는 놈이 집을 지키듯이 고요한 그 놈을 가만히 지키게 되는데, 그것을 '지키는 놈'이라고 하고, '죽은 놈'이라고 말합니다. 펄펄 살아서 뛰는 공부를 하는 것이 아니라 죽은 공부를 하는 것입니다. 고요하게 가만히 들여다보는 것에서 맛을 느끼게 되면, 이 세상에서는 그것보다 더 좋은 맛을 느낄 수 없다고 합니다. 마음의 고요한 세계를 가만히 들여다보면 소음이나 일체 바깥 경계에 끄달리지 않고 고요한 맛을 느끼게 됩니다.

사바세계에서 가장 진한 맛을 느끼는 것은 성교라고 합니다. 그리고 또 보다 강한 맛은 죽음의 고통입니다. 죽음의 고통은 틈도 없이 이어지는데 대단히 강한 것입니다. 병원에서 죽을 때가 되어 숨넘어가는 사람을 보면 표현할 수가 없습니다. 그래서 "네가 사바세계에서 성교의 맛을 즐기더니 죽음의 맛은 어떠하냐?" 하지 않습니까? 죽음의 고통은 옆을 돌아볼 여가도 없습니다.

이 모든 것이 다 맛입니다. 내가 어떤 일에 닥쳐서 맛을 본다 이 말입니다. 이 맛을 보는 그놈, 진한 맛을 보는 놈, 고통을 맛보는 요놈, 다른 즐거운 맛을 보는 요놈, 요놈은 진한 집착으로 뭉쳐진 놈이냐, 어떤 놈이냐? 그 놈을 바로 돌이켜 볼 줄 아는 사람은 고통이 와도 고통에 끄달리지 않고 남녀 간의 성교에서도 말려 들어가지 않습니다.

남녀의 애정의 힘으로는 생사의 문제에 대적이 되지 않습니다. 오히려 그것이 죽음의 고통을 더 크게 만드는 것입니다.

마음의 고요 속에 심취한 것을 맛본 사람, 일체를 다 내던지고 마음의 흐름을 들여다보다가 나중에는 고요한 속에 들어가서 그 고요한 맛을 즐기는 사람에게는 그 맛이 너무나 좋아서 하늘의 천녀를 데려다 주고 살라고 해도 같이 살지 않는다고 합니다.

전에 범어사에서 어떤 스님이 부산 기관장의 딸이 자꾸 찾아와서 어쩔 수 없이 만나다 보니 연애를 하게 되었습니다. 그러자 부모들이 결혼식을 올리자고 날짜를 받았습니다. 그 스님은 결혼식 날 아침에 걸망을 지고 달아났습니다.

나중에 문제가 되어서, 조실 스님이 "너는 속퇴한다고 하더니 왜 도망을 갔느냐?" 하고 물었습니다.

"결혼식 전날 밤새도록 가만히 앉아 생각해 보니 기가 막혀서 도망갔습니다."

"왜?"

"여자에게 붙들려서 한평생 살려고 생각하니 기가 막혀서 도망갔습니다."

"그 녀석, 그래도 공부할 분이 조금은 있구나." 하셨습니다.

고요한 맛을 취하면 만사가 다 싫습니다. 그런 사람을 내가 여럿 봤습니다. 모든 것을 싫어하고 매양 가만히 앉아만 있습니다. 보일러가 작동하면서 나는 '윙' 하는 소리도 싫어합니다. 잡음이 들어오는 것을 싫어하고, 사람들과 섞이는 것을 싫어하며, 시끄러운 시장은 더구나 싫어합니다. 이렇듯 지독하게 고요의 맛을 느낀 사람에게는 만사가 다 싫어집니다.

이런 놈을 천년만년 앉혀 놓고 밥만 먹이니, 이것은 무용지물입니다. 그것이 강한 집착입니다. 고요한 것에 대한 집착, 공부의 세계에 대한 집착이 가장 큰 집착입니다. 물질에 대한 집착은 있다가도 없어지고 하지만, 정신적인 내면의 집착은 어떠한 사상을 가지고도 어찌하지 못합니다. 여기에 빠지면 다시는 헤어나기 힘듭니다. 공부해서 깨칠 수 있는 세계로 나가는 것이 힘듭니다.

그래서 부처님이 "그것도 염착이다. 집착하지 말라."고 매질한 것입니다. '기쁜 것을 맛보고 고통을 맛보는 이놈은 본래부터 기쁜 물건이냐, 본래부터 고통스러운 물건이냐, 무엇이냐? 이놈을 바로 보고 바로 깨달아라!'는 것입니다. 단지 '무엇일까?' 하는 깊은 의정을 불어넣고 나가야 고요한 데에 빠지지 않고 자꾸 뛰어나가서 깨닫게 됩니다.

"보되 본 바가 없는 것을 얻었을 때 곧 부처님의 눈(佛眼)이니라."라고 했습니다.

중생의 눈은 하는 것마다 집착합니다. 그래서 화두 들 때에 성성적적惺惺寂寂하라고 했습니다. 적적寂寂하기만 하면 그만 고요한 데 빠집니다. 고요한 데에 빠지면 잠이 침노하거나 망상이 일어납니다. 고요하고 나서는 망상이 나고, 망상이 지나고 나면 고요해지고 해서는 안 됩니다. 그래서 성성惺惺하라 했습니다. 성성하다는 것은 의심하는 그것이 아침 샛별처럼 깨어 있다는 것입니다. 성성하게 깨어 있는 의심을 하면, 미워하고 사랑하고 집착하는 것이 전혀 없습니다.

"일체 색을 볼 때 애증을 일으키는 것은 곧 보는 바가 있다(有所見)고 하는 것이다."라고 했습니다.

중생들은 자기에게 잘해 주면 기쁘고, 자기에게 잘못하면 원수같이 미워하는 마음을 일으키는데, 이렇게 되면 업業이 지중하게 됩니다. 업에 얽매여 있어서 하는 일마다 잘 되지 않고 박복薄福하고 박덕薄德해집니다. 이러한 중생심이 없는 사람은 영원한 복福이고 영원한 덕德이며 영원한 지혜라고 말합니다.

천당, 지옥, 극락이라고 하는 것이 모두 없습니다. 중생들의 마음에 존재하는 것입니다. 지옥도 극락도 천국도 모두 마음에 존재하는 것이지, 절대 우리의 마음 이외에 따로 존재하는 것으로 생각하지 말라는 것입니다. 우리 중생이 사는 세계도 여러 층층이 있고, 영가의 세계도 층층이라고 합니다. 고통스러운 물건으로만 채워져 업이 된 상태로 죽어 몸을 벗어버리면, 그 영가는 지어 놓은 업대로 그 속에서 살기 때문에 고통스러울 수밖에 없습니다.

이와 같은 두 가지 견해가 떨어지고 해탈하는 마음을 가졌다면, 이 세상에 천국이니 지옥이니 극락이라는 것이 없습니다. 마음 자체가 무한대입니다. 한량없이 무한대한 그 마음을 가지고 이 세상에 살기 때문에 세상에서도 편안하고 고통이 없으며, 돌아가고 나서도 그분이 가는 곳에는 여름철의 맑은 청풍을 떨치듯이 삽니다. 지옥에 가면 지옥이 흔적 없이 사라집니다. 그분에게는 본래 없습니다.

화두를 들고 가만히 이 마음을 돌이켜서 비추어 보아 깨치고 나니까 공적空寂해서 한 물건도 없더라는 것입니다. 아무것도 없습니다. 없기 때문에 두 가지 견해도 없고, 상대적인 모든 생각을 다 초월해서 오직 순수한 황금과 같은 마음 하나를 그대로 쓰는 것을 바로 부처님의 안목이라 합니다. 부처님의 몸을 황금으로 개금하는 의미가 거기에 있습니다. 부처님은 가짜 금이 아니라 순수한 진금이라는 것입니다.

부처님은 몸 전체도 자마금색신紫磨金色身이요 안팎이 명철해서 마치 둥근 수정을 깎아 놓은 것처럼 투시하여 보면 안과 밖이 같습니다. 그래서 두 가지 견해가 없는 것입니다. 이것을 말하자면 중도실상이라 하지만, 이 자리를 중도실상이라고 이름 붙여도 안 됩니다. 말하자면 '반야'라고도 하고 본래 '한 물건도 없다'라고 말합니다.

"보는 바가 있는 것은 중생의 눈(有所見者 即是衆生眼)"이라고 했는데, 대주 선사가 아주 논리적으로 잘 밝혀 놓았습니다.

과거에 이런 어록을 보기 전에는 "무심(無心)이 무엇입니까?" 하고 물으면, "마음이 없다는 것이지." 하고 답을 많이 했습니다. 또 "마음이 없으면 우리가 어떻게 삽니까?" 하고 물으면 "글쎄, 무심이라는 것은 마음이 없다는 것이지." 하고 확실한 대답을 못해 줍니다.

대주어록에 보면 분명한 대답을 해놓았지 않습니까. 취사 애증 등 두 가지 견해가 일체 떨어져서 해탈한 마음의 세계가 무심無心, 무념無念, 부처님의 행(佛行), 부처님의 눈(佛眼)이라고 해놓았습니다.

"보는 바가 있는 것은 중생의 눈이라, 다시 별다른 눈으로 중생의 눈을 지음이 없다. 모든 근根이 또한 이와 같다."고 했습니다.

第十一

육바라밀의 으뜸

문 | 이미 지혜(智)로써 쓴다(用)고 말하니, 무엇을 지혜라고 하는 것입니까?

답 | 두 가지 성품이 공적한 것을 아는 것이 곧 해탈이며, 두 가지 성품이 공적한 것을 모르는 것이 곧 해탈을 얻지 못한 것이니, 이것을 지智라고 하고, 또한 삿되고 바른 것을 요달했다(了邪正)고 하며, 또한 체용을 안다(識體用)고 한다. 두 가지 성품이 공空했다고 하는 것은 곧 이 체體이고, 두 가지 성품이 공했다는 것을 아는 것은 곧 이 해탈이니 다시 의심하지 않는 것이 용用이다. 두 가지 성품이 공했다고 말하는 것은 유무 선악 애증이 생기지 않는 것이니 이름하여 두 가지 성품이 공했다고 한다.

문 | 이 문에는 무엇을 좇아 들어갑니까?
답 | 단바라밀을 좇아서 들어가느니라.

문 | 부처님이 육바라밀이 보살행이라고 말씀하셨는데, 어떤 연고로 단바라밀 하나만 말씀하십니까? 어떻게 구족하게 들어갑니까?
답 | 미한 사람은 오도五度가 모두 단도檀度로 인하여 생겨나는 것을 이해하지 못한다. 다만 단도檀度를 닦는 것이 육도六度를 실로 구족하게 한다.

문 | 어떤 인연으로 단도라고 합니까?
답 | 단이라는 것은 이름이 보시布施니라.

문 | 무슨 물건을 보시합니까?
답 | 보시는 두 가지 성품을 버리는 것이다.

문 | 어떤 것이 두 가지 성품입니까?
답 | 보시는 선악의 성품을 버리는 것이요, 유무의 성품, 애증의 성품, 공과 불공의 성품, 정定과 부정不定의 성품, 깨끗하고 깨끗하지 못하다는 성품을 버리는 것이다. 일체를 실로 다 보시해서 버린즉 두 가지 성품이 공한 줄을 얻는다.

만약 두 가지 성품이 공한 것을 얻었을 때 또한 두 가지 성품이 공했다는 생각을 짓지 않고, 또한 보시한다는 생각도 짓지 않는즉 이것이 단바라밀을 진실로 행하는 것이며 이름하여 만 가지 인연이 함께 끊어졌다는 것이다. 만 가지 인연이 함께 끊어진 것이 곧 일체 법성이 공한 것이니라. 법의 성품이 공했다는 것은 곧 일체처에 무심無心한 것이 바로 이것이다. 만약 일체처에 무심한 것을 얻었을 때는 곧 하나의 모양도 가히 얻을 것이 없다.

어떠한 까닭인가? 자성이 공한 고로 하나의 모양도 가히 얻을 것이 없다. 하나의 모양도 가히 얻을 것이 없는 것이 바로 이 실상實相이니라. 실상이라는 것은 곧 여래의 묘색신상이라고 하는 것이다.『금강경』에 이르되 일체의 모든 상을 여의면 곧 이름이 모든 부처(諸佛)이니라.

문 | 부처님께서 육바라밀을 설하셨는데, 지금 어떻게 하나가 곧 능히 모든 것을 구족한다고 말씀하십니까? 원컨대 하나가 육법을 갖춘 원인을 말씀해 주십시오.

답 |『사익경思益經』에 이르되 "망명 존자가 범천에게 말씀하기를, 만약 보살이 일체 번뇌를 버리면 이름하여 단檀바라밀이라 하고, 곧 이것이 보시니라. 모든 법에 마음을 일으킨 바가 없는 것을 시尸바라밀이라 하며, 곧 이것이 지계持戒니라. 모든 법에 있어서 상傷하는 바가 없는 것을 찬제羼提바라밀이라 하며, 곧 이것이 인욕忍辱이니라. 모든 법에 상相을 여윈 것을 이름하여 비리야毗離耶바라밀이라 하며, 곧 이것이 정진精進이니라. 모든 법에 머무른 바가 없는 것을 선禪바라밀이라 하며, 곧 이것이 선정禪定이니라. 또 모든 법에 희론戱論이 없는 것을 반야般若바라밀이라 하며, 곧 이것이 지혜니라. 이것을 이름하여 6법이라 한다.

이제 다시 6법을 이름하니 다르지 않다. 첫째는 버리는 것(捨)이요, 둘째는 일어나는 것이 없음(無起)이요, 셋째는 생각이 없음(無念)이요, 넷째는 상을 여읜 것(離相)이요, 다섯째는 머무른 바가 없는 것(無住)이요, 여섯째는 희론이 없는 것(無戱論)이다.

이와 같은 6법은 사행을 따른 방편이며 거짓으로 이름을 세운 것이니, 묘한 이치에 이르러서는 두 가지도 없고 다를 것도 없다. 다만 하나를 버리면 일체를 버리는 줄 알아야 하고, 마음이 일어나지 않으면(無起) 일체 모든 중생심이 일어나지 않는(一切無起) 줄을 알아야 할지니, 미한 중생은 알지 못하여 실답게 차별이 있는 것으로 말한다. 어리석은 자는 그 법수에 막혀 곧 오랜 동안 생사에 윤회함이라. 너희 배우는 학자들에게 내가 말하노니, 다만 단바라밀 한 법을 닦으면 곧 만법이 두루 원만하니 하물며 5도(지계, 인욕, 정진, 선정, 지혜)가 어찌 다 갖추어 있지 아니하랴." 하였다.

問 旣言以智爲用者 云何爲智

答 知二性空卽是解脫 知二性不空不得解脫 是名爲智 亦名了邪正 亦名識體用 二性空 卽是體 知二性空 卽是解脫 更不生疑 卽名爲用 言二性空者 不生有無善惡愛憎 名二性空

問 此門從何而入

答 從檀波羅蜜入

問 佛說六波羅蜜 是菩薩行 何故獨說檀波羅蜜 云何具足而得入也

答 迷人不解 五度皆因檀度生 但修檀度 卽六度悉皆具足

問 何因緣故 名爲檀度

答 檀者名爲布施

問 布施何物

答 布施卻二性

問 云何是二性

答 布施卻善惡性 布施卻有無性 愛憎性 空不空性 定不定性 淨不淨性 一切悉皆施卻 卽得二性空 若得二性空時 亦不得作二性空想 亦不得

作念有施想 卽是眞行檀波羅蜜 名萬緣俱絶 萬緣俱絶者 卽一切法性空是也 法性空者 卽一切處無心是 若得一切處無心時 卽無有一相可得 何以故 爲自性空故 無一相可得 無一相可得者 卽是實相 實相者 卽是如來妙色身相也 金剛經云 離一切諸相 卽名諸佛

問 佛說六波羅蜜 今云何說一卽能具足 願說一具六法之因

答 思益經云 網明尊謂梵天言 若菩薩捨一切煩惱 名檀波羅蜜 卽是布施 於諸法無所起 名尸波羅蜜 卽是持戒 於諸法無所傷名羼提波羅蜜 卽是忍辱 於諸法離相 名毗離耶波羅蜜 卽是精進 於諸法無所住 名禪波羅蜜 卽是禪定 於諸法無戲論 名般若波羅蜜 卽是智慧 是名六法 今更名六法不異 一捨 二無起 三無念 四離相 五無住 六無戲論 如是六法 隨事方便 假立名字 至於妙理 無二無別 但知一捨 卽一切捨 無起 卽一切無起 迷途不契 悉謂有差 愚者滯其法數之中 卽長輪生死 告汝學人 但修檀之一法 卽萬法周圓 況於五法 豈不具耶

◉

두 가지 성품(二性)이 공한 줄 바로 아는 그 자리가 체體이고, 걸림이 없는 밝고 맑은 마음을 밖으로 실천해 옮겨 쓰는 것이 용用입니다.

우리들의 몸에서 왼쪽은 체라고 하고 오른쪽은 용이라고 합니다. 주로 오른쪽으로 활동하기 때문에 오른쪽을 용이라고 하고, 움직이지 않는 왼쪽은 체라고 합니다.

우리가 좌선할 때 오른발을 밑에 놓고 그 위에 왼발을 올리고, 오른손 위에 왼손을 올리는 것은 체로써 용을 누르는 것입니다. 그리하여 육문을 다 닫아 버리고 일체 바깥 경계를 멈추게 하여 몸도 움직이지 말고 일체 번뇌 망상이 일어나지 않도록 하는 것입니다. 금강부동지를 근본으로 삼고 일체 모든 움직이는 것을 눌러 버립니다.

애증 생멸 등 두 가지의 좋지 못한 굴레에서 벗어나려면 움직이지 않는 깊은 부동의 마음의 세계, 체로 돌아가지 않으면 안 됩니다. 그것이 화두 일념삼매입니다. 일념삼매의 체로 돌아가야만 비로소 해탈을 할 수 있습니다.

체는 지智요, 용은 혜慧입니다. 예를 들어서 전등을 달아서 불을 켜야 불빛이 나타나지만, 불을 켜기 전에 이미 불빛의 근본 체가 있습니다. 우리들의 고요한 화두 의심삼매의 부동의 세계에 들어갔을 때에는 바깥과 안의 일체 경계를 알지 못합니다. 분별하고 알고 하면 일념삼매가 아닙니다. 고요한 속에 단지 말할 수 없고 표현할 수 없는 하나의 밝은 빛만이 안으로 성성하게 있는 것입니다. 거기에서는 차가 지나가도 모르고 누가 말을 해도 모릅니다. "공양해라!" 하는 소리에 '시간이 되었구나. 공양해야지' 하는 것은 비치는 것입니다. 해와 형광등이 비치듯이 우리 마음이 비친다는 것입니다. 이것을 지혜 혜慧라고 합니다.

부처님의 지혜는 무한대한 근본 체를 무한대하게 밖으로 드러내어 쓰기 때문에 쓰는 것이 걸림 없이 무한대합니다. 우리 중생들은 어떤 문제를 놓고 한 달이나 일 년을 고심해도 해결책이 안 나옵니다. 이것이 중생심입니다. 부처님의 지혜는 닥치는 것마다 보는 순간 척척 해결합니다. 비치면서 해결하는 것입니다. 그래서 우리가 화두공부를 하는데, 부동지의 세계에까지 일념으로 파고들어서 아주 없는 속에서 아침 햇빛에 몽땅 드러나듯이 화두가 될 수 있다면 여러분이 인생을 다 해결한다는 것입니다. 걸림이 없습니다.

'있고 없고, 선하고 악하고, 사랑하고 미워하는 두 가지 생각이 절대 생겨나지 않는 것'을 두 가지 성품이 공했다고 하는 것입니다.

'전미개오轉迷開悟'라고 했습니다. 미한 것을 뒤집어엎어서 열어 깨닫는다는 말입니다. 손바닥 뒤집듯이 미한 것을 뒤집어엎는다는 소립니다. 미워하고 사랑하고, 없고 있고 하는 것은 때 묻은 생각입니다. 그 생각이 근본적으로 어디에서 나온 것인가를 찾아보면 '없다' 이 말입니다. 없습니다. 그것을 알아야 합니다.

화두를 챙겨서 열심히 공부하는 사람에게는 두 가지 성품이 공하기 때문에 더워가 와도 덥지 않고, 고통이 와도 고통스럽지 않습니다. 이것이 꼭 그러합니다. 제가 공부해 보았기 때문에 압니다. 정말 고통스러운 순간에도 고통스럽지 않습니다. 화두 공부를 하자마자 깊이 꽂히는 맛을 느끼는 사람은 고통스러운 것이 없습니다.

단바라밀檀波羅蜜은 보시바라밀이지요. 보시, 지계, 인욕, 정진, 선정, 지혜의 육바라밀 가운데 첫 번째가 보시입니다. 보시가 왜 제일 먼저 있겠습니까? 보시가 제일 중요한 것입니다.

보시를 으뜸으로 내놓은 것으로 부처님께서 마지막에 성불할 때의 이야기가 있습니다. 부처님이 구도자로서 이 자리를 깨닫기 위해 끊임없이 수행하고 있는데, 삼 년 동안 가뭄이 들어서 먹을 것이 없는 시기에 길을 가다가 암호랑이가 다섯 마리 새끼를 낳았지만 먹지를 못하여 탈진이 되어 젖이 나오지 않는 것을 보았습니다. 그 구도자가 그것을 보고 '어미 한 마리만 죽는 것이 아니라 여섯 생명이 다 죽겠구나. 나의 이 한 몸을 바치면 여섯 생명이 살아나겠다'고 생각하고 호랑이 곁에 가서 "나를 먹고 기력을 차려서 새끼들을 살리라."고 합니다. 그러나 호랑이가 안 먹으려고 고개를 돌립니다. 그래서 생각한 끝에 '가사를 입고 있어서 그러는구나' 하고 가사 장삼을 다 벗어놓고 자신의 알몸을 돌로 쳐서 피를 먹이니까 호랑이가 피 냄새를 맡고 눈물을 흘리면서 손부터 팔 등 온 사지를 먹습니다.

그 찰나에 그분은 기쁨의 낙樂 속에 있습니다. 불쌍한 생명을 건진다는 그 기쁨 속에 있을 뿐이지 어떤 고통도 없었다는 것입니다. 그때 하늘과 땅이 개벽하듯이 마구 움직입니다. 하늘의 궁전까지 움직이니까 제석천신이 그 장면을 알아채고 땅으로 내려와서 찬탄의 노래를 불러 줍니다.

"오직 정각을 이루어 '여래 부처'가 되는 대승보살만이 이와 같은 행을 하실 수 있다. 일체 모든 중생을 위해서 이와 같이 목숨을 바칠 줄 아는 분, 일체 중생이 곧 나 자신인 줄 알고 행동에 옮겨서 바로 해줄 수 있는 사람이 천상천하를 다 둘러보아도 어디에 있겠는가. 아무데도 없다."

그러면서 비로소 '여래 부처님'이라고 부릅니다. 그 전에는 '보살'이라고 했습니다. 하늘의 제석천신이 '여래 부처님'이라고 하면서 절을 합니다. 모든 천신과 천동천녀들이 무수히 내려와서 찬탄의 노래를 부르며 여래 부처님께 절을 합니다.

그러니까 보시라는 것이 이와 같이 바로 성불하는 길입니다. 아낌이 없을 때 성불할 수 있습니다.

조그만 것이라도 아끼는 것이 있으면 머무른다는 소리입니다. 무엇을 가지면 머물게 되고, 머무르면 집착입니다. 집착을 가지고 있는데 어떻게 부처가 될 수 있습니까. 안 됩니다.

선악 유무의 양변, 사랑하고 미워하는 양변을 가지고 사는 것이 중생의 살림살이인데, 그러나 대주어록에는 그 두 가지 살림살이를 모두 뛰어나서 부처님처럼 걸림 없는 성인으로 살아가는 도리를 가르치고 있습니다. 두 가지 양변을 뛰어난 것을 해탈이라고 말씀하셨습니다. 그러면 어떻게 이 두 가지 양변을 뛰어날 수 있느냐? 미워하는 성품이나 사랑하는 성품, 있다고 하는 성품이나 없다고 하는 성품, 선이라는 성품이나 악이라는 성품 이 두 가지 양변의 성품이 근본적으로 공空했다고 하는 차원으로 들어가면 그 두 가지 모양을 찾아볼 길이 없다는 것입니다.

대주 선사가 말하고 있는 보시는 중생이 가지고 있는 유무, 선악, 증애 등 일체 두 가지 성품을 몰록 다 버린 것입니다. 보시는 준다고 하는 것인데, 준다는 것은 내가 가지고 있는 모든 것을 다 버리는 것입니다. 보시를 특이하게 말하고 있는데, 잘 들어 보면 굉장히 좋은 말씀입니다.

그러나 공했다고 했을 때 공했다는 생각을 일으키면 안 됩니다. 그것은 공한 것이 아닙니다. 생각으로 공하다고 해서 공해지는 것이 아니고 실제로 공해져야 합니다.

실제로 공空의 차원에 들어가서 증득을 하려면 무심대삼매無心大三昧에 들어가야 합니다.

여러분은 아직 '무엇인가?' 하는 의심을 생각으로 일으킵니다. 그것은 아직 공부가 아닙니다. 아무것도 아닌데 시작하느라고 그렇게 해 보는 것입니다. 나중에 애를 쓰고 애를 쓰다 보면 생각으로 화두를 기억해서 지어내지 아니해도 스스로 물아物我, 즉 만물과 내가 둘이 아닌 우주 만법계 그대로 하나 되는 차원의 화두가 되어서 일상생활 속에서도 화두가 순일하게 이루어집니다. 그것을 '공부의 힘을 얻었다'고 하는 것입니다. 그렇게 되려면 애를 매우 많이 써야 합니다. 그렇지 않으면 무진겁을 지어온 우리 중생의 업이 얼마나 질기고 지독한지 간단히 해결되는 것이 아닙니다. 그것이 지금은 바로 생명이기 때문입니다. 여러분이 생명의 제일로 삼는 것이 바로 그것입니다. 유무, 증애, 선악의 이 상대되는 두 가지 살림살이를 제일의 생명으로 삼고, 그것으로 행동을 계속 지어온 것입니다.

그런데 '이것은 진실한 것이 아니다. 그것은 많은 업을 짓는 것이고 고통을 장만하는 것이다' 하고 생각되었을 때, 어떻게 해야 이 고통에서 헤어나고 해탈할 수 있겠습니까?

그 방법은 오직 화두 일념삼매에 깊이 들어가서 화두가 순일하게 일상생활 속에서 이루어지고, 꿈속에서도 이루어지고, 나중에는 잠잘 때나 깨어 있을 때나 관계없이 순일하게 이루어져야 하고, 이렇게 화두가 순일한 차원에서 중생심이 무너져야 비로소 두 가지 양변이 공한 차원을 증득하는 것입니다.

그냥 이론으로 들어서 '공했구나' 하고 생각으로 지어가지고 있는 것은 공한 것이 아닙니다.

오온십팔계五蘊十八界가 깨어져야 비로소 천진바탕, 즉 본래면목이 드러나는 것입니다. 진여자성, 본래면목이 확연히 드러나는 것을 적나라赤裸裸 정세세淨洗洗 즉 '홀랑 벗어서 실오라기 하나도 걸치지 않았다'고 말합니다. '알몸이다', '구름 한 점 없는 하늘에 그대로 해가 떠 있다', 또는 '달이 떠 있다'고 합니다. 실낱같은 파도 하나 없는 맑은 물에 만상이 비치고 달이 드러나듯이, 확연히 다 드러난다는 소리입니다.

두 가지 모양이 있으면 드러나지 않습니다. 공의 차원을 확실하게 증득해야 모든 중생이 묘용자재를 할 수 있습니다.

생각으로 두 가지 성품을 버렸다고 해서는 안 됩니다. 진실로 증득해서 대무심경계를 투과해서 깨달음의 차원에서 본래면목이 드러났을 때 진여행眞如行이라고 하고 이것이 단바라밀, 즉 보시바라밀이라고 하는 것입니다.

무심無心이라는 것도 생각으로 무심했다고 되는 것이 아닙니다. 이 말을 듣고 어떻게 해야 대무심이 되는지를 알아야 합니다. 두 가지 양변이 공한 차원을 투과해야 한다는 소리입니다. 강력한 화두의 의정이 아니고는 이것을 투과할 방법이 없습니다. 이 화두의 의심이 아니고는 부처의 관도, 조사의 관도 통과할 수 없습니다. 이것을 투과할 때만이 비로소 부처와 조사의 관을 투과하는 것입니다. 이것은 반드시 됩니다. 분명히 되기 때문에 확신을 가져야 합니다.

무심이 무엇입니까?

선악의 양변, 유무의 양변, 애증의 양변이 일체가 공해서 없는 차원이 대무심의 경계입니다.

"일체처에 무심한 것을 얻었을 때는 곧 하나의 모양도 가히 얻을 것이 없다(若得一切處無心時 卽無有一相可得)."라고 말씀하십니다.

『반야심경』에 '이무소득以無所得'이라고 했지요. '이무소득'이라는 것이 하나의 모양도 얻을 바가 없다는 것입니다.

그리고 하나의 모양도 가히 얻을 것이 없는 것을 실상實相이라고 했습니다. 하나의 모양도 얻을 것이 없다고 하면 아무것도 없다고 생각할지 모르나, 없다는 데에서 다시 한마디 드러내어서 '이것이 실상이다'라고 말했습니다.

실상을 '여래의 묘색신상'이라고 했는데, 묘색신이라는 것은 첫째는 보아서 아름다운 것을 말하고, 둘째는 절묘한 모양을 말합니다. 셋째는 제8지 이상의 보살이 가지고 있는 몸의 특징으로, 보신의 색상과 보토의 장엄이 불가사의하다는 것을 말합니다. 넷째는 진여묘체의 실상을 현상계의 색상에 가설적으로 견주어 말한 것이라고 합니다.

두 가지의 양변이 공해서 대무심의 세계에서 하나도 얻을 수 없는 그 차원을 바깥 현상계로 드러내어 말한 것을 가설적으로 이름 붙여서 묘색신이라고 했다는 소리입니다. 동방의 아촉 부처님을 묘색신여래라고 합니다. 실상의 그 자리를 밖으로, 이름으로 드러내어 말한 것이 곧 묘색신이라는 것입니다.

"『금강경』에 이르되 일체의 모든 상을 여의면 곧 이름이 모든 부처니라(金剛經云 離一切諸相 卽名諸佛)."라고 했습니다.

부처님께서는 몸을 호랑이에게 보시해서 던졌고, 신라 시대에 이차돈은 목을 끊어 흰 피가 30자나 솟구치고 천하가 흔들렸으며, 설산동자는 한 글귀의 법을 듣기 위해서 높은 절벽에서 몸을 던졌고, 또 『법화경』에 보면 보살이 일체 중생을 위해서 부처님에게 소신공양을 해서 등신불이 되었습니다.

또 『금강경』에 부처님은 사지를 칼로 찢어도 아무 미동이 없었습니다.

중생이 복잡한 속에서 고통이 많고 전쟁으로 많은 사람이 기아상태에 빠지고 또 죽음을 당하는 와중에, 부처님 얼굴이 달과 같이 훤하게 너무 좋으니까, 물었습니다.

"여래 부처님께서는 어찌하여 얼굴이 그렇게 달과 같고 해와 같이 티 없이 맑고 깨끗하며 푸근하고 자비가 흐르시옵니까?"

"나는 사지를 찢어버리는 속에도 살고 또 모든 고통 속에도 같이 있지만, 얼굴이 이렇게 달과 같고 밝고 푸근하고 모든 사람에게 환하게 비춰 보여줄 수 있는 것은 대공삼매를 증득한 때문이니라."

이것이 바로 공空의 도리입니다. 여기에 우리가 생각해 보면 이와 같이 중생을 위해서 기꺼이 몸을 던질 수 있고 헌신할 수 있는 마음은 공의 차원에서만 행할 수 있으며, 공을 증득하지 못한 중생들은 이런 이야기를 듣기만 해도 10리, 30리, 80리나 도망갑니다.

제가 다섯 살 때 병에 걸렸는데, 병원에서도 한의원에서도 죽는다고 했습니다. 집에 왔는데 정신이 자꾸 가물가물 가버리는 겁니다. 죽을 것 같았습니다. 죽음이라는 것이 묘합니다. 정신이 자꾸 가요. 죽어져요. 그런데 어머니가 당신의 손을 망치로 때려 깨어서 흐르는 피를 입에다 넣고 자꾸 빨아먹으라고 했습니다. 저는 눈을 감고 죽으려고 숨이 넘어가는 참인데, 무엇인지도 모르고 그 피를 먹고 나중에 정신이 돌아와서 살았습니다. 살아난 뒤에 내가 어쩌다 말을 안 듣고 속을 썩이면 "아유, 저놈, 내가 살리려고 그렇게까지 했는데 속을 썩인다."고 야단하기도 하셨습니다. 겨울만 되면 손가락이 시리고 아프다고 하셨습니다.

이것은 단지 자기 가족, 자기가 낳은 아들을 위해서 행한 것으로 '애愛'라고 할 수 있습니다. 어머니의 애성愛性입니다. 그런데 다른 집의 아이들, 버림 받은 고아들을 위해서 손가락을 깨어 피를 먹인다면 자비慈悲라고 합니다. 전체를 내 몸처럼 사랑하는 마음을 자비라고 합니다.

그런 자비행으로 몸을 던지고 보시할 수 있는 사람은 공의 차원을 증득한 사람입니다. 공을 증득한 사람은 첫째, 공포가 없고(無有恐怖), 둘째, 아끼는 마음이 없습니다. 정말 즐겁다는 것입니다. 내 아들이 아니고 남의 아들이 죽으려고 하는 것을 손을 잘라 피를 먹여도 아픈 것은 없고 기쁘기만 하다는 것이지요.

이러한 마음을 낼 수 있기 위해서는 여러분이 빨리 공부를 해서 이 차원을 증득해야 합니다.

과거에 큰스님들이 어떤 일을 하시더라도 저는 '큰스님이 도인이니까 그러시지' 하고 생각했지, '스님이 왜 그러시나' 하고 그것을 나쁘게 의심해 본 적이 한 번도 없었습니다. 그 분을 도인으로 항시 모셨습니다.

이러한 믿음 하나 때문에 한 글귀를 가르쳐 줍니다. 그 가르쳐 주는 한 글귀는 아주 기묘합니다. 정말 기묘합니다. 그 한 글귀에서 모든 것이 뒤집어지면서, 그 한 생각이 나 자신을 공부에 있어 깊이 있는 차원으로 뛰어넘게 만들었습니다. 그냥 되는 것이 아닙니다.

그래서 나는 그런 것을 겪으면서 많은 세월 공부하고 오늘 여러분에게 말씀을 드리지만, 강의하면서 보면 정말 크게 간절해서 이 법을 위해서 몸을 던지겠다는 마음으로 공부하는 분을 보기가 어렵습니다. 그래도 '이 미련한 중생이라, 인연이라도 심어준다'는 마음으로 말씀을 드리는데, '차후라도 세월이 흘러 내가 이런 말도 시간이 없어서 못 해주면 어떡하려고 그러는지 모르겠다'는 생각을 할 때도 있습니다.

지금까지 말한 것을 정리해 보면 육바라밀 가운데 첫째의 보시바라밀이 곧 다른 다섯 바라밀을 구족했다는 것은 '두 가지 양변의 공한 도리를 깨달아 증득하고, 증득한 그 자리가 바로 무심이고, 무심이 곧 실상이고, 그러므로 이것이 모든 부처님'이라고 한 도리가 다 갖추어져 있다는 것입니다.

여러분이 번뇌 망상을 버려야 합니다. 일체 번뇌 망상을 다 버린 것이 보시바라밀입니다.

모든 일체 법에 12인연법 등 부처님이 설법하신 팔만 사천 법문, 속세에서 살아가는 중생의 법, 모든 만유를 인식하는 안이비설신의眼耳鼻舌身意의 법, 오위백법五位百法이라는 일체 법에 있어서 일으키는 바가 없는 것을 시바라밀, 즉 지계라고 합니다. 일체 바깥 경계에 있어서 내 마음이 일으키는 바가 없다는 말입니다. 보았으되 본 바가 없고, 먹었으되 먹은 바가 없이 마음이 움직인 바가 없다는 것입니다. 일체 모든 경계에 마음이 움직이지 아니했다, 움직이지만 움직인 바가 없다, 머무른 바가 없고 흔적이 없다는 말입니다. 거울에 물건이 나타나야 비치지 물건이 지나가고 나면 거울 본체에 아무것도 없습니다. 밝은 빛 하나뿐입니다. 여러분의 마음이 색을 볼 때는 그것이 있지만 지나가고 나면 터럭만큼도 없다는 말입니다. 일체 일으키는 바가 없는 것(無所起)을 지계持戒라고 합니다.

모든 법에 상傷하는 바가 없는 것을 이름하여 찬제바라밀이라 하고, 이것이 곧 인욕입니다. 시尸자 밑에 양이 세 마리 있는 글자가 '양이 뒤섞일 찬羼' 자입니다. 인욕은 일체 모든 것을 다 참는다는 것입니다.

『금강경』에 '할절신체'가 나옵니다.

포악한 왕이 사냥하러 왔다가 피곤하여 잠을 자는데, 따라간 모든 궁녀들이 전부 나무 밑에서 선정에 들어 있는 선인을 보고 춤을 추면서 찬양의 노래를 불렀습니다. 왕이 깨어서 보니 자기 곁에는 아무도 없고, 전부 선인에게 가 있으니까 질투심이 났습니다. 나를 버리고 저렇게 가다니, 저것은 어떤 존재인가 싶어서 가서 묻습니다.

"무엇하는 놈이냐?"

"나는 참는 공부를 하는 사람이오."

"참는 것을 한번 보자." 하면서 장검을 뽑아 팔도 끊고 다리도 끊고 사지를 다 끊었습니다.

사지가 끊어지는 동시에 천지가 진동을 하고 하늘에서 제석천신이 철퇴를 가지고 내려와 후려쳐서 왕의 팔이 떨어지고 실신했습니다. 나중에 정신을 차리고 보니까 끊어졌던 선인의 사지가 원래대로 붙어 있고 얼굴은 편안한 모습이었다고 합니다.

어째서 그렇게 편안한가?

대공삼매라, 공의 삼매에 들어갔기 때문에 편안할 수 있으며, 이것이 진짜 인욕입니다.

"모든 법에 상相을 여읜다."고 했는데, 상相은 나라는 아상我相, 사람이라는 인상人相, 중생이라는 중생상衆生相, 오래 산다는 수자상壽者相 등으로, 일체 모양이 다 떨어져 없는 것을 말합니다. 모든 모양이 무너진 자리는 텅 빈 허공과 같습니다. 텅 빈 허공이라 함은 마음자리가 허공처럼 공했다는 것인데, 공한 그 마음은 우주법계에 꽉 차 있다는 말입니다. 그 마음의 실체를 여러분이 증득해 보아야 합니다. 증득도 안 해 보고 말로 떠들어서 되는 것이 아닙니다. 증득해 보면 중생과 부처가 둘이 아니라는 소식이며 모든 상을 여읜 진상입니다.

그래서 "모든 법에 상相을 여읜 것이 이름하여 비리아毗離耶바라밀이며, 곧 이것이 정진"이라고 했습니다.

대주 선사께서 육바라밀에 대해서 논하고 계신데, 육바라밀은 불교 교리의 핵심입니다. 육바라밀만 바로 행할 줄 알면 그 사람은 부처님입니다.

중생은 육바라밀을 행하려 해도 잘 행해지지 않습니다.

육바라밀을 행하면 이 세상 사람들 모두가 그대로 일체 걱정근심이 없고, 이 자리 그대로 청정 극락국토입니다. 그러므로 모든 사람들이 부처님으로 살아가는 하나의 모양을 나타내는 세상이 되는 것입니다.

육바라밀 가운데 보시가 제일 근본이고, 보시 하나를 제대로 행하면 그 다음의 지계, 인욕, 정진, 선정, 지혜의 5도를 함께 다 이룰 수 있다고 했습니다.

중생들의 두 가지 상대적인 마음, 대립된 고정관념, 아상·인상·중생상·수자상의 모든 상을 떠난 그 자리는 진실하고 여실하며, 그것이 아뇩다라삼먁삼보리, 정법正法이라는 것입니다. 그 자리는 희론이 없습니다.

"하나를 버리면 일체를 버리는 줄 알아야 한다(但知一捨 卽一切捨)."고 했습니다.

버린다는 자체가 참 중요한 것입니다. 높은 절벽에서 몸을 던질 수 있는 사람은 마음 가운데에서 모든 것을 버렸기 때문에 그와 같이 몸을 던지는 행을 할 수 있는 것입니다. 마음 가운데 조금이라도 집착한 바가 있다면 절벽에서 몸을 던질 수 있는 과감한 결행을 할 수 없습니다. 예수가 십자가에 못 박혀 사형 당한 것이 많은 인류를 위해서 희생을 했다고 되어 있습니다. 예수님이 도를 깨달았다는 말은 없지만, 남을 위해서 몸을 던졌다는 자체 하나로 인해서 천년 이상 많은 사람들에게 예수교가 번창하게 되는 것입니다.

가만히 움직이지 않고 일생 동안 문을 닫고 가부좌 틀고 앉아 늙어 죽었다고 하면 물론 그것도 대단한 일입니다. 그러나 부처님이 입을 열지 않고 6년 고행으로 깨달은 것을 혼자 가슴에 안고 열반을 하셨다면, 후대에 아무런 종적이 없기 때문에 이 분에 대한 것은 하나의 단막극으로 끝나고 마는 것입니다. 부처님은 49년 동안 맨발로 동분서주 하루도 쉬지 않고 다니면서 중생을 위해서 몸을 바쳤습니다. 『금강경』에도 나오지만 할절신체하고 중생을 위해서 그대로 바치셨습니다.

이와 같이 실질적으로 밖으로 실천에 옮길 수 있는 그 하나를 모든 사람은 보고 있는 것입니다. 마음속으로 생각만 가지고 있을 때 물론 아는 사람은 알겠지만, 혼자 가만히 마음먹고 있는 것을 누가 알겠습니까. 말을 하고 밖으로 행하지 않으면 모릅니다. 그러나 말이 없는 적정무위의 세계에서는 깨달은 자는 가만히 있어도 서로 통하고 알 수 있습니다.

깨닫지 못한 중생들은 말을 하지 않으면 전혀 모르니까 밖으로 드러내어 가설적인 방편으로 육바라밀이라는 이름을 만들어서 중생들에게 부처님의 깨친 세계에서는 이렇게 행동한다는 것을 나타낸 것입니다.

육바라밀은 행을 말하는 것입니다.

그런데 육바라밀의 지계 등을 한다고 할 때, 우리 마음의 자성 자리를 깨치면 비로소 계를 올바로 지키는 사람이 됩니다. 우리 자성의 마음자리를 깨치지 못하고 우리가 욕심도 가지고 있고 사바세계의 망상을 가지고 있는 상태에서 계를 지키려고 하는 것은 아주 어려운 일입니다. 지키려 하면 점점 더 어긋나니까요. 잘하려고 하면 점점 더 옹졸해집니다.

계를 제대로 지키려면 마음을 항복받아야 한다고 했습니다. 항복기심이라, 내 마음을 항복받아야 한다는 것입니다.

'항복받는다'는 것은 일체 모든 번뇌 망상과 두 가지의 상대적인 대립된 생각, 중생의 오욕심 등 일체 모든 것을 항복받는 것을 말하며, 그를 통해 부처님 마음처럼 순일무잡으로 잡된 것 없는 청정한 그 마음을 되찾았을 때 비로소 모든 계행을 제대로 지킬 수 있습니다. 그 때에는 어디에도 걸리지 않고 계를 잘 지킬 수 있습니다.

그래서 대주어록에서는 우리 본래의 진여자성 자리를 깨치는 사람이 계도 잘 지키게 된다는 것입니다.

계가 무엇입니까?

모든 사람이 말하지 않아도 현실 사회의 질서와 도덕을 스스로 잘 지킨다는 것입니다. 부인은 부인의 도를, 남편은 남편의 도를 잘 지키는 것이고, 나라의 대통령은 대통령으로서 사심 없이 진정으로 나라를 위해서 봉사하는 정신을 잘 지키는 것입니다. 국가가 억압적인 정치를 하고 힘으로 질서를 지키는 것은 그 억압이 없어지면 다시 문란해집니다. 오늘날 온천 개발하는 곳에 가 보면 구석구석 음식 쓰레기 버린 것이 수북합니다. 담배꽁초 하나 버리면 엄청난 처벌을 받는다는 법령을 선포했을 때는 조심을 했지만 요사이는 하나도 제대로 되는 것이 없습니다.

부처님이 5계, 10계, 250계 등을 주고, 그 계를 억압과 탄압으로 억지로 지키게 하면, 타의에 의한 행동이기 때문에 구속받기 싫어하는 사람은 그 억압이 사라지면 자기 마음대로 한다는 것입니다.

과거에 절 주지를 맡으면 4년 동안 사부대중을 위해서 살림을 잘 살고 난 후 마지막에 인수인계할 때 잔금을 몇 천만 원씩 넘겨주고도, 떠나는 주지는 차비와 걸망 하나만 달랑 걸머지고 갔습니다. 공심과 계행을 지키는 그러한 마음이 있었습니다. 개인적인 이익을 위해서 삿된 행동을 하는 사람도 있지만 모두가 다 그런 것은 아닙니다. 여러분이 '전부 다 좋지 않구나' 하고 생각해서는 안 됩니다. 그 속에 진실한 알맹이가 있는 수행자가 있습니다. 수행하는 그 분들 때문에 불교가 명맥을 이어가고 있습니다. 그 분들은 사실 크게 우대 받으려 하지 않고 크게 행세하려 하지 않습니다. 그런 속에서 철저히 수행하는 분이 있습니다. 이런 분들 때문에 불교는 계속 살아서 상승 발전해 가는 것입니다.

사회가 사회대로 썩어 있는 이유는 계행을 지키지 못하기 때문입니다. 자기들이 맡은 임무를 잔소리하지 않아도 그대로 자기가 알아서 척척 할 줄 알면 됩니다.

아무리 '무엇을 하지 마라', '무엇을 하지 마라'고 계행을 정했다고 해서 그대로 되는 것이 아니라, 중생의 욕심에 물든 생각이 떨어지지 않고는 계행을 자율적으로 지킬 수가 없습니다. 지킨다고 하더라도 형식적입니다.

진정하게 계행을 지키는 것은 중생의 마음을 항복받는 것입니다. 우리 마음을 항복시킬 수 있는 공부는 하지 않고 그냥 되는 것이 아닙니다. 말로 되는 것이 아닙니다.

중생의 갖가지 욕심스러운 생각, 번뇌 망상의 생각, 고정관념, 선악 증애의 두 가지 대립된 생각 등 모든 생각이 몰록 떨어져야 하는데, 이러한 생각들이 보이지 않는 가운데 수미산과 같이 쌓여 있는 것입니다. 이것이 큰 산으로 막혀 있어서 마음을 마음대로 행하려 해도 자제가 되지 않습니다.

우리가 재산으로 삼고 살아온 중생심을 버리지 않고는 아들이 올바른 아들행을 할 수 없고, 아버지가 올바른 아버지행을 할 수 없고, 부인이 올바른 부인행을 할 수 없으며, 대통령이 올바른 대통령행을 할 수 없고, 학자 역시 학자로서의 사명을 다할 수 없습니다. 근본적인 이 마음을 해결하지 않고는 무엇이든 배우면 배운 것을 역이용해서 사기를 치게 됩니다. 그러므로 계를 잘 지킬 수 없습니다.

그러나 대주 선사가 말하는 계행은 바로 우리 중생이 가지고 있는 마음을 항복받아야 한다는 것입니다.

본래 두 가지 양변이 없는 근본 마음의 실체, 진여자성 자리를 깨달으면 그때에 비로소 계를 잘 지킬 수 있고 인욕忍辱을 잘할 수 있다는 것입니다. 오늘날 정진精進은 근로심, 즉 끊임없이 노력하는 부지런함이라 할 수 있습니다. 사회의 모든 사람이 누가 말하지 않아도 놀지 않고 부지런히 일할 수 있는 것은 마음의 정진하는 이 자리를 잘 알아야 가능합니다. 마음의 이 자리는 영원히 쉬지 않고 행하는 것입니다. 그로 인해 모든 걱정 근심의 두 가지 모양이 다 떨어져서 고요하고 영원한 안정의 세계에 들어가는 것이 선정禪定입니다. 이 선정의 세계에서 무한한 지혜를 마음대로 굴릴 수 있습니다. 묘용妙用이라 하는 것은 지혜를 마음대로 쓰는 것입니다.

육바라밀을 원칙적으로 바로 행할 수 있는 사람은 중생심을 항복받아서 우리의 청정한 진여자성 자리를 깨달아 알아야 하는 것입니다. 이렇게 했을 때 일체 모든 중생이 안전할 수 있습니다. 이것이 안전한 불사요, 안전한 사업이며, 안전한 학업이고, 안전한 가르침입니다. 이것을 가르치는 사람이 안전한 선사며 종사이고 스승입니다. 육바라밀을 바로 행하는 사람이 올바른 아버지요, 올바른 어머니입니다. 모든 것이 잘 되는 것입니다.

육바라밀을 잘 행하는 자는 "일체의 중생심이 일어나지 않는다(一切無起)."고 했습니다. 즉 중생의 마음이 없다는 것입니다. 아상, 인상, 중생상, 수자상 등 일체 상相이 없는 것입니다. 머무르는 바가 없습니다. 머무르면 집착입니다.

중생들은 처처에 머무릅니다. 조금 좋은 것이 있으면 자꾸 집착하여 하루가 지나도 며칠이 지나도 생각하며 집착하게 되고 그 집착이 점점 커져서 점점 더 큰 업을 만들어 나갑니다. 누에가 스스로 실을 뽑아서 집을 지어 그 속에 들어가듯이, 중생들은 중생의 집을 짓습니다. 집착을 하여 업을 만들고 또 행을 하여 스스로 자신의 신세를 가두어 놓게 됩니다. 그것을 무간지옥이라고 했습니다.

생각도 없고 머무르는 바가 없다, 즉 집착하는 바가 없으므로 일체 희론이 없습니다. 아뇩다라삼먁삼보리, 최상의 진리, 무상의 진리, 진실하고 여실하며 정법인 이 자리는 희론이 없는 자리입니다.

미한 중생(迷途)은 지옥, 아귀, 축생, 수라, 인도, 천도의 육도六道 중생을 말합니다. 천도天道에 가는 것도 좋은 것이 아닙니다. 사람 위에 천도이지만 하늘에 가는 것을 좋아하지 말라고 했습니다. 인도人道에서 착한 일 하고 좋은 일 하여 천도에 가봐야 복이 다하면 또 떨어집니다. 부처님을 믿지 않고, 신을 믿지 아니해도 일생 착한 일 잘한 사람은 복이 있어서 천상에 갑니다. 누가 보내줘서 가는 것이 아니고 자신이 만들어서 가는 것입니다. 요즘 잘못 착각하면 누가 꼭 보내줘야 가는 것으로 생각하는데 그것은 착각이고 잘못 가르치는 것입니다.

이 모든 육도六道의 법은 중생이 마음으로 만드는 것입니다. 중생심이 없으면 육도가 무너집니다. 이 육도는 중생이 사는 세계입니다. 중생이 살다가 복을 지으면 복 지은 것만큼 천상으로 가지만, 복 지은 것이 다하면 또 떨어집니다. 항상 돌고 돌아서 헤어날 길이 없습니다.

그러나 육도에서 헤어날 길은 바로 육바라밀입니다. 육도六道가 육바라밀(六度)로 변해 버리는 것입니다.

"미한 중생은 알지 못하여 실답게 차별이 있는 것으로 말한다. 어리석은 자는 그 법수에 막혀 곧 오랜 동안 생사에 윤회함이라(迷途不契悉謂有差 愚者滞其法數之中 卽長輪生死)."라고 했습니다.

중생들은 보시가 다르고, 지계가 다르고, 인욕이 다르며, 모든 것이 다르다고 생각하지만, 대주어록에는 보시가 지계요, 지계가 보시이며 인욕이요, 인욕이 지계고 선정이요, 선정이 인욕이요 지혜이며, 지혜가 인욕이라는 말입니다.

육바라밀이 각각 다른 것이 아니라 하나라는 의미입니다. 육바라밀을 이름 붙이기 이전 이 소식, 이놈이 무엇이냐고 할 때, 이놈을 지혜, 인욕, 보시 등 낱낱의 이름을 동시에 한 입으로 말할 수 있는 재주가 없잖아요.

이것이 무엇이냐 할 때, 동시에 육바라밀이 다 같이 튀어나오면 되는데, 그것은 불가능합니다. 동시에 육바라밀이라는 이름이 튀어나온다고 해도 틀렸다는 소리입니다.

그런데 이 주장자를 이렇게 세우면 '세운 주장자'라고 하고, 또 이렇게 눕혀 들면 '가로누인 주장자'라고 하게 되어 그 이름에 걸립니다. 이것은 본래 가로도 아니고 세로도 아닌데 그와 같이 이름에 걸리게 됩니다.

본래 선과 악, 유와 무, 음과 양, 망과 진 등 두 가지 상대는 일체가 모두 이름입니다. 이름으로 드러낸 것입니다. 그러면 "이름 이전 소식은 무엇이냐? 한마디 일러라." 하여 팔만 사천 법문이 동시에 한마디로 튀어나오면 되겠지만 그것은 불가능합니다. 그렇게만 한다 해도 어지간하다 하겠지만 그렇게 할 수는 없습니다. 그래서 차 마시고 밥 먹었다 하면 그것이 바로 마음이며 팔만 사천 법문이 됩니다.

그러면 육바라밀의 각각을 언급하지 않고 '육바라밀'이라고 한 단어로 표현한다고 해도 주장자로 때립니다.

지금까지 '육바라밀'이라고 하고서는 '육바라밀'이라는 답에 대해 왜 때립니까? '이름이 육바라밀'이라는 것인데, 왜 이름에 속느냐는 것입니다. 우리들이 원래 이름이 없지만 '철수'든 '영자'든 가상적인 이름을 붙여 사용하는 것에 불과합니다.

하늘도 덮을 수 없고 땅도 실을 수 없는 천상천하의 최상의 도리가 있는데, 이것을 말로 어떻게 나타내겠습니까? 때에 따라서는 웃기도 하고, 때에 따라서는 화를 내기도 하고, 때에 따라서는 가만히 있기도 하고, 때에 따라서는 전혀 모르는 것처럼 하기도 하는 등 행동이 여러 수백 가지로 나오는 이놈을 한마디로 무엇이라고 하겠습니까?

본래부터 성질내는 놈이라면 1년 365일, 10년, 100년 계속 화만 내야 할 것인데 그렇지 않으니까 이놈을 화내는 놈이라고 할 수도 없습니다. 또 매일 웃고만 있는 것도 아닙니다. 또 항상 적적하게 있는 것도 아닙니다.

이것을 한마디로 무엇이라고 해야 합니까?

무엇이냐?

이것을 바로 알아야 합니다. 이것을 바로 알면 육바라밀을 바로 행할 수 있는 사람이고 이것을 모르면 반대로 지옥, 아귀, 축생, 수라, 인도, 천도의 육도六道를 행하는 사람이요, 재색식명수의 오욕을 가지고 사는 사람입니다.

육도六道나 육바라밀이 어디에서 나왔습니까?

한 생각을 이렇게 하면 육바라밀이고 또 이렇게 뒤집으면 육도가 되는 것입니다.

그러면 그놈이 원래 육바라밀이냐? 그놈이 원래 무엇이냐 하면 무엇이라 하겠습니까?

그래서 이것을 무유정법無有定法이라고 했습니다. 한 가지로 딱 부러지게 정한 바가 없다. 그러면, 정한 바가 없다면 아무것도 하지 않고 가만히 있어야 합니까?

미한 중생은 보시가 다르고 지계가 다른 줄 알고 있으나, 본래 한 뿌리입니다. 그러나 밖으로 행동으로 소개하자면 여섯 가지로 벌어지는 것이 또 당연한 일입니다. 6바라밀, 37조도품, 4성제, 8정도 등 많은 법수가 있는데, 미한 중생들은 육바라밀 가운데 각각이 다른 줄 알고 괜히 윤회의 고통을 면치 못한다고 했습니다.

"너희 배우는 학자들에게 내가 말하노니, 다만 단바라밀 한 법을 닦으면 곧 만법이 두루 원만하다(告汝學人 但修檀之一法 卽萬法周圓).”고 했습니다.

중생의 두 가지 양변의 생각, 망상심, 재색식명수 욕심된 마음, 이런 모든 것을 몰록 다 버리는 것을 비로소 보시라고 할 수 있고, 이것을 다 버린 자리만이 계를 잘 지킬 수 있고, 인욕을 잘할 수 있다는 것입니다.

단바라밀 하나, 즉 '버린다'고 하는 보시布施에 지계, 인욕, 정진, 선정, 지혜가 다 포함되어 있습니다.

우리가 버리는 것 하나만 제대로 하면 모든 계행을 다 잘 지킬 수 있고, 세계에 핵무기에 대한 공포와 전쟁에 대한 공포가 없을 것이며, 가정의 불화가 없을 것입니다. 내 마음을 항복받아서 여러분의 청정한 마음을 바로 깨달아 알면 이렇게 하든 저렇게 하든 모든 일이 척척 다 맞아 들어갑니다.

가정에서도 정신적으로 마음이 척척 잘 맞아 들어가면 다투고 시비할 일이 없으며, 불화가 일어날 것이 없습니다. 이 세상에 아무 걱정이 없습니다. 여러분 자신이 마음 하나를 항복받지 못하여 힘겹게 사는 것입니다.

"다만 단바라밀 한 법을 닦으면 곧 만법이 두루 원만하니 하물며 5도(지계·인욕·정진·선정·지혜)가 어찌 다 갖추어 있지 아니하랴(但修檀之一法 卽萬法周圓 況於五法 豈不具耶)."고 했습니다.

버릴 줄 알아야 합니다. 왜 그 좋지도 않은 망상, 두 가지 생각을 가지고 있습니까? 그 놈을 내치자면 말이 아니라 실천을 해야 합니다.

오늘 이 자리에서 이 한 글귀를 듣고 바로 해결하는 사람은 됩니다. 중생의 잘못된 의식의 망상심을 단박에 놓아버리라는 것입니다.

육조혜능 대사, 영가 대사 등 역대 조사들이 이 법문 한 글귀 아래에서 바로 해결했습니다.

이 말을 듣고 다시 닦아야 하고, 생각을 해야 하고, 화두를 들고 공부해야 한다는 것이 아니라, 이 한마디 들었을 때 '아하!' 하고 바로 된다는 소리입니다. 바로 뒤집어엎어 버린다는 말입니다. 일도양단이라, 바로 결행해서 마친다는 것입니다. 지금도 절벽에서 몸을 던질 수 있다는 소리입니다. 위법망구라, 법을 위해서 몸을 던질 수 있고, 또 많은 사람들을 위해서 몸을 던질 수 있으며, 조금도 주저하고 두려워할 바가 없다는 것입니다.

이 자리에서 바로 생각을 뒤집어엎어라. 만약 그렇게 되지 않으면 부득불 '이 몸 끌고 다니는 이놈이 무엇인고?', '부처님은 모든 중생에게 불성이 있다고 했는데, 왜 개에게는 불성이 없다고 했는고?' 하는 것을 애써서 투과할 때, 여러분 본성의 본래면목 자리를 바로 뒤집어엎어서 본인이 깨달아 바로 아는 것입니다. 그러면 모든 것을 항복받아서, 부자유스러운 것이 있을 수 없습니다.

대주 선사는 여기에서 "다 버릴 줄 알아라."고 하였습니다.

第十二

세 개의 문

문 | 삼학三學 등을 쓰는데, 어떤 것이 삼학이며 이것을 어떻게 쓰는 것입니까?

답 | 삼학이라는 것은 계정혜戒定慧가 이것이니라.

문 | 어떤 것이 계정혜입니까?

답 | 청정해서 물들 것이 없는 것이 계戒이니라. 마음이 움직이지 않는 줄 알아 모든 경계에 대해 적연한 것이 바로 정定이니라. 마음이 움직이지 않는 것을 알았을 때 움직이지 않았다는 생각을 내지 않고, 마음이 청정한 줄을 알았을 때 청정하다는 생각을 내지 않으며, 내지 선과 악을 다 능히 분별하면서 그 중에 물들일 것이 없이 자재하게 되는 것을 이름하여 혜慧라고 한 것이니라.

만약 계정혜의 체體를 안다면 함께 얻지 못할 때에 분별할 것도 없는 것이니 즉 한 몸이라. 이 이름이 계정혜 삼학을 평등하게 쓰는 것이니라.

問 三學等用 何者是三學 云何是等用
答 三學者 戒定慧是也

問 其義云何是戒定慧
答 淸淨無染 是戒 知心不動對境寂然 是定 知心不動時 不生不動想 知心淸淨時 不生淸淨想 乃至善惡 皆能分別 於中無染 得自在者 是名爲慧也 若知戒定慧體 俱不可得時 卽無分別者 卽同一體 是名三學等用

◉

절의 전각에 보면 원상을 그려 놓고 그 안에 점 세 개를 찍어 놓은 그림이 있는데, 이것은 계정혜가 두루 원만함을 나타낸 것입니다.

바퀴 네 개가 달린 차는 길 모퉁이를 돌다가 뒤집어질 수 있으나, 발이 세 개인 솥은 넘어지지 않습니다. 나라를 얻어 왕이 되기 위해서도 두 사람을 얻어야 한다고 했습니다. 지智·용勇, 즉 지혜 있는 사람과 용기 있는 사람을 모두 얻으면 어느 누구도 부수지 못합니다. 과거 고사에 나오는 말입니다. 천하에 무적인 장수와 일체 모든 것을 가르쳐 주는 책사를 좌우로 얻으면 중간의 왕이 튼튼한 나라를 이룩해 나간다는 것입니다. 하나라도 떨어져 나가면 안 됩니다.

하늘·땅·사람을 천지인天地人 삼재三才라 하고 계정혜를 삼학三學이라고 합니다. 이 세 가지 가운데 하나라도 없으면 안 됩니다. 계와 정과 혜는 필수불가결하게 떨어질 수 없습니다. 이름은 셋이지만 바로 하나입니다. 계가 정이고 지혜요, 계가 없는 정이 있을 수 없고, 정이 없는 지혜는 있을 수 없습니다. 계정혜가 두루 원만해야 모자라는 바가 없이 구족한 것입니다. 그래서 깨끗해 티가 없고 밝은 마음이 곧 계요 정이요 지혜입니다.

무염無染이라는 것은 물들 것이 없다는 것인데, 무생, 무심, 무념이 같은 의미입니다. 물들일 것이 없다는 말입니다. 나무와 같은 물체가 있어 물들일 것이 있으면 오색을 칠할 수 있습니다. 그러나 그 자체가 공空한 데에 칠을 할 수는 없습니다. 허공에 칠을 할 수 있습니까? 여러분의 마음자리가 그렇다는 것입니다. 여러분 마음의 본래 자성 자리는 공했습니다.

그러나 허공이라고 생각하지는 마십시오. 이 허공은 묘용이 없는 무기공입니다. 잘못 착각하지 마십시오. 이렇게까지 상세하게 가르쳐 주는 것은 여러분이 또 허공을 생각하지 않을까 해서 말씀드리는 것입니다. 저도 옛날에 그렇게 생각했습니다. 예전에는 이렇게 가르쳐 주지 않았습니다. 처음에 강사가 가르쳐 주는데, 공空이라 하면서 허공을 가리키면서 가르쳐 주는 것입니다. 그래서 마음이 허공처럼 이런 것인가 보다 생각했습니다. 이 마음이 허공처럼 이렇지는 않습니다. 비유를 해서 우리 마음 자체가 공했다는 것을 드러내자고 표현하는 것인데, 우리 마음은 허공과는 다릅니다.

허공은 묘용이 없지만, 우리가 말하는 마음은 묘용이 있습니다. 엄청나게 움직이고 창조를 합니다. 찰나에 미국도 가고 하늘도 가고, 간격이 없이 새로운 것을 만들어 냅니다.

우리 중생이 가지고 있는 이 마음자리가 공했다고 하는 것입니다. 그래서 공의 차원에서 보면 부처님의 공한 마음자리와 다르지 않다는 것입니다.

대주 선사는 "청정하여 물들일 것이 없는 것이 계戒"라고 합니다. 우리 마음 자체는 공했기 때문에 본래 물들일 것이 없습니다. 그래서 계는 깨끗한 것인데, 공한 그 자리에 들어가야 깨끗한 것입니다.

그러면 공을 증득해야 하는데, 이것은 말로 증득하는 것이 아닙니다. 앉아서 화두 일념삼매에 깊이 들어가야 비로소 공의 세계에 들어갈 수 있고, 공의 세계를 증득할 수 있고, 깨달아 알 수 있습니다. 지금은 서울 갔다 온 사람이 서울에 대한 것을 설명하는데, 여러분은 서울 갔다 오지 않고 서울에 대한 설명을 듣고 있는 것입니다. 그것만 해도 대단합니다. 들어놓으면 바로 약이 됩니다.

"마음이 움직이지 아니한 줄 알아 모든 경계에 대해 적연하다(知心不動對境寂然)."고 했는데, 이해가 됩니까?

여러분은 마음이 움직이지 않는 도리를 보았습니까?

그 도리를 알아야 합니다.

이것이 정定이라는 것입니다.

태풍이 와서 파도가 산을 덮고 온통 다 쓸어버리면 편안하게 안정이 되지 않습니다. 바람 하나 없고 물이 잔잔하게 고요했을 때, 물속에는 하늘도 비치고 나무도 비치고 해, 달, 별도 비치지만, 태풍이 일어나서 파도가 치면 무엇이 비치겠습니까.

우리의 마음이 본래 움직이지 아니하고 고요한 그 자리를 우리는 다 가지고 있습니다. 어떤 때에 그렇게 되겠습니까?

규봉 선사는 교학자이면서도 선사로서 인정을 받기 위해 애를 쓴 사람입니다. 그것이 잘 안 되니까, 청량 국사에게도 가서 거량을 하고 인정을 받았다면서 선교일치라고 주장한 분입니다.

이 도리는 말로써 되는 것이 아니라고 하니까, 규봉 선사가 어느 날 가만히 앉아서 공부를 했습니다.

선정삼매, 화두 일념삼매에 들어가서야 비로소 고요함을 체험해서 아는 것입니다. 이 도리는 무슨 모양이 나타나서 보아서 되는 것이 아닙니다. 선정 속에 들어가서 고요적적한 도리를 본인이 체험해서 깨달아 아는 것입니다.

규봉 선사가 공부를 해보니, 아침에 해가 떠서 문의 창호지에 난 틈을 통해서 한 줄기 빛이 들어오니까 그때까지 아무것도 보이지 않던 방안에 미세한 먼지가 그 빛줄기 속에 드러나 보이는 것입니다. 실지로 체험해서 깨달아야만 중도정각이고 견성이라 할 수 있습니다.

마음이 움직이지 않는 것을 알 수 있기 위해서는 참선하는 화두와 관법을 통해서 자신을 투시해 보아야 합니다. "이 몸을 끌고 다니는 이놈은 도대체 무엇인가?" 또는 "부모에게서 태어나기 전에 나의 본래 얼굴은 무엇이냐?" 하는 이러한 것을 알고자 하는 마음으로 가만히 앉아서 자기 자신을 깊이 투시해서 보는 도중에 의심하는 마음이 크게 일어나야지 빨리 자신을 깨달아서 알 수 있다는 것입니다.

낙숫물처럼 뚝뚝 끊어지는 것이 아니라 강물이 바다로 죽 이어져 끊어지지 않는 것같이, 한라산 백록담의 물처럼 마르는 것이 아니고 백두산 천지의 물처럼 끊임없이 솟아나는 것 같은 그 자리가 안정된 자리입니다. 생각이 일어났다가 없어지는 생멸심은 안정된 것이라고 볼 수 없습니다. 마음이 들떠 있거나 불안하고 복잡한 생각이 일어나는 것은 안정된 것이 아닙니다. 가장 안정된 것은 바닷물과 강물이 이어져서 끊어지지 않고, 백두산 천지의 못이 마르지 않고 끊임없이 새롭게 솟아나는 것에 비유할 수 있습니다.

내 자신의 움직이지 않는 마음은 우리가 화두일념 무심의 경계,

대의정삼매에 깊이 들어가야만 알 수 있습니다. 그러한 체험이 없으면 이론적으로 부동하다는 말을 듣기만 하는 것입니다.

내 마음이 움직이지 않는 것을 알아 만 가지 경계에 대해 고요하다고 했습니다. 시끄러운 시장, 총탄이 비 오듯이 쏟아지는 곳, 싸움하는 곳, 깡패소굴, 고요히 앉아 있는 속, 산천경계나 물이나 모든 바깥 일체 경계의 형태를 내가 직접 만나 대하더라도 조금도 내 마음이 흔들리거나 시끄러운 것이 없이 항상 고요하고 안정되어 있다는 것입니다.

계戒는 일체 물드는 것이 없는 것입니다.

깡패를 보더라도 깡패에 따라가서 물드는 것이 아니고, 돈 많은 욕심쟁이를 봤다고 해서 나도 욕심쟁이처럼 물드는 것도 아니고, 정치하는 사람을 만나서 정치에 물드는 것도 아니고, 일체 만 가지 경계에 물들지 않는다는 것입니다.

물들일 것이 없다는 말입니다. 물드는 것이 없는 본래 깨끗한 마음자리를 말합니다. 본래 물들일 것이 없다는 말을 알아들어야 합니다. 물든다고 하면 틀린 것입니다. 물들일 것이 없는 것이 계戒라고 했습니다.

고기 한 점 안 먹고, 술 한 모금 안 먹었다고 계戒를 지킨 것이라고 착각하지 마십시오. 그것은 초보적인 사람에게 계를 말한 것입니다. 본래 이 자리를 깨치지 못한 사람에게, 어린아이에게 한 이야기입니다.

근본적인 계는 내 마음에 본래 물들일 것이 없는 이 도리를 바로 보는 것입니다. 이 도리를 바로 보는 것이 청정한 계라는 것입니다. 그 도리를 안 사람은 모든 일을 알아서 합니다. 그 사람에게 사람 죽이라고 하면 안 죽입니다. 왜 죽입니까? 나쁜 짓을 하라고 해도 하지 않습니다. 알아서 다 잘하고 모든 것을 척척 조정할 줄 압니다.

계戒와 정定에 대한 것을 확실하게 알아야 합니다.

이 마음에 본래 물들일 바가 없다는 이 도리는 생각으로 되는 것이 아닙니다. 생각으로 공했다고 하는 것은 공한 것이 아닙니다. 이 법문을 듣고 여러분의 심경이 확 뒤집어져서 본래 공한 자리를 깨달아서 증득하면 됩니다. 깨닫지 않고 말로, 이론으로 공했다고 하는 것은 공한 것이 아닙니다. 이 말씀을 드리는 것은 여러분이 한 생각 뒤집어엎어서 이 언하에서 바로 보고 바로 깨달으라고 하는 것입니다. 이 말을 들으면 '아!' 하고 깨달으라는 것입니다. 과거에도 이 말에서 다 깨달았습니다.

'본래 깨끗해서 물들일 것이 없다'는 이 말을 '물들이지 않겠다' 하고 새기면 문제가 다릅니다. '물들이지 않겠다'고 하면 물들 소지가 있다는 뜻이고 따라서 물들이지 않도록 애쓰겠다는 것입니다. 이렇게 공부하는 것은 올바른 공부가 아닙니다.

물들일 것이 본래 없는 것을 바로 보고 깨달아야 합니다. 그것이 바로 계를 지키는 것입니다. 고기 안 먹고 술 안 마시는 것으로 계를 지킨다고 여기지 말고 공의 차원을 깨달아야 합니다.

"어떻게 하는 것이 계戒를 지키는 것입니까?" 하고 묻는 것에 대하여 이렇게 답합니다.

"본래 계戒를 다 지키고 있다."

"어째서 그렇습니까?"

"본래 범할 것이 없고, 선과 악이 없고, 일체가 없기 때문에 그러하다."

"없는 그 당처는 무엇입니까?"

"공空의 도리니라. 본래 공한 마음자리는 모양이나 형단이 없어서 허공에 아무리 오색 물감을 칠한다 하여도 칠해지지 않는 것과 같다."

물들일 것이 없다는 소리입니다.

이것을 잘못 해석해서 유가의 서적을 보아도 '뭐 하지 마라' '뭐 하지 마라' '이렇게 하면 물든다'고 말하고 있습니다.

육조 대사의 말과 신수 대사의 말이 근본적으로 다른 것이 그런 것입니다.

신수 대사는 "거울에 먼지가 앉지 않도록 계속 닦고 닦으라."고 마음이 물들지 않도록 애쓴다는 말을 합니다. '고기 먹으면 물들겠지, 안 먹어야지. 술 마시면 물들겠지, 안 마셔야지. 안 해야 되지. 안 해야 되지' 하면서 물들지 않으려고 자꾸 도망가면서 피합니다. 이것은 끊임없이 물드는 것입니다. 피할 길이 없습니다. 그렇게 계를 지키는 것은 계를 지키는 것이 아닙니다.

반대로 육조 스님은 "본래 뭐가 있어야 물이 들고, 본래 뭐가 있어야 닦고 말고 할 것이 있지. 없는 것을 가지고 먼지를 털고 닦고 말고 할 것이 있느냐. 본래 없다."고 말한 것입니다.

"청정해서 물들 것이 없는 것이 계이니라(淸淨無染 是戒)"라고 했습니다.

이것을 어떤 사람은 물들이지 말고 물들이는 일이 없게 하라고 새기기도 할 것입니다.

"공부해서 증득하는 것이 있느냐?" 하는 물음에 대하여, 남악회양 스님이 "닦아 증득하는 것이 없지는 아니하나, 내가 물들이는 것은 얻지 못합니다(修證卽不無 汚染卽不得)." 하고 답하신 것을, "물들이지는 않겠습니다." 하고 새기는 경우가 있습니다. 이것은 가리키는 것이 다릅니다.

그래서 견해의 안목이 중요하다는 것입니다. 부처님과 조사스님의 말씀을 바로 가르쳐 주느냐 그렇지 못하냐 하는 것은 그 사람 안목에 달려 있습니다.

어느 스님이 공부 많이 했다, 깨달아서 한소식 했다고 큰소리해서 남악회양 스님의 이 말을 어떻게 보느냐고 물어보았습니다. 그 스님이 "깨달았다고 해서 가만히 있는 것이 아니고, 자꾸 자꾸 공부를 해나가서 물이 들지 않게 해야 합니다." 하고 답을 합니다. 그래서 내가 "그러면 남악회양 선사의 말은 꿈에도 못 봤소. 육조 스님 말은 더구나 못 본 것이오." 하고 단호하게 말씀드렸습니다.

본래 공空한 마음세계는 청정해서 아무리 물들이려고 해도 물들지 않습니다. 물들일 수가 없습니다. 이것이 계戒라고 했습니다.

"마음이 움직이지 아니한 줄 알아 모든 경계에 대해 적연한 것이 바로 정이니라(知心不動對境寂然 是定)."라고 했습니다.

총탄이 비 오는 듯이 쏟아지는 상황이나, 수레바퀴 돌아가듯 하는 칼날 앞에서도 두려운 마음이 없이 편안하고 고요한 것이 바로 정定입니다.

마음이 부동한 것을 알았다는 것은 공적空寂한 자리, 내 마음이 공해서 본래 움직인 바가 없는 적연하고 청정한 그 자리를 알았다는 것입니다. 이러한 때 움직이지 않았다는 생각을 내지 말라고 하는 것입니다.

예컨대, '내가 깨달았다'고 하는 생각이 조금이라도 남아 있으면, 깨달은 사람이 아니라는 소리입니다. '나는 청정하다' 하는 생각이 남아 있으면, 그 사람은 청정한 사람이 아니라는 것입니다. '내가 움직인 바가 없다'는 생각을 지어서 가지고 있다면, 그 사람은 부동不動한 사람이 아니라는 것입니다. 그래서 '나는 움직이지 않는다' 하는 생각을 내지 마라는 것입니다. 그런 생각을 내면 그것은 벌써 틀린 것입니다. 벌써 동動한 것입니다.

'없다' '없다' '전부 없다'고 하니까, 사람들은 없다는 생각을 가지고 있습니다. 그러나 '없다'고 생각을 일으키는 놈은 없는 것인가요? 자기가 말로는 '없다' '없다' 하면서 '없다'는 생각을 일으킨 놈이 있고, 행行한 놈이 있습니다. 그것을 어떻게 '없다'고 하겠습니까. 참으로 없는 곳에서는 말도 끊어지고, 생각조차도 끊어진 것이라 꼼짝달싹도 할 수 없습니다. 조금이라도 움직이면 30방입니다. '동착즉삼십방動錯卽三十棒'이지요. 없다고 하면서 없다고 하는 놈은 무엇이냐?

"마음이 청정한 줄을 알았을 때, 청정하다는 생각을 내지 마라(知心淸淨時 不生淸淨相).", 즉 '나는 청정하다' 하는 생각을 내지 마라는 말입니다.

"선과 악을 다 능히 분별한다(善惡 皆能分別)."고 했습니다.

'청정하다는 생각도 내지 말라'고 하니까, 전혀 움직이지 않아서 아무 생각도 안 하고 가만히 있는 것이라 생각할 수도 있는데, 선과 악을 다 분명하게 능히 판별한다고 했습니다.

그 중에 물들일 것이 없다(於中無染). 일체 선악을 다 분별하지만 물들 것이 없으며, 비로소 자재하는 것을 얻은 것을 이름하여 혜(得自在者是名爲慧也)라고 한 것입니다.

계정혜를 말했습니다.

지혜는 일체를 분별합니다. 이것은 좋고 저것은 나쁘며, 이것은 바른 길이고 저것은 나쁜 길이며, 이것은 악질이고 저것은 착한 사람이라는 등 분명히 판가름합니다. 그런 분별 없이 되겠습니까? 분명하게 한 치의 오차도 없이 다 분별합니다. 그러나 분별하되 절대 물들지 않는다는 소리입니다. 자기의 마음은 그 가운데 움직이지 않는다는 소리입니다. 이 도리가 바로 '움직이지 않으면서 무한히 움직이고, 무한히 움직이면서 한 치도 움직인 바가 없다'는 것입니다.

그러면 '움직였다'고 했을 때 움직인 그것만 보지 마라는 소리입니다. 움직인 거기에는 움직이지 않는 절대적인 것이 포함되어 있습니다. 같이 붙어 있습니다. 둘이 아닙니다. 움직인 것은 움직인 것이 아니라는 소리입니다. 그 도리를 바로 볼 줄 알아야 합니다.

여기에서는 어느 한쪽으로 딱 끊어져서 단견으로 말하는 것이 아니라 부정을 하면서 다시 긍정하고, 긍정하면서 다시 부정하여 무애자재하게 빙빙 돌아갑니다. 그래서 어느 것 하나를 기준으로 세우지 않습니다. 그러면서 기준을 세웁니다. '움직이면서 움직이지 아니한다. 움직이지 않으면서 움직인다'는 도리를 세우는 것이에요. 그런 말을 드러내어 세웁니다. 세우지 않는 것은 아닙니다.

'청정하다'는 생각을 대다수가 가집니다. 율을 지키는 율사는 일생 동안 깨끗하게 계를 잘 지켰다고 하는 생각을 가집니다. 누군가 조금만 어긋난 일을 하면 '저 놈은 계도 안 지킨다'고 불만을 하면서 어디에서도 섞이지를 못합니다. 계를 지키자니 어디에서 누군가와 섞일 수가 없습니다. 그러나 신라 때 원효 스님은 모든 곳에 가서 섞였습니다. 도둑놈 굴에도 들어가고, 기생 집에도 가고, 요석 공주와 잠을 자서 아들도 낳고, 또 대사의 가사도 걸치면서 갖가지 행을 두루 다 했지만 한 번도 계를 파한 일이 없다고 했습니다.

만약 불교의 이러한 최상승 진리의 이 말이 없었더라면 어떻게 되겠습니까?

원효 스님은 "나는 한 번도 계를 파한 일이 없다.", "한 번도 도둑놈 굴에 들어간 일이 없다."고 했습니다. 왜 그렇습니까? 바로 본래 청정하고 본래 움직이지 않고 본래 공적한 자리, 때를 묻히려고 해야 묻힐 수 없는 이 자리를 그 분은 바로 알아 깨달았기 때문입니다. 도둑놈이 원효 스님 목에 칼을 들이대고 죽이려 해도 원효 스님은 마음에 전혀 미동도 없었습니다. 아주 부드럽고 부동하며 온화한 마음으로 불안함이 없는 본래의 공적한 이 마음의 엄청난 기운 속에 그 사람들이 휘말려 들어와서 설복되었습니다. 머리를 숙였습니다.

자장 율사 같은 이는 오백생을 청정비구로 태어났습니다. 한 생 태어나 아홉 살이 되면 절에 들어가고, 또 다음 생에 태어나 아홉 살이 되면 절에 들어가면서 일생 동안 계행을 지켰습니다. 자장 율사는 일생 동안 계만 지키면서 '이 세상에서 내가 제일 깨끗하다'는 생각을 항상 가지고 있습니다. 그 생각이 태산같이 가로막아, '청정하다'는 아상을 가진 것입니다. 아상·인상·중생상·수자상 등의 상이 없어야 하는데, '나는 깨끗하다'는 상을 가지고 있었습니다. 그 한 생각에 가로막혀서 자장 율사는 최상승의 진리를 깨치지 못했습니다. 원효 스님은 깨달았지만, 자장 율사는 못 깨달았습니다. 그래서 문수보살이 찾아갔지만 자장 율사는 문수보살을 알아보지 못했습니다. 그러나 원효 스님은 관세음보살이 몸을 화현하여 처녀의 모습으로 방에 들어오는 것을 보고 누워서 일어나지도 않고 발을 들어 보여 주었습니다. 그러자 처녀의 몸을 한 관세음보살이 빙긋이 웃으면서 나가 버렸습니다.

공부를 하는 우리들은 이런 근본적인 것을 해결해야지, 지엽적인 것을 가지고 논해서는 안 됩니다. 우리는 근본적인 이 마음, 내 몸을 운전하는 이놈이 도대체 어떤 것인지를 해결해야 합니다. '이 몸을 움직이는 이 마음, 이놈은 도대체 뭐냐?' 하는 것을 바로 해결해야 합니다. 이것은 본래 공적한 도리를 깨달아 증득하여 바로 알아야 해결됩니다.

"새가 날면 깃이 떨어지고, 고기가 가는 뒤에는 흙탕물이 일어난다(鳥飛毛落 魚行水濁). 그러나 일천 모든 강물과 모든 시냇물에 밝은 달빛이 비치어도, 그 밝은 달 모양 하나가 물속에 들어갔다고 해서 물에는 물결 하나 일어나지 아니한다."

"뜰 앞의 대나무 그림자가 뜰을 쓸었지만 먼지 하나 일어나거나 움직인 적이 없다."

돌을 던지면 물에 파문이 일어나지만, 밝은 달은 물마다 다 담겨 있어도 언제 물에 조그마한 미동이 있느냐는 것입니다.

그래서 "입을 열면 곧 그르침이니 조금이라도 달싹 하면 30방을 비 오듯이 퍼붓는다(開口卽錯 動錯卽三十棒)."고 했습니다. "생각을 일으킨즉 어긋났다(動念卽乖)."고 했습니다.

왜 그럴까요?

그런데 여기에는 그렇게만 말한 것이 아닙니다.

운문 수미산이라는 공안이 있습니다.

어떤 학인이 "한 생각이 일어나기 이전에 나에게 허물이 있습니까, 없습니까?" 하고 묻습니다.

한 생각이 일어나면 벌써 틀렸다고 했으니까 그렇게 묻는 것입니다.

한 생각 일으킬 때는 무엇을 일으킨 것입니까? 우리가 한 생각을 일으킬 때 한 순간에 여러 가지가 동시에 튀어나오지는 않습니다. 밥 생각 할 때 밥이라는 한 생각만 일으키지 동시에 수백 가지 생각이 튀어나올 수가 없습니다.

생각을 일으킬 때는 한 생각만 일으키는데, 또한 수백 가지를 일으킬 수 있는 소지를 가지고 있습니다. 한 생각 일으키는 그것 하나 가지고 전체를 다 말할 수 없는 것입니다.

그러나 한 생각 일으킨즉 근본에 어긋난다는 소리입니다.

그래서 '생각을 일으킨즉 어긋난다(動念卽乖)'는 도리를 바로 보아 깨달으면 그 사람은 여래지如來地를 증득하는 사람입니다.

여기에서 척 하니 눈을 돌이켜서 다시 뜨면 비로소 조사지祖師地를 완전히 해 마친다고 되어 있습니다.

우리는 한 생각 일어난 것을 놓고 이야기했지만, 그 학인은 "한 생각이 일어나기 이전에 나에게 허물이 있습니까, 없습니까?" 하고 물었습니다.

운문 스님이 대답하기를 "수미산"이라고 했습니다.

그런데 저를 찾아온 분들 중에 더러 '수미산'이라고 한 것에 대해 깨달아 알았다고 해요. "어떻게 알았습니까?" 하고 물어보았더니 "한 생각도 일어나기 전에 허물이 있습니까, 없습니까? 하고 묻는 그 사람은 벌써 한 생각 일으킨 것입니다. 한 생각을 일으켰기 때문에 허물이 수미산과 같이 많다는 도리입니다. 그렇게 알아서 깨달았습니다. 그래서 스승에게 인가를 받았습니다." 하고 말합니다.

그래서 내가 야단을 쳤습니다.

"네가 그것을 그렇게 알았다면, 운문 스님의 도리는 꿈에도 보지 못했다. 그것이 아니다. 그렇다면 '불성이 있습니까, 없습니까?'에 대해 '무' 한 것도 마찬가지로 그렇게 알아야 할 것 아닌가."

'수미산'도 '허물이 있습니까, 없습니까?' 하고 유무를 물은 것이고, 또 '무'자도 마찬가지로 '불성이 있습니까, 없습니까?' 하고 유무를 물었습니다.

조주 스님은 '무'라고 했는데, '무'라는 말을 '없다'는 것으로 알아듣는다?

그런 것은 아닙니다. 그 분이 '무'라고 한 의지, 낙처가 어디에 있느냐를 퍼뜩 알아채야 한다는 말입니다.

모든 것이 다 그렇습니다. 그것을 척 하니 알아듣지 못하기 때문에 막혀 있는 것입니다.

운문 수미산도 마찬가지입니다. 그 분이 왜 '수미산'이라고 했느냐는 것이지요.

이것을 알아서 공부해야 하는데, 딴 생각으로, 사량으로 알았다고 하는 것은 잘못된 것이라고 야단을 쳤습니다.

'운문 수미산'에 척 계합을 하면 정말로 여러분이 더 공부해서 논할 필요 없이 공부 다 한 것입니다.

대주 선사는 청정하다는 생각도 내지 말라고 했습니다. 그러면 가만히 있는 것인가요? 그렇지는 않습니다. 오만 가지 선악 일체를 다 분별한다고 했습니다. 죽은 것이 아니라 다시 살아나옵니다. 이 중에 물들 것이 없으며, 물들 것이 없는 이것이 대자재한 것으로 지혜라고 하는 것이라고 말했습니다.

계가 정이요, 정이 지혜요, 지혜가 바로 정이요, 정이 바로 계라. 계정혜 삼학이 이름이 세 개로 나뉘었지만 다르지 않고 하나라는 말입니다. 겉으로 말로 드러내자니 계정혜를 나누어서 말했지만, 이것이 근본적으로 하나, 동일체라는 것입니다. 본성의 이 마음이 곧 계요 정이요 지혜라는 것이며 다르지 않다는 말씀입니다.

이 도리를 여러분은 바로 알아야 합니다.

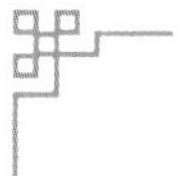

第十三

머무르지 않는 마음

문 | 만약 마음이 청정한 데 머물렀을 때 깨끗한 데 집착한 것이 아닙니까?

답 | 깨끗한 데 머물렀을 때 깨끗하다는 생각을 짓지 말지니라. 이것이 깨끗하다는 데 집착한 것이 아니니라.

문 | 마음이 공했을 때 공에 집착한 것이 아닙니까?

답 | 만약 공하다는 생각을 지었다면 곧 이름하여 공에 집착한 것이니라.

문 | 만약 마음이 머무를 곳이 없다는 데 머물렀다면, 이것은 머무를 곳이 없는 데 집착한 것이 아닙니까?

답 | 다만 공했다는 생각을 지었다면 있을 것이 없이 다 집착하는 것이다. 네가 만약 머무른 바 없는 마음을 분명하게 알고자 할 때에는 바르게 앉았을 때 다만 마음으로 일체의 물건을 사량하지 말 것이며, 일체 선악을 도무지 사량하지 말라. 과거의 일은 이미 지나갔으니 사량하지 말라. 그러면 과거의 마음이 끊어진 것이니 즉 이름하여 과거의 일은 없는 것(無過去事)이라 한다. 미래의 일은 아직 이르지 않았으니 원하지도 말고 구하지도 말라. 그러면 미래의 마음이 스스로 끊어진 것이니 곧 이름하여 미래의 일은 없는 것(無未來事)이라 한다. 현재의 일은 이미 현재이니, 일체 사에 다만 주착한 바가 없음을 알라.

주착함이 없다는 것은 미워하고 사랑하는 두 가지 마음을 일으키지 않음이니라. 곧 무착이라, 현재심이 스스로 끊어진즉 이름하여 현재사가 없다는 것(無現在事)이니라. 삼세를 거둘 수 없음을 또한 이름하여 삼세가 없다(無三世)고 한다.

마음이 만약 일어나서 갈 때 곧 따라가지 말라. 가는 마음이 저절로 끊어진다. 만약 머무를 때 또한 머무름을 따라가지 말라. 머무르는 마음이 스스로 끊어지니 곧 머무름이 없는 마음(無住心)이니라. 곧 이것이 머무르되 머무르는 곳이 없는 것이다.

만약 분명하게 스스로 깨달아 알아야 할지니 머무름이 있을 때 다만 머무른 것뿐이다. 또한 머무르는 곳이 없으며 또한 머무르는 곳이 없다는 것도 없다. 만약 스스로 분명히 요달하여 알면 마음이 일체처에 머무르지 않느니라. 곧 이름하여 본심을 분명히 깨달아 본 것이니라. 또한 이름하여 분명히 견성한 것이다. 이것이 다만 일체처에 머무르지 않는 마음이라. 곧 이것이 부처님 마음(佛心)이며, 또한 해탈한 마음(解脫心)이라 하고, 또한 보리심菩提心 (아뇩다라삼막삼보리, 무상정등정각, 최상의 진리)이라 하며, 또한 남이 없는 마음(無生心)이라 하고, 또한 색성이 공한 것(色性空)이라 하니라.

경에 이르되 무생법인을 증득했다고 했다. 그대가 만약 이와 같은 것을 얻지 못했을 때는 노력하고 노력하라. 더욱 부지런히 공력을 들여라. 공력을 이루면 스스로 알게 되고, 그러므로 안다고 하는 것은 일체처에 무심인 것이다. 마음이 없는 것을 말하는 것은 모든 것을 가차(假)해서 참(眞)이 아닌 것이 없다는 것이다. 가차한다는 것은 애증심이 이것이며, 참이라고 하는 것은 사랑하고 미워하는 두 가지 마음이 없는 것이다. 그래서 다만 미워하고 사랑하는 마음이 없는 것이니 곧 두 가지 성품이 공한 것이다. 두 가지 성품이 공한 것은 자연히 해탈이다.

問 若心住淨時 不是着淨否

答 得住淨時 不作住淨想 是不着淨

問 心住空時 不是着空否

答 若作空想 卽名着空

問 若心得住無住處時 不是着無所處否

答 但作空想 卽無有着處 汝若欲了了識無所住心時 正坐之時 但知心莫思量一切物 一切善惡都莫思量 過去事已過去而莫思量 過去心自絶 卽名無過去事 未來事未至 莫願莫求 未來心自絶 卽名無未來事 現在事已現在 於一切事 但知無着 無着者 不起憎愛心 卽是無着 現在心自絶 卽名無現在事 三世不攝亦名無三世也 心若起去時 卽莫隨去 去心自絶 若住時 亦莫隨住 住心自絶 卽無住心 卽是住無住處也 若了了自知住在住時 只物住 亦無住處 亦無無住處也 若自了了知心不住一切處 卽名了了見本心也 亦名了了見性也 只箇不住一切處心者 卽是佛心 亦名解脫心 亦名菩提心 亦名無生心 亦名色性空 經云 證

無生法忍是也 汝若未得如是之時 努力努力 勤加用功 功成自會 所以會者 一切處無心 卽是會言無心者 無假不眞也 假者愛憎心是也 眞者無愛憎心是也 但無憎愛心卽是二性空 二性空者自然解脫也

◉

예전부터 계를 지키는 율사스님을 보면 아상이 대단히 높은 경우가 많습니다. 이 세상 사람을 보면서 계를 안 지킨다고 하시하고, 자기는 율사로서 계를 잘 지킨다고 하는 상을 가지고 있습니다. 그런 것이 청정한 데 머문다는 말입니다. "이것은 깨끗한 데에 집착한 것이 아닙니까?" 하고 묻습니다. 이에 "깨끗한 데 머물렀을 때 깨끗하다는 생각을 짓지 말지니라." 하고 답하여 탁 쳐냈습니다.

천만 원을 시주했든, 오천만 원을 시주했든, 백억을 시주했든 간에 '나는 시주했다' 하는 생각을 두지 말라는 소리입니다. 그 생각을 담아 놓고 있으면 시주한 사람이 아니라는 것입니다. 자기 몸 전체를 육신보시해서 바치더라도 바친다는 생각을 두지 말라는 소립니다.

담아 놓으면 머무르는 것이요, 담아 놓으면 집착하는 것이요, 담아 놓으면 반드시 원은이 생깁니다. 담아 놓으면 끊임없이 갈등이 생겨서 꼬리를 물고 또 꼬리를 물고 계속 돌아야 합니다. 이것이 중생심입니다.

주었으되 준 바가 없고, 받았으되 받은 바가 없는 차원에서는 마음을 여실하고 진솔하게 감사할 줄 압니다.

주었으되 준 바가 없고 받았으되 받은 바가 없다고, 아무것도 없는 데에 가만히 있는 것이냐 하면 그런 것은 아닙니다. 실컷 받아먹고도 '받아먹은 것이 없다' 하고 가만히 앉아 있는 것은 벌써 틀린 것입니다. '받아먹은 것이 없다'는 생각 자체가 벌써 틀린 것입니다. 그런 소리를 하면 30방을 마구 맞아야 합니다. 주고받음이 없는 차원을 안 사람은 받았으되 진실하게 감사할 줄 알고 진솔하게 갚아줄 줄 안다는 뜻입니다.

과거에 큰스님들이 누가 오면 염주도 주고 책도 주고 자꾸 줍니다. "왜 그리 자꾸 줍니까?" 하고 물으니까, "허허, 받았으니까 나도 줘야지."라고 답하셨습니다. 여실하게 잘합니다. 어긋날 수가 없습니다.

법문 잘못 들으면, '본래 준 것이 없고 받은 것이 없는데 왜 그래?'라고 합니다. 이 세상 모든 사람이 그런 식으로 앉아 있다면 어떻게 되겠습니까? 그것은 아닙니다.

본래 준 바도 받은 바도 없는 그 도리는 분명하지만, 그 도리를 분명히 알았을 때에는 가만히 주저앉아 있는 것이 아니라 밖으로 행동으로 옮겨야 한다는 소리입니다. 묘용을 쓴다는 소리입니다. 한 치 어긋나지 않고 모든 것을 시비가 없이 원융무애하게 잘 합니다.

원효 스님은 도둑놈 굴에 들어가서 도둑놈과 한 몸이 됩니다. 적이 없고 선악이 없습니다. 어느 곳에서나 융합이 척척 잘 됩니다. 그 와중에 도둑놈이 생각을 바꿔서 올바른 지혜의 이 문으로 들어와서 공부할 수 있도록 의식을 전환시킨다는 소리입니다. 본래의 얼굴, 본래의 마음자리로 돌려놓습니다. 본래 그 자리를 알았다면, 마음 쓰는 것이 다릅니다. 이 점을 바로 알아야 합니다.

오백생 동안 '나는 청정하다'는 생각에 머문 자장 율사는 그 생각 때문에 문수보살을 보고도 문수보살인지 모릅니다. 문수보살이 봉두난발을 하고 떨어진 옷을 입고 개를 구어 다리를 지근지근 씹어 먹으며 절 안으로 들어오니까, 자장 율사의 시자가 그 모습을 보고 "어떻게 왔느냐?"고 묻습니다. "이곳에 자장 율사가 있다고 해서 왔습니다." 하고 답합니다. 시자가 기겁을 하고 놀라 자장 율사에게 달려갑니다.

"누가 왔느냐?"

"밖에 웬 거지가 구운 개를 먹으며 와서는 스님을 찾습니다."

"잉, 당장 보내거라. 그런 고약한 놈이 있나, 부처님 도량에 개를 구어 가지고 와서 먹어? 당장 쫓아내거라."

당장 가라고 호통을 치고 야단을 하니까, 거지 모양으로 나툰 문수보살이 껄껄 웃으면서 돌아 나가며 짊어진 개를 던지니 청사자가 됩니다. 그것을 타고 올라가면서, "내가 이 해동국에서 자장을 만나기로 약속을 했건만, 만나러 왔으나 나를 몰라보는구나." 하고 말을 합니다.

그 말을 듣고 자장 율사가 땅을 치고 통곡을 합니다.

문수보살이 청사자를 타고 가면서 "네가 오백생 동안 계를 지키고 깨끗하다고 하는 생각에 머물러 있더니 그 한 생각이 태산과 같이 수미산과 같이 네 눈을 막아서 앞을 보지 못하는구나." 하고 말했습니다.

여러분은 지금 최상승의 법문을 듣는 것입니다. 이 법문을 제대로 잘 들으면 어떻게 해야 공부를 잘 하고 못하는 것임을 다 가르쳐 준 것입니다.

'깨끗하다는 데 머물 때에는 깨끗하다는 데 집착한 것이 아니냐?'는 질문에 대해 '깨끗하다는 데 머물 때 깨끗하다는 데에 머물렀다는 생각조차 짓지 말라'고 답하는 것입니다.

돈을 수천억 시주했더라도 시주했다는 생각을 하지 말라는 겁니다. 가정에서 살림하면서 부인도 남편에게 원망하지 마십시오. 왜 원망을 해요? 자식에게도 왜 원망을 합니까? 자식도 부모에게 원망하지 말아야 됩니다. 무언가 해주었다는 생각을 하고, 너는 나에게 안 해주는구나 하는 생각을 하면 불만이 생기고 섭섭하고 시비하게 됩니다.

"깨끗하다는 데 머물렀다는 생각을 짓지 말라. 이것이 깨끗한 데 집착한 것이 아니니라." 깨끗한 데 머물러도 그것은 어긋난 것입니다. 계를 못 지킨 사람입니다.

마음이 공空했다고 자꾸 말하니 "공한 데에 머물렀을 때에는 공에 집착한 것이 아닙니까?" 하고 묻는 것에 대해 "만약 공하다는 생각을 지었다면 곧 이름하여 공에 집착한 것이니라." 하고 답합니다.

제가 미국에 갔을 때 일본 조동종의 선, 티베트의 선, 남방의 사념처관을 30년간 공부해서 인가를 받았다는 사람을 만났습니다. 밖으로 풍기는 것이 헐떡거리거나 들뜸이 없고 아주 차분하게 점잖았습니다.

"무엇을 합니까?"

"나는 일체 하는 것이 없습니다."

"아무것도 안 하면, 노는 것입니까?"

"노는 것도 아닙니다."

"노는 것도 아니고, 아무것도 안 한다고 하니 무엇을 하는 사람입니까?"

"일체가 공적해서 할 것이 없습니다."

이제 이것이 문제가 아니겠습니까? 이 사람은 '공했기 때문에 할 것이 없다'는 그 생각에 머물러 있는 사람입니다. 그래서 제가 물었습니다.

"그러면 공은 어느 곳으로 돌아가는고(空歸何處)?"

"여기에서는 이 정도면 다 인가가 됩니다. 그렇게 물어보는 일도 없어서 스님이 묻는 바를 처음 듣습니다. 그것은 잘 모르겠습니다."

"그것은 공부가 아니다. 그렇게 공부해서는 안 된다."

내가 죽비로 때리고 경책을 했습니다.

그러자 일어나서 삼배를 하면서 "지금까지 경책을 해준 분도 없었고, 이런 말을 물어 본 일도 없는데, 오늘 듣고 보니까 저에게 경책을 잘해 주셔서 여기에서 다시 공부를 해야 되겠다는 생각을 했습니다. 제가 무언가 잘못해서 여기에 머물러서 항상 이것을 지키고 있었는데 경책해 주셔서 대단히 감사합니다." 하였습니다.

그러니 '공적해서 더 할 것이 없다'는 것을 지키고 거기에 머물러 있었는데, 경책을 받고 그것이 툭 떨어져 나가 버렸습니다.

"이제 어떻게 할 것이야?" 하고 물었더니

"모르겠습니다."

"이제 공부해라."

그 사람이 그 자리에서 절을 다섯 번을 하며 감사하다고 했습니다.

"마음이 공한 데에 머물렀을 때에 공에 집착한 것이 아닙니까?" 하니까, 대주 선사가 답하기를 "공했다는 생각을 지어 있을 때에는 곧 공에 집착해서 떨어져 있는 것이다."라고 답합니다. 머무르면 대자유를 얻지 못합니다. 모든 것을 벗어나서 일체를 부리고 살아가면 절대적인 주인으로 살아갑니다.

『금강경』에서 "머무른 바가 없이 마음을 내라(應無所住 而生起心)."고 했습니다. 그런데 대주선사어록에는 "머무른 바가 없는 데 머물렀을 때 이것은 머무를 곳이 없는 데 집착한 것이 아닙니까?" 하고 묻습니다. "다만 공했다는 생각을 지었다면 있을 것이 없이 다 집착하는 것이다. 네가 만약 머무른 바가 없는 마음을 요달하고자 할 때 바르게 앉았을 때 다만 마음으로 일체 물건을 사량하지 마라."고 말하고 있습니다.

사량복탁, 간택, 즉 나를 좋아하는 것은 좋고 나를 미워하는 것은 싫어하는 것입니다. 공한 것과 공하지 않은 것, 집착하는 것과 집착하지 않는 것, 청정한 것과 청정하지 않은 것을 생각으로 간택하는 것은 백날 천날 해도 소용이 있나요? 간택하는 것을 사량이라고 합니다. 생각으로 헤아려서 아는 것입니다. 화두도 생각으로 합니다. 말했듯이 '한 생각 일어나기 전에 허물이 있습니까, 없습니까?' 하는 질문에 대해 '수미산'이라고 답한 것을 사량으로 '한 생각도 일어나기 전이라고 말했을 때 벌써 한 생각이 일어났기 때문에 수미산과 같다는 도리가 아닙니까?' 하고 알았다는 것은 사량분별로 알았다는 소리입니다. 사량분별로 알면 그런 소리를 하는 것입니다. 그것은 턱도 없는 소리입니다.

조사공안을 사량으로 알려 하면 안 되고, 화두를 빨리 알려고도 말고, 빨리 깨달으려고도 하지 마십시오. 깨달으려고, 해 마치려고 생각을 내면 망상이고, 얼른 알려고 하면 벌써 망상이라서, 그런 생각이 일체 없어야 합니다. 아무 생각 없이 늘 단지 '무엇일고?' '무엇일고?' 하는 의심 하나만 순수하게 들고 따로 지음이 없이 우주법계에 가득 차 있어서, 오고 가는 거래에 항시 의심 덩어리 하나만 그대로 이어져 나가는 것을 순일무잡이라고 합니다. 그때가 되면 화두공부에 힘을 얻었다고 합니다. 그렇게 되기 전에 조그만 경계가 나타난 것을 가지고 알았다고 설치는 사람은 공부 못합니다.

"바르게 앉았을 때에 다만 마음으로 일체 물건을 사량하지 마라." 고 했습니다.

머무른 바가 없는 그 마음을 분명하게 알아야 됩니다.

이 마음이라고 하는 것을 여러분이 깊이 돌이켜 반조하여 살펴볼 때, 그 마음을 과거의 마음이라고 하겠습니까, 현재의 마음이라고 하겠습니까, 미래의 마음이라고 하겠습니까?

과거의 마음이라면 현재에는 없어야 할 것입니다. 현재의 마음이라면 현재에만 있을 것이며 미래의 마음이란 있을 수 없을 것입니다. 그래서 현재의 마음이라고 딱 고착되어 있는 것이 아닙니다. 또 미래의 마음이라고 한다면 과거의 마음이나 현재의 마음은 없어야 할 것입니다.

어느 마음에 주착합니까?

여러분은 어느 마음에 머무릅니까?

과거의 마음에 머무릅니까? 현재의 마음에 머무릅니까? 미래의 마음에 머무릅니까?

과거의 마음도 아니요, 현재의 마음도 아니요, 미래의 마음이라고도 할 수 없으니, 어느 마음에 머무른 것이라고 말하겠습니까?

생각해 보십시오.

과거의 마음이 아니니 과거의 마음에 머무른 것도 아니고, 현재의 마음이 아니니 현재의 마음에 머무른 것도 아니며, 미래의 마음도 아니기 때문에 미래의 마음에 머무른 것이라고도 할 수 없습니다.

그러면 어떠한 마음이겠습니까?

속세에서 생활하는 그 자체가 진정으로 공부라는 것을 바로 보고 사회생활을 했더라면 속세와 출세간이 둘이 아닙니다. 속세생활 자체에서 정말 그 생활이 공부라는 것을 바로 보고 노력했더라면 어찌 이런 일에 조금이라도 막힘이 있겠습니까. 사회생활을 하는 가운데 이 공부를 전혀 생각도 하지 않고 그냥 세상생활만 집착해서 머물러 살았기 때문에 대답하지 못하는 것입니다.

세상 사람은 머무르지 않습니까? 이 마음은 과거의 마음도 현재의 마음도 미래의 마음도 아닌 것인데, 이 세상 모든 사람은 과거에 머물고 현재에 머물고 미래에 머물러서 세상살이 모든 것을 실제實際이며 실법實法이라고 집착하고 사는 것입니다. 그러다 보니 해탈하지 못하고, 깨닫지도 못하고, 마음의 안심입명처도 이루지 못하고, 부질없이 이 세상을 살아가다가 제 목숨 떨어질 때를 당하면 어떻게 되는지도 모르고, 자신을 어떻게 이끌고 갈지도 모르고, 있는 것인지 없는 것인지도 모릅니다. 막연합니다.

여기에는 머무른 바가 없는 마음을 분명하게 아는 것이 중요합니다. 이 자리를 바로 분명히 알면 모든 것에 걸림이 없습니다.

십지보살도 십지에 머물러 있습니다. 십지보살도 머물러 있기 때문에 아직 견성성불을 하지 못한 것입니다. 십지보살까지만 해도 대단한 것입니다.

8지 이상만 되면 음양을 자유자재로 움직인다고 했습니다. 음과 양을 마음대로 주무르고, 또 시방의 대지를 허공으로 만들고 허공을 대지로 만들 수도 있으며, 물을 육지로 만들고 육지를 물로 만들 수 있는 등 별별 일을 다 할 수 있습니다.

8지 이상이면 부모 뱃속에 들어갈 때, 목숨이 떨어질 때, 일체 고통을 받지 않습니다. 어느 곳으로 가는지를 압니다. 하늘로 가는지, 극락세계로 가는지, 어느 가문에 아들로 가는지 딸로 가는지 분명히 알고 갑니다. 뱃속에서도 알고 태어나서도 어느 곳에 있다가 이렇게 다시 태어나게 되었는지 환히 압니다.

삼세가 없습니다. 확 뚫려 환히 다 압니다. 그래서 임금이 되고자 하면 임금이 되고, 장수가 되려면 장수가 되고, 또 공부하는 수도인이 되려면 수도인이 되어, 일체 모든 사람을 가르치고 이끌어 줍니다. 모든 곳에 걸림이 없으며, 입태 출태에 어둡지 않습니다.

7지 보살은 입태에는 불매不昧이지만, 출태에는 어둡습니다. 7지보살도 가는 곳까지는 환하게 알고 가는데, 그러나 태어나면 몰록 다 잊어버린다는 것입니다. 축생과 같은 악도에 빠지지 않고 지옥에 가지도 않으며 자기가 가는 것을 마음대로 이끌고 가는 힘이 있지만, 일단 태어나면 어디에서 있다가 다시 태어났는지 모릅니다. 8지 이상이라야 아는 것입니다.

그러나 8지 이상 보살이 그렇게 생사에 있어 입 · 출태에 매하지 않고 환히 안다고 해서 견성성불한 것은 아닙니다. 견성과는 천 리나 거리가 멉니다.

십지보살도 적정대삼매에 들어갔으되 아직 헤어나지 못했습니다. 머무른 것입니다. 10지 이상 묘각, 등각을 지나 대법신 경계에 들어가야 비로소 일체 머무름 없이 똑 떨어졌다는 것입니다. 그것이 바로 깨달음이고 대법신의 대각과 밀착되어 있습니다.

대주어록에서 말하는 이 자리는 8지, 10지를 말하는 것도 아니요, 묘각, 등각을 말하는 것도 아닙니다. 법신의 대각 자리, 부처님의 그 자리를 바로 드러내어 말하는 것입니다.

조사선과 관법점수는 근본적으로 차이가 있습니다.

관법점수에서는 망상과 번뇌가 있는 것으로 긍정하고, 55위 지위 점차가 있는 것으로 삼고 닦아 올라갑니다. 3현 10지로 점차적으로 닦아 올라가는 계단의 지위를 두고 공부합니다. 망상과 진아가 있다고 긍정하고, 망상은 없애야 하며 진아를 찾아야 하기 때문에 명상을 하면서 그 자리를 추구해 들어가는 것을 말합니다.

그러나 조사선은 싹 쓸어버리고 본지의 대각, 이 자리를 항상 드러내어 말합니다. 닦을 것이 있고, 닦아 올라가는 지위 점차를 두고 해가는 것이 아닙니다. 어느 곳에도 머무름이 없는 것, 바로 부처님의 불성 본지를 두고 항상 말합니다.

이와 같이 근본적인 차이가 있습니다.

닦을 것이 있다고 해 들어가면 미래겁을 두고 항상 해야 합니다. 농사를 지으면 한 해 먹을 양식이 나오듯이, 무언가를 하면 나타나는 표적이 있습니다. 그렇게 하는 것은 완전한 영원성이 없습니다. 본래 할 바가 없는 무위지법無爲之法이 아닙니다. 관법, 점차수행, 명상은 근본적으로 무엇인가 하는 것을 말합니다. 망상과 진眞이 있고, 선악이 있으며, 55위 지위 점차로 닦아 올라가는 계단을 두고 공부합니다.

조사선은 그런 것이 없습니다. 한번 밟아 쓸어버리고 본지풍광의 부처님 성품 자리를 그대로 놓고 말합니다. 역대 조사가 그것을 그대로 방을 쳤습니다. 물으면 방을 쳤습니다.

"어떤 것이 조사서래의祖師西來意, 조사가 서쪽에서 온 뜻입니까?"

"뜰 앞의 잣나무니라."

이 말도 역시 번거로운 것이고 허물이지만, 그러나 그분이 한마디 요약해서 던진 그 말 자체를 활구活句라고 합니다. 상대방이 이 자리를 깨칠 수 있도록 자신의 깨친 자리를 한마디로 바로 던지는 것입니다. 그러면 상대방이 바로 깨치고 더 공부할 수 없는 그 자리로 계합하게 됩니다.

그것이 안 되면 '어째서 그 말을 했는가?' 하고 부득불 깊이 의심을 하지 않을 수 없습니다. 공부해서 깨달으면 대각의 본지풍광을 바로 깨닫는 것이지, 55위 지위 점차를 닦아 올라가고 머무르고 망상을 없애치우고 본래 마음자리, 진아 자리를 찾아야 되는 공부는 아닙니다.

근본적으로 차이가 있습니다.

본래 자리를 바로 일러준 말인데, 머무른 바가 없는 것을 말합니다.

머무른 바가 없는 것을 분명히 알면 정좌가 됩니다.

"다만 알라. 마음으로 일체 모든 물건을 사량하지 말라(但知心莫思量一切物)."

배가 고프면 밥 먹는 것이고, 잠이 오면 자는 것이고, 가는 것은 다만 가는 것이고, 오는 것은 오는 것뿐이지, 앉아서 지나간 것, 다가올 것, 이런 저런 망상하는 것이 없다는 것입니다. 사람들은 일체를 사량합니다. 공연히 수백 수천 가지 생각을 합니다. 내일 일, 지나간 일 등을 생각합니다.

단지 일념으로 화두를 열심히 참구하면 앞의 일을 고민하지 아니해도 즉시즉결(卽時卽決)이라, 바로 그 자리에서 찰나에 즉시즉시 해결할 수 있는 지혜가 생깁니다.

그러나 보통은 어떤 일이 닥치면 아무리 궁리를 해도 해결책이 없습니다. 한 달 두 달 걱정하지만 뾰족한 묘안이 나오지 않습니다. 그것은 사량을 하고 있기 때문에 그렇습니다. 중생이 가지고 있는 마음은 사량분별입니다. 중생이 가지고 있는 얕은 의식으로 이렇게 저렇게 알려고 생각을 해 보아도 그것으로는 안 됩니다.

"일체 선악도 도무지 사량하지 말라. 과거의 일은 이미 지나갔으니 사량하지 말라. 그러면 과거의 마음이 끊어진 것이니 즉 이름하여 과거의 일은 없는 것(無過去事)이라 한다. 미래의 일은 아직 이르지 않았으니 원하지도 말고 구하지도 말라. 그러면 미래의 마음이 스스로 끊어진 것이니 곧 이름하여 미래의 일은 없는 것(無未來事)이라 한다."고 했습니다.

현재의 마음이란 무엇인가요?

현재의 마음이 다르다면, 미래의 마음도 달라야 할 것이고, 과거의 마음도 달라야 할 것입니다.

여러분의 현재 마음은 어떤 것입니까?

그것 역시 다만 주착한 바가 없다는 것입니다.

'내 마음은 이런 것입니다' 하고 한번 내놓아 보십시오.

현재 마음이라는 그놈이 웃는 모양입니까? 성질만 내는 마음입니까? 아니면 이것도 저것도 아니고 가만히 있는 것입니까? 어떤 것입니까?

아무것도 아니지만 철따라 다른 옷을 입습니다. 입는 옷이 다르면 이름도 다릅니다. 본래 정한 바 없는 마음, 한 곳에 오랫동안 머무르지 않는 이 마음은 진공묘유의 마음입니다.

사량분별로 사는 사람은 증애심을 가지고 있습니다. 똑같은 자식이라도 어떤 자식은 사랑하고 어떤 자식은 미워합니다. 부모 자식 간에 갈등이 생기고 미워합니다. 몇 년 전에 어떤 아들이 아버지를 죽이지 않았습니까. 한 아들만 사랑하니까 다른 아들은 나쁜 감정이 자꾸 쌓이고, 더군다나 내성적인 성격이라 감정이 더 심해져서 어느 날 칼을 품고 들어가서 아버지를 죽이지 않았습니까. 이런 일을 불러일으키는 자체가 증애심입니다. 왜 사량분별을 해서 그렇게 했느냐는 것입니다.

지혜가 없는 범부중생이 사량분별로 살아가는 살림살이가 그러합니다. 사람들이 자기에게 대하는 태도에 따라 증애심을 일으키는 것은 중생의 의식적인 사량분별로 인한 것입니다.

그놈이 몰록 떨어지자면 화두 대의정삼매에 깊이 들어가야 합니다.

무진겁 이래로 쌓아온 증애심으로 인하여 때에 따라서는 좋아하고 때에 따라서는 배반하는 일이 다반사로 벌어지는 것이 중생세계 아니겠습니까?

주착한 바가 없으면 이런 마음이 없습니다. 미워하는 마음이나 사랑하는 마음이나, 이 마음이 본래 무엇입니까? 이 마음을 한번 돌이켜 보십시오. 이 마음이 본래부터 미워하는 마음이라면 365일 24시간 늙어 죽을 때까지 계속 화만 내고 밖으로 미워하는 마음만 드러내야 할 것인데, 그렇지는 않습니다. 또 사랑하는 마음이라면 계속 24시간 사랑하는 마음이어야 하는데 그것도 아닙니다. 세간에서 사랑하는 것도 어떻게 24시간 365일 계속 그럴 수 있습니까? 어느 때는 잊어버릴 때도 있습니다. 사무실에서 일을 한다거나 친구들과 술을 마시고 논다면 잠깐이라도 잊어버릴 때가 있지 어떻게 계속 머물러 있을 수 있습니까?

그러면 그놈이 무슨 마음이겠습니까? 그놈을 바로 알아야 합니다.

그놈을 바로 알면 증애심이 없어집니다. 확실히 안 사람은 증애심이 일어나지 않습니다. 이것이 일체 주착한 바가 없는 것(無着)입니다. 주착한 바가 없는 마음은 바로 무상정등정각無上正等正覺의 마음을 씁니다.

현재의 마음이 끊어졌다고 하면 또 딱 끊어진 자리에 머물 수 있기 때문에, 그렇게 없는 데 머물지 말라고 '이름하여 무현재사(卽名無現在事)'라고 말했습니다. 아주 중요한 것입니다. 흐르는 물은 어느 한 곳에 고착되어 있지 않습니다. 다만 흐르다 머무르는 곳에 따라 이름이 붙듯이 이 마음도 쓰는 데에 따라 이름이 다릅니다. 본래 주착한 바 없는 이 마음을 바로 보면 바로 쓰게 됩니다.

삼세三世를 거둘 것이 없습니다. 삼세가 없다(無三世)는 말입니다.

"과거심도 불가득이요 현재심도 불가득이요 미래심도 불가득이니 어떤 마음에 점을 찍겠습니까?" 하고 노파가 묻지 않았습니까.

이 마음은 곧 삼세를 뛰어남으로 고정된 이름을 붙일 수 없지만 이름하여 진여자성심이라 할 수 있습니다.

"만약 마음이 일어나서 갈 때 그에 따라가지 말라(心若起去時 卽莫隨去)."고 했습니다.

화두를 들 때 생각을 일으켜서 화두를 들면 그것이 오래가지 못합니다. 아무리 잡으려 해도 잡히지 않습니다. 그것은 이치를 모르고 해서 그렇습니다. 일으키는 마음으로 '무엇인고?' 하고 한참 있다 보면 흐지부지 없어집니다. 그러면 '아이고, 화두가 끊어졌다'고 합니다. 그러면 또 '뭣고?' '뭣고?' '뭣고?' 하고 생각으로 자꾸 일으키는데 그것은 '관세음보살' '관세음보살' '관세음보살' 하고 염불하는 방식과 같습니다.

생각으로 일어난 것으로 화두를 하려니까 10년 20년, 평생 동안 공부를 해도 항상 그 장단이라고 합니다. 어떤 때는 한 시간 두 시간 가는 수도 있다고 하는데, 조용히 한두 시간 가는 것도 된 것이 아닙니다. 물론 안 한 것보다는 낫겠지요.

"이 삼세가 본래 없다." 하는 여기에 이르러서 여러분 자신이 그렇게 딱 정리가 되어야 합니다. 직하에 그렇게 되라는 소리입니다. 그렇게 안 되면 '무', '왜 불성이 없다고 했는고?' 하고 생각을 일으켜야 합니다.

따라가지 않으면 가는 마음이 스스로 끊어져 없다(卽莫隨去 去心自絶)는 것입니다.

그런데 사람들은 망상이 일어나면 자꾸 망상의 꼬리를 물고 따라갑니다. 어떤 분들은 화두를 잡고 앉아 있을 때 망상을 잡고 따라가면 한 시간이 잠깐 사이에 간다고 합니다. 계속 망상을 잡고 가면 망상이 끊임없이 꼬리를 물고 일어나고 또 그 끊임없이 일어나는 망상을 따라가는 것입니다.

관법수행 점차에서 명상을 한다는 것은 자기 안에서 일어나는 생각을 보고 있다는 소리입니다. 일어나고 흘러가는 생각을 가만히 쳐다보고 있어요. 그 생각을 계속 보고 앉아 있으면 고요해진다는 것이지요. 그러면 보는 것을 '했다'는 소리입니다. 그러면 고요한 것이 '이루어진다'는 것이지요. 그러면 다른 시끄러운 소리가 들어올 때에는 그 소리가 방해가 됩니다. 자기 내면의 흐르는 생각을 쳐다보고 있는데 바깥 경계에서 자꾸 소리가 들려오면 그것이 싫고 장애가 되는 것입니다.

대주어록에는 '생각이 일어나는 것을 따라가지 마라'고 했습니다. 일어나는 생각을 따라가서 되는 공부는 없습니다.

그래서 저는 할 수 없이 공부하는 이에게 "망상이 일어나는 것을 보고, 화두가 끊어지는 것도 보고, 화두가 안 되는 것도 알고, 고요히 있었던 것도 아는 그놈을 되잡으라."고 말해줍니다.

망상이 일어날 때 화두가 뚝 끊어지는 것을 본인이 압니다. 아는 그 찰나에 망상이라는 것을 생각해서 다시 따라가지 말라는 것입니다. 망상인 것을 아는 그 찰나에 아는 그놈을 재빨리 순간 포착하여 돌이키라고 했습니다. 얼른 그놈을 되잡으라는 것입니다.

이것은 공부를 하는 중에 생각을 자꾸 따라가는 사람에게 부득이해서 가르쳐 주는 것입니다. '망상이 왜 자꾸 일어나나? 망상이 일어나지 말아야 하는데, 화두가 이렇게 안 된다' 하는 생각을 자꾸 일으키기 때문에 할 수 없이 가르쳐 주는 것입니다. 저에게 와서 "망상이 자꾸 일어나서 공부가 안 됩니다." 하고 말하는데, 왜 그런 생각을 하느냐는 말입니다.

망상인 줄 알았을 때 망상인 것을 아는 그놈을 퍼뜩 순간 포착으로 되잡아서 '이놈이 무엇이냐?' 하고 더욱 강한 의심을 불끈 일으키라는 것입니다. 그러면 생각과 망상을 따라가지 않습니다.

거기에서 애를 쓰면 바로 힘을 얻습니다. 이것을 회두관조回頭觀照라고 합니다. 머리를, 즉 생각을 되돌려서 비춰보라는 말인데, 목전에 일어나는 망상 등 모든 것을 보고 아는 이놈을 되돌려 잡아 '무엇일까?', 눈앞에 일어나는 시비와 양변 모든 것을 보는 이놈은 과연 '무슨 물건인가?' 되돌려 물어보면 거기서 깨달음이 있습니다.

그래서 한 생각 뒤집어지면 자연스럽게 현실생활 속에서 이루어집니다. 그때에는 생각으로 하는 것이 아닙니다. '무엇인고?', '왜 없다고 하는고?' 하는 생각을 일부러 일으켜서 하지 않습니다.

'앉고 눕고 밥먹는 24시간 중에 단무이사但無異事라, 다만 다른 일이 없더라'고 말할 수 있는 시절이 됩니다. 이 말은 공부에 힘을 얻은 소리입니다. 이 사람은 다른 일이 없습니다. 앉으나 서나 항상 유유자적하게 공부가 그대로 순일하게 이루어집니다. 끊어지거나(斷) 앞뒤가 없습니다. 그것이 참 좋은 시절입니다. 공부에 힘을 얻은 아주 좋은 시절입니다.

그렇게 되기 위해서는 딴 생각이 일어나는 순간 얼른 돌이켜서 이놈이 무엇이냐 하고 강하게 의심을 해야 합니다. 그로부터 공부의 힘을 얻기가 빨라집니다. 그러다가 나중에 가면 딸깍 뒤집어지고 그러면 공부에 좋은 시절이 다가옵니다.

대주어록에는 "따라가지 마라. 그러면 가는 마음이 스스로 없어져 버린다."고 했습니다. 따라가되 따라간 바가 없는 이 마음은 무념심無念心이요, 열반적정의 마음입니다. 이 마음은 대안심처요 무한한 공덕과 복과 지혜를 마음대로 묘용하게 됩니다.

머무르는 것을 따라가지 말아야 합니다(若住時 亦莫隨住). 어떤 사람은 "한 시간 두 시간 다른 것 없이 화두가 머물러서 잘 되어간다."고 말합니다. 그 생각을 일으키면 벌써 틀린 것입니다.

머무르는 것에 따라가지 말라고 하였습니다.

머무른다는 것은 참으로 많습니다. 어제 했던 일도 오늘까지 담고 앉아 있고, 10년 전에 했던 것도 앉아서 집착하고, 어제 속 썩인 자식 생각하고, 전부 모든 것에 머무릅니다. 사업하는 사람은 '내일 어떻게 돈을 더 벌까?', 국회의원 선거에 나가는 사람은 '어떻게 국회의원에 당선될까?' 하고 자나깨나 머물러서 그 생각만 합니다.

좋은 음식을 먹으면 그 음식에 머물러 있습니다. 또 어떤 사람과 원수 같은 마음으로 등을 져서 서로 좋지 못한 감정이 일어나면 거기에 머물러 있습니다. 바깥 경계에 머무르는 것입니다.

안으로 일어나는 마음에 머문다는 것은 공부하다가 아는 것이 나타나는 데에 머무른다는 것입니다. 공부하다가 보면 훤히 보이는 것이 나타나기도 합니다. 도반이 오는 것이 미리 보이기도 합니다.

저도 그런 것을 겪어보았습니다. 도반이 오는 것이 3일 전에 보이고, 실제로 3일 후가 되면 도반이 분명히 옵니다. 또 공부 중에 우주법계가 다 열리고 아무것도 없이 허공만 남아서 붉은 광명만 훤히 비치는 것을 보는 사람도 있습니다.

또 어느 글귀를 읽다가 '아하, 이런 소식이었구나' 하고 알아지는 것이 나옵니다. 이러한 것들이 마음의 차원에서 머무르는 것을 말합니다.

공부하는 수좌나 처사나 보살 중에 '어떤 공안에는 요런 대답이 있고, 또 이런 공안에는 이것이 대답이다' 하고 공안에 대한 대답을 맞추어 가지고 있는 분이 있습니다. '그 대답이라야 맞다' 하고 생각합니다. 다른 사람과 이야기하다가 자기가 생각하는 대로 초점이 맞추어 대답이 나오지 않으면 '그것은 모른 것이다' 하고 생각합니다. 이런 기가 막힌 행을 하고 있습니다.

안으로는 내면의 세계에서 머물러 있고, 바깥 경계를 만나서도 모두 담아가지고 머물러 있습니다. 온갖 곳에 다 머무릅니다. 그러한 머무름은 우리의 근본 마음자리를 몰랐기 때문에 생겨납니다. 확실히 알면 그렇지 않습니다.

공부해서 투득하면 대무심大無心을 체득하게 되고, 그렇게 되면 머무른 바 없는 마음을 쓰게 된다는 것이 대주 선사의 말씀입니다.

"머무름이 없는 마음(無住心)"이라고 했는데 이것은 정말 대단한 것입니다. 머무르는 것이 없는 곳에 머무르는 것이고, 머무르되 머무르는 것이 없는 것입니다.

"머무름이 있을 때 다만 머무른 것뿐이다."라고 했는데, 이것을 거울에 비유하자면 거울은 물건이 나타났을 때는 비치지만 물건이 지나가고 나면 거울 본체에 그대로 담아 놓는 것이 없습니다.

우리 마음도 볼 때는 있지만 지나고 나면 아무것도 없어야 하겠구나 하고 생각할 수 있습니다.

'볼 때만 있고 지나가면 없다. 그것이 남(生)이 없는 무심의 경계다'라고 생각할 수 있습니다.

어느 학인이 조주 스님에게 물었습니다.

"망상이 일어납니까?"

"그래, 나도 망상이 틈이 없이 일어나지."

"아니, 공부를 했다면 무심이 되어 맑은 허공과 같고 맑은 거울과 같아서 아무것도 없는데, 무슨 망상이 틈이 없이 난다고 합니까? 망상을 없애야 하지 않습니까?"

"망상을 없애서 무엇 하려 하느냐?"

육조 스님에게 물었습니다.

"일체 사량하지 말라고 했으면 과거도 현재도 미래도 일체 생각하지 않아야 하지 않습니까?"

"왜 생각을 안 해. 생각을 해야지. 과거도 생각하고 현재도 생각하고 미래도 생각하지. 다 생각한다."

이것은 어떤 도리일까요?

과거에 지나간 것도 앉아서 다 생각하고 현재도 다 생각합니다. 미래의 것도 다 생각을 한다는 말입니다.

단지 이 자리 이놈이 무엇인지 바로 아는 사람은 과거, 현재, 미래의 것을 무한히 사량해도 전혀 한 바가 없을 따름입니다.

안 하기는 왜 안 합니까? 합니다. 하되 한 바가 없는 것입니다. 모든 것을 하지만 그것에 걸리지 않습니다.

이 자리를 분명히 깨달아 안 사람은 무한히 하기도 하고 안 하기도 하고 아무런 관계가 없습니다. 어떤 기준을 두지 않습니다. 여기에는 할 수 없이 기준을 두었습니다. 거울처럼 볼 때만 나타나지 비어 있다는 것은 비유를 들어 할 수 없이 드러내어 말한 것입니다. 그러나 이 자리를 분명히 안 사람은 그런 것이 없습니다. 과거, 현재, 미래의 것을 무한히 생각하지만 관계가 없습니다.

이 자리를 분명히 안 사람은 무한히 하되 끌려 다니지 않습니다. 주인 노릇 하고 있다는 말입니다. 수처작주隨處作主라, 망상 속에 들어가고 불구덩이에 들어가고 물속에 들어가고 오물 속에 들어가더라도 절대 매하지 않습니다.

진여각성眞如覺性은 소소영령해서 망상이 망상이 아니고 보리자성입니다.

"머무르는 곳이 없으며 또한 머무르는 곳이 없다는 것도 없다."고 하여 쓸었다가 또 다시 일어났다가 또 싹 쓸어버립니다.

싹 쓸어버려서 '이제 없구나' 하고 생각하고 있는데, 그런 생각 하고 있으니까 이렇게 말하는 것입니다. '없다'고 하면, 여러분은 '아무것도 없다'는 생각을 일으킵니다. 자꾸 따라갑니다. 마음의 눈을 뜬 사람은 절대 속지 않고 이 마음을 마음대로 구슬 굴리듯 합니다.

"만약 스스로 분명히 요달하여 알면 마음이 일체처에 머무르지 않느니라."라고 했는데, 이 자리, 일체처에 머무르지 않는 마음, 이것을 분명히 알아야 합니다. 이것을 깨달아야 합니다. 생각으로 어림잡아 '이런 것'이라고 알면 벌써 틀린 것입니다. 본성本性을 깨달으면 무주無住의 마음을 쓰게 됩니다.

이렇게 되면 이 사람은 견성한 사람이고, 본심을 안 사람입니다. 이렇게 되면 이 사람은 무한히 생각을 해도 안 해도, 아무런 관련이 없습니다.

이 본심은 삼세가 없지만 삼세를 마음대로 쓰게 됩니다. 이런 인생을 살기 위해서는 철저하게 공부를 지어가야 합니다. 이렇게 안 될 때 부득이 화두를 잡고 지극한 마음으로 공부해야 합니다. 이것은 그냥 되는 것이 아닙니다. 지극한 마음으로 애써 나가야지 형식적으로 조금 하다 말고 해서는 죽 떠먹은 자리처럼 됩니다. 정말 애를 써야 합니다. 집에서도 밖에 나와서도 선방에 와서도 철저하게 이 공부에 애를 써야 합니다.

머무르지 않는 마음이 바로 부처님 마음이고 양변과 중간을 벗어난 마음이고 진리의 마음이며 불생불멸의 마음이며 일체가 공한 마음입니다. 무주無住가 불심이고 불심이 곧 무주입니다.

본심이란 무엇인가에 대하여 여러 사람들이 말한 바가 있습니다.

"어떤 것이 본래 마음입니까?" 하고 묻는 데에 대하여 어떤 사람은 "물소가 밤에 달을 구경하는데 뿔 끝에서 문채가 난다."라고 답하고, 또 어떤 이는 "번쩍하고 번갯불이 내리치니 코끼리가 벌린 입 속으로 떨어지더라."라고 답했습니다.

이런 것을 바로 척 하니 알고 계합이 되면 좋습니다.

대주 선사는 '본래 마음'을 이론적으로 알아듣기 쉽게 잘 해 놓았습니다.

'일체처에 머무르지 않는 마음'을 본래 마음(本心)이라고 했습니다.

생각으로, 사량분별로, 이론적으로 알려고 하는 것이 아니라, 전광석화와 같이 계합될 때, 자기 자신의 모든 것이 확 뒤집어져서 본래의 마음 그대로 확연히 드러납니다. 그리되면 다시 의심할 바가 없고, 바로 부처님입니다. 우리는 부처 자리를 가지고만 있지 밖으로 드러내어 쓰지를 못하니까 그 점이 문제입니다.

육조 스님은 나무를 한 짐 지고 시골 장에 팔러나갔다가 어디서 『금강경』의 한 글귀를 읽는 것을 듣고 확실히 깨달았습니다. 깨달으면 인생이 다 해결되는 것입니다. 깨닫는 것이 근본이지, 아는 것이 근본이 아닙니다. 우리 중생들은 무엇을 알려고 하는 데에 병이 있습니다. 확실히 깨달으면 끝나는 것입니다.

'머무른 바 없이 그 마음이 난다(應無所住 而生其心)'는 이것만 확실히 깨달아 버리면 다 된 것입니다.

농부가 가을걷이를 할 때가 되어서 밭에서 일을 하다가 홀연히 기러기가 떼 지어 날아가며 우는 소리를 들었습니다. 그러니까 "아, 이제 겨울이 다가왔네." 하고 말을 했습니다. 그런데 기러기가 울기 전까지 1년 365일 기러기 우는 소리만 항상 생각했던 것은 아닙니다. 1년 365일 기러기 우는 소리만 생각하고 있었다면 머무른 바가 있는 것이지만 기러기 우는 것에 대해 아무런 마음이 없이 일하다가 홀연히 끼루룩 끼루룩 하고 우는 소리를 듣고 "아이고, 이제 겨울이 왔네." 하고 말했습니다. '머무른 바 없이 그 마음이 났다'는 소리입니다.

이 도리를 분명히 알면 됩니다.

육조 스님 같은 분도 이런 말을 들었을 때 깨달았습니다. 그러나 많은 분들이 이런 말을 들을 때 그냥 '아, 그렇구나' 하고 아는 것으로 생각합니다. 아는 것으로 생각하면 안 되고, 확실히 깨달으면 해결이 되는 것입니다.

'일체처에 머무르지 않는 마음(不住一切處心)', 이것이 부처님 마음이고 또한 이름하여 해탈한 마음입니다. '머무르지 않는 것'이 '해탈'이고 또한 이름하여 '보리심'입니다. 보리심이 대승 최상, 즉 진리의 마음이고 또한 이름하여 '무생심', 즉 남(生)이 없는 마음이고 또한 이름하여 '색성공色性空' 즉 색의 성품이 공한 것입니다.

머무르는 것이 없다는 것이 무엇이겠습니까? 머무르는 것이 없다는 말은 중생심에 머무르지 않는다는 것입니다. 그래서 '마음을 한번 뒤집어엎으라'고 했습니다. 그래야 '색성이 공'한 것이라고 합니다. 공空했다는 것도 우리가 생각으로 공했다는 것이 아니고 확실하게 바로 본심을 보면 자연히 공한 자리가 됩니다.

정말 자기 자신을 뒤집어엎기 위해서는 무한한 노력을 들이고 엄청난 공력을 들여야 합니다. 그래야 무심無心이 됩니다.

무심無心, 즉 마음이 없다는 것은 중생심衆生心이 없다는 것입니다.

과거에 엄자릉이라는 사람은 매일 강에 가서 낚싯대를 드리우는데, 강태공보다 더 유명한 사람입니다. 그 분의 시詩에 이런 말이 있습니다.

일체 세상지사에 무심하여
오직 낚싯대 하나만 드리우는 것이니
낚시하는 이 자리를
삼공의 자리와도 바꾸지 않는다.

그 분의 낚싯대에는 낚싯바늘이 있는 것이 아니고 그냥 줄만 달려 있습니다. 그런 낚싯대를 산이 병풍처럼 둘러쳐 있는 강에서 매일 드리우고 있는데, 그 낚시하는 자리를 삼공의 자리, 즉 영의정 좌의정 우의정의 자리와도 바꾸지 않는다는 것입니다.

엄자릉이라는 사람은 왜 그렇게 했느냐? 이 사람이 공부라는 공부는 다해서 세상의 학문에 대해서는 다 알았습니다. 그런데 학문을 다 알고 나니까 아무것도 아니더라는 것입니다. 그래서 어느 선사를 찾아가서 물었습니다.

"학문을 다 하고 나면 대단할 줄 알았는데 막상 공부를 다 해보아도 아무것도 아닌 것은 왜 그렇습니까? 어떻게 해야 이 마음이 안정이 되어 이 세상에서 멋지게 잘 살 수 있겠습니까?"

"그래 지금 묻고 있는 그 자는 무엇인고?"

"저는 자릉이라는 사람입니다."

"그러면 자릉이라고 하기 이전에는 누구냐?"

"글쎄요. 그때는 자릉이가 없었지요."

"본래 아무것도 없었는가?"

"없습니다."

"본래 아무것도 없으면 너는 지금 어디에서 나왔느냐?"

"그러고 보니 그것이 아닌데요."

"그러면 뭐냐?"

웬만한 것은 생각이 이렇게 저렇게 통하는데 그 물음에 대해서는 말로도 안 되고 생각이나 사량분별로도 안 되는 것입니다.

"그것을 바로 알아라. 너 자신을 바로 알면 이 세상에서 그대야말로 천하의 무엇과도 바꿀 수 없는 것이다. 황제의 자리와도 바꾸지 않지."

"알겠습니다."

그러고는 매일 강가에 가서 낚싯대를 드리우고는 가만히 "도대체 이 무엇인고?" 하는 것입니다.

부인이 감자, 옥수수 심은 것으로 밥을 해주면 먹고 나가서 강가에 앉아 있다가 저녁에 해거름이면 집에 와서 또 밥 먹고 하면서 지내는 것입니다.

그런데 마침 유 황숙이라는 사람이 6국을 통일하여 새로운 나라를 건국했는데, 건국할 당시에는 동지들이 다 인물들이었지만, 건국한 이후 나라를 다스리려고 인물들을 이리저리 배치하다 보니 영의정을 맡길 사람이 없었습니다. 황숙이 어려서 학방에 다닐 때 죽마고우로 지냈던 한 친구가 머리가 대단히 비상하고 학문도 높고 고매한 사람이었는데 몇 십 년 되도록 소식이 없었습니다. 친구가 황제가 되었다면 분명히 알고 찾아올 법한데 아무 소식이 없기에 신하들을 풀어서 찾았습니다. 한 대신이 어느 조용한 동네에 이르러 자릉이라는 사람을 아는지 물어보니까, 산 밑의 초막집에 그런 사람이 살고 있다는 것입니다. 그래서 그 집에 가서, 나무를 머리에 이고 한 손에는 감자 캔 것을 들고 들어오는 부인을 보고 물으니 자기 남편이 자릉이라고 하는 것입니다.

"자릉공께서 지금 계십니까?"

"강가에서 낚시하고 있습니다."

"이분이 본래 여기에서 태어난 분인가요, 아니면 다른 곳에서 온 분인가요?"

다른 곳에 태어나서 살다가 이곳이 지내기가 좋다고 이사를 와서 지낸다고 말하며 고향이 황제와 같다는 것을 듣고 그가 자릉이라는 것을 알게 됩니다. 강가에 가 보니까 한 사람이 마치 썩은 고목나무 같고 또 큰 바윗돌과 같이 전혀 미동이 없이 앉아 있었습니다. 옆에 가서 기침을 하여 인기척을 내도 아무 움직임이 없습니다. "실례합니다."라고 말해도 아무 반응이 없습니다. 그러니까 그 대신도 가만히 차수하고 서 있어요. 설마 한 10여 분 있으면 깨어나겠지 하고 기다립니다. 그런데 무려 3시간여를 지나서 날이 어두워지니까 낚싯대를 거두고 돌아봅니다. 돌아보고 웬 사람이 서 있는 것을 보고 "뉘시오?" 하고 묻습니다.

"자릉공이십니까?"

"그렇소."

"저는 황제께서 보내 왔습니다."

"집으로 갑시다."

조그만 단칸방에서 저녁에 수수와 감자로 밥을 해주는 것을 먹고 대신이 황제가 준 편지를 품에서 꺼내줍니다.

편지에는 '아니 이 사람아, 친구지간에 너무 무심하지 않나. 내가 나라를 얻어 황제가 되었으면 한번 찾아와 볼 만한데 소식이나 알고 싶어서 대신을 보내니 이 편지를 보면 즉시 궁에 같이 들어오기를 바라네'라고 쓰여 있었습니다. 그것을 읽어보더니 그 편지 옆의 빈자리에 붓을 들고 '나라를 이룬 것은 그대가 한 일이고, 내 일은 따로 있으니 갈 일도 올 일도 없네. 나는 그곳에 가야할 아무 일이 없으니, 볼 일이 있으면 자네가 오게' 하고 써 줍니다.

그 답장을 읽고는 황제가 직접 연을 타고 신하들을 대동하고 엄자릉이 있는 곳으로 갑니다. 친구의 단칸방에서 하룻저녁 옥수수로 빚은 술을 한잔 하면서 옛이야기를 합니다.

"나는 부패한 나라를 그냥 볼 수 없어서 동지들과 청운의 꿈을 품고 나라를 개혁하고자 했었네. 자네는 이렇게 산에 묻혀서 혼자만 잘 지내면 되겠는가. 내가 나라의 일을 하는데 한번 와서 보기라도 해야지."

"나는 그런 것에 별 뜻이 없다네."

아침에 황제가 떠나면서 "내가 이렇게 한번 왔으니 자네도 한번 찾아와야지 예가 되는 것이 아닌가." 하고 말을 하였습니다.

엄자릉이 부인에게 어떻게 할까 하고 물어보니 부인이 한번 갔다 오라고 합니다.

그래서 황궁에 들어가서 황제와 둘이 앉아 밤새도록 이야기하며 놀았습니다. 잠잘 때가 되어 황제가 생각해 보니, 손님인 친구를 바닥에 자게 하고 황제 자신이 침대에 잔다고 해도 가버릴 것이고, 황제가 바닥에 자고 친구를 침대에 자라고 해도 그럴 수 없다고 가버릴 것이어서, 침대에서 같이 자자고 하여 머리를 동서로 하고 서로 사타구니에 발을 끼고 잤습니다. 자릉이 잠을 자다가 황제의 목에 다리를 걸쳐도 황제는 가만히 있습니다. 천기를 살피는 천문학자가 밤하늘을 보니 황제의 별에 객성이 와서 침노해 있는데 얼마가지 않아 황제의 별이 죽게 생겼습니다. 깜짝 놀라 황제의 침실 밖에서 지키고 있는 장수에게 빨리 황제를 구하라고 했습니다. 황제의 침실에 들어가니 실제로 황제의 목에 발이 걸쳐져 있는데 장수가 칼로 자릉을 치려 하자 황제가 손을 들어 제지합니다. 그래서 장수가 지켜보는 가운데 밤을 보냈습니다.

다음 날 아침에 식사를 하면서 황제가 "나라를 세우고 보니 영의정 할 인물이 없다네. 자네가 나와 손을 잡고 나라를 위해 일을 해보지 않겠는가." 하고 청하니, 자릉이 "생각을 해보고, 집사람과 상의해보아 연락을 주겠네." 하고는 집으로 돌아갑니다.

집에 가니 부인이 묻습니다.

"궁에 가니 좋았나요?"

"아이고, 궁성이 대단하고, 황제가 친절해서 좋았소. 그런데 나를 보고 영의정을 맡아달라고 하는데 어떻게 하면 좋겠소?"

"여보, 내가 나무 때어 방 따뜻하게 해주고, 옥수수 심어서 밥 해주지 않습니까. 일어나서 밥 먹고 산에 가서 즐기고 강에 가서 즐기며, 오고 가며 이 강산 이 물과 천하가 당신의 손안에 있어서 당신이 마음대로 유유자적하게 멋지게 살아가는 이 생활이 좋지 않습니까? 어찌 오늘 충신이 내일이면 역적이 될지 모르는 시기 질투 모략중상이 난무하는 곳에서 더러운 것 뒤집어쓰고 고민 걱정하며 살아가려 합니까? 지금 이 자리가 그것만 못합니까?"

"당신이 확실히 나보다 도道가 높소."

자릉도 황궁에 갈 생각이 없지만 혹시 부인이 황궁에 가기를 바라지 않을까 싶어 물어본 것이었습니다.

그래서 자릉이 황제에게 편지를 씁니다.

"내가 이 강산 저 강산, 이 물 저 물, 유유자적하게 다니면서 청산백운처럼 살아가는 대자유大自由의 이 세계를 어찌 삼공의 자리와 바꾸겠는가. 그곳에 갔다가는 괜히 만대에 헛된 이름만 남을 것이네. 황숙은 이 친구의 마음을 잘못 알았노라. 자네는 이미 그곳에 있으니 정치를 잘 하시게."

황제가 그 편지를 받고 눈물을 흘립니다.

"정말 친구는 나보다 모든 면에서 뛰어나다. 나는 황제 자리가 좋은 줄 알고 이 자리에 앉아 천하제일이라고 했는데, 이 황제 자리를 헌신짝 보듯이 아무것도 아닌 것으로 보니 탄복하지 않을 수 없다." 하며 친구에게 다시 갑니다.

황제가 자릉에게 가서 절을 하며 말하였습니다.

"정말 훌륭하오. 그러나 벼슬자리에는 오르지 않더라도 나를 위해서 앞으로 나라를 이끌어가는 가운데 나의 지혜로 안 되는 일이 있을 때 나에게 좋은 길을 일러주시오. 나라의 스승으로 모시겠소."

이 말을 듣고 자릉은 부인의 눈치를 살핍니다. 부인이 고개를 끄덕하니까 그제야 황제에게 "그것은 내가 하겠소이다." 하고 답을 했습니다.

그래서 만조백관이 읍을 하고 자릉을 나라의 스승으로 모셨습니다.

황제가 자릉에게 "자네는 학방에 다닐 때, 야망과 욕망이 나보다 커서 자네가 나라를 엎고 황제가 될 줄 알았는데, 어째서 전혀 자취도 없이 이렇게 되었는가?" 하고 묻습니다.

"나는 전생에 닦은 것이 있는지 스승을 잘 만났다네. 자네야 스승의 복이 없었던 모양이지. 그러니 나라의 황제 자리가 좋다고 집착을 했겠지. 나는 스승에게 배워 '머무른 바 없이 사는 도리'를 알았네."

머무르지 않아야 대자유인으로 멋지게 사는 것입니다. 이런 사람은 나라의 대통령 같은 것도 부럽지 않습니다. 억지로 맡기면 할 수 없이 하겠지만, 하게 되면 그릇되게 하지 않습니다. 하루를 해도 나라를 위해 멋지게 합니다.

'무심無心'이라는 것은 이리와 여우처럼 권력과 부귀를 다투는 일체 세상지사에 마음이 없다는 소리입니다. 마음이 없다고 하니까 아주 아무것도 없다는 것이 아니고 중생이 가지고 있는 마음이 없다는 것입니다. 이런 무심 무주의 마음을 쓰는 사람은 어떤 직책을 갖더라도 공심公心으로, 그리고 보살심으로 남을 위해 봉사합니다.

우리 중생이 사는 마음이라는 것은 조금 좋으면 사랑한다고 하고 또 조금 마음이 안 맞으면 미워한다고 합니다. 이것은 거짓 가假 자입니다. 거짓되게 산다는 것입니다. 참이라는 것은 애증심이 없는 것입니다. 증애심이 없으면 두 가지 성품이 공한 것이고, 두 성품이 공하면 자연해탈입니다. 중생이 가지고 있는 투구니전鬪狗泥田에서 벗어난 것입니다. 제8 아뢰야식의 무명 업식을 타파해서 청정자성을 깨달아 증득하면 대해탈이라고 합니다.

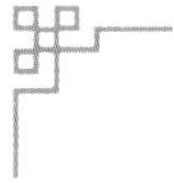

第十四

일상에서의 화두

문 | 다만 앉아서 쓰는 것이 행할 때에도 쓸 수가 있습니까?

답 | 이제 공을 쓴다(用功)고 말하는 것은 앉는 것만을 말한 것이 아니다. 행하고 머무르고 앉고 눕는 데에서 짓는 바 일체를 운전할 때 항상 쓰되 간단間斷이 없다. 곧 이름하여 상주常住이니라.

問 爲只坐用 行時亦得爲用否

答 今言用功者不獨言坐 乃至行住坐臥 所造運爲一切時中常用無間 卽名常住也

간단間斷이 없다고 했습니다. 중생들은 마음 쓰는 것이 끊어지는 간단間斷이 있는데, 머무른 바가 없는 그 사람은 일체 모든 것에 마음을 쓸 때 앉고 눕고 행하고 머무르는 등 모든 일을 하는 가운데 절대 마음이 끊어지는 것이 없습니다. 항상 그대로 쓰는 것입니다. 이것을 항상 머문다(常住)고 하는 것입니다.

무심無心이라는 자리가 우리에게 중요합니다. 말로는 무심, 무심 하지만 무심이 잘 안 됩니다. 머무른 바가 없어야 무생無生, 무심無心이 됩니다.

무심이라는 것은 그냥 되는 것이 아니라 화두를 철저히 들어야 합니다. 화두를 일념으로 철저하게 들어서 대적삼매에 들어가야 합니다. 즉 중생이 가지고 있는 생각에서 일체 다 벗어나서 멸진정에 들어가 있는 세계, 그것이 중생으로부터 벗어나는 세계입니다. 멸진정에까지 들어가면 등각等覺, 묘각妙覺에는 못 갔지만 8지 등 지위보살地位菩薩의 자리에까지 들어가는 것입니다.

앉으나 서나 일상생활에 화두가 여여如如한 것은 일상일여日常一如고, 꿈속에서도 화두가 들리는 것을 몽중일여夢中一如라고 하며, 잠을 자기 전에 화두를 드는데 잠을 깊이 자는 속에서도 화두가 되고 잠에서 깨어나도 화두가 흩어지지 않는 것을 오매일여寤寐一如라고 합니다. 깨어나면서 화두를 챙기거나 어떻게 하는 것이 아니고 생각을 하지 않아도 화두가 스스로 되어 있는 경지를 말합니다. 이것이 멸진정에 들어가는 세계입니다.

오매일여寤寐一如에까지 들어가면 이 자리가 견성見性한 것이 아닌가 하고 착각합니다.

이 자리에서 스승을 만나야 합니다.

우두법융 선사도 오랫동안 관심적정觀心寂靜에 머물러 있다가 4조四祖 도신 선사를 만나 경책과 점검을 받고 마지막 해결이 되었습니다. 그래서 선지식善知識이 중요합니다.

여기에서 확실하게 벗어나야 견성한 것이고 무생, 무심이 된 것입니다. 중생들은 항상 두 가지로 갈라져 있습니다. 이것을 벗어나려면 대무심의 세계에 가야 합니다. 몸을 뒤집어 다시 눈을 떠야 대무심의 세계에서 깨달은 것이며, 본래의 그 마음의 자리를 상주常住라고 합니다. 우리가 '지심귀명례 시방삼세 제망찰해 상주일체' 할 때의 상주이고, 상주법신이라고 합니다. 항상 법신 그대로 머물러 있다는 소리입니다.

부처님이 49년 설법하신 것은 깨달으라고 하신 것입니다. 그래서 부처님 당시에는 부처님 말씀을 듣고 다 깨달았습니다.

"오호라 통탄스런지고. 우리는 어찌하여 부처님이 태어났을 때 같이 태어나지 못하고 이 말세에 태어났는고. 부처님 당시에는 근기가 수승해서 부처님과 함께 나와서 언하에 다 깨닫는 것인데, 우리는 박덕하게 인연을 심어 놓지 못하고 세상의 일만 익혀 부처님이 가시고 난 먼 후세에 태어났구나. 다만 이 문중에 들어와서 부처님 법法이라도 들을 수 있는 것이 만 번 다행한 일이다. 열심히 정진해서 금생에 이 몸을 제도해야 하겠다. 깨달아야 되겠다." 하고 말한 것이 있습니다.

그러니까 정진 한번 열심히 해 보십시오.

일체 모든 생활하는 가운데 우리가 항상 쓰고 있는데, 그 쓰는 것이 간단間斷이 없어서 그 이름을 상주常住라고 했습니다. 우리는 마음을 쓰지만 간단이 있고 틈이 있습니다. 간단이 없다는 말은 한결같고 여여如如하다는 말입니다. 여여부절如如不絶해야 하는데 우리 중생들은 여여부절한 그 마음을 쓰지 못하고 있습니다. 그래서 생사심生死心이라고 합니다. 간단이 있는 마음은 생사심입니다. 우리는 생하고 멸하는 생멸심에서 살고 있습니다. 생사해탈을 못했다는 것입니다. 생멸심을 떠난 자리는 간단이 없고 여여합니다. 틈이 없이 여여하기 때문에 그것을 '항상하다', 즉 '상주'라고 합니다.

그리고 여여부절이라고 하는 것은 마치 허공과 같습니다. 허공의 이 자리가 끊어지고 간단이 있는 것이 아닙니다. 비유하자면 그렇습니다. 모든 만물과 몸과 마음이라는 자체가 끊어진 것이 없어서 항상한 그대로 담담하고, 여여한 그대로 머물러 있습니다. 항상 머물러 있어 변하지 않기 때문에 상주불변이라고 합니다. 바로 진리의 실상 자리는 상주불변하다는 것입니다.

第十五

다섯 가지 법신

문 | 『방광경』에 이르되 다섯 가지 법신이 있습니다. 첫째는 실상법신이요, 둘째는 공덕법신이요, 셋째는 법성법신이요, 넷째는 응화법신이요, 다섯째는 허공법신이니 그 가운데 어떤 것이 내 몸입니까?

답 | 마음이 무너지지 아니한 것을 안다면 이것이 실상법신이요, 마음이 만상을 다 머금고 있는 줄 안다면 이것이 곧 공덕법신이고, 마음이 무심한 줄 알면 이것이 곧 법성법신이며, 근기를 따라서 말하는 것이 응화법신이라. 마음의 모양이 없어서 가히 얻지 못한 줄 안다면 이것이 허공법신이니라. 만약 이 도리를 깨달아 아는 자는 곧 증득함이 없는 줄 알지니라.

얻을 것도 없고 증득할 것도 없는 자는 곧 이것이 불법을 증득한 법신이 된다. 만약 증득함이 있고 얻음이 있다면 이것은 증득함을 삼는 자라 곧 삿된 견해요 증상만인이니, 이름하여 외도外道이니라. 어떤 까닭인가?

『유마경』에 이르되, "사리불이 천녀에게 물어 가로되 '너는 무엇을 얻었고 무엇을 증득해서 이와 같은 변설을 얻었느냐?' 천녀가 답하되 '나는 얻은 것도 없고 증득한 것도 없다는 이와 같은 것을 얻었습니다' 하였느니라." 만약 얻은 것이 있고 증득함이 있다면 곧 이것은 불법 가운데 증상만인이니라.

問 方廣經云 五種法身 一實相法身 二功德法身 三法性法身 四應化法身 五虛空法身 於自己身 何者是

答 知心不壞 是實相法身 知心含萬象 是功德法身 知心無心 是法性法身 隨根應說 是應化法身 知心無形不可得 是虛空法身 若了此義者 卽知無證也 無得無證者 卽是證佛法法身 若有證有得以爲證者 卽邪見增上慢人也 名爲外道 何以故 維摩經云 舍利弗問天女曰 汝何所得 何所證辯 乃得如是 天女答曰 我無得無證 乃得如是 若有得有證 卽於佛法中 爲增上慢人也

◉

'획득금강불괴신獲得金剛不壞身'이라고 하지요. 상주법신의 담연상적하고 여여한 틈이 없는 상주불변한 자리를 획득금강불괴신이라고 합니다. 영원히 무너지지 아니하는 그 자리를 바로 알면 이것이 바로 실상법신입니다.

마음이 일체 모든 만상을 다 머금고 있습니다. 마음이 허공, 하늘 등 천태만상을 다 담고 있습니다. 무수한 역사도 내 마음 가운데 다 담고 있고, 또 어떤 큰 숫자를 담고 있기도 하고 내놓기도 합니다. 억, 천, 만 등의 어떤 숫자도 아무 부담이나 생각도 없이 찰나에 내놓습니다. 이 마음에 다 담아져 있고 이 마음이 내놓지 않는 것이 없지요. 무변허공이 아무리 크다고 해도 내 마음에 비교하면 물에 떠 있는 조그만 거품만 하다는 것입니다. '허공'이라고 하는 순간 무한한 허공을 내 마음에 척 잡아넣고 또 '허공'이라고 하면서 밖으로 내놓습니다. 산이라 하면 산이 내 마음에 쏙 들어옵니다. 『금강경』과 같은 경전도 다 외우지 않습니까. 경의 글자가 그렇게 많아도 다 외우고 다 들어가지만 무거운 것을 느끼지 않습니다. 그러니까 무한한 것을 다 담아 놓는 것입니다. 마음이 만상을 다 담고 있는 것을 공덕법신이라 합니다.

마음이 무심하다는 말은 마음이 아주 없다는 것은 아니고 중생의 생멸심이 없다는 것입니다. 간단이 있는 중생의 나고 죽는 생멸심, 생사심이 없다는 것입니다. 그 자리를 무심이라고 합니다. 무심한 줄 아는 것이 법성법신입니다.

근기에 따라 다 응해서 말하는 것이 응화법신입니다. 신라 때 원효 스님이 그렇지 않습니까? 도둑놈에게 가면 도둑놈에게 맞게 한 몸이 되어 이끌어 도둑놈의 몸을 면하게 해 주고, 기생에게도 가고 거지에게도 가서 같이 춤을 추며 놀고, 다 근기 따라서 법을 설하는 것입니다. 근기에 따라 법을 설해서 중생을 제도하는 것입니다. 모든 만물과 중생을 만나는 대로 다 응해서 근기 따라 이끌어서 해탈할 수 있도록 해주는 것을 응화법신이라 합니다.

마음에는 모양이 없습니다. 어떤 한계가 있다면 잘못된 것입니다. 얻을 수 없습니다. 이것이 허공법신입니다.

이 도리를 아는 자는 증득함이 없는 줄 안다고 했습니다.

우리 세상에는 시작이 있으면 끝이 있습니다. 농사를 지어서 수확을 하게 되고, 수확한 것을 다 먹으면 농사를 다시 지어야 합니다. 복福도 유루복은 한계가 있어서 그 복이 다하면 박복해져서 복을 다시 지어야 합니다. 세상에서는 모두 유루복을 짓고 있습니다. 내가 조그만 복을 지으면 조금 지은 복 때문에 한때는 잘 살지만 나중에는 박복해져서 가난해지고 실패합니다. 그것이 생멸심을 가지고 사는 세계입니다.

"얻을 것도 없고 증득할 것도 없는 자는 곧 이것이 불법을 증득한 법신이 된다. 만약 증득함이 있고 얻음이 있다면 이것은 증득함을 삼는 자라, 곧 삿된 견해요 증상만인이니라."라고 했습니다.

증득함을 삼는 자는 삿된 견해를 가진 자입니다.

기자가 와서 인터뷰를 하는데, 기자가 "요사이 관법을 하는 분들은 조금 공부하면 표가 나고 얻어지는 것이 있다고 합니다. 그래서 좋아하는 모양이지요."라고 말합니다. 이렇게 얻어지는 것이 있는 사람은 무위법이 아니라 유위법을 공부하는 것입니다. 얻어지는 것이 있다면 유위법이요, 생멸심으로 하는 공부이기 때문에 그 공부는 한계가 있습니다.

본래 다 갖추어져 있기 때문에, 얻어지는 것이 있다면 잘못입니다.

그래서 화두공부하는 조사문중에서는 표가 있는 것을 쳐냅니다. 공부하다가 어떤 경계가 나타나기도 합니다. 화두를 애써서 하다 보면 환히 보이는 것도 나타납니다. 또 식識이 맑아져서 안 보이던 것도 꿈에 영통하게 보이고, 또 앉아서 공부하다 보면 나름대로 아는 것이 나타납니다. 이런 것을 조사문중에서는 절대 인정하지 않습니다. 그런 것을 인정해 버리면 본래를 잊어버리고 아무것도 아닌 허망한 것에 떨어져 버립니다. 그래서 그런 것은 첫걸음부터 딛지 말라고 내쳐서 잘라냅니다. 조사선에서는 절대 용납하지 않습니다.

미국에 가서도 어떤 분이 "관법은 부처님 당시의 원시불교부터 했던 수행인데, 그것이 옳지 않습니까? 대승불교는 그 후에 늦게 나온 것이니까 관법이 옳지 않습니까?" 하고 말하는 것을 들었습니다. 그 분은 관법지도를 받는 신도입니다. 저에게 강력하게 따지고 듭니다.

"관법이 좋고 나쁘고 하는 것을 따지지 말고 공부를 하는 데 있어 어떤 것이 바른 공부인지 아닌지, 어떤 것이 이 도리를 빨리 깨치는 것인지를 확실히 알아야 한다. 관법은 소승방편선인데 하필 그것이 좋다고 그렇게 집착을 하는가? 근기가 미약해서 참선을 못하는 사람에게 거짓으로 형식으로 방편으로 선을 말해 준 것을 진짜로 알고 끌어안고 고집하면 안 된다."고 말했습니다.

"제가 생각할 때는 그렇지 않습니다."

"그러면 부처님이 소승인이냐, 대승인이냐? 부처님이 소승선을 했느냐, 대승선을 했느냐? 무엇을 했느냐?"

그러니까 아무 말을 못합니다.

"우리는 부처님 자리를 바로 놓고 이야기해야지, 그 외에 방편으로 늘어놓은 가지에 매달려 자꾸 시비하면 안 됩니다. 그것은 공부인이 해야 할 소리는 아닙니다."라고 했더니 "스님, 잘 알겠습니다."라며 그제야 인식을 하는 것 같았습니다.

그러니까 우리는 항상 근본을 따라야 됩니다. 누가 무슨 말을 하면 부처님이 근본인데, 부처님 말씀을 놓고 말해야 합니다. 부처님도 6년 동안 관법을 하고는 마지막에 다 버렸습니다. 관법을 해 보니까 결국 깨닫는 것이 아니었고 해 마친 것이 아니었습니다.

그래서 "내가 깨치지 않으면 일어나지 않으리라." 하고 다시 보리수 밑에 앉은 것 아니겠습니까? 관법이나 사선팔정을 다 섭렵했지만 해놓고 보니까 자신을 깨닫는 것이 아니었습니다.

'깨치지 않으면 일어나지 않으리라. 송장이 되어 죽으면 죽었지 일어나지 않는다. 허공에서 비오듯 칼날이 쏟아져서 내 몸이 마디마디 잘려나가더라도 깨치지 않으면 일어나지 않는다' 하고 앉아서 부처님이 깨달았습니다. 그러면 그 일주일 동안 무엇을 했겠습니까? 관법을 했단 말입니까? 다 내버렸는데.

깨치고 나서 "이렇게 너무 쉽기 때문에 중생들이 이것을 어렵게 느끼는구나. 너무 쉬워서 오히려 어렵게 느낀다. 그러나 누군가 나에게 직설로 바로 이야기해 주었다면 6년간 헤매지 않아도 되었을 것을, 바로 일러주는 사람이 없어서 이렇게 갖은 고행을 다하고 헤맸구나. 나니까 혼자 스승 없이 깨쳤지 내 이후로는 어떤 누구도 스승 없이는 되지 않는다."라고 말했습니다. 너무 쉽기 때문에 안 된다는 것입니다. 너무 쉽기 때문에 너무 어렵다는 것입니다.

그래서 이 공부는 절대 스승 없이는 안 되는 것입니다. 반드시 스승의 지도를 꼭 받아야 된다고 했습니다. 부처님은 그 만큼 되니까 혼자서 해 마쳤지 그 이외에는 스승 없이 안 된다고 말씀하셨습니다. 그래서 한번 생각해 보아야 합니다.

부처님이 일주일 동안 무엇을 했겠습니까? 무엇을 해서 깨달았겠습니까?

"만약 증득함이 있고 얻음이 있다면 이것은 증득함을 삼는 자라, 곧 삿된 견해요 증상만인이니라(若有證有得 以爲證者 卽邪見增上慢人也)."라고 했습니다.

증득함이 있다고 하는 사람은 괜히 좋지 못한 아만我慢, 중생심衆生心만 더욱 더 높아진다는 말입니다. 그것의 이름이 외도外道입니다. 외도는 이 법法 이외에 다른 짓 하는 것을 말합니다.

천녀가 말을 하는데 걸림이 없습니다. 천하에 아무도 따라갈 자가 없이 변설이 좋은 것입니다. 무애변설이라, 폭포 쏟아지듯 강물 흐르듯 걸림 없이 말을 잘하니까 "그대는 무엇을 얻고 무엇을 증득해서 이와 같은 변설을 얻었느냐?" 하고 사리불이 묻습니다. 이에 대해 "얻은 것도 없고 증득한 것도 없다는 이와 같은 것을 얻었다."라고 말합니다. 얻은 것이 있다면 아만심만 더욱 높아지는 사람이라, 아무짝에도 쓸모없는 외도입니다. 얻은 바도 없고 증함도 없는 천녀처럼 되어야만 무애변설을 하는 것입니다.

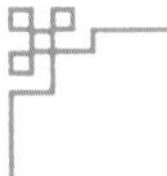

第十六

등각과 묘각

문 | 경에 이르되 등각묘각이라 했는데, 어떤 것을 등각이라 하며 어떤 것을 묘각이라 합니까?

답 | 곧 색이요 곧 공인 것을 이름하여 등각이라 하고, 두 가지 성품이 공空한 고로 묘각이라 한다. 또 이르기를 깨달음도 없고 깨달음이 없다는 것도 없는 것을 이름하여 묘각이라 하느니라.

문 | 등각과 묘각이 다릅니까, 다르지 않습니까?

답 | 사事를 따라 방편으로 두 가지 이름을 세운 것이니라. 본체는 이 하나이니, 둘도 없고 다름도 없으며 내지 일체법이 다 그러하다.

問 經云 等覺妙覺云 何是等覺 云何是妙覺

答 卽色卽空 名爲等覺 二性空故 名爲妙覺 又云 無覺無無覺 名爲妙覺也

問 等覺與妙覺 爲別 爲不別
答 爲隨事方便 假立二名 本體是一 無二無別 乃至 一切法皆然也

◉

『화엄경』에 중생이 점차적으로 단계를 따라 닦아 올라가서 성불하는 대각 자리에 이르는 과정이 있습니다. 성불도 놀이에 한쪽에는 염불문이 있고 다른 한쪽에는 원돈문이 있고 가운데는 경절문이 있는데, 그 원돈문에 삼현십지가 나옵니다. 십신, 십주, 십행, 십회향, 십지, 등각, 묘각, 법신, 대각으로 올라갑니다. 관법의 사념처관을 닦아서 내가 없다는 '무아'를 알아 증득했다 하여도 십천 겁을 지나야 비로소 대승 십신 초문에 들어온다고 했어요. 일 겁이라는 숫자도 우리가 말로써 다 헤아릴 수 없는 무수한 세월인데, 십천 겁이면 어떻게 됩니까? 그 가운데 55위에 보면 등각, 묘각이 나옵니다.

그러나 대주어록에서는 55위로 올라가는 단계 중의 등각, 묘각을 말하는 것이 아닙니다. 확실하게 대각을 깨달은 자리에서, 등각을 드러내 보이고 묘각을 드러내 보이는 차원을 말합니다.

이 법문은 최상승의 아주 고차원적인 법문이라, 듣고 깨달으라고 하는 것이지 여러분이 이치나 사량분별이나 상식으로 외우라고 말씀드리는 것이 절대 아닙니다. 참선공부를 얼마나 했느냐에 따라서 다른데, 공부를 많이 한 분은 이 말을 들으면 바로 여기에 계합이 됩니다. 척 계합이 되어서 자기의 일대사가 해결되고 더 이상 할 것이 없습니다.

과거에 손뼉 치며 일어나서 "아, 내가 많은 세월 동안 속아 지냈구나." 하고 말하고 큰소리 친 분들은 깨달았기 때문에 그렇게 했습니다. 그래서 이 말을 듣고 깨달으라고 하는 것이기 때문에 이 법문을 자꾸 들으라는 것입니다. 일심으로 지극하게 들으면 나중에 큰 약이 되고 깨닫게 됩니다. 언하에 당장 깨달아 해결되면 좋은데, 그러지 못하다는 것은 그동안 공부를 안 한 표시입니다. 해결이 안 됩니다.

그러나 여기에서 사량분별로 이치를 따져서 아는 것은 아는 것이 아닙니다. 그렇게 아는 사람은 다음에 다른 것을 갖다 대면 또 막힙니다. 매양 그 놈을 풀어서 알았다고 말하지만 그것은 다 안 것이 아닙니다. '판때기 이빨에 털이 났다'는 것이 무슨 말이냐고 물어보면 또 막힙니다. 그렇게 아는 사람은 어찌할 도리가 없습니다.

듣고 완전히 깨달아 자기 인생이 뒤집어져 해결되어야 합니다. 그런데 그렇게 되지 않는 까닭을 생각해 보십시오. 오늘도 하루를 지냈지만 여러분이 하루 지낸 것을 점검해서 계산을 해 보라는 말입니다. 과연 내가 화두를 들고 공부한 양이 많은가, 아니면 다른 쓸데없는 일을 한 양이 많은가, 계산을 해보면 압니다. 그렇기 때문에 표시가 나는 것입니다. 이 공부를 얼마나 철저하게 했느냐에 따라서 법문 듣는 것이 다르고, 소화시키는 것이 다르고, 깨닫는 바가 다릅니다. 그런데 공부하지 않고 알려고 하면 도무지 되지 않습니다.

색에 즉하고 공에 즉하다 함은 색이 곧 공이요 공이 곧 색으로써 무애자재하게 서로 상통한다는 것이며, 색이 곧 공이요 공이 곧 색이라 함은 긍정적으로 모두 비춰줌이요, 두 가지 성품이 공하다는 함은 부정적으로 전부 막는 것이니, 색즉시공이요 공즉시색이라는 말은 쌍조쌍차雙照雙遮이며 차조동시遮照同時한 뜻으로 말하였습니다.

그런데 여기에는 '즉색즉공이 등각'이라고 했습니다. 곧 색이요 곧 공인 것이 등각이라는 것입니다. 그러면 "색이 곧 공이고 공이 곧 색이다. 색과 공이 다르지 않다. 이것이 등각이다."라고 되어 있는데, 이것을 어떻게 생각하십니까? 이것은 곧 무애자재한 융합이요 무차별無差別이요 무소득無所得인 깨달음(覺)입니다. 공부를 완전히 성취해서 중도를 증득한 등각을 말하는 것입니다.

그리고 두 가지 성품이 공한 고로 이름하여 묘각이라 했습니다.

두 가지 성품이 무엇입니까? 두 가지 성품은 색과 공을 말합니다. 이 두 가지 성품이 공했다는 것을 묘각이라 합니다.

즉색즉공이라는 것은 모든 것을 그대로 긍정하는 것으로 이름을 등각이라고 했습니다. 그런데 색과 공의 성품이 공한 고로 이름하여 묘각이라 했다는 것은 모든 것을 긍정하지 않는 것입니다. 천하없어도 아니라는 것입니다. 모든 것이 아니라는 것입니다. 공도 아니고 색도 아니라고 싹 쓸어버립니다. 딱 차단해서 바늘이나 털끝도 통하지 않습니다. 무슨 소리를 해도 안 됩니다. 백 가지 천 가지 만 가지를 다 갖다 대어도 안 됩니다. 아니라는 겁니다. 무조건 아닙니다.

그러면 아닌 이것이 딱 아니기만 한 것인가요?

예를 들어 주장자를 보이면서, "이것이 무엇인가?" 하고 묻는데

"주장자가 아닌가요?"

"주장자가 아니다."

"나무 막대기이지요."

"나무 막대기도 아니다."

"그러면 아무것도 아닙니까?"

"그것도 아니다."

모든 것을 전부 아니라고 합니다.

그러면 "아니다."라고 하는 것으로 다 맞는 것입니까? 그렇지는 않습니다. 그곳에서 다시 나와서 하는 말이 "그것은 주장자이다."라고 말을 합니다.

"주장자이다."라고 하는 것은 등각이요, "주장자가 아니다."라는 것은 묘각이라는 말입니다.

묘각과 등각은 거리가 얼마나 됩니까? 손과 같습니다. 두 가지 성품이 다 공한 것을 묘각이라고 했습니다. 색이나 공이나 다 공했습니다. 공의 차원에 들어가면 두 가지 차원이 다 무너집니다. 색이나 공이나 다 무너져 없습니다.

"또 이르되 무각무무각無覺無無覺이라, 깨달음도 없고 깨달음이 없다는 것도 없다."라고 아주 잘라서 없앴어요.

"깨달음이 없다."고 말하면, '없다'는 것이 있습니다.

전에 미국에 가니까 어떤 처사님이 "아무것도 없습니다."라고 말하더라고요. 관법공부를 하고 또 참선한다고 하는 곳에서도 공부를 했는데, '아주 없는 곳'에까지 갔다는 것입니다.

"나라는 것이 일체가 없습니다."

그 사람은 아주 없다고 하는 곳에 떨어져 있는 것입니다.

"그러면 없다고 긍정하는 놈은 무엇인가? 그놈이 있는 것이냐, 없는 것이냐?"

대주어록에는 '없다'고 하는 그것조차도 없다는 것입니다. 깨닫는 것이 없다고 없는 것으로 끝나는 것이 아니고, 깨닫는 것이 없다는 그것조차도 없다는 겁니다. 그것을 이름하여 묘각이라 합니다. 묘각이라고 하는 것은 조그만 뿌리조차도 남지 않도록 싹둑 잘라서 전혀 통하지 않는 것입니다. 이 자리를 다시 살려내어서 자성청정심이며 대각본성이고 또는 구경각이라고 합니다.

그리고 중생을 제도하기 위하여, 상대방에게 쓰기 위해서 방편으로 등각, 묘각을 세운 것입니다. 본래 본체는 이 하나입니다.

"이 주장자는 긴 것인가, 짧은 것인가, 둥근 것인가?" 하고 물으면 누가 둥글다고 하겠습니까? 이것을 보고 둥글다고 하면 "저 사람 미쳤네. 긴 것을 왜 둥글다고 하나?"라고 말합니다. 그러나 이것이 둥글다고 말할 수도 있다는 것입니다. 또 길다고도 말할 수 있고 짧다고도 말할 수 있습니다. 왜냐하면, 근본 본체는 다르지 않기 때문입니다. 본시 두 걸음이 한 걸음부터 시작되는데, 일 보 이 보가 본시 한 사람으로부터 시작되었기 때문에 둘이 아닙니다. 만 가지 법이 진여자성으로부터 이루어진 것이기 때문에 등각과 묘각이 둘이 아니므로 또한 일체 만법의 차별이 곧 하나의 진여입니다.

진여의 본체를 바로 알면 깨닫는 것입니다.

어떤 거사님은 미국에서 사업을 하고 있었는데, 사업을 하면서 공부하자니 두 가지로 갈려서 공부에 큰 진취가 없었답니다. 그래서 아예 사업을 그만두고 청소부로 취직해서 밤중에 청소일을 하면서도 화두를 챙기고 그렇게 열심히 한다는 것입니다. 이와 같이 공부하는 사람이라면 한마디만 해주어도 깨달을 수가 있습니다. 아직은 안 되었지만 가만히 보니까 앞으로 열심히 하면 되겠더군요.

우리는 이 일을 해마치기 전에는 한 번도 다리를 뻗고 잠을 잘 수 없습니다. 어떻게 편안하게 잠이 옵니까?

그러니까 정말로 한번 힘을 써보아야 합니다.

第
十
七

경멸당하고 장애가 생길 때

문 | 『금강경』에 이르되, "법을 가히 설할 것이 없는 것을 이름하여 설법이다."라고 했는데 그 의미가 어떠한 것입니까?

답 | 반야의 근본체는 필경에 깨끗해서 한 물건도 가히 얻을 것이 없다. 이 이름이 법을 가히 설할 것이 없다고 하는 것이다. 즉 저 반야의 공적한 체 가운데 항하의 모래처럼 공덕을 갖추어 쓴다. 곧 사事에 있어 알지 아니한 것이 없어서 이름하여 설법이라고 한다. 고로 이르되, 법을 가히 설할 것이 없다고 한 것이며 이 이름이 설법이니라.

문 | 만약 선남자와 선여인이 이 경을 받아 지니고 독송할 때 사람이 경멸하고 천시한다면 이 사람은 선세 죄업으로 응당히 악도에 떨어질 것인데, 금세의 사람이 경멸하고 천시하는 고로 선세 죄업이 곧 소멸하게

되어 마땅히 아뇩다라삼먁삼보리를 얻을 것이라는 말씀은 어떤 의미입니까?

답 | 다만 저 어떤 사람이 선지식을 만나지 못해 오직 모든 악업만 지음으로써 청정본심이 저 삼도무명에 덮여 피해를 입어 능히 요달하여 나투지 못함일새, 그런 까닭으로 사람들이 경멸하고 천시한다는 것이다. '금세의 사람이 경멸하고 천시한다'는 것은 바로 금일에 발심해서 불도를 구하니 무명이 다하고 삼독이 나지 아니하고 다시는 어지러운 잡된 생각이 없음일새, 모든 악이 영원히 멸해버린다. 그런 고로 '금세의 사람이 경멸하고 천시한다'는 것이다. 무명이 멸하여 다하니 어지러운 생각이 나지 아니할새, 자연히 해탈이라. 그런 고로 이르되, 마땅히 보리를 얻었다고 했다. 그러한즉 발심할 시기는 그 이름이 금세라, 먼 생에 있는 것이 아니다.

문 | 또한 이르되, 여래의 다섯 가지 눈이란 무엇인가요?

답 | 색色이 청정한 것을 보니 이름하여 육안肉眼이라고 한다. 체體가 청정한 것을 보니 이름하여 천안天眼이라 한다. 저 모든 색의 경계 내지 선악善惡과 실로 미세한 분별까지 물들어 집착한 바가 없이 그 가운데 자재하니 이름하여 혜안慧眼이라 한다. 보아도 본 바가 없으니 이름하여 법안法眼이라 한다. 보는 것이 없되 보는 것이 없다는 것도 없으니 이름하여 불안佛眼이라 한다.

문 | 또한 이르되, 대승과 최상승의 의미는 무엇입니까?

답 | 대승이라고 하는 것은 보살승이며 최상승은 불승이라.

문 | 다시 묻되, 어떻게 닦아서 이 승을 얻습니까?

답 | 보살승을 닦는 것은 곧 대승이라, 이것을 보살승이라고 하는 것이다. 다시 관觀을 일으키지 아니하니 닦을 바가 없는 곳에 이르러서 담연상적하고 부증불감하는 것을 이름하여 최상승이라 하며 곧 이것이 불승佛乘이니라.

問 金剛云 無法可說 是名說法 其義云何

答 般若體畢竟淸淨 無有一物可得 是名無法可說 卽於般若空寂體中 具恒沙之用 卽無事不知 是名說法 故云無法可說 是名說法

問 若有善男子善女人 受持讀誦此經 若爲人輕賤 是人先世罪業應墮惡道 以今世人輕賤故 先世罪業 卽爲消滅 當得阿耨多羅三藐三菩提 其義云何

答 只知有人 未遇大善知識 唯造惡業 淸淨本心 被三毒無明所覆 不能顯了 故云爲人輕賤也 以今世人輕賤者 卽是今日發心求佛道 爲無明滅盡 三毒不生 卽本心明朗 更無亂念 諸惡永滅 故以今世人輕賤也 無明滅盡 亂念不生 自然解脫 故云當得菩提 卽發心時 名爲今世 非隔生也

又云 如來五眼者何

答 見色淸淨 名爲肉眼 見體淸淨 名爲天眼 於諸色境 乃至善惡 悉能微細分之 無所染着 於中自在 名爲慧眼 見無所見 名爲法眼 無見無無見 名爲佛眼

又云 大乘 最上乘 其義云何

答 大乘者 是菩薩乘 最上乘者 是佛乘

又問 云何修而得此乘

答 修菩薩乘者 卽是大乘 證菩薩乘 更不起觀 至無修處 湛然常寂 不增不減 名最上乘 卽是佛乘也

◉

도육이라는 사람이 달마 스님에게 "한 물건도 가히 얻을 것이 없습니다." 하고 답하자 달마 스님이 "너는 나의 뼈를 얻었다."고 인가를 해주었지요. 혜가에게는 "골수를 얻었다."고 했는데 골수라 함은 진여자성이요 진여묘용입니다.

반야의 체가 공적하다고 하니까, "공적해서 아무것도 없구나." 하고 고요한 곳에 침체해 있는 것으로 생각해서는 안 됩니다. 일체가 없는 고요적적한 그 속에 적적한 그 체가 엄청난 것을 쓰고 있으며 무한한 복과 공덕을 다 가지고 있습니다. 그래서 밖으로 쓰기만 하면 무한한 것을 기기묘묘하게 드러내어 쓰는 것입니다. 우리가 현실에서도 보지만 한 생각 하는 것에 따라 엄청난 것을 다 만들어 냅니다.

삼명, 육통, 팔해탈, 삼신, 사지와 육도만행과 세간과 출세간의 일체 만법이 다 반야의 공적한 체 가운데 원만구족하지 않음이 없어서 확연히 다 알아서 법을 설하지 않음이 없습니다.

그래서 "곧 사事에 있어 알지 아니한 것이 없어서 이름하여 설법이라고 한다. 고로 이르되 법을 가히 설할 것이 없다고 한 것이며, 이 이름이 설법이니라."

『금강경』에 '반야바라밀이 반야바라밀이 아니라 그 이름이 반야바라밀'이라고 하지 않습니까? 여기에도 법을 가히 설할 것이 없는데, 그 이름이 설법이라고 했습니다.

한마디로 요약하면 설할 법이 없음이 법을 설함이라고 합니다.

가히 법이라고 설할 것이 없다는 말입니다. 설할 것이 없지만 항하사와 같은 묘용으로 알지 아니한 바 없이 다 알기 때문에 또한 모든 존재를 상대해서 설법을 하는 것이며, 그것을 이름하여 설법이라고 합니다.

다시 "고로 이르되 법을 가히 설할 것이 없다."라고 한 것은 긍정하는 동시에 부정하고, 부정하는 동시에 긍정하면서 법을 자유롭게 굴리고 쓰는 것입니다. 그렇게 하지 않으면 깨치지 못하기 때문에 깨칠 수 있도록 하기 위해서 부득이 부정했다가 긍정하고 긍정했다가 또 부정하면서 법을 쓰는 것입니다. 진여체성이 무한하기 때문에 묘용의 설법 또한 끝이 없는 것입니다.

법문을 들을 때, 특히 부처님의 말씀에 대한 강의를 들을 때에는 항상 척추를 바로 세우고 정신을 바짝 차리고 들어야만 합니다. 여리박빙如履薄氷이라고 했습니다. 아주 얇은 살얼음을 딛고 건너가는 것과 같은 마음을 가지라는 말입니다. 그래야 이 법문을 듣고 업이 두터운 사람은 조금이라도 업이 녹을 것이고, 또 공부를 많이 한 분은 직하에서 깨달을 것입니다.

『금강경』에 "만약 선남자와 선여인이 이 경을 받아 지니고 독송할 때 사람이 경시하고 천시한다면 이 사람은 선세 죄업으로 응당히 악도에 떨어질 것인데 금세의 사람이 경시하고 천시하는 고로 선세 죄업이 곧 소멸하게 되어 마땅히 아뇩다라삼먁삼보리를 얻을 것이니라."라는 구절이 있습니다.

『금강경오가해』에 이 구절에 대해서 여러 가지 측면으로 뜻을 드러내는 말씀이 나옵니다. 여기에서는 대주 선사의 말씀을 빌어서 말씀드리겠습니다.

'『금강경』을 받아서 독송을 하는데 사람들이 경멸하고 천시한다'는 것은 다음과 같은 말입니다.

이 최상승의 진리의 말씀인 『금강경』을 열심히 독송하는데, 사람들이 나를 자꾸 경멸히 여기고 천하게 보고 욕을 하고 여러 가지 장애가 생긴다면 그 까닭은 전세에 내 자신이 『금강경』 즉 최상의 진리, 진여자성의 본래 청정한 마음자리의 진리를 듣기 싫어하고, 남이 독송하는 것조차도 보기 싫어하고, 오히려 그런 말을 비방했다는 말입니다. "그까짓 『금강경』을 끌어안고 뭐하느냐? 그것이 도대체 뭐하는 것이냐? 절에 가서 그것을 읽어 어쩌자는 것이냐? 그것을 들어서 뭐하자는 것이냐?" 하면서 전세에 비방하고 경멸하고 천시했던 과보를 현세에 받는 것입니다. 자신이 전세에 그리했기 때문에, 자신이 이 경을 독송하면 남이 비방하고 경멸히 여기고 많은 장애가 생기는 것입니다.

남에게 경멸을 당하고 또 장애가 생길 때 깨달으라고 했습니다. '전생에 내가 이 진리를 등지고 좋지 못한 삿된 마음으로 행동했던 인과의 과보를 받는 것이구나. 응당히 받아야지'라고 생각하고 인욕보살이 되어야 합니다. 사대를 칼로 찢어도 부처님이 아무런 원망하는 마음 없이 그대로 받아주듯이, 모든 것을 마음으로 진심瞋心을 내지 아니하고 기쁜 마음으로 받아주면서 이 경을 독경하고 공부해 나가면 이 사람은 전세의 모든 업이 모조리 다 녹아나서 본래심을 깨닫게 된다는 것입니다.

전생에 삿된 마음을 좋아하고 무진겁 이래로 내려오면서 무명업식을 길러내는 것만 좋아했으며, 진정으로 진여자성의 청정 본래심을 깨닫는 진리의 말씀을 독경하지도 않고 배척한 까닭으로 이 사람은 전생의 엄청난 업이 있는 것입니다.

그러나 "금세인이 경천한 고로 선세 죄업이 소멸한다."라고 했습니다.

금세의 사람이 가벼이 여기고 천시하는데 어떻게 선세 죄업이 녹아날까 하고 이상하게 생각할 수 있습니다.

그런데 이것은 반대로 말하는 것입니다.

이 말은 진여자성의 본래 청정심을 경멸했다는 말이 아니라 반대로 '아하, 내가 잘못 살았구나. 무명업식을 키우는 것을 좋아했었는데 이제 이놈을 가벼이 여기고 천시하여 버려야겠다. 그러기 위해서 본래 청정한 자성 자리를 깨닫는 공부를 지극히 해야 되겠다. 이 『금강경』을 지극히 독경해야 되겠다'라고 생각하고 발심한다는 것입니다. 진여자성, 부처님 자리를 가벼이 여기고 천시한 것은 죄업입니다. 그러나 마음의 본래 자리를 발명하고 구명하여 깨닫겠다고 화두를 들고, 『금강경』을 일념으로 독경하고, 지극한 마음으로 정성을 들여 공부해 갈 때, 이 사람은 선세 죄업이 모조리 녹아난다는 것입니다.

『금강경』을 지극히 독경하고 읽어나가면 여기에서 깨닫는다고 했습니다. 『금강경』에서 깨닫는 사람이 얼마나 많습니까? 『금강경』은 깨닫는 공부입니다.

"선세 죄업이 다 소멸하는 고로 마땅히 아뇩다라삼먁삼보리를 얻을 것이라고 한 까닭은 무엇인가?" 하고 묻는 것에 대해, "다만 저 사람이 선지식을 만나지 못해 오직 모든 악업만 지어 청정본심이 저 삼도 무명에 덮여 피해를 입어 능히 요달하여 나투지 못함일세. 그런 까닭으로 사람들이 경멸하고 천시했다는 것이다."라고 답해 나갑니다.

청정본심을 경멸히 여기고 천시 여겼다는 소리입니다. 지금 우리 중생들이 전부 그렇게 살고 있습니다.

"금세인이 경멸하고 천시한다."는 것은 금일에 '내가 잘못 살았구나. 이것이 아닌 것을. 내가 무명업식을 쌓고 쌓아서 이와 같은 고통을 당하는구나. 전도몽상이구나' 하고 생각하고 발심한다는 것입니다.

"발심해서 불도를 구하니 무명이 다하고 삼독이 나지 아니하여", 본심이 아침에 떠오르는 해와 같고 또 어두운 밤을 밝히는 달과 같이 확연히 밝아서, "다시는 어지러운 잡된 생각이 없음일세. 모든 악이 길이 멸해 버린다. 그런 고로 금세인이 경멸하고 천시했다는 것이다."고 했습니다. 무명 업식을 지어온 이것을 당장 가벼이 여기고 없애버렸다는 소리입니다. "무명이 멸하여 다하니 어지러운 생각이 나지 아니할새, 자연히 해탈이다." 하여, 구름 속에 막혀 있던 해가 고봉정상에 확연히 드러나서 일체 만물을 비추는 것과 같다는 것입니다. "그런 고로 이르되 마땅히 보리를 얻었다."고 했습니다.

현재 살아 있는 우리들은 이런 법문을 듣고도 왜 언하에 깨닫지 못하고 해결하지 못하여 일생 동안 세월만 이럭저럭 보내는 것입니까? 정말로 뼈저리게 기가 막히게 아픔을 느꼈다면 어떤 마음이 나오겠습니까? 오늘날 도를 구하고 닦는다는 분들이 몸이나 마음으로 행하는 것을 보면 어찌 그 사람이 깨닫는다고 볼 수 있겠습니까? 안 됩니다. 바늘만큼도 남을 배려하는 마음이 없고 남을 도우려는 마음이 없는데, 어떻게 되겠습니까?

그것뿐입니까? 공부하는 마음이라면, 정말 도를 구하는 마음이라면 하필 염불을 하고 독경을 하고 화두를 들 필요가 뭐 있겠습니까? 바로 지극한 마음을 내는 것이 중요합니다. 혜가 같은 분은 팔을 끊고, 설산동자는 몸을 던졌습니다. 소요 선사는 서산 스님 밑에 가서 죽어라고 6년 동안 잔소리 듣고 나니까 마음에 모든 것이 다 없어졌습니다. 이렇게 지극히 구하는 그 마음, 즉 신심이 바로 서 있을 때는 99%가 다 된다는 것입니다. 마지막 1%는 한마디 아래 깨닫는 것밖에 없습니다.

여래의 오안에 대하여 묻습니다.

불안佛眼은 무엇입니까? 여기 바로 이 자리에는 철저하게 아주 싹 쓸어서 한 점조차 붙일 수 없습니다. 그래서 불안佛眼이라고 했습니다.

이것은 법안이 다르고 불안이 다른 것이 아니라, 불안이 곧 법안이요 법안이 곧 불안이고, 혜안이 곧 법안이며 법안이 곧 혜안이라 다르지 않습니다. 이 본분 청정본심 자리를 바로 보고 깨달으면 그것이 바로 천안이요 숙명이요 신족이요 누진통입니다.

대승大乘과 최상승最上乘에 대한 질문과 답이 이어집니다.

여러 명상의 관觀이 있고, '관세음보살'이나 '아미타불' 하며 염을 관하는 것이 있으며, 화두는 의심관입니다. '무엇인고?' 은산철벽이라, 나아가려 해도 나아갈 수 없고 물러나려 해도 물러날 수 없는 데에 다다라서 단지 '무엇인고?' 하는 것이 의심관입니다.

그런데 이런 것이 필요 없다는 소리입니다. 아무런 닦을 것이 없다는 소리입니다. 담연하고 상적해서 부증불감이라고 했습니다. 허공 같은 것을 보고 담연하고 상적하다고 합니다. 여러분의 본심 청정한 그 마음이 담연상적하다는 소리입니다. 그것은 더할 것도 없고 감할 것도 없습니다. 이 허공이 더하거나 감할 것이 없는 것과 같이 중생들의 본래 청정한 마음자리는 부증불감이라 합니다. 이 자리를 최상승, 불승이라고 합니다.

『반야심경』의 "불구부정 부증불감 시고 공중무색 … 무안이비설신의 무색성향미촉법 … 이무소득고不垢不淨 不增不減 是故 空中無色 … 無眼耳鼻舌身意 無色聲香味觸法 … 以無所得故"에서와 같이 '얻은 바가 없는 곳'에까지 가야 합니다. 털끝만큼이라도 얻은 바가 있으면 안 됩니다.

여러분의 마음 가운데 조금이라도 아는 것이 있으면 안 됩니다. 아는 것을 절대로 두어서는 안 됩니다. 아무것도 얻을 것이 없다는 것입니다. 가을날 찬 서리에 모든 잎이 다 떨어지듯이 일체가 다 떨어져서 없다는 말입니다. 그래서 얻은 바가 없습니다. 무엇을 얻으려고 해도 얻을 것이 없고, 잡아내 보려고 해도 꺼낼 것이 없는 그것이 바로 불성이요, 또 보리살타요, 최상승이며 불승입니다.

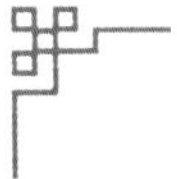

第十八

지혜로 묘용을 쓰다

문 | 『열반경』에 이르되 "정定은 많으나 지혜(慧)가 적다면 무명無明을 여의지 못하고, 정定은 적으나 지혜는 많다면 삿된 견해만 더욱 늘어난다. 정과 혜가 균등한 고로 곧 이름하여 해탈解脫이라 한다." 했으니 그 뜻이 어떠합니까?
답 | 일체 선과 악을 대해서 실로 능히 분별하는 것이 지혜(慧)이다. 일체를 분별하는 곳에서 애증을 일으키지 않으며, 따르는 바 물들지 않는 것이 정定이라. 이것이 곧 정과 혜를 균등하게 쓰는 것이니라.

문 | 말도 없고 설하는 것도 없는 것을 이름하여 정定이라고 하는데, 바른 말을 설(正言說)할 때에 정이라는 이름을 얻었다고 합니까?
답 | 이제 정이라고 말하는 것은 설하고 설하지 않는 것을 논하지 않

으며, 항상 정(常定)이라. 어떤 연고인가? 정에 대한 성품을 쓸진댄, 분별을 말할 때 분별을 설함이 곧 정이니라. 만약 공空한 마음으로 색色을 관할 때라면 곧 색을 관할 때 그것이 공이며, 만약 색을 관하지 않고 설하지 않고 분별하지 않을 때라면 그 역시 공이라. 내지 보고 듣고 깨닫고 알고 하는 것 역시 이러하다. 어떤 연고인가? 자성自性이 공한 것이다. 저 일체처에 있어 실로 모두 공이니라. 공한즉 집착이 없다. 집착이 없는즉 이것이 평등하게 정혜를 다 쓰는 것이다. 이것이 바로 보살이 항상 쓰는 것이다.

이와 같은 평등한 공의 법이 바로 구경을 이룬다. 그런 고로 이르되 정과 혜가 균등한 것이라고 했다. 바로 이것을 해탈이라 이름한다. 이제 다시 너희를 위하여 비유해서 나타내 보일 것이니 정녕코 너희들이 분명하게 의심을 끊게 하리라. 비유하건데 밝은 거울이 모양을 비칠 때, 밝은 거울이 움직이는가? 아니니라. 비치지 않을 때에 또한 움직이는가? 아니니라. 어째서 그러한가? 밝은 거울이 쓸 때에 정情이 없이 밝게 비친다. 그러므로 비칠 때에 움직이지 아니하고 비치지 않을 때에도 또한 움직이지 아니한다. 어째서 그러한가? 정情이 없는 가운데에는 움직이는 것이 있을 것이 없으며 또한 움직이지 않는 것이 없다. 또한 해가 세상을 비칠 때 그 빛이 움직이는가? 아니니라. 만약 비치지 않을 때에는 움직이느냐? 아니니라. 어째서 그러한가? 빛은 정이 없는 고로 쓰되 무정의 빛이 비치며 그래서 움직이지 아니한다. 비치지도 아니하고 또한 움직이지도 아니한다. 비치는 것은 지혜요, 움직이지 않는 것은 정定이니라. 보살은 정혜를 균등하게 법을 쓰니 삼먁삼보리를 얻는 것이니라. 고로 이르되 정혜를 균등하게 쓰는 것이며 즉 해탈을 얻는 것이라 하느니라. 지금 무정을 말하는 것은 범부의 정이 없다는 것이지 성인의 정이 없다는 것이 아니니라.

문 | 어떤 것을 범부의 정이라 하고, 어떤 것을 성인의 정이라고 합니까?
답 | 만약 두 가지 성품을 일으키면 범부의 정이요, 두 가지 성품이 공한 고로 성인의 정이니라.

問 涅槃云 定多慧少 不離無明 定少慧多 增長邪見 定慧等故 卽名解脫 其義如何
答 對一切善惡 悉能分別 是慧 於所分別之處 不起愛憎 不隨所染 是定 卽是定慧等用也

問 無言無說 卽名爲定 正言說之時 得名定否
答 今言定者 不論說與不說 常定 何以故 爲用定性 言分別時 卽言說分別亦定 若以空心觀色時 卽觀色時 亦空 若不觀色 不說 不分別時 亦空 乃至見聞覺知 亦復如是 何以故 爲自性空 卽於一切處 悉空 空卽無着 無着卽是等用 爲菩薩常用 如是等空之法得至究竟 故云 定慧等者 卽名解脫也 今更爲汝譬喩顯示 令汝惺惺 得解斷疑 譬如明鑑照像之時 其明動否 不也 不照時亦動否 不也 何以故 爲明鑑用無情明照 所以照時不動 不照亦不動 何以故 爲無情之中 無有動者 亦無不動者 又如日光照世之時 其光動否 不也 若不照時動否 不也 何以故 爲光無情故 用無情光照 所以不動 不照亦不動 照者是慧 不動者是定 菩薩用是定慧等法 得三菩提 故云定慧等用 卽是解脫也 今言無情者 無凡情 非無聖情也

問 云何是凡情 云何是聖情
答 若起二性 卽是凡情 二性空故 卽是聖情

◉

공부하는 데에 있어 정定은 많은데 지혜가 없다면 아직 무명심을 여의지 못한 것입니다. 반대로 정이 없고 지혜가 있는 사람은 삿된 견해만 자꾸 일어난다는 것입니다. 정과 혜가 원만구족하게 똑같이 이루어져야 해탈이라 합니다. 이에 대한 의미를 물었습니다.

답하기를 모든 것을 분별하는 것을 혜라고 했습니다. 이것은 선이고 저것은 악이며, 너는 잘 했고 너는 못했으며, 이것은 크고 저것은 작으며, 이것은 좋고 저것은 나쁘며, 이것은 짧고 저것은 길다는 등 항하사 수보다 많은 무수한 것을 모두 다 분별합니다.

어떤 사람들은 "야, 분별하지 말라."고 합니다. 왜 분별하지 말라고 합니까? 대주어록에는 일체 모든 것을 다 분별하는 것을 지혜라고 했는데 왜 "분별하지 말라."고 합니까?

중생들이 가지고 있는 분별심을 자꾸 내니까 그놈을 즉시 중단시키려는 것입니다. 차단시키고 돌이켜서 반조하라는 소리입니다. 네 자신을 안으로 반조해서 보라는 것입니다. 반조가 무엇입니까. 화두를 관하라는 것입니다.

'무엇인고?'

회광반조해서 본심청정 자리를 번신翻身, 즉 몸을 뒤집어엎어서 언하에 탕진무구념蕩塵無垢念 할진댄 중생의 망견妄見의 때를 소탕하고 더러운 생각의 마음이 없어져 무생無生의 중도 정각된 마음으로 무한한 지혜를 가지고 무한한 것을 분별한다는 소리입니다.

일체를 분별하지만 애증을 일으키지 않는다고 했습니다. 사랑하고 미워하는 마음을 절대로 일으키지 않는다는 소리입니다. 사랑하고 미워하는 마음을 일으키는 것은 중생의 분별심입니다. 그러나 여기에는 일체를 분별하되 절대 애증을 일으키지 않는다고 했습니다. 또 따르는 바 물들지 아니한다고 했습니다.

원효 스님은 기생굴에 들어가 있어도 기생에게 물들지 않았습니다. 그러나 중생들은 그렇게 되지 않습니다. 중생들은 한번 애욕의 맛을 보면 자꾸 보아야 하고, 술 맛을 보고 나면 자꾸 보아야 하고, 자꾸 반복해서 따라가면서 도道를 닦는 마음이 없어지고 타락이 됩니다. 술을 자꾸 먹으면 술독이 오르고, 담배 맛을 보면 담배 맛에 떨어지고, 명예 권력의 맛을 보면 자꾸 따라갑니다.

단박에 뒤집어엎어서 안 할 수도 있어야 됩니다. 하늘의 천녀 소굴에 들어가 있어도 전혀 거기에 물드는 바가 없어야 됩니다. 마음이 일체 동요하는 바가 없이 물들지 않는다는 것입니다.

그런데 요즘 사람들은 끌려갑니다. 운전하다가도 누가 위반하면, 이미 위반하고 지나간 것이니까 화내지 않아도 되는 것인데 일단 화부터 내고 봅니다. 욕을 마구 합니다. 그것은 끌려갔다는 소리입니다. 따라가서 속고, 속아서 진심을 내고 욕을 해대니 이미 물든 것입니다.

일체 만 가지를 따라가고 분별하되 전혀 그런 것이 없어야 합니다. 이것이 중요합니다.

따르는 바에 물들지 않는 것을 정定이라고 했습니다. 만 가지 경계에, 흙탕물 속이나 깡패소굴에 들어가도 절대로 물들지 않는다는 것입니다. 원효 스님을 대승보살이라고 합니다. 온갖 곳에 다 들어간 원효 스님이지만 원효는 원효대로 만세에 남아 있습니다. 요석 공주와의 사이에서 아들 설총을 낳았지만, 원효 대사는 원효 대사로, 십대 성인으로 남아 있습니다. 물들지 않았기 때문에 성인으로 남아 있는 것입니다. 만약 물들었다면 그 분을 원효 처사 또는 원효 거사라고 하겠지요. 그런데 이 분은 어느 곳에 가 있더라도 그곳에 물들고 빠진 바가 없습니다. 본연청정한 마음을 그대로 가지고 있었기 때문에 만세에 성인으로 남고, 원효 성사聖師라고 하지 원효 처사라고 하지 않습니다. 원효 처사라는 말은 없습니다.

일체를 분별하되 애증을 일으키지 않고 따르되 물들지 않는 것이 정과 혜를 균등하게 쓰는 것입니다.

참선하다가 5분, 10분, 1시간 공부가 순조롭게 되면 정이 됐다고 하는데, 그것은 생멸심의 정에 지나지 않습니다.

대주 선사가 말하는 정定은 단멸, 즉 끊어지고 간격이 있고 틈이 있고 파도가 있고 움직이는 것이 아니라, 허공처럼 끊어지지 않고 담연상적해서 항상 그대로 있는 것입니다. 일체 만법, 즉 중생들의 마음이 이와 같이 고요적적하고 담연상적해서 말을 하고 안 하고에 관계없이 항상 정定입니다. 영원한 정입니다.

일체를 말하고 분별할 때 말하는 그것이 그대로 정定입니다. 시계소리도 듣지 못하고 옆에서 웃는 소리도 듣지 못하는 등 아무것도 듣지 못하면서 안에 가만히 들어가 있는 것만 정定이라고 생각할지 모르나, 그런 것이 아니라 말을 하고 듣고 옷을 입는 일체 모든 분별하는 그대로 정定이라는 것입니다.

만약 공空한 마음으로 색을 관할 때라면 곧 색을 관할 때 그것이 공이며, 우리가 보고 듣고 말하고 행동하는 그대로 공입니다. 이것을 색이라고 하든, 색이 아니라고 하든, 이것도 저것도 아니라고 하든, 이렇든 저렇든 관계없이 바로 공을 말하고 있다는 것입니다. 항상 공이라, 즉 상공常空이라는 것입니다.

"보고 듣고 깨닫고 알고 하는 것 역시 이러하다. 어떤 연고인가? 자성공인 것이다."라고 했습니다. 보고 듣고 깨닫고 알고 말하고 하는 일체 이대로 공한 것입니다. '저 일체처에 있어 실로 모두 공'입니다. 공이 따로 있고 색이 따로 있는 것이 아닙니다. "공한즉 집착이 없습니다." 어디 집착이 있겠습니까? 허공에 물감을 칠하면 물감이 묻겠습니까? 물들지 않습니다.

"집착이 없는즉 이것이 평등하게 정혜를 다 쓰는 것이다. 이것이 바로 최상승보살과 대승보살과 부처님이 항상 쓰는 것이다. 이와 같은 평등한 공의 법이 바로 구경을 이룬다."고 했습니다.

여러분이 구경각을 다 이루었습니다. 이렇게 쉽습니다. 구경각을 이루면 다 된 것입니다. 대원각을 다 이룬 것이니까요.

"그런 고로 이르되 정과 혜가 균등한 것"이라고 했습니다.

여러분에게 혹시 누가 나쁜 말을 하고 욕하더라도 화를 내지 말고, '아, 선세 죄업이 많구나. 부처님 법을 등지고 욕을 하여 그 과보를 받는구나. 이제는 내가 발심해서 진심으로 이 공부를 밝히겠다' 생각하고 철저하게 공부해야 합니다.

"바로 이것을 해탈이라 이름한다. 이제 다시 너를 위하여 비유해서 나타내 보일 것이니 정녕코 너희들을 성성惺惺하게 하리라."고 했습니다.

반야지혜의 마음을 성성惺惺이라고 합니다. 무심無心의 성성惺惺한 이 마음은 원융무애하여 비추고 거두어들임에 자재하여 반야묘용의 마음을 걸림없이 쓰는 것입니다. 그래서 정定과 혜慧가 둘이 아닙니다.

선정과 지혜가 함께 한 법을 써서 최상의 진리인 아뇩다라삼먁삼보리를 증득한다는 것입니다. 그러므로 정혜定慧가 균등한 것입니다.

정과 혜가 균등하다, 즉 정이 곧 지혜요 지혜가 곧 정이라는 문제에 대해 비유를 들어 분명하게 답하고 있습니다.

이것은 우리의 인생을 논하는 것입니다. 인생론에 대한 책이 더러 나왔지만 이렇게 부처님과 역대 조사스님이 말씀하신 인생론과는 비교할 수 없는 것입니다. 여기에서 논하는 것은 우리 범부들이 미치지 못하고 알지 못하며, 또 성인이라고 해도 가히 헤아려 알기 어려운 내용입니다.

진여자성의 우리 마음자리를 거울에 비유해서 말하고 있습니다. 거울은 물건이 오면 무엇이라도 비칩니다. 거울에 어떤 물건이 와서 비칠 때 거울의 본체에 파도가 일어난다거나 거울 자체의 모양이 움직이는 것은 전혀 없습니다. 거울 자체는 부동不動합니다. 물건이 와서 비칠 때나 아무것도 없을 때나 거울의 본체는 그대로입니다. 바로 우리의 본래 진여자성의 마음자리가 그와 같다는 소리입니다.

거울이 무정하다고 했는데, 정이 있다는 것과 정이 없다는 것의 차이를 말하자면, 정이 있는 범부는 시비가 일어납니다.

한 사람은 깃발이 움직인다고 하고, 다른 사람은 바람이 움직인다고 시비를 하는 것입니다. 이것은 우리 본체의 마음을 모르는 범부들이 다투는 것입니다. 그러나 육조 스님은 깃발이 움직이는 것도 아니요 바람이 움직이는 것도 아니며, 그대의 마음이 움직였을 뿐(但人自心動)이라고 말씀하셨습니다.

그러면 마음의 본체 자리가 어떤 물건이 와서 그것을 비춰 보았다고 해서 움직이느냐, 어떠하느냐? 하는 것입니다. 이것을 확실히 알아야 합니다.

어떤 사태가 벌어지면 누구나 옳고 그르다는 시비를 하는데, 그렇게 시비를 하는 원인은 근본 자체를 상실했기 때문입니다. 본체를 잃어버리고 제2의 모양에 가서 머물러서 집착을 했기 때문에 시비가 벌어집니다. 그러나 본체의 마음 소식을 아는 사람은 시비를 하는 것이 아니라, 퍼뜩 돌이켜서 그 문제에 걸리지 않고 바로 해결해 지나갑니다.

지나가는 것은 어떻게 지나가는 것입니까?

계곡의 흐르는 물을 한 그릇 떠놓고 볼 때 그 물의 본성이 악입니까, 아니면 선입니까? 그 물은 선도 아니고 악도 아닙니다. 물 자체에는 선악이 없기 때문에 그 물이 착한 사람이라고 해서 먹을 수 있도록 해주고, 악한 사람이라고 해서 먹지 못하게 하지 않습니다. 물은 천태만상 모든 모양에게 다 갑니다. 누구든지 다 마십니다.

이 허공이 나라를 차별해서 담기도 하고 담지 않기도 하는 것은 아닙니다. 도둑놈, 기생, 타락자, 바람꾼, 착한 사람 할 것 없이 모두 이 허공에 머물러 있는 것이지, 나쁜 사람이라고 해서 내치지는 않습니다. 모든 것을 다 안고 있습니다.

세상 사람들은 제2의 바깥 모양에 머물러서 이것과 저것을 구분하고 시비합니다. 이것을 '정이 있는 것(有情)'이라고 합니다. '정이 없다(無情)'고 하는 것은 악한 사람이나 선한 사람의 근본 본체를 깊이 관해서 본래 악한 사람도 선한 사람도 아니라는 것을 아는 것입니다.

본래의 공의 차원에 입각해서 악도 아니고 선도 아닌 것을 알게 됨으로써 시비가 끝납니다. 다투지 않고 시비가 없는 차원으로 퍼뜩 돌이켜서 걸림 없이 쓸 수 있는 마음을 가리켜 '지혜로 묘용을 쓴다'고 하는 것입니다. 묘용을 쓸 줄 모르는 범부들은 끊임없이 두 가지 양변에 매달려 싸우고 시비해서 무한한 지옥의 고통을 만들어 내지만, 지혜의 묘용을 쓸 줄 아는 사람은 공의 차원에서 한마음 한몸이 됨으로서 시비를 하는 것이 아니라 고도로 무애자재한 큰 안정과 큰 해탈의 세계를 찰나찰나에 만들어 내면서 사는 것입니다.

우리들이 공부해서 화두를 타파하고 이 마음을 깨달아야 가능한 일입니다.

그런데 요즘은 화두를 타파하는 것을 마치 화두공안에 대해 무엇인가 알아서 타파하려 하는데, 그것은 잘못된 것입니다. 화두를 깊이 관하는 것은 내 자성을 바로 보고 깨달으려고 하는 것입니다. 그런데 화두에 집착해서 화두를 가지려고 하는 데 문제가 있습니다.

'화두를 받아서 가지고 있다'고 말하면서, 가지고 있는 이놈을 도망가지 못하게 붙들어 매어 놓으려 하는 사람이 있는데 이것은 마치 염불하기 위해서 '아미타불'과 같은 부처님 명호를 받아 놓고 "아미타불, 아미타불" 하면서 끊임없이 붙들고 있는 것과 같습니다. '이뭣고'라는 것을 담아 놓고 "무엇인고, 무엇인고" 하면서 "아미타불, 아미타불" 하는 것과 같이 하는 것은 잘못된 것입니다.

'이뭣고'라는 것은 단도직입적으로 '너는 뭐냐?' 하는 것입니다. "너는 뭐냐?"라고 물었을 때, 대다수가 "나는 영철이지요." 또는 "영자입니다."라고 답하는데, "과연 그것이 진정 너란 말이냐?" 하고 묻는 것입니다. 그것은 가짜로 이름을 붙인 것이지 진짜는 아닙니다. 그러면 이렇게 존재하는 이 몸은 무엇인가? 색수상행식이 인연으로 뭉쳐져 존재한다는 말인데, 색수상행식이라는 것은 따뜻한 기운이 하나 떨어져나가면 이 몸뚱이는 멈춰서 못쓰고 맙니다. 네 가지 원소(地水火風) 가운데 한 가지라도 떨어져 나가면 움직이지 못합니다. 네 가지 요소가 고르게 균형이 잡혀야 기동을 잘하는데, 중풍이 들었다는 것은 움직이는 기운이 뭔가 모자라는 것입니다. 죽을 때에는 모든 요소가 다 떠나갑니다.

그러고 나면 '나'라고 하는 뚜렷한 실체가 어디에 있느냐? 하고 묻는 것입니다.

"이 몸 말고 죽지도 않고 나지도 않는 영원히 존재하는 무엇인가가 있다고 들었습니다."라고 말하는 사람은 이런 저런 법문을 듣고 죽지도 나지도 않는 마음이라는 것이 있다고 생각하는 것입니다.

만약 실제로 죽지도 나지도 않는 마음이라는 것이 실제로 있다면 어떤 모양으로 생겼으며 어떻게 머물러 있고 어떤 것이냐는 것입니다.

아시다시피 6근 6식 자체도 다 무너지고 없어진다는 것 아니겠습니까? 의식 자체도 무너집니다. 의식이 있어서 우리가 움직이고 알고 하는 것인데 그 의식도 인연으로 모인 것입니다.

'무엇인가?' 하는 것은 본인들이 생각 안 하려 해도 안 할 수 없는 것입니다.

그런데 '이뭣고'를 받아서 담아 놓고 '뭔고', '뭔고' 하는 것은 화두를 잘못 드는 것입니다.

몸뚱이는 진짜 내가 아니라 지수화풍 네 가지 원소가 모여서 이루어진 것으로 이 네 요소가 흩어지고 색수상행식도 모두 없어진다, 마음이라고 하는 6근 6식도 인연으로 모인 것인데 이 역시 흩어진다, 그러면 '무엇인가?' 하는 것입니다.

여기에서는 조그만 어떤 것도 얻을 수가 없다고 합니다. 거기에서 '뭐 이런 것이지' 하면 그것은 벌써 십만 팔천 리나 거리가 멀어지는 소리입니다. 예를 들어서 주먹을 든다든지 절을 한다든지 등 여하한 행동을 지어서 해보려 하고 무언가 하려 하면 벌써 십만 팔천 리나 거리가 멀어집니다.

'그러면 도대체 이것이 무엇이냐?' 하고 지극한 의심이 생깁니다. 밥 먹고 똥 싸고 잠자는 일상생활 속에 그 의정을 그대로 깊이깊이 끌고 나가면, 의식이 없는 세계에 가서도 그 의심 덩어리 하나가 그대로 성성하게 됩니다. 깊은 잠에 들었을 때나 깨어 있을 때나 관계없이 순수하게 성성한 지경에 가면, 비로소 해결이 될 수 있는 상황으로 가까워져 갑니다. 그것이 다 되었을 때에는 마지막에 가서 본인이 어떠한 경계에 부딪혀서 뒤집어집니다. 번신일전翻身一轉, 즉 몸을 뒤집어엎어서 한 번 돌린다고 합니다. 이렇게 뒤집어졌을 때 비로소 '아!' 하고 본인이 깨달아서 알 뿐입니다. 그런 사람은 인생사를 확실하게 해결했다고 봅니다. 자신의 일을 해결한 사람, 일대사 일을 해 마친 사람입니다.

범부들은 끊임없이 두 가지의 분별을 가지고 시비를 하며 살아갑니다. 지금까지 살아온 것을 보면 시비에 말려들지 않는 사람이 몇 명이나 됩니까? 시비에 말려들지 않는 사람이 진정 지혜 있는 사람입니다. 지혜를 쓰는 사람은 시비에 말려들지 않고 퍼뜩 그것을 해결해 버립니다. 그리고 본인이 말려들지 않고 해결하기 때문에 상대방으로부터도 시비가 끊어집니다.

시비가 없는 당처를 알기 위해서는 분명 공한 당처를 증득해야 합니다. 생각으로 공하고 사량분별로 아는 공은 공이 아닙니다. 주작으로 하지 않아도 화두가 철저하게 자연스럽게 스스로 이루어져서 항상 여여부절如如不絶하여 둘이 무너진 세계에 깊이 들어갔을 때, 거기에서 바로 뒤집어엎어야 공의 차원을 확실히 증득한 것입니다.

거울의 맑은 자체는 공한 것을 말합니다. 그 자리는 공하면서 정定

한 것입니다. 거울 자체가 변하여 파도와 같은 어떤 변한 모양이 나타난다면 정定이 아닙니다. 거울이 영원히 안정되고 고요하고 변동이 없으며 공하기에 밖으로 모든 것을 환하게 비칩니다. 비치는 것이 지혜입니다. 우리 마음 자체는 고요하고 안정이 되어 있으면서 공한 것입니다. 또한 공할 뿐 아니라 무한한 지혜를 가지고 있습니다.

마음을 논하면서 허공을 언급하는 경우가 많은데 그것은 비유를 든 것입니다. 이 허공이 마음이라는 것은 아니지요. 허공은 변동이 없다뿐이지 묘용을 부리지는 않습니다.

마음이 공하다고 하는 것은 마음의 본체를 가만히 들여다보면 비어 있어서 무엇인가 잡아내려 해도 잡아낼 수 없다는 것입니다. 마음 자체가 마치 허공처럼 비어 있다는 것입니다. 그러나 마음이 허공처럼 비어 있기는 하지만 무한한 것을 만들어 냅니다. 허공은 무기의 공입니다. 마음은 무기의 공이 아니라 펄펄 살아 있어서 하늘과 땅도 뒤집어엎는 파도를 지니고 있습니다.

산승이 마음의 본체는 고요하고 공하다고 말을 하면 듣는 대중들이 '아, 마음은 고요하며 비어서 공한 것이구나' 하고 말에 끌려오기 쉽습니다. 그러나 마음은 비어 있고 안정이 되어 있지만 하늘과 땅도 덮는 태풍을 일으키고 또 씁니다.

이렇게 말을 하면 범부들은 또 '마음이 묘용을 일으킨다고 하면 마음이 고요하다고 하는 것과 배치되지 않는가?' 하고 의심할 수 있습니다. 범부들은 끊임없이 시비에 휘말리게 됩니다. 그러나 우리 마음이라는 것은 지혜로써 엄청나게 작용하지만 고요하게 비어 있는 것입니다.

분명하게 깨달아 알고 나면 범부와 성인이 둘이 아니며, 부처와 중생이 둘이 아닙니다. 즉 마음과 부처와 중생이 차별이 없습니다(心佛

及衆生 無差別).

왜 그럴까요? 거울의 본체나 물의 본체 어디에도 선과 악, 부처와 중생이 없습니다. 그런데도 마음, 중생, 부처, 신과 같은 것이 나왔다고 할 때는 어디에서 나왔을까요? 그놈의 본적지는 두 곳이 아니라 한 곳입니다. 한 곳에서 나왔기 때문에 다르지 않습니다.

범부는 항시 모양이 있는 두 가지를 놓고 대립을 해서 시비하기 때문에 정이 있는 것, 유정有情입니다. 유와 무, 시와 비, 선과 악, 범부와 성인, 진여와 망념이 둘이 아니라고 하는 것은, 공의 차원에서 깊이 깨닫고 보면 두 가지 모양이 무너져 없어진다는 것입니다. 범부는 모양에 따라가서 공연히 시비를 하지만, 깨달은 성인은 두 가지 모양에 매달려 시비하지 않고 즉각 지혜로 해결합니다.

그래서 두 가지 성품을 일으키는 것은 범부의 정이요, 두 가지 성품이 공한 고로 성인의 정이라고 합니다.

第十九

뜻을 얻으니 말이 끊어진다

문 | 경에 이르기를 말의 길이 끊어지고 마음이 가는 곳이 없어졌다 하는데 그 뜻이 어떤 것입니까?

답 | 말로써 뜻을 나타내고 뜻을 얻으니 말이 끊어진다. 뜻이 곧 공했음이니 공은 곧 도이며 도는 곧 이 말이 끊어진 자리니라. 고로 이르되 언어도단이라 한다. 심행처멸은 뜻의 실제를 얻어 다시 관을 일으키지 않음을 말한다. 관을 일으키지 아니한 까닭에 남(生)이 없다. 남이 없는 까닭에 일체 색의 성품이 공하며 색의 성품이 공한 까닭에 만 가지 인연이 끊어졌으니 만 가지 인연이 다 끊어진 것이 곧 심행처멸이니라.

問 經云 言語道斷 心行處滅 其義如何

答 以言顯義 得義言絶 義卽是空 空卽是道 道卽是絶言 故云言語道斷 心行處滅 謂得義實際 更不起觀 不起觀故 卽是無生 以無生故 卽一切色性空 色性空故 卽萬緣俱絶 萬絶俱絶者 卽是心行處滅

◉

언어도단이요 심행처멸이라 한 것은 말로써 나타낼 수도 없고 또한 마음으로 이렇고 저렇다고 할 수 없다는 것입니다. 두 가지로 분별해서 헤아리는 중생의 의식으로는 해결책이 안 나온다는 것이지요. 이를테면 앞과 뒤와 양옆 사면 모두 수천 길 되는 철벽에 빠졌으며, 그 공간이 좁아 몸을 전혀 움직일 수 없고 잡을 수 있는 나뭇가지 하나 없는 상황에서 어떻게 하겠느냐? 하는 것입니다. 이러한 상황은 사량분별로 타개하지 못합니다. 말로 해결할 수 없으며 중생의 의식으로도 해결할 수 없습니다. 이에 대한 뜻을 물었습니다.

도는 말이 끊어진 자리라고 했습니다. 그런데 "도가 무엇입니까?" 하고 묻는다면, 아무 말 하지 않고 가만히 있어야 할까요? 그것이 옳을까요?

심행처멸은 뜻의 실제를 얻어 다시 관을 일으키지 않음을 말한다고 했습니다.

관觀과 견見은 다릅니다. 견은 겉으로 보는 것이고, 관은 꿰뚫어 보는 것입니다. 어떤 잘생긴 사람이 있다고 할 때 겉의 껍데기를 보면서 예쁘다고 집착하는 것은 볼 견見입니다. 관은 껍데기를 꿰뚫어서 고름과 뼈까지, 그리고 오장육부의 온갖 것을 보고 또 그 모든 것을 지나서 마음 뿌리까지 찾아들어갈 뿐만 아니라 그 뿌리조차 없는 차원까지 깊이 통찰해 보는 것을 말합니다. 그 자리까지 가서 중심과 안정을 얻은 사람은 비로소 의심을 일으켜 참으로 참선할 수 있는 데에 가까이 간다는 것입니다. 그러나 관으로 공부하는 사람은 화두가 없습니다. 그래서 명상하는 사람들 가운데 그 자리에서 헤매는 사람이 많습니다.

그러나 공의 차원을 증득해서 보는 사람은 명상하듯이 무엇을 보는 것이 아니고 보는 동시에 다 이루어집니다. 화두관을 하는 사람은 즉각 현실에서 바로 해결하는 차원이 됩니다.

과거에 만공 스님과 용성 스님이 발우 공양을 하면서 법거량을 한 일이 있었습니다. 만공 스님이 용성 스님에게 "어묵동정語默動靜을 여의고 한마디 일러보시오." 하였습니다. 그러자 용성 스님은 일체 말을 하지 않고 가만히 있었습니다. 만공 스님이 하는 말이 "양구(良久)를 하는 거요?" 하니까 용성 스님이 "아니오." 하였습니다. 그러고는 두 분이 아무 말이 없었습니다.

돌아가신 수덕사의 혜암 스님은 "어묵동정을 여의고 한마디 이르라고 한다면 나 같으면 파기상종破器相從이라, 깨어진 그릇을 맞추는 것이라 하겠다."라고 하였습니다. 물론 나름대로의 생각이 있어서 그렇게 했던 것입니다. 전강 스님은 "어묵동정을 여의고 무얼 이르라는 것입니까?"라고 하였습니다.

그런데 이 분들보다 더 출중하게 이를 수가 있습니다. 그것이 중요한 것입니다. 이 분들은 이 분들대로 했지만 이제 이런 문제에 대해서 "이 분들은 어째서 이렇게 했나, 이렇게 했으면 좋았을 것을…" 하는 나름대로의 안목이 있어야 됩니다.

언어도단 심행처멸이라고 했습니다. 말이 끊어졌으니 말로는 뭐라고 할 수 없습니다. 만약 말로 뭐라고 하면 벌써 십만 팔천 리나 벗어납니다. 그렇다고 하여 눈을 깜빡거리면 벌써 방망이가 비 오듯이 쏟아진다고 했습니다. 이것은 무슨 행동거지를 하려고 하면 벌써 칼날이 그대에게 수천 번 돌아간다는 것입니다. 마음 가는 곳이 사라졌다는 것은 마음으로 '아 이런 것이지' 하고 생각을 하면 벌써 틀렸다는 말입니다. 말로 나타낼 수도 없고 마음이 가는 곳도 통하지 않아 끊어졌으니 그러면 어떻게 해야 되느냐?

이런 자리에서 다시 무슨 관觀을 일으킬 것이 있느냐? 그 관을 한다고 하는 놈은 사정없이 수천만 명을 때려 죽여도 관계없다는 말입니다. 뭘 한다고 하는 놈은 다 절단 낸다는 말입니다. 그렇기 때문에 "관을 일으키지 아니한다."라고 했습니다. "관을 일으키지 아니한 까닭에 남(生)이 없다."고 합니다.

그러면 언어도단하고 심행처멸인 자리, 바로 여기에서 어떻게 해야 되겠습니까?

"관도 일으키지 마라. 화두를 관하고자 할 것도 없다." 하고 일체 모든 것을 모조리 잘라 끊었습니다. 그럴 수밖에 없습니다.

향엄 스님이 말씀하시기를 "어떤 스님이 나무를 입으로 물고 대롱대롱 매달려 있는데 누가 와서 '서쪽에서 조사가 온 뜻이 뭐요?' 하고 물었다. 말을 하면 수천 길이나 되는 절벽에 떨어져서 생명을 잃을 것이고 대답을 안 하면 묻는 사람의 뜻을 어길 것이니, 자 어떻게 하겠느냐?"고 했습니다.

바로 언어도단하고 심행처멸이라, 모조리 끊은 이 자리를 딱 갖다 대놓고 한 말입니다. 자, 어떻게 해야 되겠습니까? 이것 하나 해결해 버리면 여러분은 다 됩니다. 역대 스님들이 이처럼 아주 간단하면서 바로 해결할 수 있도록 가깝게 일러준 것입니다. 언어도단 심행처멸,

이것이 해결되어야 합니다. '밀밀히 한 걸음 나아가야 나는 용을 보리라' 그러면 즉시 무생이라, 관을 일으키지 아니한 고로 남이 없는 것입니다.

"남(生)이 없는 까닭에 곧 일체 색의 성품이 공하며, 색의 성품이 공한 까닭에 곧 만 가지 인연이 끊어졌으니 만 가지 인연이 다 끊어진 것이 곧 심행처멸이니라."라고 했습니다.

이 자리가 곧 마음이 행하는 자리가 끊어져서 없는 자리입니다. 모든 인연이 끊어진 자리에는 마음이 가는 곳도 다 끊어져 없다는 것입니다. 그러면 여기서 어떻게 하자는 것입니까? 자 이제 말도 못하는 자리까지 왔습니다. 누가 와서 "불교가 뭐요?" 하고 물으면 입을 닫고 있겠습니까? 아니면 입을 열겠습니까? 어떻게 해야 합니까? 여기서 '이런 것인가, 저런 것인가?' '어떻게 해야 되는 건가?' 하고 생각을 해서 머뭇거리면 야호정령귀굴野狐精靈鬼窟이라, 들판의 여우새끼요 정령이 귀신굴에 떨어졌단 말입니다. 상신실명喪身失命이라, 몸은 상하고 생명은 죽었단 말입니다. 여기서 살아나야 눈을 갖춘 종사가 됩니다. 역대 모든 성인들이 여기에서 거꾸러졌습니다. 성인도 감히 여기서는 뭐라고 할 수가 없습니다. 거꾸로 곤두박질친다는 말입니다. 그러면 여기서 어떻게 해야 되겠습니까? 이 문제가 보통 일이 아닙니다.

"삼천 리 밖에 이르러 사람을 만나 잘못 드러내지 마라." 했습니다.

第二十

여우를 사자인 줄 알고

문 | 여여如如하다고 하는 것이 어떤 것입니까?

답 | 여여라고 하는 것은 움직이지 않는다는 뜻으로 마음이 진여인 까닭에 이름하여 여여라고 한 것이다. 이를 알아야 하니 과거의 여러 부처님도 이런 행을 행하여 성도하였고, 현재의 부처님도 또한 이 행을 행하여 성도하며, 미래의 부처님도 이런 행이 있어서 또한 성도할 것이다. 삼세의 모든 부처님이 닦아서 증득한 도와 다름이 없는 까닭에 이름하여 여여라고 한 것이다.

『유마경』에 이르되 "모든 부처님이 또한 똑같다. 저 용화세계 미륵 부처님에 이르러서도 다를 바가 없다. 일체의 중생에 이르기까지 모두 이와 같으니, 왜냐하면 불성은 끊어지지 않는 성품이 있는 까닭이니라."라고 하였다.

問 如如者云何

答 如如是不動義 心眞如故 名如如也 是知過去行佛 行此 行亦得成道 現在佛 行此 行亦得成道 未來佛 有此 行亦得成道 三世所修 證道無異 故名如如也

維摩經云 諸佛亦如也 至於彌勒 亦如也 乃至一切衆生 悉皆如也 何以故 爲佛性不斷 有性故也

◉

"여여란 부동하다는 것으로 마음이 진여인 까닭에 그것을 여여라고 한다."라고 하였습니다. 육근六根, 육진六塵의 옷을 벗어버리고 진여의 면목面目을 알았다는 생각조차 없는 자리를 가리켜서 여여라고 하고, 부동이라고 하며, 참마음이라고 합니다.

과거·현재·미래의 모든 부처님이 언어도단이요 심행처멸인 이 자리에 와서 비로소 성도를 했고 성도한다는 말입니다. 지금 생각으로 되는 것은 소용이 없습니다. 여러분이 공부하여 이 자리를 깨달아서 알아버리면 바로 공의 자리를 증득한 것입니다. 공의 자리를 봤다, 깨달았다, 그러면 어떻게 되느냐? 그 사람은 걸림이 없습니다. 중생으로서 쓰던 마음자리라는 것은 찾아볼 길이 없어서 마음 쓰는 것이 다르고 행동하는 것이 다릅니다.

생각으로나 이론으로 알아서 '나는 공을 안다'고 하는 것은 아무런 소용이 없습니다. 그건 구두선口頭禪이고 의리선義理禪입니다. 의리선이란 '이런 것인가? 저런 것인가?' 하고 이치로 따져서 '아, 이런 것이구나' 하고 아는 것을 말합니다. 또한 문자로 헤아리는 문자선文字禪도 아무런 소용이 없습니다. 구두선이나 의리선, 문자선을 하는 사람은 백천 번 알아봐야 중생심 그대로 가지고 있습니다. 그것은 도둑놈을 진짜인 줄로 알고 자기 주인으로 삼는 것입니다. 그래서 선지식을 통하여 철저하게 점검을 받아야 합니다.

수행하는 사람들이 이론적으로 따져서 사량분별로 안 것을 정말 안 것처럼 그걸 가지고 재산으로 삼고 있습니다. 이론과 이치로, 사량분별로 따져가지고 화두도 풉니다. '아하, 이런 것이구나' 하면서 자꾸 알아가서는 나름대로 턱 하니 주관이 서 있습니다. 그건 여우를 사자인 줄로 알고 도둑을 주인으로 알아 자기 재산으로 삼고 앉아 있는 사람입니다. 그런 사람을 여지없이 부수어서 공부할 수 있는 방향으로 나가게 하기 위해서 이러한 말이 나온 것입니다.

자! 입을 벌리면 수천만 길 절벽에서 떨어져 죽을 것이요, 입을 벌리지 않으면 상대방의 뜻을 어기니 여기서 입을 열 것인가, 안 열 것인가? 이르란 말입니다. 여기에서 문자선이나 의리선이나 구두선이나 이런 것이 통하느냐 하면 도무지 통할 길이 없습니다. 어느 것도 안 통합니다. 이것저것 마구 방망이를 맞습니다. 이런 관문이 왜 생기느냐 하면 이 세상에 너무 아는 사람이 많기 때문입니다. 쓸데없이 아는 것으로 종宗을 삼으려 하고, 아는 것으로 재산을 삼아 행세를 합니다.

참선을 해도 순전히 나름대로의 지견을 가지고 관념을 만들기 때문에 그것들을 모두 부수어 점검하기 위해서 이런 관문이 생긴 것입니다. 이걸 거치지 않고는 살아날 길이 없습니다.

대주선사어록에서는 과거의 부처님이 바로 심행처心行處가 멸하고 언어가 끊어진 이 자리에 이르러서 여여부동 차원의 행을 행하여 부처를 이루었으며, 현재의 부처님도 또한 이러한 행을 행하여 부처를 이루며, 미래의 부처님도 또한 이런 행을 행하여야 부처를 이룰 것이라고 하였습니다.

앞으로 천하에 없는 누가 신선놀음 하거나 별짓 하는 사람이 나와도 이 길을 통하지 않고는 외도로 평생 삿된 짓만 하고 살아갈 수밖에 없습니다. 요사이 단전호흡 한다고 공연히 허파에 바람 넣었다 뺐다 하는 허망한 짓 하는 사람들이 많습니다. 그거 해본들 뭐합니까? 나중에 가면 아무것도 아닙니다. 왜냐하면 이러한 진리의 길에 들어오지 않고 하는 행동이기 때문에 전부가 가짜라고 할 수밖에 없습니다. 이 자리를 거치지 않고 하는 행동은 무슨 도나 무슨 종교나 전부 껍데기 놀음입니다. 역대 부처님도 조사스님도 미래의 부처님도 이 자리를 거쳐서 인생을 해결했습니다. 말로 한계를 지을 수 없는 대도의 무한대한 행을 밖으로 드러내서 실제로 참된 진여 자리를 뽑아낸 것입니다. 진짜 금은 불에 녹여 불순물이 다 제거되어야 만들어집니다.

앞으로 어떤 부처님이 나와도 이 길을 비켜나가서 얻어질 수는 없습니다. 여여한 이 자리를 어떻게 비킬 수 있겠습니까?

일체 모든 중생이 이 길을 가야 합니다. 자! 어떻게 하겠습니까? 당장 일러 보십시오. 과거에는 대답을 못하면 물에 집어넣기도 하고 밥도 안 주고 문도 잠그고 그랬습니다. 문을 잠가 버리고 "너 이놈, 알기 전에는 나오지 말라." 이렇게 다그쳤기 때문에 거기서 분통이 터져 가지고 지독하게 참구하여, "나는 분명히 알았다." 하며 문을 박차고 나오고 그랬습니다.

그런데 요새는 선비참선을 하고 기생참선을 하기 때문에 안 됩니다. 기생참선이 뭔지 압니까? 말을 안 해도 잘 알 것이고, 선비참선은 양반참선입니다. 양반참선 하듯이 해서는 안 됩니다. 그러니까 오랜 세월을 두고 참선해도 진전이 없는 것이니 안 되는 겁니다.

과거에는 사정이 없었습니다. 때리고, 문을 잠그고, 다그치고, 쫓아냈습니다.

봉암사에서 향곡 스님과 성철 스님이 일주일 동안 싸움을 했다고 합니다. 서로 멱살을 쥐고 물에 처넣고, 나오면 차버리고 했습니다. 성철 스님이 "야, 이 자식아, 너는 밥 먹을 자격도 없어." 하면서 문밖으로 쫓아내고 문을 잠가 버리니까 거기서 분통이 터져서 향곡 스님은 일주일이 가는 것도 몰랐다고 합니다. 부도를 잡고, 눈비가 내리는 것도 몰랐다는 것입니다. 그래서 이 공부는 누가 뭐라고 하더라도 정말로 생사를 한번 걸어봐야 됩니다.

第二十一

보는 것으로 볼 수 없는 것

문 | 색에 즉하고 공에 즉하며, 범부에 즉하고 성인에 즉하는 것이 몰록 깨닫는 것입니까?
답 | 그렇다.

문 | 어떤 것이 색에 즉하고 공에 즉한 것이고, 또 범부에 즉하고 성인에 즉한 것입니까?
답 | 마음이 물들은즉 색이요, 마음이 물드는 것이 없는즉 공이다. 마음이 물드는 것이 있는즉 범부요, 마음이 물드는 것이 없는 것은 성인이라. 또 이르되 진공은 묘유라 색에 즉했다. 색은 가히 얻을 수 없는 까닭에 곧 공이니라. 지금 말하는 공이라는 것은 색의 성품이 스스로 공한 것이지 색이 멸해서 공한 것이 아니다. 지금 말하는 색이라는 것

은 공의 성품이 스스로 색이라고 한 것이지 감각되는 색이 능히 색이라고 한 것은 아니다.

問 卽色卽空 卽凡卽聖 是頓悟否
答 是

問 云何是卽色卽空 云何是卽凡卽聖
答 心有染卽色 心無染卽空 心有染卽凡 心無染卽聖 又云 眞空妙有故卽色 色不可得故 卽空 今言空者 是色性自空 非色滅空 今言色者 是空性自色 非色能色也

◉

마음이 물들어 간다는 것은 우리들이 깨닫는 이 공부를 하지 않고 다른 공부를 하는 것을 말합니다. 다른 공부는 물드는 공부입니다. 자꾸 물들어 가고, 본인들이 스스로 만들어 가고 있기 때문에 거기에 매달려서 깨닫는 이 자리하고는 점점 거리가 멀어지게 됩니다. 반대로 가니까 점점 멀어지는 겁니다. 범부들이 이 마음을 자꾸 물들이는 것은 색이고, 마음이 물드는 것이 없는 것은 공입니다. 우리가 공의 자리를 체득하는 것이 바로 깨쳐서 해 나가야 할 일입니다.

공이라고 하니까 공인 것으로만 아는데, 묘유라, 진정으로 있다는 소리입니다. 묘하다는 말입니다. 여래묘색신如來妙色身을 말하는 겁니다.

그리고 색에 즉했다고 하니까 여러분은 이런 형색에 즉했다는 것으로 생각하는데 그런 뜻이 아니라 진공묘유가 색이라고 했습니다. 깨치지 못한 범부가 색이라고 하는 차원이 아니라 진공묘유의 차원에서 본 색입니다. 색은 색이지만 다릅니다. 진공묘유가 곧 색이요, 색

이 곧 진공묘유입니다

"색은 가히 얻을 수 없는 까닭에 곧 공이니라. 지금 말하는 공이라는 것은 색의 성품이 스스로 공한 것이지 색이 멸해서 공한 것이 아니다."라고 했습니다.

여기 주장자가 있는데 이건 공이 아니라 색입니다. '이것을 부수어서 가루로 만들면 없어지니까 그게 공이구나' 하는 말이 아닙니다. 그런 공이 아닙니다. 색의 성품이 스스로 공해서 색이 공이고 공이 색이라는 것이지, 색이 멸해서 공이라는 것이 아닙니다. 현상적으로 보이는 어떤 것들도 그 자성이 공하다는 것입니다.

또한 "지금 말하는 색이라는 것은 공의 성품이 스스로 색이라고 한 것이지 감각되는 색이 능히 색이라고 한 것이 아니다."라고 하였습니다.

색이 능히 색이라고 하지 않는다고 말할 수도 있고, 비색이 능색이라, 색이 아니기 때문에 능히 색이라고 말할 수도 있습니다. 말이 좀 다릅니다. 색이 아니기 때문에 능히 색이라고도 합니다. 반대로, 색이 능히 색이라고 하는 것이 아닙니다. 색이 색이 아니라는 것입니다. 성품이 공해서 스스로 색이라고 했습니다.

무엇이 그대로 있지만, 그것을 하나도 없애지 않고 그대로 그것을 공이라고 한다는 것입니다. 공으로 바로 본다는 것입니다. 물건을 부수어 없애서 아무것도 없는 것을 공이라고 하는 것이 아니라 있는 그대로를 직관적으로 볼 때 바로 공했다고 하는 것입니다.

그런데 그 보는 것이 보려고 해서 보는 것이 아니라, 공의 자리를 체득한 사람만이 그렇게 볼 수가 있습니다. 자동으로 그렇게 됩니다. 그런데 여러분은 그렇게 안 됩니다. 공이라고 그대로 봤는데 색이라고 할 때는 색이 색이라고 할 수가 없습니다. 색이 어디 색이라고 합니까? 성품이 색이라고 한다는 것입니다. 그것을 가지고 색이라고 하는 것이 아니라 성품 그 자체를 색이라고 한다는 것입니다. 그것을 묘색신이라고 합니다. 여래의 묘색신 자리, 깨달음의 실체라고 합니다.

모든 것을 부정하고, 부정하면서 긍정하고 긍정하면서 부정하고, 그러면서 이것도 아니고 저것도 아닌데 이것이고 또 저것이고, 그러면서 이 자리를 규정지어서 딱 이것이라고 하지는 않으면서 색이라고도 하고 공이라고도 한다는 것입니다.

第二十二

다하되 다할 수 없는 법문

문 | 경에서 말한 '다하되 다할 수 없는 법문'은 어떤 것입니까?

답 | 두 가지 성품이 공한 까닭에 보고 듣는 것에서 남(生)이 없으니 이것이 다한 것이며, 다했다는 것은 모든 망루妄漏가 다했다는 것이다. 다함이 없다고 하는 것은 남이 없는 본체 가운데 항하사와 같은 묘용을 갖추어서 일에 따라서 응하여 나타낸다. 실로 다 구족하여 본체 가운데 또한 덜고 감할 것이 없음을 이름하여 다함이 없다고 한 것이니라. 곧 이것을 가지고 다하되 다함이 없는 법문이라고 한 것이다.

문 | 다함과 다함이 없음은 하나입니까, 다릅니까?

답 | 본체는 하나이나 말로 나타내면 모두 다름이 있다.

문 ı 체는 하나인데 어찌 설은 다릅니까?

답 ı 하나라고 하는 것은 말의 본체이며, 말을 하는 것은 본체의 작용이니 일을 따라서 응하여 쓰는 까닭에 본체는 같지만 말하는 것은 다르다고 한다. 비유하면 하늘에 뜬 하나의 해 아래에 여러 개의 그릇에 물을 채워 놓으면 그 하나하나의 그릇 가운데 모두 해가 있다. 모든 그릇 가운데 있는 해는 실로 다 원만해서 천상의 해와 더불어 차별이 없는 까닭에 본체는 같다고 말한다. 그런데 그릇을 따라서 이름을 세우면 곧 차별이 있다. 그러므로 다름이 있는 까닭에 본체는 같지만 말로 나타내면 다름이 있다고 한다. 나타나는 모든 해가 다 원만해서 저 천상의 본래의 해와 조금도 덜하고 감한 것이 없다. 그런 까닭에 다함이 없다고 말한다.

問 經云 盡無盡法門 如何

答 爲二性空故 見聞無生是盡 盡者 諸漏盡 無盡者 於無生體中 具恒沙妙用 隨事應現 悉皆具足 於本體中 亦無損減 是名無盡 卽是盡無盡法門也

問 盡與無盡 爲一 爲別

答 體是一 說皆有別

問 體卽是一 云何說別

答 一者 是說之體 說是體之用 爲隨事應用故 云體同說別 喩如天上一日下置種種盆器盛水 一一器中 皆有於日 諸器中日 悉皆圓滿 與天上日 亦無差別 故 云體同 爲隨器立名 卽有差別 所以有別故 云體同 說卽有別 所現諸日 悉皆圓滿 於上本日 亦無損減 故 云無盡也

◉

루漏라는 것은 유루有漏와 무루無漏가 있습니다. 루는 샐 루 자, 흐를 루 자입니다. 눈물을 흘리면 뚝뚝 떨어지지 않습니까? 샌다는 말입니다. 낙숫물이 처마 끝에서 뚝뚝 떨어지는 것이 새는 것이고, 쌀 이는 조리로 뜨면 물이 새는 것입니다. 중생이 살아가는 모든 마음은 유루라, 샌다는 말입니다. 즉 한계가 있다는 것입니다. 한계를 지어 놓고 살고 한계에서 살다 끝나고, 마음 쓰는 것도 한계를 지어서 쓰고 거기서 또 그걸 가지고 재산을 삼습니다. 조금 착한 일을 해서 복을 지어 놓았다면 그 복이 영원한 것이겠습니까? 지어 놓은 것은 영원한 것이 아닙니다. 지어 놓은 것은 쓰면 없어지는 것입니다.

아주 복이 많은 사람은 나중에 무상을 느껴서 도를 닦을 수 있는 인연이 됩니다. 아주 복이 없는 박한 사람도 또한 이 도를 닦으러 올 수가 있는데, 복이 아주 많은 것도 아니고 아주 없는 것도 아닌 중간 사람이 힘듭니다. 이것도 아니고 저것도 아니어서 도를 닦을 마음이 잘 나지 않습니다. 복진타락福盡墮落이라, 복이 다하면 그 다음에는 가난해지니까 또 복을 지어야 됩니다. 복 지어서 잘살다가 못살다가 왔다 갔다 하는 그것을 유루라고 합니다. 그건 한계가 있는 중생의 세계입니다. 권력도 그렇습니다. 권불십년權不十年이라고 일생 동안 계속할 수는 없습니다. 중생이 하는 것은 한계가 있어서 단막극으로 끝납니다. 오늘이 좋으면 내일이 나쁩니다. 마음 쓰는 것을 그렇게 쓰기 때문입니다.

무생체無生體라고 하는 것은 언어도단이요 심행처멸입니다. 본래 근본체, 진여자성의 여여한 자리를 가리키는 말입니다.

그러면 무생체 중에 "항하사와 같은 묘용을 갖추었다."는 것은 무슨 말입니까? 만약 부처님이 언어도단 심행처멸을 깨달았다고 해서 일생 동안 가만히 있다가 가셨다면 우리가 어떻게 정법正法을 알겠습니까? 그래서 부처님이 동분서주하면서 팔만 사천의 법문을 남긴 것입니다. 부처님은 중생을 위해서 49년 동안 방편을 쓰셨습니다. 이것이 항하사와 같은 묘용을 썼다는 말입니다.

대기대용大機大用의 대기는 근본체요, 대용은 묘용입니다.

팔만 사천 방편의 법문을 열어 온갖 설법을 해서 중생에게 베풀었다는 것입니다. 수사응현隨事應現이라, 일을 따라 응해서 나투는 것입니다. 그래서 관세음보살 같은 분은 32응신應身, 19시연示演, 33현신現身이며, 천수천안 즉 눈이 천 개요 손도 천 개입니다. 관세음보살님이 32응신을 나투고 19시연을 나툰다는 것은 바로 석가모니 부처님이 관세음보살님의 몸을 나투어서 일체 중생을 위해서 묘용을 썼다는 것입니다.

여러분이 아침에 일어나서 직장에 갈 때는 직장에 가는 사람으로 몸을 응현해 나투고, 잠잘 때는 잠자는 몸으로 응현해서 나투고, 밥 먹을 때는 밥 먹는 사람으로 몸을 나투고, 대변볼 때는 대변보는 몸으로 나투는 등 일상생활 속에서 여러분이 수백 수천 가지로 몸을 나투고 있습니다. 그때마다 하는 놈은 둘이 아니고 한 놈으로 모든 일에 따라 응해 나툽니다.

부처님은 무진의 법문을 무한한 방편으로, 지혜의 묘용을 옥을 굴리듯 용이 여의주를 굴리듯이 멋지게 굴리고 쓴 것입니다. 우리 중생들은 왜 그렇게 못 씁니까? 공부 안 하고 망상하고 딴 생각 하기 때문입니다. 다른 것이 머릿속에 들어 있으면 천하없어도 공부가 안 됩니다. 부처도 도리어 끊고 조사도 끊으라는 소리를 부처님 문중에서 왜 하겠습니까? 부처도 박살내고 조사도 박살내라. 이렇게까지 바로 가르쳐 주는 부처님의 이 가르침은 천하에 없는 가르침입니다.

항사묘용을 쓰는 무진의 자리는 여여하다고 하니 이것이 본래 하나입니까? 그렇지 않으면 다른 것이 있는 것입니까? 하고 묻는 데에 "본체는 하나이나 말로 나타내면 모두 다름이 있다."고 답하였습니다.

하늘 위의 하나의 해를 비유할진댄 허공에는 해가 하나인데 아래로 수천 가지 그릇에 물을 떠놓으면 그릇마다 해가 담겨 있습니다.

물속에 들어가 있는 해나 하늘에 있는 해나 다를 것이 없습니다. 그래서 근본체가 같다는 말입니다. 중생이 가지고 있는 성품 자리나 부처님이 가지고 있는 성품 자리나 일체 모든 만물이 가지고 있는 성품 자리가 다르지 않고 하나라는 것입니다.

그릇이 쓰임에 따라서 여러 가지 이름으로 나뉩니다. 간장을 담으면 간장 종지이고, 된장을 담으면 된장 그릇이며, 밥을 담으면 밥그릇입니다. 그릇 자체는 다르지 않으나 담는 물건에 따라 그 그릇의 이름이 달라집니다.

물도 그 자체는 동이의 물도 아니요 컵의 물도 아닙니다. 하늘에서 쏟아진 빗물을 고정되게 강물이라고 할 수 있습니까? 아니면 바닷물이라고 할 수 있습니까? 강물도 아니요 바닷물도 아니요 그릇의 물도 아닌데 사람들이 컵에다 물을 받으면 컵의 물이 되고 물동이에 받으면 물동이의 물이 됩니다. 가져와서 받는 사람에 따라서, 담는 그릇에 따라서 이름이 다른 것이지 물 자체는 어찌 다를 수가 있겠습니까?

여기에서 바로 잘 알아차려야 됩니다.

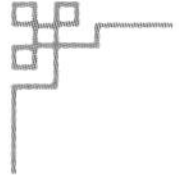

第二十三

나지 않고 멸하지 않고

문 | 경에 이르되 '불생불멸'이라 하니 어떤 법이 불생이고, 어떤 법이 불멸입니까?

답 | 선善이 아닌 것이 불생이고(불선이 생하지 않으며), 선법이 불멸이다(선법이 멸하지 않는다).

문 | 어떤 것이 선이며, 어떤 것이 불선입니까?

답 | 불선은 물들고 새는 마음이고, 선법은 물들고 새는 마음이 없음이니라. 다만 물들지 않고 새지 않으면 바로 불선이 불생이고, 무념과 무루를 얻으면 곧 맑고 깨끗하며 원만하게 밝아서 그윽하게 항상 고요하여 끝없이 바뀌지 않으니 이것을 이름하여 선법은 멸하지 아니한다고 한 것이니라. 이것이 곧 불생불멸이다.

問 經云 不生不滅 何法不生 何法不滅

答 不善不生 善法不滅

問 何者善 何者不善

答 不善者 是染漏心 善法者 是無染漏心 但無染無漏 卽是不善不生 得無染無漏時 卽淸淨圓明 湛然常寂 畢竟不遷 是名善法不滅也 此卽是不生不滅

◉

무루는 새는 것이 없는 것을 말하는 것이고 유루는 새는 것을 말하는 것입니다.

새는 것은 중생의 생멸심입니다. 중생이 가지고 있는 생하고 멸하는 생사심이 유루심이고, 생멸심이 없고 여여부동한 자리는 바로 무루심입니다.

第二十四

참부처님의 아들

문 | 『보살계경』에 이르되 "중생이 부처님의 계를 받으면 곧 모든 부처님의 위치에 들어가서 지위가 한가지로 대각이어서 참으로 부처님의 아들이다."라고 하니 그 뜻이 무엇입니까?

답 | 부처님의 계라고 하는 것은 청정심이 이것이라. 만약 어떤 사람이 발심해서 청정행을 수행하여 받은 바가 없는 마음 얻었음을 이름하여 부처님 계를 받았다고 한다. 과거의 모든 부처님이 다 청정해서 받을 것이 없는 행을 닦아서 모두 불도를 이루었다. 지금 어떤 사람이 발심해서 받음이 없는 청정행을 닦으면 곧 부처님과 더불어 공덕을 똑같이 쓰니 차이가 없느니라. 그런 고로 이르되 모든 부처님의 지위에 들어간다고 한다.

이와 같이 깨달은 사람은 부처님이 깨달은 것과 같은 까닭에 그 위치가 대각의 자리와 한가지로 같다고 말한다. 진실한 모든 부처님의 아들은 청정심으로부터 생기니 지혜가 청정함을 이름하여 모든 부처님의 아들이라고 하며, 또한 이름하여 참부처님의 아들이라고 한다. 또한 이름해서 참불자라고 하는 것이다.

問 菩薩戒云 衆生受佛戒 卽入諸佛位 位同大覺已 眞是諸佛子 其義云何

答 佛戒者 淸淨心 是也 若有人 發心修行淸淨行 得無所受心者 名受佛戒也 過去諸佛 皆修淸淨無受行 得成佛道 今有時人 發心修無受淸淨行者 卽與佛功 德等用 無有異也 故 云入諸佛位也

如是悟者 與佛悟同 故 云位同大覺已 眞是諸佛子 從淸淨心生 智智淸淨 名爲諸佛子 亦名眞佛子

◉

여러분, 보살계 받으셨습니까? 대승보살계! 보살계 받으면 참 좋습니다. 보살계 받은 분들은 앞으로 반드시 성불할 수 있고, 절대 악도에 안 떨어지니 보살계 받는 것이 얼마나 중요합니까? 보살계 받은 분들은 지옥, 아귀, 축생, 수라, 인간의 몸 받는 것이나 하늘에 가는 것이나 일체 그런 윤회를 하지 않습니다. 보살계 받은 사람만이 바로 성불할 수 있는 데로 들어간다고 했습니다.

부처님의 참아들이 되려면 어떻게 해야 되겠습니까? 왕에게 왕자가 여럿 있는데 왕이 될 수 있는 세자 책봉식을 하듯이 우리 중생들이 보살계를 받으면 바로 부처님의 참아들이 되는 것입니다.

소승계에서는 남의 것을 훔치거나 남의 권력을 빼앗겠다는 생각을 일으켰어도 행동에 옮기지 않으면 괜찮습니다. 대승보살계에서는 행동으로 옮기지 않았더라도 마음으로 저 사람의 재물을 내 것으로 만들어야겠다는 생각을 일으켰을 때 이미 파계했다고 합니다. 그러나 대승보살계에서는 그러한 마음이 일어날 일이 없으니 파계할 일이 없다고 『범망경』에 말씀하고 있습니다. 바로 부처님의 마음은 청정하기 때문에 청정한 이 자리에는 일어날 마음이 없다는 것입니다. 욕심으로 저 사람을 파계시키고 저 사람 자리를 쟁탈해서 뺏고 또 다른 사람을 쳐서 생명을 죽이고 이러한 생각을 일으키는 마음이 전혀 일어날 일이 없다는 것입니다. 일어나는 것이 없기 때문에 파계할 일도 없다는 말입니다.

보살계를 받은 여러분은 마음으로 일으켜서 파계할 일이 없기 때문에 다 부처님입니다.

이 자리는 부처님 자리인데 계를 주고받고 할 것이 없다는 말입니다. 보살계를 받아서 청정한 그 자리에 부처가 되어서 앉아 있는데 뭘 주고받고 하겠습니까? 이것을 이름해서 부처님 계를 받았다고 하는 것입니다. 과거의 부처님이나 조사가 변호사를 했으면 잘 했을 것입니다. 어쩌면 이렇게 말이 이리 가고 저리 가고 전혀 걸림이 없이 잘 돌아가는지요? 그래서 대무애변재大無碍辯才를 갖춘 부처님, 조사스님이라고 합니다.

누구든지 공부하여 확철대오 견성하면 이 자리가 바로 대승 불보살이라는 것입니다. 그렇게 되면 부처님과 다를 것이 없고 조사와 다를 것이 없습니다.

성불도 놀이 할 때처럼 대각에 올라가면 다 된 것입니다.

우리가 참불자가 되려면 본래 청정한 마음자리를 깨달아 실지로 자신의 일을 분명하게 해 마쳐야 하며, 대승보살은 '범망경보살계'를 받아 수행을 열심히 해야 하고, 또 대승보살계를 받았다면 그 자리는 바로 청정한 마음이기 때문에 바로 부처님입니다. 그러므로 부처님과 조금도 다를 바가 없어야 합니다.

第二十五

부처님이 먼저인가 법이 먼저인가?

문 | 부처님과 법이 같다면 부처님이 먼저입니까, 아니면 법이 먼저입니까? 만약 법이 먼저 있었다면 그 법은 어떤 부처님이 설했으며, 만약 부처님이 먼저 있었다고 한다면 그 부처님은 어떤 가르침을 받들어 도를 이루었습니까?

답 | 부처님이 법보다 먼저 있었고, 또한 법보다 뒤에 있었던 것이다.

문 | 불과 법의 선후는 무엇에 따른 것입니까?

답 | 만약 적멸법寂滅法을 의거한다면 법이 먼저이고 부처님이 뒤라고 할 수 있으며, 만약 문자법에 따르면 부처님이 먼저이고 법은 뒤이다. 왜냐하면 일체의 부처님이 모두 적멸법에 의하여 성불하였으므로 곧 법이 먼저이고 부처님이 뒤이다.

경에 이르되 "모든 부처님의 스승은 법"이라고 하셨다. 그러나 도를 얻은 이후에는 12부경을 자세히 설하고 또 모든 중생을 이끌어 교화하니 중생이 불법의 가르침을 받들어 수행하여 성불을 얻는 것이다. 그러므로 부처님이 먼저요 법이 뒤가 되는 것이다.

問 只是佛之與法 爲是佛在先 爲是法在先 若法在先 法是何佛所說 若佛在先 承何敎而成道

答 佛 亦在法先 亦在法後

問 因何佛法先後

答 若據寂滅法 是法先佛後 若據文字法 是佛先法後 何以故 一切諸佛皆因寂滅法 而得成佛 卽是法先佛後
經云 諸佛所師 所爲法也 得成道已 然始廣說十二部經 引化衆生 衆生 承佛法敎 修行得成佛 卽是佛先法後也

◉

이 부분의 논지를 살펴보면 "계란이 먼저냐, 닭이 먼저냐?" 하고 묻는 것과 같이 부처님과 법의 선후를 묻는 것입니다. 부처님이 먼저가 될 수 있고 법이 먼저가 될 수 있으며, 부처님이 뒤가 될 수 있고 법이 뒤가 될 수 있다는 논리가 됩니다.

우리가 보통 생각하기를 먼저면 먼저이고 뒤면 뒤라고 딱 정해지면 그만인데, 법이 먼저고 부처님이 뒤라고 했다가, 다음에는 부처님이 먼저고 법이 뒤라고 합니다. 이것을 모르는 사람들이 들으면 궤변이라고 합니다. 그러나 이 법을 확실히 아는 사람은 기가 막히게 감동을 받고 정말 깨닫게 되는 계기가 됩니다.

부처님께서 천신만고千辛萬苦 끝에 적멸법을 깨달아 본래 모든 중생에게 청정 자성 자리가 갖추어져 있음을 알았습니다. 그 이전에는 자성이 본래부터 청정하게 모든 중생에게 원만하게 이미 갖추어져 있다는 사실을 말한 분이 없었습니다. 부처님께서 깨닫고 난 이후에 중생들을 위해서 49년 동안 팔만 사천 법문을 설하신 것입니다. 그 법문을 통해 세상 사람들이 법이 존재한다는 것을 알게 되는 것입니다.

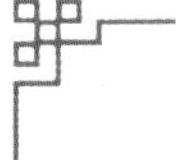

第二十六

설통과 종통

문 | 어째서 설說은 통하고 종宗은 통하지 못했다고 합니까?

답 | 말과 행이 서로 어긋나기 때문에 설은 통하고 종은 통하지 못한 것이니라.

문 | 어떤 것이 종도 통하고 설도 통하는 것입니까?

답 | 말과 행이 조금도 어긋남이 없어야 한다. 곧 이것이 설도 통한 사람이요 종체도 또한 통한 사람이니라.

問　云何是說通宗不通

答　言行相違卽是說通宗不通

問　云何是宗通說亦通

答　言行無差 卽是說通宗亦通

설을 통한다는 것은 설법에 능하다는 것이고, 종을 통한다는 것은 진여 자체 청정자성을 깨닫는 것을 말합니다.

교리적으로 부처님 경전을 많이 배운 교학자나, 유가의 서적을 비롯하여 많은 서적을 공부한 대학자, 대강백 같은 분들이 과거에 무수히 많았습니다. 이런 분들이 엄청난 설통이 되어서 자신들이 아는 것을 사람들에게 교리적으로 알아듣기 쉽게 이야기하였지만, 실질적인 진여자성 자리를 깨달은 본지풍광本地風光의 소식을 물어보면 입을 다물고 맙니다. "그것은 이야기 못 합니다. 여러분이 직접 해 보십시오." 라고 말합니다.

우리가 강원에서 강을 들을 때, 선과 교를 겸한 분에게 강을 듣는 것과 선을 하지 않고 순전히 교학적으로만 공부한 분에게 강을 듣는 것이 다릅니다.

일본 유학을 갔다 오고 많은 학문을 연구해서 신·구학에 능통한 분이나, 교사를 하다가 늦게 출가하여 강의하는 분들이 많았습니다.

예전에 석농 스님이라는 분은 일본 대학에서 공부하고 교장도 했고 강의도 많이 했던 분으로 명강사였습니다. 걸망을 지고 전라도 선암사까지 수백 리 길을 걸어가서 백배 절을 하면서 강백으로 초청을 했습니다. 간절히 요청하는 것을 저버리지 못하고 응하셨습니다.

그분이 강을 아주 잘했습니다. 그런데 예를 들어서 '판때기 이빨에 털이 났다' 또는 '불성이 있다고 했는데, 왜 개에게는 불성이 없다고 하느냐?' 하는 대목이 나오면 "이것은 말로 해줄 수가 없어. 그러니까 여러분이 공부해야 돼." 하고 말문을 닫고 비켜가 버립니다. 그런 부문에서는 절대 언급을 회피했습니다.

그러나 반대로 혼해 스님이나 강고봉 스님 같은 분은 달랐습니다. 어떤 학인이 "스님은 알고 우리에게 강의를 하십니까? 그러면 강의하는 이놈이 무엇입니까?" 하고 물으니까 "이리 가까이 와 봐." 하시더니 가까이 가는 학인의 귀싸대기를 한 대 치고는 "알았어? 몰랐어?" 하시는 겁니다. 또 "스님은 그것뿐입니까?" 하면 얼굴을 이렇게 찡그리면서 "알겠어?" 하십니다. 법을 쓰는 것입니다. 그래서 교학만 하신 분과 선교를 겸한 분이 다른 것입니다.

교학만 밝은 사람은 말은 그럴듯한데 실질적인 행에 가서는 그렇게 못하니 설통은 했으나 종은 통하지 못한 것입니다.

과거에 범어사에서 강백스님이 『능엄경』을 강하시는데, 선방수좌들이 그 스님의 강을 듣다가 "잠 온다. 가서 자자." 하니까 "내 말 좀 들어보시오." 하면서 말을 이렇게 하시는 겁니다.

"여러분이 지금 그렇게 참선해서 육조 스님처럼 된다고 자신합니까? 죽어도 안 됩니다."라고 하면서 그렇게 교학에 밝은 분이 참선에 대해서는 부정을 합니다.

"그러면 어떻게 해야 합니까?"

"부처님이 가르치신 경을 열심히 배우고 그 말대로 따라 노력하여 경학을 연구하면 되는 것이지 딴 생각은 하면 안 된다."라고 하셨습니다.

그렇게 배운 스님들이 나중에 강을 하면서 선을 꼭 부정했습니다. 예를 들어 자기 상좌가 어디 갔다가 다시 돌아오면 묻습니다.

"너는 어디 갔다가 왔느냐?"

"선방에서 한 철 지냈습니다."

"선방에 갔어? 이놈아! 선방에 앉아서 부처가 될 것 같으면 저기 가야산 바위 덩어리는 벌써 성불 다 했겠네? 도가 어디 성철 스님에게만 있는 줄 알아? 천하에 도가 꽉 차 있어. 이놈아! 가서 염불이나 해."

이런 말을 내가 혼해 스님께 전해 드렸더니 혼해 스님께서 이렇게 말씀하십니다.

"그래, 그런 말을 하는 사람이 있으면 너는 이렇게 말을 해라."

"어떻게 말할까요?"

"왜 남이 침 뱉은 것이나 핥아먹고, 씹다가 내버린 개뼈다귀나 핥고 앉았느냐고 말해라."

그래서 다음에 그 스님이 또 "앉아서 부처 된다느냐? 그러면 돌이나 산은 부처 다 되었겠네."라고 말하셔서 "그러면 스님은 왜 남이 침 뱉은 것이나 핥아먹고, 씹다가 내버린 개뼈다귀나 핥고 앉아 있습니까?" 하고 말했더니 가만히 있었습니다.

선과 교를 겸한 분들은 교학에도 밝고 그런 문제가 나와서 물으면 가차 없이 한마디 하고 그래도 모르느냐고 하면서 한 대 올려붙입니다. 그래서 설도 통하고 종도 통하는 것이 좋은 것입니다.

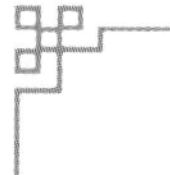

第二十七

이르고 이르렀다는 것

문 | 경에 이르되 "이르되 이르지 아니하고, 이르지 아니하되 이르는 법"이라고 하였으니 무엇을 말합니까?

답 | 설하는 데는 이르렀지만 행에는 이르지 못한 것을 이름하여 이르되 이르지 못한 것이라고 한다. 행하는 것은 이르렀으나 설하는 것은 이르지 못한 것을 이름하여 이르지 못했으나 이르렀다고 한다. 행과 설이 함께 이른 것을 이름하여 이르고 이르렀다고 한다.

問　經云到不到 不到到之法云何

答　說到行不到 名爲到不到 行到說不到 名爲不到到 行說俱到 名爲到到

◉

이게 무슨 소리냐?

해인사에 있던 운산 스님, 구담 스님 같은 분은 10년, 20년 선방에 앉아서 참선 공부를 하기는 했어도 일생을 앉아서 졸았습니다. 대중들이 법문을 해달라고 법어를 청하면 "나는 할 게 없는데…"하면서 안 하려고 합니다. 그래도 자꾸 청하면 법상에 올라가서는 차를 마시고 "아 오늘 차는 참 맛있다." 하고는 한참을 앉아 있다가 "오늘 차는 참 맛있는데…"라고 합니다. 대중이 뭔 소리를 하나 하고 앉아서 보면 말이 없이 답답하게 앉아 있습니다. 그러다가 마지막에 하는 한마디가 "범소유상 개시허망 약견제상비상 즉견여래니라." 하고 그냥 휙 내려갑니다. 그러면 선을 싫어하는 강사가 앉아 있다가 학인들을 둘러봅니다. 학인들도 '그렇구나, 선방에 앉아서 졸기만 하더니 아무것도 아니구나. 강사스님 말이 맞구나' 합니다. 참선해서 공부했다고 해서 법문하라고 하니까 말 한마디 똑 떨어지게 못하고 꿀 먹은 벙어리처럼 앉아 있다가, 얼굴만 벌겋게 해가지고 뭐라고 할 수 없으니까 범소유상 개시허망이라고 한마디 하고 내려와 버리니 그것이 참 체면이 안 선다는 겁니다.

참선해서 되기는 된 것 같지만, 실제로 나가서 법문을 해 보면 척척 해내지 못한다는 말입니다. 법문이라는 것이 미리 계산을 해서 짜가지고 하는 사람도 있지만 그렇게 안 해도 어느 곳에 가든지 일사천리로 분명하게 안목 있는 법문을 척척 해내는 그 사람은 공부를 제대로 많이 한 사람입니다.

어느 날, 선과 교를 겸한 훌륭한 스님을 만났는데 그분이 스님으로 출가해서 무엇을 해야 하며 왜 먹물 옷을 입고 어떻게 이 밥을 먹어야 되는지를 철저하고 분명하게 가르쳐 주셨습니다.

"대장부로 태어나기 힘들고 불법을 만나기 힘들다. 그런데 불법은 만났지만 부처님의 일대장경을 한 번 훑어본다는 것은 정말 어렵다. 그런 인연을 지어 놓는다는 것은 천상천하에 대단한 것이다. 일대장경을 한 번 훑어보는 것은 여간한 복 가지고는 안 되는 것이다. 이 세상에 최고의 대장부다."

그렇게 말해 놓고는, 강의가 끝나고 나면,

"강만 하는 스님들은 그렇게 이야기하는데… 전백장은 불락인과不落因果라고 해서 여우 몸에 떨어졌고, 후백장은 불매인과不昧因果라고 해서 여우 몸을 벗어났다. 불락인과라고 했는데 여우 몸에 왜 떨어지는 거지?"라고 그렇게 물었습니다.

"네가 아무리 팔만대장경을 거꾸로 외우고 모로 다 외운다고 하더라도 그것을 모르면 이 문중에서는 밥 먹을 자격이 없다. 거지만도 개나 돼지만도 못하다. 네가 무슨 밥을 먹을 자격이 있느냐?" 하면서 형편없이 밟아버립니다. 그러고 나면 형편없는 취급을 받았다는 생각에 분심이 나서 일사천리로 공부하게 됩니다.

설하는 것도 잘 갖추고 종체에 대한 본분소식本分消息도 공부해서 잘 갖춘 사람이면 어느 곳을 갖다 대도 능히 해낼 수 있는 것입니다. 박한영 스님은 일대 명강입니다. 우리나라 3대 강사로 속세에서도 알아주고 불교계에서도 알아줍니다. 그 분이 한번 강의를 하면 승속을 막론하고 구름같이 모여 듭니다. 그런 그분이 과거에 용성 스님이 대각사에서 법문을 하는데 뭐라고 불평을 합니다. 그렇게 새기는 것이 아니고 이렇게 새겨야 되는데 하면서 시비를 합니다. 용성 스님이 경에 대한 것을 꺼내서 말하면 한영 스님이 밑에서 자꾸 토를 답니다. 그러니까 용성 스님이 있다가 손을 턱 내밀며 "자 한영이, 이 손이 여래의 손과 같은가, 다른가?" 하고 물으니 그만 말을 못하고 꽉 막히는 것입니다. "그대가 하는 이야기, 그런 것 가지고 여기서는 논할 바가 못 되네."라고 용성 스님이 말했습니다. 여기서 눈이 있는 사람과 없는 사람이 판가름이 난다는 것입니다.

저는 강의를 하면서 현실에 있는 것을 비교해서 이야기하는 것이 많기 때문에 마음에 인식이 어느 정도 될 것이라 봅니다. 지금은 말법의 시대이기 때문에 정법과 만나기 어렵습니다. 그러므로 좋은 법문을 잘 정리해서 세상에 널리 알릴 수 있는 불사를 하는 것이 중요합니다. 부처님의 말씀은 세상 사람들에게 약이 되는 활구活句법문입니다. 이 말을 잘 정리해서 세상 사람들에게 소개해 준다면 그 불사가 최상의 불사이고 최상의 진공덕이 된다고 『금강경』에서도 말씀했습니다. 법문을 듣는 분도 마음을 비우고 들어서 확실하게 나름대로 정립이 되어야 합니다. 정립이 되어야 어디 가도 당당하고 걸림이 없고 막히지 않습니다.

저는 향토 예비군 부대의 종교 모임에서 불교 법사를 했습니다. 천주교 신부와 기독교 목사들이 모인 데 가서 한번 거량해 보려고 슬며시 달려들면 전부 "아이고 알겠습니다. 대사님 보통 대사님이 아니시네요." 하고는 물러갑니다. 좀 더 하고 가라고 하면 나중에 하겠다면서 달아납니다. 이렇게 우리 불자들도 세상에는 이것밖에 없고 이것이 최고라고 하는 자부심을 가지고 어디에서도 자신 있게 말할 수 있어야 되는데, 우리 불자들은 듣고 가서는 전부 꿀 먹은 벙어리가 됩니다.

리포터가 인터뷰하러 와서 참선을 뭐 하러 하느냐고 묻는데 왜 그렇게 한마디를 못합니까? 참선하는 사람이 자기가 충분한 생각이 없었기 때문에 그렇습니다. 왜 참선하느냐고 물으면 "이 세상을 살 때 내가 해결하지 못한 고충이 있었다. 그 고충을 어디 가서도 해결할 수 없었는데 여기 와서 참선하는 이것 하나로 내가 해결할 수 있었다."라고 한마디 하면 되는데 그 한마디를 못하고 되지도 않은 이야기를 합니다. 참선에 대한 철저한 발심이 안 되고 형식적으로 하니까 그렇습니다.

설통은 했는데 종통은 못하고 종통은 했는데 설통은 못하니 선방에 앉아서 20년 30년 공부해도 대중 모아 놓고 이 사람들 감동하게 한마디 하라고 하면 한마디를 못하는 것이 가슴 아픕니다. 설통과 종통 즉 교리와 선리를 통해서 대무애변재大無碍辯才가 되는 종사의 인물을 많이 양성해야 됩니다. 그래야 모든 사람들에게 이익을 주고 크게 불법을 전하여 이 땅에 불국토를 이룩하게 될 것입니다.

대주선사어록에는 설통과 종통이라고 말하고 있습니다.

참선만 주장해서 경을 무시해서도 안 되고 또 경학을 공부한다고 해서 참선을 경시해서도 안 됩니다. 그래서 내 자신이 마음의 근본 자성 자리를 깨달을 수 있는 공부를 하는 것이 실참실오實參實悟입니다. 또한 깨달은 뒤에는 부처님이 말씀하신 경전 또는 역대 조사의 말씀들을 필히 보는 것입니다. 깨달았다고 해서 경전이나 조사어록을 안 보는 것이 아닙니다. 옛 어른들은 깨닫고 난 뒤에 스승으로부터 인가를 받았다고 하더라도 반드시 부처님 경전과 역대 선지식의 어록을 지극히 보십니다. 그렇게 부처님 경전과 조사어록을 읽는 것은 설통을 하려는 의도라기보다는 자기 자신이 공부한 것이 정말로 부처님과 조사스님의 말씀과 다를 바가 없는가를 비교해 보려는 것입니다.

조사스님의 안목이 다르고 부처님의 안목이 다르냐? 그렇지는 않습니다. 부처님의 안목이나 조사스님의 안목은 조금도 다를 바가 없습니다. 진여자성의 청정 자리, 즉 깨달은 그 자리를 항상 말씀하는 것입니다. 다만 중생을 대해서 법을 쓸 때에 그 방법이 다를 뿐입니다.

부처님은 모든 중생을 섭렵해서 근기에 맞추어서 설법을 하는 것이고, 조사스님은 간단명료하게 그 핵심적인 근본 자리에서 항상 최상의 일구로 말씀하는 것입니다. 중생에 대해서 법을 쓰는 방법이 다를 뿐이지 조사스님이 깨달은 것과 부처님이 깨달은 내용이 다르지는 않습니다. 부처님께서 팔만 사천 가지의 법문을 말씀하신 내용은 미래의 부처님께서도 똑같이 설할 것입니다. 달리 설할 것이 없는 것이며, 역대 조사스님이 깨닫고 말씀하시는 것도 부처님이 말씀하신 근거에 의해서 하시는 것이고 조금도 어긋나지 않습니다.

대주 선사는 설통과 종통이라 말했는데, 설통도 해야 되고 종통도 해야 됩니다.

종통, 즉 근본 마음을 깨달아야 부처님의 말씀을 바로 볼 수 있고 조사 말씀을 바로 볼 수 있습니다. 그래야 걸리지 않고 자신 있게 말을 할 수 있습니다. 그러나 마음의 심성을 깨닫지 않고는 부처님의 경전이나 조사어록을 말할 때 자신이 없습니다. 강사가 강을 하다가도 중요한 대목에 가서는 "여러분이 깨달아야 되지 말로는 할 수 없는 것입니다." 하고 넘어가는 경우가 있는데 철저한 자신의 심안心眼을 열어야 합니다.

"설법을 걸림 없이 잘 하는 설통에는 이르렀지만 실제 행에서는 이르지 못했다." 이것을 어떤 기준을 놓고 말할 수는 없으니, 행하는데 있어서는 역행보살逆行菩薩도 있는 것입니다. 부처님은 말씀하시기를 "내가 깨닫고 나서 중생을 위해서 법을 설하는 행은 두루 원만하여 중생들이 조금도 흠잡을 것이 없다."라고 했습니다. 거지가 보든 잘난 사람이 보든 권력가가 보든 기어가는 벌레가 보든 일체 중생 누가 보더라도 부처님이 행하는 것은 흠잡을 데가 없다는 것입니다.

부처님이 『유교경』에 말씀하시기를 "내가 열반한 뒤에 2,000년이나 2,500년 이후가 되면 분명히 나의 도를 깨달았다는 사람이 나온다. 나의 가사를 걸쳐 입고 많은 사람을 속이는 사람이 나올 것이다. 깨달았다고 하면서 술, 고기, 기생 또 어떤 여자든 가리지 않고 취하고 막행막식 하면서 일체 걸림이 없다고 하는 도인이 나올 것이다. 그렇게 도인이라고 자칭하는 그 사람은 나의 도와는 거리가 멀고 나의 제자도 아니고 나의 아들도 아니니 외도인 줄을 알아라."라고 말했습니다.

그랬는데 부처님 이후로 그런 분들이 많이 나왔습니다. 부처님 당시에 육군비구六群比丘가 있었습니다. 그들은 "어째 술을 안 마실 수 있느냐, 고기를 안 먹을 수 있느냐, 여자를 품지 않을 수 있느냐?"라고 하면서 계를 깬 일이 있습니다. 그 육군비구가 말세에 그런 사람이 나올 것을 미리 연극을 해서 가르쳐줬다는 것입니다.

부처님 당시의 원시불교가 내려오면서 스님들이 부처님이 가르치는 교리인 계율을 의지해서 철저히 계만 지키고 있었습니다. 속세에서는 가정생활도 해야 되고 먹을 것도 먹어야 되니 이 공부를 할 수 없는 셈이 되고 그 결과 이 도의 길이 끊어지게 되었습니다. 그러나 부처님의 뜻은 그런 것이 아닙니다.

부처님의 뜻은 일체 중생이 불성이 있어서 공부를 하면 누구나 깨닫게 되어 있는데 너무 소극적으로 스님만 하다 보니까 잘못하여 부처님의 종자가 끊어지게 되었습니다. 그래서 백 년 이백 년 후에 대중불교 운동이 나오고 그 후로 중국에 내려오면서 많은 역행 선지식이 나왔습니다.

통영 존자 같은 분은 수레에 술을 한 통, 『화엄경』 한 질 그리고 기생을 싣고 다녔다고 합니다. 그래도 그분은 나라에서 선지식으로 인정한 분입니다. 그러나 그 외의 다른 사람이 흉내를 내면 남의 비방을 면치 못합니다.

이 공부를 해서 진정 이 자리를 확실히 깨달아 자신을 해결한 분이 자기가 고기 먹고 싶고 술 먹고 싶고 기생을 취하고 싶어서 취하는 것이 아니라 중생들을 제도하기 위해서 일부러 역행으로 몸을 나투어 행하는 분이 없잖아 있었습니다. 이런 분을 후대 학자들이 혹 잘못 인식해서 그걸 흉내 내어서는 안 된다는 것입니다.

그래서 부처님께서 말씀하시기를 "행이라고 하는 것이 가장 중요하다. 아무리 자기가 도인 소리를 해도 밖으로 드러나는 행이 따르지 않으면 우리가 바로 볼 수가 없다."라고 하셨어요. 백정도 기생도 거지도 외도도 타종교인도 결국에는 이 공부와 이 말씀을 따라야 누구나 차별이 없이 견성 성불할 수 있다는 것을 보여주기 위해서 역행을 합니다.

설說도 확실하게 경지에 이르러 증득해서 완벽하게 이루고, 행行하는 것도 완벽하게 이루어야 되는데, 여기에는 설하는 것과 행하는 것이 두 개로 갈라지는 것입니다. 설하는 것은 이르렀으나 행하는 것은 이르지 못한 것을 "이르렀으되 이르지 못한 것이다."라고 말했습니다.

그러니까 행하는 것과 설하는 것이 다 함께 이르러야 된다는 것입니다. 절에서만 그러한 것이 아니고 이 세상 살아가는 모든 사람이 다 그렇습니다. 사업하는 사람도 그렇고 가정살림 하는 사람도 그렇고 나라 정치하는 사람도 그렇고, 말로는 뭔가를 해줄 듯이 하지만 실제로 행하는 데 가서는 이르지 못합니다. 본인이 말은 다 할 수 있으나 실질적으로 실천에 옮겨서 이루려고 하면 말한 것만큼 이루어지지 않습니다.

'이르렀지만 이르지 못한 것'은 어떤 것이냐 하면 말은 잘하지만 실제는 이르지 못한 것입니다. 반면에 행은 법답게 하나 그것을 드러내 말로 표현하지 못하는 것을 '이르지 못했으나 이르렀다'고 한 것입니다. 말도 잘하고 행동도 이르러서 잘하는 것을 '이르고 이르렀다'고 합니다. 이는 언행이 일치한 사람을 말하는 것입니다.

第二十八

끝없이 쓸 수 있는 유위有爲

문 | 불법은 유위를 다하지 아니하면서 또 무위에도 머무르지 아니한다고 하였으니 어떤 것이 유위를 다하지 아니하고 무위에도 머무르지 않는 것입니까?

답 | 유위에 다하지 아니함은 처음 발심한 때로부터 보리수 아래에서 등정각(일체 중생이 깨달을 수 있는 평등한 깨달은 그 자리)을 이루고, 후에 쌍림에 이르러서 열반으로 옮겨 들어가기까지 일체의 법을 모두 버리지 않는(세간의 일체 현상을 중생과 똑같이 하여 버리지 않는) 것을 일러 곧 유위를 다하지 않았다고 하는 것이니라.

무위에도 머물지 않는다는 것은 비록 무념을 닦았으나 무념으로 증명하지 않고, 비록 공을 닦았으나 공으로써 증명하지 않는다. 비록 보리 열반을 닦아 형상도 없고 지음도 없으나 형상도 없고 지음도 없음으로써 증명하지(밝히지) 않는 것이 곧 무위에도 머무르지 않음이다.

問 佛法 不盡有爲 不住無爲 何者是不盡有爲 何者是不住無爲

答 不盡有爲者 從初發心 至菩提樹下成等正覺 後至雙林入般涅槃 於中一切法 悉皆不捨 卽是不盡有爲也

不住無爲者 雖修無念 不以無念爲證 雖修空 不以空爲證 雖修菩提涅槃 無相無作 不以無相無作 爲證 卽是不住無爲也

◉

우리가 법문할 때 보통 유위라고 하는 것은 한계가 있는 것을 말하고 무위라고 하는 것은 무한한 것인데, 유위를 다하지 아니했다고 하는 것은 무슨 소리입니까?

부처님이 처음 성을 넘어서 출가(踰城出家)를 했습니다. 왕궁의 최고 부귀영화와 권력을 누릴 수 있는 그 자리를 헌신짝 버리듯 버리고 야밤에 성을 넘어 출가를 했습니다. 6년을 설산에서 고행하고 보리수 아래서 7일 만에 새벽 별을 보고 깨달았습니다. 그 후로 49년 동안을 중생을 위해서 설법을 했고 마지막에 맨발로 고향으로 돌아갑니다.

부처님은 신을 신은 일이 없었습니다. 그러나 부처님이 발을 내디디면 땅에서 세 치 이상의 높이로 연꽃이 저절로 솟아서 부처님은 항상 연꽃을 밟고 갈 수 있었다고 합니다. 부처님이 마지막으로 고향으로 돌아가는 길에 미처 고향에 이르지 못하고 두 개의 큰 나무가 서 있는 곳에서 오른쪽 옆구리를 땅에 대고 옆으로 누워서 열반에 드셨습니다.

유위법을 다하지 않았다는 것이 바로 그 말입니다. 열반에 이르시는 데까지 일체 법을 실로 다 버리지 아니했습니다. 즉 유위를 다하지 않은 것입니다. 부처님이 행을 드러내서 보인 것은 드러난 것입니다.

드러난 것은 유위입니다. 보통 무위법과 유위법을 말할 때 유위법은 한계가 있는 것이고 무위법은 무한하다고 하는데 여기서는 그런 유위법이 아닙니다.

부처님이 진공묘유의 마음을 밖으로 드러내어 중생을 위해서 썼으며, 부처님이 깨달은 마음을 쓴 것은 비록 밖으로 드러내어 썼지만 그것은 무한합니다. 영원하다는 것입니다. 끝이 없이 쓸 수 있는 영원한 유위입니다. 그동안에 죽 드러내서 썼지만 그것은 깨달음에서 보여준 행적이라 그 행적은 다함이 없습니다. 부처님의 드러난 행적이 끝이 있습니까? '부처님이 일생 동안 중생을 위해 한 것은 무한하고 끝이 없다. 무한한 그 법을 말로 다하지 못한다' 그런 말을 여기서 한 것입니다.

부처님은 무위에도 머무르지 않는다, 무위 즉 다함이 없는 데도 머무르지 않는다는 것은 무엇입니까?

분명히 공한 줄은 깨달았지만 공했다고 하는 것이 이것이라고 고착시키거나 또 이것으로 증득했다고 정하는 것이 아니라는 사실을 잘 알아들어야 됩니다.

보리란 대승 진리요 열반이란 생사가 없는 안심입명처이자 최상의 깨달음입니다. 비록 보리 열반을 닦았으나 모양도 없고 짓는 것도 없으며(無相無作), 모양도 없고 짓는 것도 없는 것으로써 증득했음을 삼는 것도 아닙니다.

곧 이것이 무위에 머무르지 않는다는 것입니다. 확실히 양변과 중간을 뛰어난 것은 무유정법(無有定法)인데 정한 바 법이 없기 때문에 머무르지 않는 법이고 머무르지 않는 법이기에 유무 양변을 쓰기도 한다는 것입니다.

무슨 말인지 이해가 갑니까?

이 법은 공부를 열심히 해야 됩니다. 이렇게까지 말해 줘도 잘 모르는 분은 공부를 열심히 하는 수밖에 없습니다. 본인 자신이 이와 같은 말에 확실히 깨달을 수 있을 정도로 되려면 분명히 공부를 열심히 해야 합니다.

이 공부는 이해하여 알려고 하지 마십시오. 이해로 알아내는 것은 자신의 공부에 어떤 도움도 되지 않습니다.

또 역행과 순행이 있어서, 역행으로 보여주는 것도 선지식이고 순리적으로 부처님 법을 어기지 않고 그대로 보여주는 것도 법이고 선지식인데, 여러분은 깨끗한 것을 보여주는 것만이 선지식이라고 딱 고착되어 있습니다. 그래서 선지식이라는 사람의 행동이 좋지 않아 보이면 저 사람은 선지식이 아니라고 단정적으로, 즉 중생의 분별심으로 보는데 그것은 안 됩니다. 이 산승의 말을 잘 알아들어야 됩니다.

중국의 측천무후가 육조 스님과 신수 대사를 초청해서 목욕탕에 드시도록 하고 궁녀를 들여보내서 때를 밀어드리라고 했습니다. 왕의 명령이니까 어쩔 수 없는데, 측천무후가 위에다 구멍을 뚫어 놓고 목욕탕을 가만히 들여다보는 것입니다. 그 양반이 장난기가 있었던 모양입니다. 육조 스님은 아무 일도 없이 목욕을 마치고 나왔는데 신수 대사는 고추가 서더라는 겁니다. 측천무후가 "산에 올라가 봐야 다리가 길고 짧은 것을 알 수 있고, 물에 들어가 봐야 키가 크고 작은지를 알 수 있느니라."라고 했습니다.

신수 대사의 고추가 섰으니까 틀렸다고 생각할까 봐 제가 말하는 것입니다. 그런 말에 떨어지지 말라는 것입니다. 그런 생각과 그런 눈으로 판단하지 마십시오. 그 자리는 여러분의 생각으로는 미치지 못하는 자리입니다. 절대 여러분이 평론할 것이 못 되는 자리입니다. 액면 그대로 따라가다 보면 현상의 함정에 빠져서 헤어나지 못하고 부자유스럽게 됩니다.

과거에 구월산 패엽사라는 절의 화엄 스님은 일대경을 많이 보고 참선도 많이 한 사람입니다. 그래서 자신의 경지가 어느 정도인가를 점검하기 위하여 남방으로 한번 내려가 선지식을 친견하고 거량을 해봐야겠다고 생각했습니다.

두툼한 걸망을 지고 내려오다가 사리원에 와서 날이 저물어 하룻저녁을 자려고 객주집에 들어갔습니다. 주모에게 자기가 먹을 음식에는 파도 넣지 말고 뭐도 넣지 말고 반찬을 해달라고 합니다. 주모가 그렇게 해서 보리밥을 해 드리니까 먹고는 양치질하고 가부좌를 틀고 참선한다고 앉아 있습니다.

그런데 밖에서 객이 하나가 와서 "주모 계시오?" 하니까 주모가 "아이고, 어디서 오시는 스님입니까?" "나는 남방으로 가는 길인데 날이 저물어서 하룻밤 쉬어갈려고 합니다. 방이나 하나 있으면 주시오."

주모가 스님끼리 동숙을 하시라고 그 방으로 안내를 해 주었습니다. 화엄 스님은 일대 강백이요 학문이 출중하고 참선도 많이 해서 천하의 누구에게 꿀릴 일이 없는 분인데, 뒤에 들어온 객중은 머리는 더벅머리이고 떨어진 먹물 옷을 입고 냄새를 풍기는 참 이상한 스님이었습니다. 키는 육 척인데 턱 하니 걸망을 내려놓더니 퍼질러 앉아서 "주모! 한 냥짜리 상으로 차려오시오." 하니까 상이 진수성찬입니다. 통닭도 있고 돼지머리도 있고 없는 것 없이 엄청나게 차렸습니다.

먹으면서 말을 붙여옵니다.

"아, 구월산 패엽사의 화엄당이 아닌가?"

"그렇소."

"초면입니다만 오늘 한상 차렸으니 한잔합시다."

"나는 이 세상에 태어나서 출가한 이후로 속세의 음식을 일체 먹지 않습니다. 당신이나 드시오."

"대승인 줄 알았더니, 이제 보니 소승이구먼."

그러더니 혼자서 술 따르고 마시면서 삽시간에 다 먹어치웠습니다. 그리고 걸망에서 곰방대를 꺼내더니 담배를 가득 눌러 담아 피우는데 담배연기가 독해서 화엄 스님은 견딜 수가 없었습니다. 꾹 참으면서 '내가 이기나 네가 이기나 한번 해보자' 하고 있으니까 밤새도록 태우더니 "아, 내가 오늘 공양 잘 했다." 하면서 곰방대를 툭툭 털고 잠을 자는데 집이 들썩들썩할 정도로 코를 고는 것입니다. 어떻게나 코를 고는지 화엄 스님은 밤에 잠 한숨을 못 잤습니다. 새벽 서너 시경에 그 스님이 한잠 자고 일어나 양치질하고 앉으니까 문득 방안에 향내가 가득한데 이 세상에서는 맡아보지 못한 향입니다. 화엄 스님은 참 이상하다고 생각했습니다.

"아, 패엽사의 화엄당이 제법 경륜도 통했고 참선도 많이 해서 한 소식 했다고 해서 어떤가 하고 와 봤더니 별 수 없다. 네가 남방으로 가봐야 별 이익이 없으니 패엽사에 돌아가서 공부나 더 해라."라고 말하고는 걸망을 던지니까 걸망이 청사자가 되어서 그것을 타고 가는 겁니다. 그분이 바로 문수보살입니다. 그래서 화엄 스님이 구월산 패엽사로 돌아와 "내가 아무것도 아닌데 자만심을 가지고 나선 것이 잘못이었구나." 하고는 일생을 패엽사를 떠나지 않고 하루에 일종식을 하면서 정진했습니다.

그분이 정진한 지 6년 만에 전에는 몰랐던 경지를 확실히 깨달아서 알았다고 합니다. 후세의 학자들이 혹시 공부가 잘 되지 않았는데 잘못 알고 행을 할까봐 미리 가르쳐 준 것이라는 이야기입니다.

"비록 보리 열반을 닦아 형상도 없고 지음도 없으나 형상도 없고 지음도 없음으로써 증명하지 않는 것이 곧 무위에도 머무르지 않음이다."라는 도리를 확실히 알아야 됩니다.

유위에도 다하지 아니한다고 했는데, 유위를 끝이 없이 쓴다는 소리입니다. 무한히 써도 다하지 못합니다. 유위로 써도 다하지 못하고 거기에도 관계없다는 말이며, 무위에도 머무르지 않는다는 것입니다.

그것이 무엇이겠습니까? 이 도리를 바로 알아야 됩니다. 그런 고로 보리 열반입니다.

第二十九

지옥은 있는가?

문 | 지옥이 있습니까, 지옥이 없습니까?

답 | 있기도 하고 또한 없기도 하다.

문 | 어찌하여 있기도 하고 또한 없기도 합니까?

답 | 마음을 따라서 일체 악업을 짓는 바라 곧 지옥이 있다. 만약 마음에 물드는 것이 없다면 자성이 공한 고로 곧 지옥이 없느니라.

問 爲有地獄 爲無地獄

答 亦有亦無

問 云何亦有亦無

答 爲隨心所造一切惡業 卽有地獄 若心無染 自性空故 卽無地獄

◉

일체 모든 악업은 마음으로 짓기 때문에 곧 지옥이 있습니다. 만약 마음에 조금도 물드는 것이 없다면 자성 자리가 공한 고로 곧 지옥이 없다는 이 도리를 여러분이 확실히 깨달아서 알면 됩니다.

자성 자리가 공했는데 이 자리에 있어서 어찌 지옥을 논하고 천당을 논하겠습니까? 있고 없는 것을 어찌 논하겠습니까? 여러분이 공한 도리를 확실히 깨달았다면 지옥이 없는 것입니다.

第
三
十

불성도 지옥에 가는가?

문 | 죄를 받는 중생은 불성이 있습니까?

답 | 또한 한가지로 불성이 있다.

문 | 이미 불성이 있을진댄 지옥에 들어갈 때는 불성도 함께 지옥에 들어갑니까?

답 | 한가지로 들어가지 않느니라.

문 | (가령 죄를 받아 지옥에) 들어갈 때에 불성이 어느 곳에 있습니까?

답 | 또한 한가지로 들어간다.

문 | 그러면 한가지로 들어가면 중생이 죄를 받을 때 불성도 함께 죄를

받습니까?

답 | 불성이 비록 중생을 따라 한가지로 들어갔으나 중생은 스스로 죄보를 받지만 불성은 받지를 아니한다.

문 | 어째서 함께 들어갔는데 성품은 고통을 받지 않습니까?

답 | 중생은 상이 있으니 상이 있은즉 이루고 무너지는 것이 있다. 불성이라는 것은 상이 없는 고로 상이 없는즉 공성(空性)이니라. 이런 까닭에 진공의 성품은 무너질 것이 없다.

비유하면 어떤 사람이 허공에 풀을 쌓으면 그 풀은 스스로 무너짐을 받지만 허공 자리는 무너짐을 받지 아니한다. 허공은 불성에 비유한 것이며, 풀섶은 중생을 비유한 것이다. 그런 까닭에 함께 들어가지만 한가지로 받지 아니한다고 하느니라.

問 受罪衆生 有佛性否

答 亦同佛性

問 旣有佛性 正入地獄時 佛性同入否

答 不同入

問 正入之時 佛性 復在何處

答 亦同入

問 旣同入 正入是衆生 受罪佛性 亦同受罪否

答 佛性 雖隨衆生同入 是衆生 自受罪苦 佛性 元來不受

問 旣同入 因何不受

答 衆生者 是有相 有相者 卽有成壞 佛性者 是無相 無相者 卽是空性

也 是故 眞空之性 無有壞者
喩如有人 於空積薪 薪自受壞 空不受壞也 空喩佛性 薪無衆生 故 云 同入而不同受也

◉

이 세상에 사는 사람은 다 죄를 짓습니다. "죄 지은 사람이 불성이 있습니까?" 하니까 "불성이 있다."고 했습니다. 그에 대해 다시 "불성이 있다면 지옥에 갈 때 불성도 같이 들어갑니까?" 하고 묻는 데에 대해 "같이 들어가지 않는다."고 했습니다. 다시 "지옥에 같이 들어가지 않으면 불성은 어디에 있습니까?" 하는 것에 대해 "한가지로 들어간다."고 합니다.

중생이 지옥에서 죄를 받을 때 불성도 함께 들어간다면 "중생이 고통 받을 때 성품도 지옥고를 받습니까?" 하고 묻는 것에 대해 "불성이 비록 중생을 따라 한가지로 들어갔으나 중생은 스스로 죄보를 받지만 불성은 받지 않는다."고 합니다. 중생은 지옥에서 고통을 받지만 불성은 고통을 받지 않는다는 것입니다.

"진성의 공한 자리가 무너지고 할 것이 뭐 있겠느냐. 그런 것은 없다."라고 합니다. 같이 지옥을 가지만 성품은 절대 그런 것이 없습니다. 그러나 상을 가지고 있는 중생들은 고통을 받는다는 것입니다. 상이라는 것이 무엇입니까? 중생은 육근, 육식, 육정, 이것을 벗어나지 못했습니다. 이 상을 가지고 있는 한 우리들은 지옥고를 면하지 못합니다.

풀섶을 말려서 허공에 태산같이 쌓았지만 풀은 불에 타거나 시간이 지나면 없어집니다. 그러나 허공은 풀섶이 있든 없든 그대로 있습니다.

진성의 공한 자리는 그렇다는 겁니다. 우리의 중생심은 아무리 고통을 받아도 우리가 가지고 있는 진여자성의 공한 자리는 고통을 받을 것이 없습니다. 그 자리는 받고 안 받고 할 것이 없다는 말입니다.

허공이라는 것은 다른 것이 아니라 우리가 가지고 있는 부처의 자성 자리를 비유한 것이고 풀섶은 중생을 비유한 것입니다. 그런 고로 한가지로 들어가되 절대 한가지로 받지 않습니다.

대주 선사가 이렇게 대답한 이것은 정말로 더 이상 누가 대꾸를 할 수 없게끔 입을 막아서 대답을 한 것입니다.

그러니까 과거에 이런 말이 있습니다.

"이 세상이 모두가 청정극락이요 진여자성이요 절대무위의 진리이다. 절대무위란 상대가 떨어진 자리인데 이 자리를 누가 감히 말로 할 수 있겠느냐. 솜털을 깎는 취모검, 생사여탈권을 가지고 있는 칼로 마음대로 한다고 하지만 네가 그런 재주가 있다면 언어가 끊어지고 마음이 가는 곳조차도 끊어진 그 자리에서 그러면 뭐라고 할 것이냐. 한번 말해 보아라."

과거에 동정호에서 풍류를 즐기곤 하던 파릉巴陵 선사라는 분이 있었습니다. 중국의 동정호라는 것이 천하의 명승지인데 그곳에서 파릉 선사는 법열의 즐거움을 혼자 누리며 배를 타고 유유히 지냅니다. 그런데 어느 스님이 묻습니다.

"스님이 살고 있는 이 자리가 너무 좋은데 내가 하나만 묻겠습니다. 제바종提婆宗이란 무엇입니까?"

용수보살이 지은 『중론』, 『십이문론』과 용수보살의 제자 제바 존자가 쓴 『백론』이 있습니다. 『중론』이란 중도에 대한 이야기를 멋지게 해놓은 것입니다. 그와 같이 『백론』과 『십이문론』을 지은 그분들의 근본 취지는 공사상입니다.

"제바의 종지란 본래 무엇입니까?"라고 물으면 파릉 대사가 "아, 제바종이란 용수보살이 지은 『십이문론』과 제바 존자가 쓴 『백론』으로 근본 취지는 공사상이다."라든지 하면서 설명할 수 있겠지요.

그러나 파릉 대사는 한마디로 대답합니다.

"은 주발에 눈이 담겼습니다."

참 중요한 것입니다. 천하의 선지식은 묻는 사람의 입을 한마디로 딱 막아 버립니다.

요사이 무엇을 물어서 대답하면, 어떤 말을 내놔도 어떤 법을 내놔도 거기에 대한 이유를 걸게 되어 있습니다. 없다고 하면 없다고 하는 데 대한 이유를 걸게 되고, 있다고 하면 있다고 하는 데 이유를 걸게 되고, 또 있는 것도 아니고 없는 것도 아니라고 해도 이유를 걸게 됩니다. 분명히 그럴 수 있습니다. 그러나 이유를 걸지 못하게 상대방의 입을 막을 수 있는 날카로운 기봉을 가진 것이 파릉 대사의 "은 주발에 눈이 담겼습니다."입니다. 묻는 사람도 굉장한 사람이지만 파릉 대사의 이 한마디에 더 이상 대꾸를 못했습니다. 이와 같이 깨달은 사람이 말할 때 상대방이 흠을 잡을 수 없게끔 하는 것은 정말 살아 있는 최상의 일구, 깨달음의 일구가 아니면 할 수 없는 것입니다.

우리들이 중생이라고 하는 생각이 무너진 것, 즉 팔식 경계가 무너지면 불성 자리는 공성이라 여기에서 바로 둘이 아닌 하나가 되어 버립니다. 그러면 거기에는 일체 중생의 생사가 없다는 소리입니다. 비유하자면 그런 겁니다.

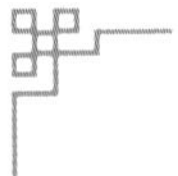

第三十一

흐름을 따르되 머무르지 말라

문 | 팔식을 굴려서 네 가지 지혜를 이루며, 네 가지 지혜를 묶어서 삼신(法身·報身·化身)을 이루니, 몇 개의 식이 함께 하나의 지혜를 이루며, 몇 개의 식이 홀로 하나의 지혜를 이룹니까?

답 | 안이비설신 5식(前5識)이 함께 성소작지를 이룬다. 제6식 의식이 홀로 묘관찰지를 이루고, 제7식 심식이 홀로 평등성지를 이루며, 제8식 함장식이 홀로 대원경지를 이룬다.

문 | 이 4지(성소작지·묘관찰지·평등성지·대원경지)가 다릅니까, 같습니까?

답 | 근본체는 같되 이름이 다를 뿐이니라.

문 | 근본체가 같을진댄 무엇 때문에 이름을 달리 붙이며, 이미 사事를

따라서 이름을 세웠을진댄 정히 일체라고 할 때는 그 중에 어떤 것이 대원경지입니까?

답 | 담연공적하고 두루 밝아서 움직이지 아니하는 것이 대원경지니라. 능히 모든 티끌을 대하여 애증을 일으키지 아니하면 바로 두 가지 성품이 공한 것이니 두 가지 성품이 공한즉 평등성지니라. 일체 경계에 닥쳐서 잘 분별하면서도 어지러운 생각이 일어나지 않고 자유자재를 얻는 것이 바로 묘관찰지라. 능히 모든 근으로 하여금 일체 모든 사안을 따라서 응용하되 모두 바르게 받아들이는 데 들어가 두 가지 상이 없는 것이 곧 성소작지니라.

문 | 네 가지 지혜를 묶어서 삼신을 이룰 때 몇 개의 지혜가 함께 하나의 몸을 이루고, 몇 개의 지혜가 홀로 하나의 몸을 이룹니까?

답 | 대원경지가 홀로 법신을 이루고, 평등성지가 홀로 보신을 이루고, 묘관찰지가 성소작지와 더불어 함께 화신을 이룬다. 이 삼신 또한 이름으로 나타내어 분별한 것일 뿐이니 다만 알지 못하는 사람으로 하여금 알도록 하기 위해서 그런 것이다. 만약에 이 이치를 깨달아 안다면 또한 삼신을 응용할 것도 없다. 어째서 그런가? 이 체의 성품은 모양이 없고 머무름이 없는 것을 근본으로 세웠기 때문이다. 또한 머무름이 없음을 근본이라고 할 것도 없다.

問 轉八識成四智 束四智成三身 幾箇識 共成一智 幾箇識 獨成一智

答 眼耳鼻舌身 此五識 共成成所作智 第六是意 獨成妙觀察智 第七心識 獨成平等性智 第八含藏識 獨成大圓鏡智

問 此四智爲別 爲同

答 體同名別

問 體既同 云何名別 旣隨事立名 正一體之時 何者是大圓鏡智

答 湛然空寂 圓明不動 卽大圓鏡智 能對諸塵 不起愛憎 卽是二性空 二性空 卽平等性智 能入諸根境界 善能分別 不起亂想 而得自在 卽是妙觀察智 能令諸根 隨事應用 悉入正受 無二相者 卽是成所作智

問 束四智成三身者 幾箇智共成一身 幾箇智獨成一身

答 大圓鏡智 獨成法身 平等性智 獨成報身 妙觀察智與成所作智 共成化身 此三身 亦假立名字分別 只令未解者看 若了此理 亦無三身應用 何以故 爲體性 無相 從無住本而立 亦無無住本

◉

안이비설신을 전5식이라고 합니다. 현실에 드러나 보이는 것이라 하여 전5식이라 하며 이것이 성소작지를 이룹니다. 의식은 숨어 있기 때문에 보이지 않으며, 6식이라 하여 묘관찰지를 이루고, 7식은 평등성지를 이룹니다.

함장식, 즉 8식이 대원경지를 이루며 여기에 모든 행동한 것을 담아 둡니다. 이 8식을 고방이라고 합니다. 고방에 담겨 있는 것이 참선하면 평소에 몰랐던 것까지 막 일어납니다. 하나도 속이지 않고 다 일어나는 것입니다. 자기가 한 것은 절대 못 속입니다. 명경같이 환히 드러납니다. 그것을 업경대業鏡臺라 하는데, 염라대왕이 가지고 있는 업경대는 다 나타나서 속일 수 없습니다. 여러분 자신에게 거울이 있어서 화두가 일념이 되어 가면 갈수록 전생의 것이 엄청나게 나옵니다.

모든 일체 중생에 대해서 성소작지, 묘관찰지, 평등성지, 대원경지 이 네 가지 이름을 붙인 것은, 둘이 아닌 하나라는 차원을 바로 일러 깨우쳐 주기 위해서 짐짓 네 가지의 이름을 붙여서 소개했을 뿐입니다.

“능히 모든 티끌을 대하여 애증을 일으키지 아니하면 바로 두 가지 성품이 공한 것이니 두 가지 성품이 공한즉 평등성지니라.”

애愛와 증憎이라고 하는 두 가지 성性이 공했다는 말입니다. 그런데 보통 우리는 두 가지 애증에 놀아납니다.

제가 여기 처음 올 때는 이곳이 첩첩산중이고 전부 논이었습니다. 논 가운데 토굴을 짓고 있으니까 논에 심은 모 속에서 개구리가 울고 달빛이 비추어 좋았는데 지금은 세상이 변해서 전부 집이 들어섰습니다. 몇 걸음 걸어 나가면 모텔이니 뭐니 다 있습니다. 여기가 이렇게까지 되는 것을 보면 더 말할 것 없이 이 나라가 극도로 향락주의에 빠져 탐욕으로 가득한 세상이 되었다는 것입니다.

우리가 한 생각을 어떤 마음으로 하며 살아가느냐가 매우 중요합니다. 토굴이라고 한적한 곳에 가서 앉아 있으면 등산객들이 많이 찾아옵니다. 그런 사람들 때문에 공부 못하겠다고 더 깊이 숨어야 되겠다는 생각을 내면 안 됩니다. 때 묻은 세상이 싫고 모든 것이 싫어서 조용한 곳에 숨어서 자기 혼자 고요한 것을 취하는 것을 좋아한다면 그 공부는 가장 소극적인 공부입니다. 나중에는 세상과 등지고 자기 혼자는 편안하게 지낼지 모르지만 사람이 찾아오면 또 도망가야 되고 이렇게 하다보면 부처님의 근본 뜻과는 점점 멀어지게 됩니다.

오탁악세五濁惡世의 구정물 속에서도 피하지 말라고 했습니다. 피하지 말고 그 속에서 무엇을 해야 되느냐? 흐름을 따르되 머무르지 말라는 것입니다.

대주선사어록의 요체가 흐름을 따르되 머무르지 말라는 것입니다. 가랑잎 하나가 개울물에 떨어지면 물 흐르는 대로 흘러가도 가랑잎 자체는 그대로 있습니다. 물결을 타고 올라갔다고 가랑잎이 없어지거나 하는 것이 아니라 파도를 타는 속에서도 가랑잎 자체는 보존된다는 것입니다.

"흐름을 따르되 머무르지 말라." 이게 무슨 소리입니까?

예를 들어서 사랑하는 남녀가 산에 등산을 갔다가 동반자살을 했습니다. 고창 선운사에 지장기도 갔다가 그런 꼴을 봤는데, 그 전에는 없던 비둘기 두 마리가 항상 그곳에서 지내는 것입니다. 죽을 때 한 생각에 따라서 그 모양이 나타납니다. 한 생각 찰나에 머물렀던 그것 때문에 비둘기로 태어난 것입니다. 남녀의 애정에 머물렀던 것인데 머물렀던 그 생각 그대로 되는 것입니다. 마음의 창조이며 자기가 그대로 만듭니다.

또 어떤 사람은 산에 가서 작품을 만든다며 죽어라고 기이하게 생긴 괴목을 찾아다닙니다. 그러다가 실족을 해서 떨어져 죽은 자리에 나무가 났는데, 그것이 괴목입니다. 그러니까 죽을 때 무슨 생각을 하면서 죽었는가가 중요합니다. 그 생각을 할 때 그대로 딱 머물러 버립니다. 그렇게 머무르면 짐승도 될 수 있고 별게 다 됩니다. 여자 생각을 하고 죽으면 여자가 됩니다.

한 생각에 머무르지 않는다고 하는 것이 참 중요한 것입니다.

이 진세의 더러움 속에 내 자신이 담겨 있다고 하더라도 그 속에서 내가 무엇을 어떻게 해야 하느냐? 바로 화두를 드는 겁니다. 화두 하나, 이것을 놓치면 그야말로 파도 속에 휘말려 들어가서 모든 것을 다 잃어버립니다.

그런데 이 화두가 왜 그렇게 중요한 것이냐?

대통령이 되어야 되겠다고 일생 동안 일념으로 하다가 죽으면 대통령이 됩니다. 그런데 대통령이 되긴 되는데 지어 놓은 복이 없어서 그 자리에 오래 있지를 못합니다. 나라를 해치고, 나라와 백성을 망하게 하는 대통령이 됩니다. 생각으로 인해서 되기는 되지만 지어 놓은 복이 없기 때문입니다.

또 나는 부처가 되어야지 하고 원력을 세우고 성불하겠다고 일념으로 생각하면 그 생각대로 불가에 태어납니다. 불가에 태어나서 스님이 되거나 스님이 안 되면 절에 참선하는 거사님으로 들어옵니다. 여자 생각 많이 해서 여자로 태어나도 공부해야 되겠다고 생각했던 것이 있어서 다시 이 문중으로 들어옵니다. 성불할 수 있는 불가의 문중에 들어왔지만 전생에 닦아 놓은 것이 없으면 아무리 화두를 챙겨도 화두가 안 됩니다.

열심히 화두를 챙겨서 화두 일념삼매에 들어가면 죽을 때도 다른데 떨어지지 않습니다. 화두를 챙기는 속에서는 절대 떨어지는 것이 없습니다. 일념으로 화두를 챙기면 이 시방세계 어느 곳에도 안 떨어집니다. 그래서 이 화두가 중요하다는 것입니다.

이 화두가 생명입니다. 생명인 이 화두를 왜 안 합니까? 머물러서 떨어지면 윤회의 고통을 면하지 못합니다. 화두 힘을 얻어 놓으면 그야말로 천 겁, 만 겁에 얻기 어려운 보물을 얻는 것입니다. 그러나 화두를 앉아서만 하는 업은 짓지 말아야 됩니다. 오직 자리만 지키는 참선을 하지 말라고 많이 경책을 했습니다. 일하는 중에도 몸으로는 일을 하면서 안으로는 화두를 철저히 챙기는 것, 이 두 가지를 반드시 같이 하라고 했습니다. 조주 스님은 좌복만 지키는 공부를 가장 싫어했기 때문에 죽비로 마구 때리고 일을 많이 시켰습니다.

과거 백장 스님 같은 분도 낮에는 일을 시키면서 그 와중에 화두를 잊지 말라고 철저하게 닦달을 했습니다. 이렇게까지 살아 있는 공부를 시켰습니다.

좌복만 지키는 공부를 하다 보면 나중에 앉아서 자는 습성이 익어서 업이 됩니다. 이런 업이 익은 사람은 어디 가서도 앉아 있기만을 바라지 나가자고 하면 달아납니다. 어디 가도 융합이 안 됩니다.

그렇다고 앉는 것이 잘못이라는 말은 아닙니다. "그 스님은 좌복에 앉는 것은 안 된다고 한다."라고 알아들으면 어리석은 사람입니다.

좌복에 앉는 것에 집착하지 말라는 소리입니다. 밖으로 행하면서도 안으로 화두를 철저히 챙길 수 있어야 합니다. 이렇게 화두를 챙길 때에 어떠한 곳에도 떨어지지 않습니다.

『신심명信心銘』에도 "단막증애但莫憎愛하면 통연명백洞然明白이라, 다만 미워하고 사랑하는 증애만 없다면 확연히 밝다."고 했습니다.

이 세상 사람은 전부 미워하고 사랑하는 그것을 가지고 살아갑니다. 그것을 벗어나야지 못 벗어나면 헛일입니다. 중생의 마음으로 살아가기 때문에 거기서는 편안한 것이 없는 인생이고 의미 없는 부질없는 인생을 사는 것입니다.

두 가지 성품이 공한즉 평등성지를 이룬다. 그러면 이 두 가지가 어떻게 해서 공했느냐? 증이나 애라는 두 가지 성품이 공한 이 당처를 여러분이 깨달아서 뒤집어엎어버리면 바로 평등성지를 이룬다는 소리입니다. 평등성지란 뭐냐? 일체 만물이 똑같이 쓸 수 있는 이치, 누가 더 있고 덜 있는 것이 아니라, 평등한 그 성질을 이룬다는 말입니다. 그러므로 능히 근의 경계에 들어가서 분별합니다.

그런데 우리는 누가 무슨 소리 하면 "야, 분별 좀 하지 마라."고 합니다.

육조 스님이 말했습니다.

"분별하지 않으면 가만히 있으란 말이냐? 나는 그렇지 않다."

"그러면 선지식께서는 어떠합니까?"

"일체를 능히 분별한다. 일체를 분별하되 나는 분별한 것이 없다."

이게 뭐냐 하면 바로 공의 차원을 증득해서 말하는 공성입니다. 그렇다고 해서 공했다는 성품을 얻었다고 하면 틀린 겁니다. 자신이 확실히 그 자리, 본분의 면목 자리를 확실히 알게 됨으로써 미워하고 사랑하는 두 가지 생각이 뚝 떨어져버린다는 것입니다.

그런데 이 생각이라고 하는 것이, 가만히 앉아서 해보면 10분도 되지 않아 다른 생각이 일어나고 화두를 들다 보면 5분도 안 가서 딴 생각이 일어나고 하는 그런 것입니다. 그러나 망상이 없다는 자리 또는 육식, 칠식, 팔식에 대한 망상이 무너진 자리에서는 그렇지 않습니다. 화두가 끊어지지 않습니다.

묘한 것이, 과거에는 『금강경』이나 『화엄경』을 볼 때 강사스님이 뭐라고 하는데 졸려서 뭔 소린지 하나도 안 들어왔습니다. 잠하고 싸움하다 보면 무슨 소린지 도통 모릅니다. 어느 때는 하도 졸아서 강사스님이 "밤에 잠 안 자고 뭐했는가?" 그러기도 합니다. 의사소통이 안 되니까 밤에 와서 공부한 것을 들여다보고 앉아 있으면 또 졸렸습니다.

그런데 선방에 와서 참선을 하고 나서 죽을 고비를 넘기고 가만히 들여다보니까, 잠도 없이 일사천리로 뚫려 나가는데 끊어지지 않습니다.

'요것이 무엇일까?' '조사어록에 판치생모板齒生毛라고 했는데, 무엇일까?' 하고 가만히 꿰뚫어 보니까 다른 생각 없이 일사천리로 착 뚫어진단 말입니다. 그 뚫어지는 생각이 끊어지면 안 됩니다. 보다가 잠이 온다든지 다른 생각이 들어와서 끊어져버리면 안 되고, 끊어지지 않아야만 해결이 됩니다. 다른 사람들이 가르쳐준 것이 별로 없이 혼자 봐서 뚫어냈습니다. 뚫어내고 나서 큰스님에게 가서 점검을 해

보면 딱딱 부합이 됩니다. "너와 내가 다르지 않다. 어떻게 네가 이것을 바로 뚫었느냐?" 하셨습니다.

끊어지는 생각으로는 안 뚫어집니다.

그러나 생각이 끊어지지 않는 사람, 한 생각 낸 그대로 일사천리로 해 나가는 사람은 묘관찰지이고 평등성지입니다. 그 마음을 쓰는 사람은 일체 걸림이 없이 다 해결이 된다는 것입니다. 걸릴 게 없습니다. 이것이 안 되는 것은 왜 그런가? 화두를 들고 앉아 있으면 망상이 생기고 졸리고 몸 아픈 데 끌리고 별 생각이 다 나는 그런 살림살이 가지고는 아무것도 안 됩니다. 이것은 죽을힘을 다해서 한번 해봐야 됩니다.

여기에 "일체의 모든 경계에 들어가서 능히 분별한다."라고 했습니다. 한 치도 어긋남이 없이 분별을 잘 해낸다는 것입니다. 분별을 잘 못하는 사람은 캄캄해서 매일 이것이 옳은가 저것이 옳은가 하고 앉아서 아랫사람 하나 제대로 다루지도 못하고 상대방 마음도 모릅니다. 그렇게 머리가 둔하면 안 됩니다.

이득자재而得自在는 자재를 얻는다는 말이며, 자유자재를 얻는 것이 바로 묘관찰지라, 묘하다는 말입니다. 일체를 능히 분별해서 항하 모래 수보다 많은 것을 막 쓰는데 한 치도 걸리지 않고 오차 없이 분명하게 잘 쓴다는 것입니다. 실수가 없어서 묘관찰지라고 합니다.

능히 모든 근으로 하여금 사事를 따라 응해서 쓰되 실로 바르게 받아 들어갑니다. 여러분은 바르게 받을 수 있습니까? 이 세상 모든 사람이 바른 가르침을 줘도 바르게 못 받는데 무엇을 보고 바르게 받겠습니까? 정말 받을 줄 안다면 대단합니다. 바르게 받을 수 있는 그곳에 실로 들어간다면 두 가지 모양이 없습니다. 그게 안 되는 사람들이 괜히 이런 생각 저런 생각 일으켜서 쓸데없는 데로 흘러가고 그저 일이나 저지르고 그렇습니다. 과거에 공부한 사람들은 그렇게 하지 않았습니다. 천하의 무엇이 옆에 있다고 하더라도 부동했습니다. 공부하는 이것 하나가 딱 중심에 서 있었습니다. 이것 하나가 없으면 공부하는 데 별 용처가 없는 사람입니다. 오식과 의식이 그렇다는 말입니다. 칠식은 평등성지요 팔식은 대원경지입니다.

묘관찰지는 의식이요 성소작지는 오식입니다. 이 의식과 오식이 함께 화신化身을 이룹니다. 대원경지는 법신法身, 평등성지는 보신報身을 이룹니다.

이 삼신三身 자체도 하나인데, 작용하는 데 따라서 셋으로 분별해서 소개한 것입니다. 알지 못하는 중생을 위해서 부득이 이와 같이 나눠서 삼신도 보여줬고 사지도 보여주었습니다. 나누지 않아도 되는데 나누게 된 것은 둘이 아닌 이 자리, 진여자성 청정 자리를 낱낱이 중생들에게 바로 보여주려고 한 것입니다.

"체의 성품은 모양이 없고 머무름이 없는 것을 근본으로 세운다."고 합니다. 무주無住 즉 머무름이 없다고 했습니다.

어디에도 머무르면 안 됩니다. 공부하다가도 나는 이런 도리를 알았다 하면 틀린 것입니다. 알았다 하는 데 머무르면 안 되고 거기서 얼른 뛰쳐나와야 됩니다. "아이고, 이건 아니다. 다시 뭣인고? 야, 이놈 이 생각이 도대체 뭣인고?" 하고 빨리 돌이켜 잡아야 합니다. 다시 의심을 강하게 해서 뛰쳐나가야지, 좀 알았다고 이건가 하고 머무르면 귀신굴에 떨어지는 겁니다.

"또한 머무름이 없음을 근본이라고 할 것도 없다."라고 하여 뿌리조차 싹 쓸어버렸습니다. "뿌리도 없다."라고 하면 '아, 뿌리가 없구나' 하고 생각할 것을 염려하여 그런 생각까지도 싹 끊어 없애 흔적이 없습니다. 그러면 거기서는 뭐라고 해야 되겠습니까?

"머무름이 없는 것으로 근본을 세웠다."고 했다가 "머무름이 없는 것으로 근본을 세운 것조차 없다."고 싹 쓸어버렸습니다.

第三十二

부처님을 볼 수 있다면

문 | 어찌하여야 부처님의 진신眞身(참모습)을 볼 수 있습니까?

답 | 유무를 보지 않아야 바로 부처님의 진신을 볼 것이니라.

문 | 어떻게 하면 유무를 보지 않고 바로 부처님의 진신眞身을 볼 수 있습니까?

답 | 있는 것은 없는 것으로 인해서 세워지고, 없는 것은 있는 것으로 말미암아 나타나니, 본래 있다는 것을 설정하지 않으면 없다는 것도 또한 존재하지 않는다. 원래 무가 존재하지 않으면 유라고 하는 것은 무엇을 좇아서 얻을 수 있겠는가? 있고 없는 두 가지 모양이 서로 원인이 되어 비로소 있는 것이니 이미 상으로 인해서 있다고 할진대 그것이 모두 나고 죽는 생멸이니라. 다만 이 두 가지의 견해를 여읜다면 곧 이것이 부처님의 진신을 보는 것이니라.

문 | 유무를 오히려 가히 세우지 못하는데 진신은 다시 무엇을 좇아 세우리오?

답 | 네가 유를 물은 까닭이니라. 만약 물음이 없을 때에는 진신이라는 이름도 또한 가히 세우지 못한다. 어째서 그러한가? 비유컨대 밝은 거울이 물건의 모양을 대할 때에 상을 나타내나 물건의 모양을 대하지 않을 때는 마침내 모양이 나타나지 아니하는 것과 같으니라.

問 云何是見佛眞身

答 不見有無 卽是見佛眞身

問 云何不見有無 卽是見佛眞身

答 有因無立 無因有顯 本不立有 無亦不存 旣不存無 有從何得 有之與無 相因始有 旣相因而有 悉是生滅也 但離此二見 卽是見佛眞身

問 只如有無 尙不可交建立 眞身 復從何而立

答 爲有問故 若無問時 眞身之名 亦不可立 何以故 譬如明鏡 若對物像時 卽現像 若不對像時 終不現像

◉

유有에도 떨어지고, 무無에도 떨어지면 부처님의 진신을 보지 못합니다. 있다고 해도 틀리고, 없다고 해도 틀렸습니다. 유무를 보지 않아야 곧 이것이 부처님의 진신을 보는 것이라 했습니다.

유무가 마치 칡넝쿨이 나무를 감고 올라가는 것과 같아서 나무가 넘어지면 칡넝쿨도 같이 넘어지는 것과 같이 유무 역시 함께 사라집니다. 과거 조사의 말씀에 "그럴 때는 어떠합니까?" 하고 묻는 것도 나옵니다. 유는 무로 인해서 있게 되고 무는 유로 인해서 있게 되니,

유를 세우지 않으면 없는 것도 존재하지 아니한다는 말입니다.

있고 없는 두 가지 견해를 여의면 즉 있다고 하는 존재론을 주장하는 것과 아무것도 없다고 주장하는 부정론, 이 두 가지 견해를 여의면 곧 이것이 부처님의 진신을 본 것이라고 했습니다.

그러면 이 두 가지를 여읜 그 자리, 그건 과연 무엇입니까?

이것은 화두를 통해서만 깰 수 있습니다. 여러분이 깊이 공부해서 이것을 밝히지 않으면 해결책이 없습니다. "무엇인가?" 하고 정말 한 번 깊이 생각해 봐야 됩니다.

거울에는 모든 것이 대하는 대로 나타나는데, 모든 것을 쓸어버리고 난 뒤에 부처니 진신이니 하는 이름을 왜 세웠느냐 하면, 진신이라는 이름을 세우니까 그것이 나타나 버렸다는 것입니다. 그러나 그것조차도 쓸어버려야 합니다.

중생들은 유무를 떠난 그 자리가 진신의 불佛이라고 하니까, '아, 그런 것이 참부처님이구나'라고 알게 되지만, 그것은 머물러 있다는 소리입니다. 그러면 거울에 때가 끼듯이 드러나는 것입니다.

거울에 본체가 없는 것을 자기가 생각해 가지고 '아, 두 가지 견해를 쓸어버리고 난 자리가 진여불성이라고 하네'라고 그렇게 알고 있는 사람은 머물렀다는 것입니다. 머무른 것은 하나의 모양을 항상 거울에 비쳐서 그대로 가지고 있다는 것이니 그것조차도 쓸어버려야 합니다.

모든 상을 대할 때 나타난다는 말은, 부처라 해도 나타나고, 성품이라고 해도 나타나고, 신이라고 해도 나타나고, 온갖 것을 거기다가 나타낸다는 겁니다. 이름을 붙여서 나타낸다는 것입니다. 거기에 머무르지 말고 싹 쓸어버려라, 끌어안고 있지 말라는 것입니다. 그러면 마침내 상이 나타나지 못합니다. 물건이 있을 때라야 나타나지 싹 쓸어버리고 상을 대하지 않으면 마침내는 상이 나타나지 못합니다.

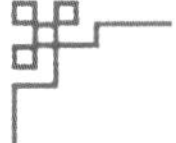

第三十三

부처를 여의지 않는 자리

문 | 어떠한 것이 항상 부처를 떠나지 않는 것입니까?

답 | 마음에 기멸起滅(일어나고 멸하는 것)이 없고, 경계를 대함에 고요해서 항상 필경은 공적하니 곧 이것이 항상 부처를 여의지 않는 것이니라.

問 云何是常不離佛

答 心無起滅 對境寂然 一切時中 畢竟空寂 卽是常不離佛

마음에 일어나고 멸하는 것이 없고 경계를 대함에 고요해서 항상 필경에 공적하여 떠나고 말고 할 것 없이 그대로 끊어짐이 없음이라, 전체 그대로, 산하대지가 드러나는 그대로가 둘이 아닌 진상眞相입니다.

항상하다는 것입니다.

'전체가 담연상적湛然常寂한 그대로 다 드러났다. 밝은 달이 푸른 하늘에 다 드러났다. 해가 드러났다. 구름 한 점 없다. 전체 그대로 밝은, 확연한 그 자리는 그대로 부처'라는 말입니다.

여기에서 말한 것은 공부를 해서 팔식의 자리가 완전히 무너진 당처, 참 진여자성眞如自性의 청정한 그 자리를 바로 체득해서 담연상적한 본래 자리 그대로 항상 영원히 쓸 수 있는 것을 말하고, 그것을 부처를 떠나지 않는 것이라고 한 것입니다.

오늘날 공부하는 분들이 일어나기도 하고 없어지기도 하는 생멸심으로 공부를 하려고 애를 쓰니까 참으로 힘이 듭니다. 그러나 회광반조回光返照해서 깊이 뒤집어엎어 한번 보면, 생도 아니고 멸도 아니고 아주 공적하다는 것입니다. 공적하다고 해서 공적한 데 집착해서 떨어지면 안 됩니다. 공적하지만 그것이 바로 부처님이라는 말입니다.

第三十四

머리를 돌이켜서 보라

문 | 어떤 것이 무위법無爲法(함이 없는 법)입니까?

답 | 유위有爲(함이 있음)니라.

문 | 지금 무위법을 물었는데 어찌하여 유위법이라고 답하십니까?

답 | 유는 없는 것으로 인해서 세워지고, 무는 있는 것으로 인해서 나타나느니라. 본래 있다는 것을 세우지 않으면 없다는 것이 어디서 존재하겠느냐? 만약 참으로 무위를 논하는 사람이라면 유위도 취하지 말고 무위도 취하지 말지니라. 이것이 참으로 무위법이라고 하는 것이다. 어째서 그러하냐?

경에 이르되 "만약 법의 상(法相)을 취하면 아상과 인상에 집착하는 것이니라. 만약 법상이 아니라는 것(非法相)을 취하면 아상과 인상에 집착하는 것이니라. 그래서 법도 취하지 말며 법 아닌 것도 취하지 말라."고 하였으니 이것이 참된 법을 취하는 것이다. 만약 이 이치를 깨달아 알면 바로 참해탈이라고 한다. 곧 이것이 둘이 아닌 법문을 안 것이다.

問 何者是無爲法

答 有爲是

問 今問無爲法 因何答有爲是

答 有因無立 無因有顯 本不立有 無從何生 若論眞無爲者 卽不取有爲 亦不取無爲 是眞無爲法也 何以故

經云 若取法相 卽着我人 若取非法相 卽着我人 是故 不應取法 不應取非法 卽是取眞法也 若了此理 卽眞解脫 卽會不二法門

◉

'무위법'과 '유위법'은 『금강경』에도 많이 나오는 말입니다. 무위로서 종을 삼고 무념으로 법을 삼는다. 이런 무심, 무념, 무위법이 모두 같은 말입니다.

어떤 분이 무위법에 대해 물었습니다.

무위라고 하는 것은 영원한 것을 말하고 유위라고 하는 것은 한계가 있는 것입니다. 나무가 봄에 잎이 피었다가 지고 하는 것이나, 이 몸이 났다가 멸했다가 하는 것이나, 생각이 일어났다가 멸하는 것도 유위법입니다. 무위법이라는 것은 나고 멸하는 생멸이 없고 일체 모든 한계가 전혀 없이 무한하다는 것, 즉 한계를 벗어나는 것을 무위법이라고 합니다.

여기서 "어떤 것이 무위법입니까?" 하고 물으니까 답하기를 "유위가 곧 이것이다."라고 합니다. "생하고 멸하는 것이 바로 무위법이다."라고 답합니다.

유위는 한계가 있는 것인데 무위법이라고 하니까 의심스러워하는 데에 대해 "유는 없는 것을 인해서 세워지고, 무는 있는 것을 인해서 나타나느니라. 본래 있다는 것을 세우지 않으면 없다는 것이 어디서 존재하겠느냐? 만약 참으로 무위를 논하는 사람이라면 유위도 취하지 말고 무위도 취하지 말지니라. 이것이 참으로 무위법이라고 하는 것이다."라고 답합니다. 즉 유위니 무위니 취해서 따지면 거리가 멀어지고, 유위니 무위니 취하지 않는 그곳에서 한번 회두관迴頭觀, 즉 머리를 돌이켜서 보면 바로 거기서 두 가지의 모양을 뛰어난 진무위眞無爲 자리의 법을 안다는 것입니다.

본래 진여자성은 머무르는 바가 없고 어떠한 것도 아닙니다. 무위도 유위도 어떤 것도 아닙니다. 중간도 없습니다.

이 세상 모든 것은 상호간에 의지해서 존재하지 독립된 것은 없습니다. 유라는 것이 자기 혼자 유라고 할 수는 없으며, 있다고 하는 것은 없다고 하는 것이 있기 때문에 존재하는 것입니다. 유의 상대는 무이고, 무의 상대는 유이기 때문에 유와 무가 서로 의지해서 존재합니다.

이것이 바로 연기법緣起法입니다.

이 세상 만유가 연기법입니다. 그래서 무상하다고 했습니다. 본래 유위와 무위의 양변이나 중간이 없는 것인데 연기법에 의해서 있게 됩니다.

법문을 듣는 대중이 이 자리에 홀로 있는 것은 아닙니다. 이야기하는 법사가 있고 듣는 대중이 함께 어우러져서 이루어지는 것이지나 혼자서 되는 것이 아닙니다. 홀로는 존재할 수 없습니다.

이 몸이 지수화풍인데 따뜻한 기운 하나만 나가버리면 그날로 쓰러져서 꼼짝을 못합니다. 바람 기운이 빠져버려도 기능이 전체적으로 마비되어 버립니다. 그러니까 홀로는 안 됩니다. 이 몸 존재하는 자체가 인연에 의해 모여서 있는 것이지 낱낱이 흩어지고 나면 뭐가 있겠습니까?

소승에서는 일체가 없어졌을 때, 산하대지가 무너지고 이 몸뚱이가 무너지고 허공처럼 비워져서 하나도 없어졌을 때를 공空이라고 보지만 대승에서는 그렇지 않습니다. 이 몸이 흩어지고 난 뒤를 공이라고 하는 것이 아니고, 현재 목전 이대로 공으로 봅니다. 공이면서 또한 있다, 아주 없는 것이 아니다, 이렇게 바로 보는 것입니다.

여기에 앉아 있는 대중이 저와 인연에 의해서 존재하는 것이고, 유위와 무위도 상호 의존해서 존재하는 것입니다.

그러나 있는 것과 없는 것 둘 다 취하지 아니할 때는 어떠하냐?

대주선사어록에는 "취하지 않을 때 참으로 무위법이라고 할 수 있다. 어째서 그럴까? 경에 이르되 약취법상若取法相이면 즉착아인卽着我人이라, 만약 법이라고 하는 모양을 취하면 곧 아상 인상에 집착하는 것이다."라고 했습니다.

법이란 진리를 말씀하신 것입니다.

우리가 공부하는 데 있어 진리에 대한 것을 깨닫기 위해 공부하는 분들, 또는 깨달았다고 하는 분들이 '나는 법이다' 그러는데 그런 것이 법상입니다.

가만히 보면 사회에서 법학 공부하는 사람은 순전히 법학에 관한 이야기만 하고, 기업하는 사람은 장사하는 이야기만 하고, 의사한테 가면 병 고치는 이야기만 합니다. 절에 가서 스님하고 이야기하면 생사가 있니 없니, 진공덕을 지어야 되느니 하면서 사회 사람들이 들어보지도 못한 이야기만 합니다.

과거 1970년대 어느 큰스님이 그랬습니다. 그 스님은 법문이 유창해서 불교신문에도 난 그런 스님이었습니다. 그 스님 말씀이 "네가 보기에는 대단해 보이겠지. 그런데 그 말이 냄새가 난다."고 합니다. 그 무슨 소리냐? 순전히 자기 소리만 한다는 것입니다. 법학자는 법학자의 냄새를 그대로 풍긴다는 소리니 그게 업이 아니냐는 것입니다. 참선 공부한 사람은 참선 이야기만 하고 경전 공부한 사람은 순전히 경전 이야기만 합니다. 그것이 자기 업이란 이야기이고 그 업의 냄새를 풍긴다는 겁니다.

문수보살이 개를 구워 뜯어먹으면서 절에 들어갔지만 아상도 법상도 없는 고로 자장 율사는 그 사람을 알아보지 못했습니다. 만약에 거기서 상을 냈더라면 자장이 알아봤을 것 아닙니까? "아, 내가 생멸이 없고 이게 바로 법이다." 하고 한마디 아는 소리로 법을 드러내었더라면 자장 율사가 '아, 저 분이 심상찮은 분이다'라고 생각했을 텐데 전혀 냄새가 안 났다는 것입니다.

제가 여러분한테 해 드리는 이 문제가 정말로 중요합니다. 견해가 확연히 떨어진 사람한테는 아무 냄새가 안 납니다. 하늘에 있는 신이나 부처나 조사가 그 사람을 볼 수도 없고 알 수도 없다고 했습니다. 이 사람이 어떤 이라고 간파할 만한 것이 하나도 없다는 것입니다. 그렇기 때문에 법상도 없고 일체 모든 상이 없더라는 것입니다.

중생들은 순전히 중생상만 가지고 있으니까 법상이 별로 없습니다. 그러나 공부 좀 했다고 하면 그만 법상이 나타납니다. 절에 가서 한 20년 참선했다 하면 그만 그 업이 드러납니다. 일체 업이 드러나지 않아야 됩니다. 과일이 익어서 뚝 떨어지듯이 흔적이 없어야 합니다.

이것을 역대 조사스님들이 신출귀몰하게 비유로써 한마디씩 드러낸 것이 "금룡이 어찌 차가운 못에 머물러서 지키고 있겠느냐?" 하는 것입니다. 여러분이 공부를 안 해서 그렇지 공부해서 척 하니 깨달아 알게 되면 "어찌 옥토끼가 그림자에 머무르겠느냐?" 다시 말해 흔적이 없다는 소리입니다. 저 깊은 절벽에 산양이 잠을 자는데 아주 높은 절벽에서 뿔을 걸고 잡니다. 포수가 아무리 찾으려 해도 발자국이 있어야 찾지요. 어디 간 흔적이 전혀 없다는 것입니다.

"지게꾼이 나뭇짐 지고 지게 목발 두드리며 하는 노랫소리가 오히려 낫고, 십자거리 엿장수가 엿가락 치며 노래 부르는 것이 정말 멋지다."라고 한마디 한 그런 말을 누가 알아듣겠습니까? 아, 그냥 소리 했구나 합니다. 여러분이 볼 때 십자거리에서 엿장수가 엿가락 치며 노래 부르는 것은 엿장수가 하는 소리로만 볼 것이고, 절에서 공부해서 "이것을 아느냐? 진흙소가 달을 물고 거꾸로 허공을 돌고 가느니라." 하면 '아하, 저 분한테서 굉장히 엄청난 말이 나오는구나' 하면서 단번에 집착이 갈 게 아니겠습니까? 그건 냄새가 납니다. '쇠나무에서 꽃이 핀다'는 것도 굉장히 냄새가 나는 소리입니다. 그러니까 "굉장하구나." 하고 혹합니다. 그런데 이것도 저것도 아니고 시장바닥에서 문수보살이 엿가락 치면서 얼씨구절씨구 하면 엿장수가 하는 소리구나 하고 봅니다. 법상의 냄새가 없기 때문입니다.

이게 무슨 소리냐?

만약 법상을 취한다면 바로 그대로가 아상, 인상에 집착하는 것입니다. "만약 법상이 아니라고 하는 것을 취해도 곧 아상, 인상에 집착하는 사람이니 그런 고로 법을 취하지도 말고 비법을 취하지도 말아라. 이것이 곧 진법을 취하는 것이니라."라고 했습니다.

이것도 사실은 근사치로 한 말이지 똑 떨어진 말은 아닙니다.

여기서 확실히 이 말을 바로 볼 줄 알아야 됩니다. 말로만 되는 것이 아닙니다. 말의 의중이 어디에 있는가를, 듣는 사람이 바로 간파해야 똑 떨어지는 견해가 나오고 똑 떨어지게 볼 수 있습니다.

"만약 이 이치를 깨달아 알면 바로 참해탈이라고 한다. 곧 이것이 둘이 아닌 법문을 안 것이다."라고 했습니다.

'유위가 곧 무위고 무위가 곧 유위다.' 즉 둘이 아니라는 겁니다. 어째서 유위가 무위고 무위가 유위이겠느냐? 왜 그러한가?

두 걸음은 처음 한 걸음부터 시작된 것 아닙니까? 처음 일보가 나오기 이전 한 걸음도 걷지 않았을 때 그것을 한 걸음이라고 하겠어요, 두 걸음이라고 하겠어요?

그럴 때 척 하니 자기의 본래면목을 돌이켜서 엎어서 바로 알면, '아! 무위니 유위니 하는 모든 것이 한 생각 일으키는 데서 일어나는 것인데 일어나는 이 자리를 돌이켜서 척 보니까 유위도 무위도 아니더라'는 말입니다. 아닌 도리를 바로 알았다는 소리입니다. 알고 나니까 유위가 다른 데서 온 것이 아니고 무위라고 말하는 바로 그 놈이고, 유위라고 말하는 그 놈이 무위입니다. 두 군데서 오는 것이 아닙니다. 무위는 나한테서 오고 유위는 어디 천상에서 오는 것이 아니라, 자기가 유위니 무위니 자꾸 분별해서 말하는데 따지고 보니까 본적지가 같더라는 소리입니다. 그래서 둘이 아니라는 것입니다.

第三十五

중도와 양변

문 | 어떤 것이 중도의 도리입니까?
답 | 양변이 중도다.

문 | 지금 중도를 물었거늘 어찌 양변이 중도라고 하십니까?
답 | 변이라고 하는 것은 중간으로 인해서 세워지고, 중간은 양변으로 인해서 생기는 것이다. 본래 양변이 없다면 중간이 무엇을 좇아서 있겠느냐? 지금 중간이라고 말하는 것은 양변으로 인하여 있는 것이니라. 그러므로 알아야 할지니 중간과 양변은 상대로 말미암아 세운 것일 뿐 모두가 무상한 것이니라. 색수상행식도 또한 이와 같다.

問 何者是中道義

答 邊義是

問 今問中道 因何答邊義是

答 邊因中立 中因邊生 本若無邊 中從何有 今言中者 因邊始有 故知中之與邊 相因而立 悉是無常 色受想行識 亦復如是

◉

실로 '무상하다'는 것이 뭐냐는 말입니다. 양변이라는 것이 본래 정해져 있는 것이거나 또 중간이라는 것이 본래 정해져 있는 것이 아니라, 중간도 정해져 있는 것이 없고 양변도 정해진 것이 없습니다. 그런 것이 없는데, 우리가 생각을 내어서 밖으로 드러내어 쓰는 가운데 건립된 것입니다. 양변을 세우다 보니까 중간이 서고 중간은 양변을 의지해서 존재한다 했습니다.

이것이 연기법입니다.

서로 상호 의지해서 존재할 뿐인데 양변이 떨어지고 나니 중간도 떨어집니다. 그러니까 무상하다는 것입니다. 영원히 양변이 있고 중간이 있는 것이 아니라 상호성에 의지해서 만들어져서 존재하는 것입니다. 그러니까 양변을 쓸고 나면 중간도 없어집니다.

그래서 '항상하지 않다', '무상하다', '색수상행식도 그와 같다'는 것입니다.

색이 수를 의지해서 존재하고, 수는 상을 의지하고, 상은 행을 의지하고, 행은 식을 의지해서 존재하므로 그 중 하나만 떨어져도 어떻게 다른 것이 존재하겠습니까? 모든 것이 서로 의지해서, 모여서 존재하는 것이 바로 연기법입니다.

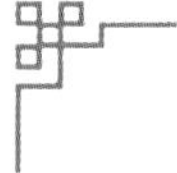

第三十六

오욕의 독

문 | 어떤 것을 이름하여 오음 등이라고 합니까?

답 | 색을 대하면 색에 물들고 색을 따라서 남을 받는(태어나는) 것을 이름하여 색음이라고 한다. 받아들임에 따라서 팔풍에 들어간다. 삿된 믿음을 즐기면서 모아 놓고는 곧 그것을 따라가서 그 가운데 태어남을 받으니 이름하여 수음이다. 흐릿한 마음으로 생각을 취해서 생각을 따라서 남을 받으니 이름을 상음이라고 한다. 여러 가지 행동을 만들어 모아서 행을 따라서 남을 받으니 이름을 행음이라 한다. 평등한 몸에 망령되이 분별을 일으켜서 얽어매고 집착해서 헛된 식識으로 남(生)을 받으니 그 이름이 식음이라고 한다. 그래서 오음이라고 한다.

問 何名五陰等

答　對色染色 隨色受生 名爲色陰 爲領納入八風 好集邪信 卽隨領受中生 名爲受陰 迷心取想 隨想受生 名爲想陰 結集諸行 隨行受生 名爲行陰 於平等體 妄起分別 繫著虛識受生 名爲識陰 故云五陰

◉

오음五陰에 대한 말씀입니다.

색이란 나타나 있는 모든 물질적인 것을 말하는데, 이 모든 색을 대해서 색에 물든다는 것입니다. 우리가 그렇지 않습니까? 지나가다가 좋은 것을 보면 정신이 팔려서 욕심이 생깁니다. 내 밥보다 남의 밥이 많아 보입니다. 중생들은 색을 대해서 마음을 내어 집착합니다. 누가 국회의원에 당선되면 "아이구, 저분이 국회의원이 되었구나. 나도 한번 되어야 할 텐데' 하고, 좋은 빌딩 가지고 잘 사는 사람을 보면 '아, 나도 저렇게 되어야 될 텐데' 합니다.

그러니까 이 세상이 여기서 헤어나지 못하는 것입니다. 색을 대해서 색에 물든다는 말입니다. 보는 대로 집착하니까 여간 공부해서는 물들지 않기가 힘든 세상입니다.

언젠가 어느 방장스님께 다른 방장스님에 관한 말씀을 드렸습니다.

"아! 그 스님이 방장 자리를 내놓고 토굴 올라가서 공부한답니다. 대중일 다 치우고 쉰다고 합니다."

"나는 그렇게 안 본다. 너는 몰라서 그렇지 그분은 다시 나온다."

"왜 그럴까요?"

"명예심이 있어서 안 되지. 나도 모든 것을 두루 거쳐서 해봤지만 그 명예심을 버리기는 힘들다. 도인은 명예심이다. 도인은 명예를 제일로 치기 때문에 명예를 내던지고는 도인이 존재하지 못하지. 도인하면 명예가 제일의 목숨인데 그걸 쉽사리 버리겠어? 그건 힘들걸? 두고 보면 알지."

얼마 안 가서 그 스님이 방장으로 또 나오고 그러더군요. 나중에 누가 물으니까 "명예심이라는 욕심을 버리기가 힘들다."라고 했답니다.

색에서 정말로 뛰어났다고 하면 그걸 해탈이라고 합니다. 완전한 해탈은 아니더라도 삼계의 욕심이 떨어지면 아라한과를 증득했다고 합니다. 그런데 색이 정말로 떨어지겠습니까?

"색에 물들고 색을 따라서 남(生)을 받는다."

일생 동안 우리는 색을 가지고 집착합니다. 색이라고 하여 남녀 간의 색을 생각하지 마십시오. 우리는 모든 색에 집착해서 그 집착하는 마음을 일생 동안 심었기 때문에 그 욕심을 가지고 다시 태어납니다.

그건 마치 독사가 새끼를 낳으면 독을 새끼에게 전해주는 것과 같습니다. 독사는 새끼를 낳으면 얼른 도망갑니다. 거기에 있다가는 태어나는 새끼한테 물려 죽습니다. 그 조그마한 것이 자기 어미를 뭅니다. 그래서 '어미를 죽이는 뱀'이라고 살모사殺母蛇라고 합니다. 독사가 새끼를 낳을 때는 바위가 언덕진 곳이나 나무위에 올라가서 꼬리를 내려뜨리고는 톡톡 떨어뜨립니다. 그냥 낳으면 자기가 죽으니까. 그렇게 똑똑 떨어뜨리고는 얼른 도망갑니다.

사바세계 중생들은 재색식명수財色食命睡라는 재물과 정욕과 먹는 것과 명예심과 잠자는 것, 이런 오욕의 독을 다 가지고 있습니다. 그 독은 부모가 자식에게 계속 전해주는 것입니다. 그것이 어디서 나오느냐 하면 색으로부터 시작되는 것입니다.

"색을 대해서 색에 물들고 색을 따라서 남을 받는다." 즉 태어난다는 말입니다. 그 이름이 색음이라는 것입니다. 색수상행식, 오음 가운데 색음色陰입니다.

"받아들임에 따라 팔풍에 들어간다."

우리가 사시에 축원할 때마다 "삼재팔난 사병사고 일체 소멸하게 해주십시오."라고 합니다. 이 삼재팔난이 굉장히 무서운 것인데 중생들이 이 삼재팔난 속으로 들어간다는 것입니다. 삼재팔난의 재앙은 누가 만드는 것이 아니라 중생들이 오욕의 근거가 되는 오음이라는 독을 재산으로 삼아서 삼독팔풍을 만드는 것입니다. 그렇게 스스로 만들어 놓고는 부처님한테 "삼재팔난을 면하게 해주십시오."라고 기도합니다.

부처님께서 "자기들이 잔뜩 만들어 놓고는 나에게 와서 없애달라고 하니 참 답답한 사람들이로다."라고 말씀하셨습니다. 만들기는 수미산과 같이 만들어 놓고 기도는 겨자씨만큼 하면서 수미산 같은 것을 싹 없애달라고 하니까 참 기가 막힌 일입니다. 이것이 바로 그런 말입니다.

중생들은 삿된 믿음을 즐기면서 모아 놓고는 곧 그것을 끊임없이 따라가고 받아서 그 가운데 남을 받으니 이것을 수음受陰이라고 했습니다.

중생들은 어리석은 마음으로 모든 생각을 취해서 생각을 따라서 남을 받으니 이름을 상음想陰이라고 합니다. 중생들이 밥 잔뜩 먹고 재산 있고 시간이 남아돌면 무슨 생각을 하겠습니까? 절에 와서 참선하라고 하면 그건 귀찮고 싫습니다. 그러면 어디로 가겠습니까? 향락으로 빠집니다. 그런 것이 바로 중생들이 가지고 있는 생각이라는 것입니다. 그것이 엄청난 업보를 불러일으킵니다.

'오늘은 내가 뭐 해야지. 내일 일확천금하려면 오늘은 뭐 해야지' 하면서 망상하는 것을 그대로 밖으로 행동으로 옮기는 것을 업수시인業受是因이라 합니다. 업으로 일어나는 생각은, 소가 코를 꿰이면 주인이 끄는 대로 가듯이 중생들의 엄청난 독을 가지고 있는 오욕의 생각이 주인이 되어서 자꾸 어디로 끌고 갑니다. '오늘은 어디 가서 한잔하고 놀아야지. 예쁜 아가씨들하고 놀아야지' '어디 일확천금하는 것이 없는가?' 하고 별 망상을 다하는데 거기에 그만 끌려가게 됩니다. 방에 가만히 앉아 있다가도 술 한잔하고 놀고 싶다는 생각이 나면, 척 하니 돌이켜서 '본래의 이놈이 무엇인가?' 하고 탁 의심해 들어가는 것을 회광반조라 합니다. 중생들은 그렇게 확 돌릴 줄을 모르고 그만 거기에 끌려가고 맙니다.

공부를 했다가도 죽는 찰나에 화두가 없어지면 그때 어디로 생각이 가느냐 하면 미혹의 세계, 망상의 세계로 끌려갑니다. 그렇게 되면 당나귀 뱃속으로 들어가고 말 뱃속으로 들어가도 자기가 있는 곳이 말 뱃속인지 당나귀 뱃속인지를 모릅니다. 불나비가 불이 좋다고 뛰어드는 것과 같습니다. 찰나의 한 생각에 의해서 개미굴 속으로 들어가고 모기 속에 들어가서 개미 모기가 되는 것을 누가 알겠습니까?

그래서 참선하는 자는 오늘날 본지풍광으로써 마음의 고준하고 고준한 이 자리를 발명해서 조사 공안에 대한 것을 투득透得해야 됩니다. 생명을 절벽에 던진다는 생각으로 있는 힘껏 해야 합니다. 그렇게 해서 현관을 투득해서 발명發明한 이 사람은 죽음에 닥쳐도 두려울 것이 없습니다. 어렴풋이 공부하고 대충 공부해서는 절대 투득이 안 됩니다.

공부 좀 하다가 보면 아무것도 없이 공했다고 하여 공한 걸로 선을 삼고 무기공으로 도를 삼고, 일체가 없다, 지옥도 천당도 부처도 조사도 일체가 없다는 걸로 높은 견해를 삼나니 이것은 쓸모없는 공에 떨어진 사람들입니다. 이런 병통에 빠지는 것이 참으로 두렵습니다. 선을 하는 사람 중에도 이런 견해에 떨어진 자가 무수히 많습니다. 이러한 사람이 바로 상음에 빠져서 오음의 뿌리를 뽑지 못할 뿐 아니라 오음의 굴레에 휘말려 들어가서, 모든 것이 행을 모아 따라서 곧 나는 것을 받나니 그것을 행음行陰이라고 하는 것입니다.

"평등한 몸에 망령되이 분별을 일으켜서 얽어매고 집착해서 헛된 식識으로 남(生)을 받으니 그 이름을 식음識陰이라고 한다."

이상을 오음五陰이라고 합니다.

第三十七

속지 않는 법

문 | 경에 이르기를 '25유'라 하니 어떤 것입니까?

답 | 뒤에 받아서 몸이 있는 것이 이것이니라. 뒤에 몸이 있다고 하는 것은 곧 육도에 태어남을 받는 것이다. 중생이 현세에 있어서 미혹해서 모든 업 짓기를 좋아하여 뒤에 가서는 업을 따라서 받아 남이니 그런 까닭에 뒤가 있다(後有)고 한 것이다. 세상에 어떤 사람이 있어서 뜻으로 구경의 해탈하는 것을 닦아서 무생법인을 증득하면 곧 영원히 삼계를 떠난 것이니 절대 뒤에 몸을 받지 아니한다. 뒤에 몸을 받지 않는 사람은 곧 법신을 증득한 사람이니 법신은 곧 부처님의 몸이니라.

문 | 25유의 이름이 어찌하여 서로 다릅니까?

답 | 본체는 본래 하나인데 쓰는 데 따라 이름을 만들어 세워서 25유

로 나타내었다. 25유는 10악 10선 5음이다.

문 | 어떤 것이 10악 10선입니까?
답 | 10악은 살생, 도둑질, 음행, 거짓말, 기어, 양설, 악구, 탐심, 진심, 사견이다. 10선이라고 하는 것은 다만 열 가지 악한 것을 행하지 않는 것을 말함이다.

問 經云 二十五有 何者是
答 受後有身 是也 後有身者 卽六道受生也 爲衆生 現世心迷 好結諸業 後卽隨業受生故 云後有也 世若有人 志修究竟解脫 證無生忍者 卽永離三界 不受後有 不受後有者 卽證法身 法身者 卽是佛身

問 二十五有名 云何分別
答 本體是一 爲隨用立名 顯二十五有 二十五有 十惡十善 五陰 是

問 云何是十惡十善
答 十惡 殺盜淫 妄言綺語兩說惡口 乃至貪瞋邪見 此名十惡 十善者 但不行十惡 卽是也

◉

'유有'는 존재라는 것입니다. 태어나서 변하고, 죽어서 변하는 우미한 존재를 25가지 종으로 나눈 것을 25유라고 합니다. 4악취(지옥·아귀·축생·아수라), 4주(동불바제·남염부주·서구야주·북울단월), 6욕천(사왕천·도리천·야마천·도솔천·화락천·타화자재천), 색계천(초선천·범망천·제2선천·제3선천·제4선천·무상천·오정거천), 무색계천(공무변처천·식무변처천·무소유처천·비상비비상처천), 이것이 25유입니다. 그런데 이러한 경經에 있는 25유는 누구나가 말하는 것인데 대주 선사는 25유를 다른 차원에서 말씀하셨습니다.

"뒤에 받음이 있다(後有身)."라는 말은 우리가 현생에 지어서 바로 뒤에 과보를 받아서 태어난다는 것입니다. 25유는 지었다가 바로 뒤에 받아서 태어납니다. 육도란 지옥, 아귀, 축생, 수라, 인도, 천도입니다. 중생이 현세에 마음이 미하여 모든 업을 즐기고 맺어서 뒤에 업을 따라서 받는 것이 육도입니다. 현세에 여러분이 좋아서 사바세계 중생놀음 하는 것이 모두 업이라는 것입니다. 중생놀음에 집착해서 그 집착을 끊지 못해서 계속 이어집니다.

신라 때는 부모들이 자식을 낳아 장가를 보내고 나면 앉혀 놓고 이렇게 말했습니다.

"나는 이제 내가 해야 할 임무를 다 마쳤다. 너를 낳아서 장성시켜서 결혼시킨 것으로 내가 할 임무는 끝났다. 이제는 네가 너의 인생을 창조해가야 된다. 그동안 내가 부모로서 임무를 다하느라고 공부를 하지 못했다. 이제 공부를 해야겠다. 내가 이 공부를 하는 것은 나 홀로 즐기고자 하는 것이 아니다. 오욕의 좋지 못한 살림살이 자체는 무위법이 아니고 유위법이기 때문에 너희들이 사바세계에 살아가면서 항상 재앙과 고통이 연속으로 끊임없이 일어난다.

그렇다고 해서 너도 속세를 버리라고 할 수는 없는 일이나, 속세의 법이 완전한 법이 아니니, 나는 이제 모든 것을 바꾸어서 올바른 진리의 마음으로 업의 굴레에서 벗어날 수 있는 좋은 가정을 꾸리도록 하기 위해 이 공부를 하려고 하는 것이다. 가정이 싫고 사회가 싫고 네가 싫어서 도피생활하려고 하는 것이 아니다. 전체 가족이 해결해야 될 이 문제를 내가 짊어지고 노력을 해봐야 되지 않겠느냐?"

신라 때 남산에 바위굴이며 작은 집이 많은 것은 모두 공부하느라고 그랬던 것입니다. 그러나 안타깝게도 조선 시대 이후에는 우리의 의식을 높일 수 있는 기초가 될 수 있는 근본 뿌리, 정신세계의 뿌리를 계승하지 못하였습니다. 신라 시대에는 차茶문화가 참 멋졌습니다. 결혼식 할 때도 신부한테 차를 주었습니다. 차를 전해 주는 것이 최고의 선물이고 차를 마실 수 있는 시간을 인생의 의미를 생각해 볼 수 있는 시간으로 정했다는 말입니다. 차를 마시면서 차를 음미해 볼 수 있는 시간, 부부간에도 인생의 의미를 논할 수 있는 시간, 그런 의식이 발전되어 모범적인 사회가 될 수 있는 기틀이 잘 되어 있었습니다.

그러나 조선 시대에는 앉아서 차를 마시는 대신 밥 푸고 나서 누른 밥에 물 부어서 숭늉을 만들어 마시는 것으로 변했습니다. 차 문화가 없어지고 숭늉 훌훌 마시고 끝내 버리면서 차문화를 말살시키고는 앞에서는 양반다리하고 어험 하지만 남이 안 보는 곳에서는 온갖 못된 짓을 다했습니다. 조선 시대 때는 밖으로 형식적인 모양만 취하고, 실질적인 의식의 질을 높이는 행은 전부 묻어 버렸습니다. 그래서 오늘날 이 사회가 이렇게 퇴락한 것입니다. 사촌이 땅을 사면 배가 아프다는 그런 의식은 조선 오백년의 그 뿌리가 지금까지 없어지지 않아서 그런 것입니다. 이러한 것을 오늘날 우리가 빨리 개혁해서 없애지 않고 지금까지 그대로 따라서 하고 있습니다.

지금 심각한 것은, 우리가 마음 세계의 문을 닫아 놓고 살아서 그렇습니다. 그러니까 지금이라도 우리 불자들이 가정의 아이들을 길러서 결혼시키거든 더 이상 집착하지 마십시오. 집착해 들어가면 무덤 속에 함께 들어가는 것입니다. 가족에게 점점 더 많은 독을 만들어주기 때문에 어느 누가 낫다고 할 수가 없습니다. 그러니 가정에서 자식들에게 결혼식 하는 날 이야기해야 합니다.

"내 임무는 다했다. 인생의 진정한 괴로움이 가족의 괴로움과 인류 전체의 괴로움이라고 할 수 있다. 이제 이 괴로움을 해결할 공부를 나는 해야겠다."

이렇게 해서 공부해야 되는데 요새 보면 아무리 이야기해도 말을 안 듣습니다. 보살님들보고 이야기하면 "아이고 며느리가 어째 가지고…" 그러고, 또는 "딸이 시집갔는데 직장 다니면서 손자를 맡기니 이 인정을 끊을 수도 없고 해서 공부하러 못 옵니다."라고 합니다. 이것이 오늘날 큰 폐단입니다.

우리가 의식 세계의 문을 닫아 놓고 사는 것, 겉모양을 가지고, 인정을 가지고 논하는 것은 그 인정 자체가 나중에는 원수가 되고 은혜가 됩니다. 그것은 나중에 원수가 될 수 있는 뜻을 포함하고 있습니다. 이 무서운 것을 모르고 인정 주는 것으로만 생각하는데 그건 아닙니다. 진정으로 자식을 위하고 가정을 위하는 것은 지금까지 말했던 이 문제를 해결할 수 있는 그 공부를 할 때 그 가정에는 서광이 비치고 진정으로 자식을 사랑하는 부모가 되는 것입니다. 그것을 왜 모릅니까? 절에 오시는 불자님은 그런 점을 잘 알고 진정으로 내가 살아가면서 뭘 해야 하는지 잘 생각해 봐야 됩니다.

후유신後有身이란 뒤에 몸을 받는다는 소리입니다. 중생의 업이라는 것, 우리는 이 문제가 본인 자신들에게 깊이 사무쳐서 마음속으로 확실하게만 알면 정말 몇 십 년 참선공부 안 해도 자신의 마음이 정리가 된다는 것입니다. 그런데 건성으로 말로만 중생의 업이라는 것을 책자에서 흘러가는 물처럼 볼 뿐입니다. 보았을 뿐 뼛속 깊이 사무치게 업에 대한 맛을 보고 알아보지는 못했습니다.

"내 자신의 업이 어떻다는 것을 확실하게만 알면 그 사람은 속지 않는다. 두 번 다시 속지 않는다. 범하지 않는다."라고 했습니다.

산모가 아기를 낳을 때 그렇게 애를 먹고 다시는 아기를 안 낳아야겠다고 하고는 또 낳습니다. 그게 업입니다. 그 업을 벗어날 수가 없습니다. 벼슬하다가 역적으로 몰려서 벼슬이 떨어지고 목에 칼을 차고 감옥에 갇혀서 죽게 되었을 때도 내가 이 감옥을 나가서 복직을 하면 얼마나 좋을까 하는 생각만 있다는 겁니다. 이 중생의 업이라고 하는 것이 참으로 모질고 질긴 엄청난 문제라서 중생들이 해결하는 것이 힘들다는 것입니다.

이 사바세계라는 자체를 놓고 한번 보십시오. 우리나라만 보더라도 5천만 국민 중에서 과연 내 업을 벗어나는 공부를 하는 사람이 몇 사람이나 되겠습니까? 그 많은 분들이 전부 사바세계의 오욕락에 대한 업을 짓는 것만을 재산으로 삼아 질기게 집착해서 그놈을 점점 더 진하게 만들어 가는 생활을 하고 있습니다. 쌓아 묻어 놓은 것이 금생에만 쌓은 것이 아니라 무진겁無盡劫 이래로 내려오면서 쌓고 쌓아 중생의 질긴 업을 만들고 있습니다.

과거에 전前백장이 학인들에게 공부를 가르칠 때, 어느 학인이 "대승학인은 인과에 떨어집니까, 안 떨어집니까?" 하고 물었습니다. 그럴 때 그 사람도 벗어날 수 있고 나도 벗어날 수 있는 한 글귀, 활구의 일구를 척 하니 던져야 됩니다. 그 일구 하나가 살아 있는 생명입니다. 원자폭탄이 한 번 번쩍하는 순간에 지구상에 있는 엄청난 수의 사람이 찰나에 재가 되어 죽듯이, 활구라고 하는 것은 한마디 던졌을 때 듣는 사람이 무진겁으로 쌓아온 업이 몰록 깨어져서 박살이 나는 것입니다. 그러면서 본바탕의 자성 자리를 확연히 뒤집어 드러낼 수 있는 것입니다.

학인이 물었을 때 그 방장이 "인과에 떨어지지 않는다(不落因果)."라고 말했습니다. 그러고 난 뒤 오백생이 흘러간 뒤에 그 사찰에 다시 스님이 들어섰는데 그분 역시 백장이었습니다. 그 백장 스님이 보름에 한 번, 초하루에 한 번, 법상에서 소참법문을 하는데 법문할 때마다 어느 백발노인이 와서 꼭 듣습니다. 그런데 그날은 다른 대중은 다 갔는데 혼자서 안 가고 앉아 있는 것입니다. 그래서 묻습니다.

"노인장은 어느 곳에 사시는 누구인지? 법문을 듣고 평소에는 대중과 함께 흩어져서 가더니 오늘은 어째 남아 있소?"

"제가 오늘 물러가지 아니한 것은 제 마음 가운데 항상 의심나는 것이 있는데 그것을 풀지 못했습니다. 오늘 방장큰스님에게 한번 이 문제를 물어보고 가야겠다는 생각이 있어서 안 가고 남아 있었습니다."

"노인장은 어디 사는 누구십니까?"

"저는 오백생 전에 이 산중의 백장百丈이라고 하는 조실祖室이었습니다."

"아! 그렇습니까? 오백생 전에 이 산중에서 가르치셨다니 저보다는 선배인데 오백생이 지난 뒤에도 의심이 남아 있다면 어떤 의심인지 말씀을 해 주십시오."

그러니까 노인장이 절을 하더니

"그 당시 이 사람이 많은 사람을 가르칠 때인데 법상에서 상당법문을 하는데 공부하는 학인이 절을 하고, '대승을 공부하는 학인도 인과에 떨어집니까, 안 떨어집니까?' 하고 물어서 내가 '인과에 떨어지지 아니한다'라고 했는데 그런 말을 한 이후 여우 몸에 떨어져서 뒷산 굴에서 오백생 동안 여우 몸을 받고 있습니다. 그런데 나의 이 허물이 어디에 있는지 나도 알 수가 없습니다. 그 문제에 대해서 금일 방장스님께서 좀 말씀해 주십시오."

"아 그런 일이 있었군요. 그렇다면 그때처럼 나한테 절을 하고 물으십시오."

노인장이 일어나 절을 하고 묻기를

"대승학인도 인과에 떨어집니까, 안 떨어집니까?"

후백장이 법상에서 대답하기를

"불매인과不昧因果라, 인과에 매하지 아니한다."

그러니까 노인장이 "아! 오늘에서야 이 산승이 오백생 동안 의심했던 것이 비로소 다 녹아 없어졌습니다. 좋은 법문 한 글귀를 일러주셔서 이제 저는 여우 몸에서 벗어났습니다. 내일 동굴에 올라오셔서 제 시신을 치워 주십시오. 이 시신을 스님이 돌아간 것처럼 똑같이 열반종을 쳐 주시고 다비를 해 주시면 고맙겠습니다."

그러니까 백장 스님이 그렇게 하겠노라고 하고 헤어졌습니다.

아침에 일찍 밥을 드시더니 대종을 땅땅 치는데, 대중들이 종소리를 들어 보니까 누가 열반했을 때 치는 종소리입니다. "이상하다 방장스님이 아침 공양을 했는데 누가 열반을 했기에 열반종을 치나?" 하고 나와 보니까 대중들은 다 있습니다. 방장스님에게 묻기를 "누가 돌아가셨기에 이렇게 열반종을 치십니까?" 하니까 "저 산에서 큰스님이 한 분 열반하셨다. 거기 올라가서 대중이 다비식을 해야 하느니라." 대중들이 "희한하다, 무슨 소린가. 산에 큰스님 있는 것은 보지도 못했는데 어떤 큰스님이 돌아가셨나?" 하고 굴에 들어가 보니까 큰 백여우가 죽어서 누워 있었습니다.

전백장이 이러이러 해서 돌아갔는데 오늘 이분의 다비식을 해줘야 된다며 다비식을 다 하고 내려와서 백장 스님이 법상에서 법문을 하는데 황벽 스님이 물었습니다.

"스님께서는 무슨 기특한 법문을 그 노인에게 해주셨기에 여우 몸을 벗게 해주셨습니까?" 하니까 백장 스님이 "그 문제는 내가 너에게 친절하게 잘 일러줄 테니 곁으로 좀 오너라." 하였습니다. 황벽 스님이 곁으로 살살 가더니 갑자기 돌변해서는 백장 스님의 등짝을 치고는 문을 열고 확 달아났습니다. 그러니까 백장 스님이 "하하 좌중에는 후백이만 있는 줄 알았더니 후흑이도 있구나." 했습니다.

그런데 이 법문에 대해서 논란이 참 많습니다. '불락인과'라고 해서 여우 몸에 떨어졌고 '불매인과'라고 해서 여우 몸을 벗어났으니까 불매인과는 옳고 불락인과라고 대답한 것은 틀렸다는 것인데, 여기에 큰 문제가 있습니다.

마조 스님이 8년 동안 앉아 있으니까 회양 스님이 와서 기왓장을 쓱쓱 가는데 마조 스님이 묻습니다.

"뭐 하러 기왓장을 갑니까?"

"거울을 만들려고 그런다."

"기왓장을 갈아서 거울을 만든다는 이야기는 스님한테 처음 듣습니다."

"이놈아, 앉아서 부처된다는 것은 너밖에 못 봤다."

"그러면 어찌합니까?"

"수레가 가지 않는데 수레를 때려야 되겠느냐, 소를 때려야 되느냐?"

그렇습니다. 그냥 소를 때려야 되겠느냐 하고 단적으로 물어도 되는데 '수레를 때려야 되겠느냐, 소를 때려야 되겠느냐?' 합니다. 그런 문제가 이 조종문하에서 묻는 것은 다 같습니다. 원상을 그려놓고 '들어가도 칠 것이고 나가도 칠 것이다. 어쩔래?' 하는 것과 똑같은 것입니다. 조주 스님한테 불성이 있습니까? 하고 물으면 되는데 '불성이 있습니까, 없습니까?' 하고 유무를 묻습니다. 있나 없나 하는데 조주 스님은 있다, 없다고 대답을 하는 것도 있고 다르게도 이야기했습니다.

어느 총림선방에서 그것을 가지고 이야기를 하는 가운데, "그러면 그게 불매인과가 옳습니까?" 하고 제가 물으니까 "그렇지, 불매인과가 옳지. 불락인과라고 하는 것은 틀렸다."라고 합니다. 그래서 "그게 그렇다면 문제가 큽니다. 지금까지 이 문제가 해결이 안 되면 문제인데요."라고 했습니다.

"그러면 수좌는 불락인과가 옳다는 말이오?" 물어보는데, 이것이 문제입니다. 인과에 떨어지지 않는다고 했는데 왜 떨어졌겠어요? 여러분이 이 문제를 확실하게 타파해야 됩니다.

전혀 몰라야 됩니다. 아주 모르는 속에서 철저하게 의심을 지어가서 그 의심을 지어가는 그 마음이 일념만년이라, 한 생각이 만년을 가라고 했습니다. 이 공부가 확실하게 되어 의심이 일념일단화가 되어 우주법계에 그 의심 하나가 꽉 차면 물아物我가 둘이 아닙니다. 사람이 풀을 맬 때는 풀하고 곡식을 다르게 맵니다. 사람이 풀을 매는 데 신경을 쓰면 화두가 없어집니다. 풀매고, 일하고, 컴퓨터 하면서 화두를 들면 잘 되질 않습니다. 그렇지만 분명히 풀매면서 일하면서도 둘이 아닌 그런 화두의 경계에 이르러야 됩니다. 그건 분명합니다. 그런 상태가 아니면 아직 화두가 아닙니다. 그건 망상과 생멸심을 가지고 나대고 있는 것입니다. 화두가 익어져서 일상생활이나 잠자는 속에서도 물아가 둘이 아닌 여여한 경계가 되어야 합니다. 성성한 여여의 경계는 영원불변이기 때문에 그러한 화두의 힘을 얻는 시절이 분명 있습니다. 그렇게 되어야 무명의 업보를 받은 중생의 그 업신이 제거됩니다.

그놈이 완전히 뒤집어져서 업이란 것 자체가 없어지고 한 점의 티끌만한 것도 없다고 할 그런 시절까지 이르러야 됩니다.

거기서 전신일구轉身一句라, 몸을 한번 뒤집어엎어야 바로 눈이 열립니다. 그렇게 되기 전에는 전부 거짓말이고 가짜입니다. 그래서 여간한 큰스님이 공부 많이 했다고 해도 중풍 걸려서 쓰러지면 죽을 때 정신이 혼미해서 치매가 옵니다. 이 공부는 분명 철저하게 해 나가야 하며 머릿속에 조금도 아는 생각을 두지 말아야 됩니다. 공부하다가 알음알이가 생겨서 '이런 것이다' 하는 것을 두었다가는 백해무익이라 전혀 이익이 없습니다. 저는 그것을 너무나 잘 압니다. 솔직히 모르면 모른다고 해야 합니다. 그놈을 사량분별로 알려고 해서 '아, 이런 것이다' 하고 가지고 있다가는 큰일 납니다. 아무것도 없어야 됩니다. 공부하려면 아주 순진하고 천진해야 됩니다.

그랬을 때에 어떻게 되느냐? 순진해져서 티 하나 없고 일체 업이 없어져서 청정무구한 그때에 이르러서 전신일구가 나오는 것입니다.

"어떤 것이 불법의 대의입니까?" 하고 물으니

"고목 속에서 용이 울고 수백 년 묵은 송장의 눈동자가 맑고 푸르더라."라고 했습니다.

부처님께서 6년 고행하듯이 그와 같이 다하고 다해서 없어져야 이 업에서 벗어나 대자유인이 될 수 있습니다. 지금 그 업을 벗어나려고 하는 사람이 많지 않습니다. 업에 점점 더 얽매여 살아가려고만 하지 진정한 참자기의 농사를 지으려고 공부하는 사람이 몇이나 되겠습니까? 이 공부를 안 하기 때문에 이 나라가 정신이 자꾸 퇴락되는 것입니다. 점점 더 업을 많이 짓기 때문에 나쁜 사람만 나옵니다. 업이라는 것이 그렇게 무섭습니다. 뒤에 몸 받는 것을 생각해 보세요.

후유신後有身이라, 뒤에 네가 몸 받는 것이 반드시 있다는 것입니다.

해탈은 이런 질기고 질긴 업의 구덩이 속에서 벗어나는 것입니다. 무생법인이 뭐겠습니까? 나고 죽는 생사고통에서 해탈한 것입니다. 거기서 벗어나는 것이 쉬운 것은 아니지만 생로병사 그 고통에서 헤어난다면 중생의 오욕락에서도 벗어났다는 것입니다. 무생법인을 증득한 자리가 바로 그것입니다.

전신일구, 오매일여가 그냥 되는 것이 아닙니다. 일상일여, 몽중일여, 오매일여가 되는 화두 경지를 지나가서 일체 터럭만큼도 업의 때라는 것이 없는 곳에 이르러서 눈이 열려야 '무생법인을 증득한 사람'이라는 것입니다.

삼계는 욕계, 색계, 무색계인데 사바세계 중생들이 욕심, 즉 재색식명수의 오욕락으로 사는 사바세계를 욕계라 합니다. 삼천대천세계 가운데 이 사바세계가 열한 번째에 해당되며 천상 중의 하나입니다. 색계천은 우리보다 한 차원 높아서 사바세계와 같은 오욕의 욕심은 없습니다. 그러나 잘났다, 못났다 하는 색 덩어리는 가지고 있습니다. 사바세계의 중생들이 늙는 것은 주름이 생기고 추해지는 것인데, 색계에서는 늙는 것이 다른 모양으로 나타납니다. 무색계천에서는 욕심도 색도 없고 정신의 세계만 있습니다. 거기에도 번뇌 망상이 다 있습니다. 그 삼계를 중생계라고 하는데 좀 더 오래 살고 좀 더 즐거움이 있다는 것뿐이지 결국에는 타락하는 것입니다.

하늘세계라고 영원한 것이 아니고 삼계에서도 자기 복이 다하면 떨어집니다. 그래서 천상 가는 것 좋아하지 말라는 것입니다. 천상 가서 천상락 즐기다 보면 공부고 뭐고 아무것도 못합니다. 역사를 보더라도 국왕이 처음에는 나라를 잘 다스리는데, 오래하다 보면 주색잡기에 빠져 정사를 모르고 간신들만 득실거리면서 나라가 부패하는 경우가 많습니다. 자기 자체의 욕구가 있는 한은 그놈이 싹이 터서 발생합니다. 금생에 여러분이 복이 좀 있어서 잘 산다고 좋아하지 마십시오. 그 복이 다하면 거지신세로 돌아가야 되는데 그것이 바로 윤회입니다. 복이 있을 때 복을 지으라는 것은 유루복에서 하는 것입니다.

그러면 무루복은 뭐냐? 무생법인을 증득하는 것이 무루복이라, 무생법인을 증득하면 영원한 것입니다. 사바세계는 시비하고 슬프고 즐겁고 고와 낙이 함께 섞여 있는 곳입니다. 『금강경』에도 있듯이 "한번 왔으나 그 다음에는 다시 오지 않는다."라고 했습니다. 천상에서 이 사바세계에 내려온 것은 그냥 내려온 것이 아닙니다. 우리들이 여기서 잘 닦고 공부를 잘 해서 이 사바세계의 신세를 면할 수 있는지 체에 뭘 거르듯이 한번 거르러 왔다는 것입니다. 공부 안 하고 딴짓하고 살면 영락없이 체에 걸립니다. 일왕래 이실무왕래! 이 사바세계에서 공부를 열심히 해가지고 다시는 안 온다는 것입니다. 그러나 여기서 공부 안 하고 또 업을 지으면 이 사바세계에서도 다시 타락되어 영원히 헤어날 길이 없는 것입니다. 사바세계 중생은 시험대에 올라 있습니다. 자기 생명은 점점 죽음의 문에 가까워지고, 죽고 나면 그 시험대에 턱 걸려가지고 떨어지는 신세가 되는데도 편안하게만 지내고 있습니다.

부처님이 얼마나 답답하면 눈물을 흘리겠습니까? 경전에 보면 부처님이 애민중생하여 "정말로 불쌍하다. 내 눈물이 바다를 이루듯이 흐른다." 소가 자기가 죽을 도살장에 가고 있는데도 모르고 있는 것처럼 중생들이 아무리 이야기해도 아무 걱정 없이 그냥 지내니까 부처님이 슬픔의 눈물을 흘린다는 말입니다.

공부하러 다니는 스님들도 그렇습니다. 공부 안 합니다. 걸망지고 사방팔방 돌아다니고 하는 것은 자기 공부 자기가 하는 것인데도 그걸 가지고 위세를 부립니다. 주지한다고 상을 내는 사람이나 선방에서 참선한다는 상을 내는 사람이나 나는 주지 안 하고 선방에도 안 있고 훨훨 다니면서 머무는 데 없이 공부한다고 상을 내는 사람이나 전부 상놀음입니다. 상만 내고 앉아서는 그걸 모르고 위세를 떠는데 보통 일이 아닙니다. 그러나 이 공부를 하는 우리들이 진정으로 발심을 하면 그런 것이 없습니다.

또한 시민선방에 와서 공부하는 사람이 몇 사람이나 됩니까? 공부하라고 해도 안 하고 그저 형식으로 어쩌다 할 수 없이 눈치 보면서 합니다. 아침에 포행하다 보면 휘황찬란한 모텔에 웬 사람이 그리 많이 들어가는지 낮에도 꽉 차 있습니다. 공부는 안 하고 어떻게 하면 돈 더 잘 벌고 어떻게 하면 명예를 날릴까 하는 허망한 생각을 하고 있습니다. 선방에 다니면서도 자기 생각이 정립되지 않고 해결이 안 된 사람이 많습니다.

진정으로 공부하는 사람은 나라는 상이 없어야 되고 머무르는 바가 없어야 된다고 대주어록에 수도 없이 나와 있습니다. 많은 사람을 위해서 자기 몸을 던졌거나 수천억을 불사를 위해서 시주했더라도 표를 내지 말라는 것입니다. 업을 좇지 말고 무생법인을 좇으라는 말입니다. 어떠한 일을 했더라도 "남에게 해 준 일이 없습니다. 제가 뭘 했습니까?" 이렇게 할 수 있는 마음을 쓸 때에 그분의 도와 덕이 높아지는 것입니다.

그런데 세상 사람들은 자기가 한 것을 자꾸 드러내려고 합니다. 절에 시주를 조금 했는데 자랑 좀 안 해주는가 하는 분은 업을 짓는 방향으로 나가는 것이지 무생법인을 증득하는 방향으로 나가는 것이 아닙니다. 정말로 선방에서 참선하는 사람이라면 전혀 표가 없어야 됩니다. 저는 그런 스님, 거사님, 보살님을 봤습니다. 전혀 표 없이 말 없는 속에서 실천에 옮기는 분들인데 그분들은 도와 덕이 높아지고 또 잘 됩니다.

마음으로 구경해탈을 닦아서 무생법인을 증득한 자는 삼계를 뛰어난 사람입니다. "이 사람은 절대 뒤에 몸을 받지 않는다."라는 것이 '일왕래이실무왕래一往來以實無往來'입니다. 이 사람은 법신을 증득한 사람이라는 말입니다. 법신을 증득하는 것은 그냥 되는 것이 아니라 일체 망상이 떨어지고 오매일여를 지나가서 확실하게 이 자리를 보고 본성 자리를 깨달아 증득한 사람만이 됩니다.

경에서 말하는 25유는 4악취, 4주, 6욕천, 7색계천, 4무색계천이 25유입니다. 기독교의 성경에도 천국을 말하지만 하늘나라에 대한 자세한 내용이 없습니다. 미국의 학자들하고 얘기해 보면 "『화엄경』이 기가 막힌다."고 하면서 연구를 많이 한다고 합니다. 천상이라는 것이 좋은 줄 알았는데 경에 보면 거기서도 윤회를 면치 못하는 것이니까 좋은 것이 아니라는 것을 알았다고 합니다. 무생법인을 증득하는 것만이 영원한 것입니다.

대주 선사가 말한 25유는 다릅니다. 여기서는 경에서 말한 것과 대주 선사가 말한 것이 왜 다르냐고 묻습니다.

이에 대해 "본체는 본래 하나인데 쓰는 데 따라서 이름을 만들어 세워서 25유로 나타내었다. 25유는 10악 10선 5음이다."라고 답합니다.

대주 선사는 10악 10선 5음을 25유라고 했고, 경에서 말하는 25유는 대주 선사가 말한 25유 이 안에 다 속하고 있습니다. 따지자면 여기에 속하지 밖의 소식이 아닙니다.

第三十八

육념이 없어야 참생각

문 | 위에서 무념無念을 말씀한 것이 다 마무리되지 않았습니다.

답 | 일체처에서 무심無心한 것이 무념이라는 것이며, 일체 경계가 없고 구하려고 하는 생각이 없는 것이 이것이다. 모든 경계의 색을 대해서 마음이 일어나 움직이는 것이 영원히 없으니 이것이 곧 무념이니라. 무념이라는 것의 이름이 참마음(眞念)이다. 만약 생각으로써 생각을 삼는 자는 즉시 삿된 생각이다. 바른 생각이 아님이니 어째서 그러한가? 경에 이르시기를 "만약에 사람에게 여섯 가지 생각을 가르치면 그 이름이 그릇된 생각(非念)이라고 하는 것이다. 여섯 가지 생각이 있음을 이름하여 삿된 생각(邪念)이라고 하는 것이니 여섯 가지 생각이 없는 것이 참 생각(眞念)이다."라고 하였다.

경에서 이르되 "선남자야, 우리가 무념의 법 가운데 머물러서 이와 같은 금색의 32상을 얻었느니라. 대광명을 놓아 세계를 남김 없이 비춘다. 생각으로 헤아릴 수 없는 이 공덕은 부처님이 말씀하여도 오히려 다하지 못하거늘 어찌 하물며 나머지 승(餘乘)이 능히 알겠느냐." 라고 하였다.

무념을 얻은 사람은 안이비설신의 육근이 물든 바가 없기 때문에 자연히 모든 부처님의 지견에 얻어 들어간다. 이와 같이 얻은 사람을 이름하여 불장(佛藏)이라고 하며, 또한 법장(法藏)이라고 하니 곧 능히 일체 부처님이고, 일체의 법이다. 어째서 그러한가 하면 생각이 없는 까닭이니 경에 이르되 "일체의 모든 부처님들이 다 이 경을 좇아서 나왔다."라고 하였다.

문 | 이미 무념이라고 부르면서 부처님의 지견에 들어간다고 하니 다시 무엇을 좇아서 세운 것입니까?

답 | 무념을 좇아서 세운 것이다. 어째서 그러한가? 경에 이르되 "머무름이 없는 근본을 좇아서 모든 법을 세운다."라고 하였다. 또 이르되 "비유하면 밝은 거울과 같다."라고 하였으니 거울 가운데는 비록 모양이 없으나 능히 만 가지 모양을 나타낸다. 어째서 그러한가. 거울이 밝은 까닭에 능히 만 가지 모양을 나타내느니라. 배우는 사람의 마음이 물들임이 없는 까닭에 망념이 나지 않는다. 나라는 것이나 사람이라는 것이나 마음까지도 사라져서 필경에는 청정한 까닭에 무량한 지견을 능히 낸다.

몰록 깨닫는다고 하는 것은 이 생을 여의지 않고 곧 해탈을 얻음이다. 무엇으로써 그것을 알 수 있는가? 비유컨대 사자새끼가 처음 태어났을 때 곧 참사자인 것과 같다. 돈오를 닦는 사람도 또한 이와 같아서 돈오를 닦을 때에 곧 부처님 지위에 들어간다. 마치 대나무에

봄이 되면 죽순이 나서 봄을 여의지 않고 곧 어머니(본래의 대나무)와 같아서 다름이 없는 것과 같다. 어째서 그러하냐? 마음이 공한 까닭이니 돈오를 닦는 사람 또한 이와 같다.

망념을 몰록 제거하여 영원히 아상, 인상이 끊어졌으니 필경에는 공적하여 곧 부처님과 더불어 같아서 다를 것이 없다. 그런 까닭에 말하기를 범부요 곧 성인이라고 한다. 돈오를 닦는 사람은 이 몸을 떠나지 않고 곧 삼계를 뛰어난다. 경에 이르되 "세간을 무너뜨리지 않고 세간을 벗어나며, 번뇌를 버리지 않고 열반에 들어간다."고 하였다. 돈오를 닦지 않는 사람은 들의 여우가 사자를 따라서 쫓아다니지만 백천 겁이 지나도 끝내 사자가 되지 못하는 것과 같다.

문 | 진여의 성품은 실로 공空한 것입니까? 실로 공하지 않는 것입니까? 만약 공하지 않다고 말하면 곧 이것은 상이 있는 것이며, 만약 공이라고 말하면 그것은 곧 단멸이니 일체 중생이 마땅히 무엇을 의지하여 닦아야 해탈을 얻겠습니까?

답 | 진여의 성품은 공이면서 또한 공이 아니다. 어째서 그러한가? 진여의 묘체는 모양도 없고, 또한 상이 없어서 가히 얻지 못하니, 이를 일러 공이라고 한다. 그러나 공해서 모양이 없는 체 가운데 항하사의 용을 만족하게 갖추어서 곧 일에 응하지 아니하는 것이 없으므로 이를 이름하여 불공不空이라고 한다.

경에 이르되 "하나를 알면 곧 천 가지가 따라서 해결되고, 하나를 미혹하면 곧 만 가지가 함께 미혹되는 것이다."라고 하였다. 만약 어떤 사람이 하나를 지키면 만사를 다 마치니 이것이 도를 깨닫는 묘함이다. 경에 이르되 "삼라와 만상이 한 법이 인을 친 바이니라." 하였으니 어떻게 해서 한 법 가운데에서 여러 가지 견해를 내는가?

이와 같이 공업을 말미암아 행함이 근본이 되니라. 만약 마음을 항복받지 아니하고 글을 의지해서 증득을 하고자 하면 옳지 않다. 자기도 미치게 하고 남도 미치게 만들어 피차간에 함께 컴컴한 귀신굴에 떨어진다.

노력하고 노력하라. 세밀하고 세밀하게 살펴보라. 다만 무슨 일이 나에게 올 때 받지 아니하여 일체처에 무심하니 이와 같은 것을 얻은 사람은 곧 열반에 들어가서 무생법인을 증득한다. 이것을 이름하여 둘이 아닌 법문이라 하며, 또한 이름하여 다툼이 없다고 하고, 또한 이름하여 일행삼매라고 한다. 어째서 그런가? 필경에는 청정하여 아상과 인상이 없는 까닭이다.

미워하고 사랑하는 마음을 일으키지 않는 것이 두 가지 성품이 공한 것으로 이것이 보는 바가 없음이요 곧 이것이 진여의 얻을 것이 없는 변론이다. 이 논은 믿지 않는 사람에게는 전해주지 말아라. 오직 견해가 같고 행함이 같은 차원에 있는 사람에게 전하라. 마땅히 앞 사람이 성실한 신심이 있어서 감히 어떠한 데 임해도 물러나지 아니하는 사람인지를 관찰할 것이니 이런 사람을 위하여 가히 설해주고 보여주어 깨닫게 해야 할 것이니 내가 이 논을 지은 것은 인연 있는 사람을 위한 것이지 명리를 구하는 것이 아니다. 다만 모든 부처님이 설한 바 천 가지 경전과 만 가지 논은 오직 중생이 미혹한 까닭에 마음과 행동이 같지 아니하므로 삿된 것을 따라서 이에 대응하여 설하였기 때문에 곧 차별이 있는 것이다.

구경해탈의 이치를 논할진댄 다만 일이 옴에 받지를 아니하며, 일체처에 무심하여 영원히 고요하여 허공과 같아서 필경에는 자연히 해탈할 것이니라. 너는 헛된 이름을 구하지 마라. 입으로 진여를 설하면서 마음이 원숭이와 같아서는 안 된다. 말과 행동이 서로 다른 것을 이름하여 스스로 속는 것이라고 하니 응당 악도에 떨어질 것이다. 한 세상의 헛된 이름과 쾌락을 구하지 말라. 알지 못하는 사이에 오랜 겁의 재앙을 받게 되니 노력하고 노력하라. 중생은 스스로 자기를 제도해야 하니 부처님이 능히 너를 제도하지 못한다.

만약 부처님이 능히 중생을 제도한다면 과거의 모든 부처님이 티끌 수와 같아서 일체 중생을 모두 응당 제도해서 마쳤을 것인데 어떤 까닭으로 우리들이 지금까지 생사의 바다를 유랑하면서 성불을 하지 못하였는가? 마땅히 알라, 중생이 스스로 자기를 제도하는 것이지 부처님이 능히 제도해 주지 못한다. 그러하니 노력하고 노력할 것이로다. 스스로 닦을 뿐 부처님의 힘을 절대 의지하지 마라. 경에 이르되 "대저 법을 구하는 자는 부처님에게 집착해서 절대 구하지 말라."라고 하였다.

問 上說無念 猶未盡決

答 無念者 一切處無心是 無一切境界 無餘思求是 對諸境色 永無起動是卽無念 無念者 是名眞念也 若以念爲念者 卽是邪念 非爲正念 何以故 經云 若教人六念 名爲非念 有六念 名爲邪念 無六念者 卽眞念 經云 善男子 我等 住於無念法中 得如是金色三十二相 放大光明 照無餘世界 不可思議功德 佛說之猶不盡 何況餘乘能知也 得無念者 六根無染故 自然得入諸佛知見 得如是者 卽名佛藏 亦名法藏 卽能一切佛 一切法 何以故 爲無念故 經云 一切諸佛等 皆從此經出

問 旣稱無念 入佛知見 復從何立

答 從無念立 何以故 經云 從無住本 立一切法 又云 喩如明鑑 鑑中雖無像 而能現萬像 何以故 爲鑑明故 能現萬像 學人 爲心無染故 妄念不生 我人心滅 畢竟淸淨 以淸淨故 能生無量知見 頓悟者 不離此生

卽得解脫 何以知之 譬如師子兒 初生之時 卽眞師子 修頓悟者 亦復如是 卽修之時 卽入佛位 如竹春生筍 不離於春 卽與母齊 等無有異 何以故 爲心空故 修頓悟者 亦復如是 爲頓除妄念 永絶我人 畢竟空寂 卽與佛齊 等無有異 故云 卽凡卽聖也 修頓悟者 不離此身 卽超三界 經云 不壞世間而超世間 不捨煩惱 而入涅槃 不修頓悟者 猶如野干 隨逐師子 經百千劫 終不得成師子

又問　眞如之性 爲實空 爲實不空 若言不空 卽是有相 若言空者 卽是斷滅一切衆生 當依何修 而得解脫

答　眞如之性 亦空亦不空 何以故 眞如妙體 無形無相 不可得也 是名亦空 然 於空無相體中 具足恒沙之用 卽無事不應 是名亦不空 經云 解一卽千從 迷一卽萬惑 若人守一 萬事畢 是悟道之妙也 經云 森羅及萬像 一法之所印 云何一法中 而生種種見 如此功業 由行爲本 若不降心 依文取證 無有是處 自誑誑他也 彼此俱墜 努力努力 細細審之 只是事來不受 一切處無心 得如是者 卽入涅槃 證無生法忍 亦名不二法門 亦名無諍 亦名一行三昧 何以故 畢竟清淨 無我人故 不起愛憎 是二性空 是無所見 卽是眞如無得之辯 此論不傳無信 唯傳同見同行 當觀前人 有誠信心 堪任不退者 如是之人 乃可爲說 示之令悟 吾作此論 爲有緣人 非求名利 只如諸佛所說 千經萬論 只爲衆生迷故 心行不同 隨邪應說 卽有差別 如論究竟解脫理者 只是事來不受 一切處無心 永寂如空 畢竟清淨 自然解脫 汝莫求虛名 口說眞如 心似猿猴 卽言行相違 名爲自誑 當墮惡道 莫求一世虛名快樂 不覺長劫受殃 努力努力 衆生自度 佛不能度 若佛能度衆生時 過去諸佛 如微塵數 一切衆生 總應度盡 何故 我等 至今 流浪生死 不得成佛 當知 衆生自度 佛不能度 努力努力 自修 莫倚他佛力 經云 夫求法者 不著佛求

◉

무념無念이 무심無心이고, 무심이 무념입니다. 중생들이 생멸심을 가지고 사는 것은 유념有念입니다. 법신 경계에 들어가서 뒤집어져, 무생법인을 증득한 그 자리가 무념이고 무심이 되는 것입니다. 무심이란 아주 마음이 없어서 끊어지는 것을 말하는 것이 아니고 중생의 마음이 없다는 것입니다. 10악행의 마음이 없는 것을 무심이라고 하는 것이고, 여기에는 일체 경계가 없기 때문에 구할 것이 없습니다. 재벌이 되고 이름을 날리고 벼슬을 구하는 것이 없습니다. 이미 중생의 틀에서 벗어나서, 무한한 진리를 마음대로 쓰는 대자유인으로 태어난 부처님이기 때문입니다. 부처님이 무슨 아쉬운 것이 있어서 구하려고 하겠습니까? 일체 만민이 부처님에게 와서 달라고 절해도 부처님은 줄 것밖에 없어 자꾸 주는 것입니다. 부처님은 뭘 구할 것은 없습니다. 여러분이 그렇게 된다는 말입니다.

일체 색경계에 동動하는 것이 없는 것이 무념입니다. 중생계는 동하는 것이라, 열 가지 악한 마음을 가지고 동하는 것입니다. 이것이 없는 경계를 부동不動이라고 합니다. 부동이라고 하면, 여러분은 가만히 있는 것을 상상하는데 그런 것이 아니고 부동이라는 것은 중생의 열 가지 마음이나 오욕락으로 인해 움직이는 마음이 없는 그 당처當處, 즉 이것이 무념입니다.

"무념이라는 것의 이름이 참마음(眞念)"이라 했습니다. 참마음이 있어야만 서로 확실히 믿을 수 있습니다. 부부간에도, 부모 자식 간에도, 친구지간에도, 사회생활의 단체 속에서도 참마음, 참생각이라야 믿을 수 있습니다.

진념이 아닌 사람은 모두 중생심을 냅니다.

무념이라는 그 이름이 진념, 참마음, 참생각입니다. 어록이나 부처님 말씀에 무념, 무심, 무생, 이런 말씀이 많이 나옵니다. 여기에 무념이라고 한 것은 생각이 아주 없다는 뜻이 아니고, 중생심이 없다는 것입니다. 중생이 가지고 있는 그런 생각이 아니고 최고의 깨달음, 본래의 본지풍광, 본래의 진여자성 그 자리를 일컬어서 무념이라고 합니다. 일체 모든 상대적인 생각을 뛰어났고 또 중생이 가지고 있는 삿된 사바세계의 욕망에 대한 모든 생각도 벗어나서 한 점의 때가 없는 부처님의 진여자성 그 자리를 가리켜서, 무념이라 말씀하는 것입니다.

"경에 이르기를 만약에 사람이 여섯 가지 생각(六念)을 가지면 이름이 그릇된 생각이라고 하는 것이다. 여섯 가지 생각이 있음을 이름하여 삿된 생각이라고 하는 것이니 여섯 가지 생각이 없는 것이 참생각이다."라고 하였습니다.

이 육념六念이라고 하는 것은, 부처님과 부처님이 가리키신 진리의 법과 공부해서 성불하겠다고 출가하신 스님의 삼보를 생각하는 염불念佛, 염법念法, 염승念僧, 계율을 생각하는 염계念戒, 보시를 생각하는 염시念施, 천상을 생각하는 염천念天의 여섯 가지입니다. 이 육념이 없어야 참생각입니다.

첫 번째는 부처님(佛)입니다. 부처님은 성중성인이요 천중천입니다. 부처님을 이 세상에서 제일 높은 하늘 가운데서도 가장 높은 하늘이라고 표현하여 천중천이라고 합니다. 높은 가운데서도 최상으로 높으신 분인 부처님을 마음속으로 믿고 의지하는 것입니다.

두 번째는 부처님의 진리(法)에 대한 말씀, 그 법. 49년 동안 중생을 위해서 설법하신 진리의 말씀을 법이라고 합니다. 그것을 우리는 의지한다는 말입니다.

세 번째는 승입니다. 승僧은 출가해서 부처님이 주신 가사를 입고 역시 도를 닦는 공부를 하는 것입니다. 이 세상에서 아무리 뛰어난 사람이 있다고 해도 훌륭히 도를 닦는 스님의 덕을 어떻게 따라갈 수 있겠습니까? 그래서 불법승 삼보를 의지하는 것입니다.

그 다음은 계戒입니다. 계라고 하는 것은 행입니다. 속세에서는 각자 자기의 맡은 바 직분을 최대한 지키는 것이고 자기의 몸과 마음을 잘 가꾸고 다루는 것을 말합니다. 자기의 몸과 마음을 함부로 하면 그 자체가 계를 어기는 것입니다. 자식은 자식의 도를, 남편은 남편의 도를, 부인은 부인의 도를, 직장에서는 직장의 일원으로서 지켜야 할 도를 지키는 것이 계를 지키는 것입니다. 자기가 서있는 그 자리가 바로 계입니다. 따라서 모든 사람이 자신이 선 그 자리에서 중심을 잃지 않고 잘 다루어 나갈 때 그것이 바로 계를 지키는 것입니다.

그 다음에 보시(施)는 무엇입니까? 보시는 아낌없이 베푸는 것을 말합니다. 몸과 마음을 잘 다듬어서 행하는 그 자체를, 자기가 가지고 있는 모든 것을 조금도 모자람 없이 주위의 사람에게 항상 베푼다는 것입니다. 나라를 위해서 몸을 던지는 것도 베푸는 것이고, 불쌍한 사람을 위해서 물질을 주는 것도 베푸는 것이고, 자기가 가지고 있는 이익을 남에게 나누어줄 줄 아는 것도 베푸는 것입니다.

이 세상의 모든 것이 베푸는 것입니다. 그런데 베푸는 데 있어서 아무런 때가 없어야 되는데 어떤 사람은 자기 자신의 욕망을 이루기 위한 목적으로 베푸는 경우가 있습니다. 그것은 진정한 베풂이 아닙니다. 베푼다는 그 자체에 아무 생각 없이 진실한 마음으로 단지 베풀 뿐이지 그 이면에 어떤 대가가 나에게 온다는 것은 생각하지 않아야 합니다. 베풀었다는 그 생각조차도 두지 말라는 것입니다. 죽어가는 사람을 살렸지만 살렸다는 흔적도 없어야 합니다. 좋은 일 하고 나서 몇 년이 지나도, 나는 뭘 했네 하는 생각이 남아 있으면 안 됩니다. 과거에도 위인이나 군자가 나라를 위해 목숨을 초개와 같이 던졌을 때나, 고문을 당하다 죽을 때에도 "나는 단지 이 나라를 위해서 이 목숨을 던질 뿐이지, 어떤 대가도 바라는 것이 없다. 죽는 자체가 기쁘다." 이러면서 죽었습니다.

세상 사람들은 목숨을 거는 일이 많습니다. 돈, 명예, 남녀 간의 애정에 목숨을 걸지만, 그것은 허망합니다. 욕망에 눈이 어두워 목숨을 걸었을 뿐입니다. 진정으로 우리가 목숨을 걸어야 하는 것은 일대사一大事입니다. 이 세상에 오직 하나의 큰 일, 그것이 뭐냐 하면 이 세상의 중생들이 가지고 있는 그 고통의 바다, 중생이 겪어야 될 고통의 세계, 나 자신이 나고 죽는 생사의 고통, 또 거기에 따르는 무수한 고통으로부터 벗어나는 것, 내가 내 자신으로부터 해방되는 것입니다.

오늘날은 언제 터질지 모르는 시한폭탄을 안고 산다고 보면 딱 맞습니다. 이러한 문제를 해결할 수 있는 것이 과연 무엇인가 하면, 계와 보시입니다. 어디에 생명을 멋지게 던져 보겠느냐고 할 때에, 나고 죽는 생사를 벗어나는 일입니다. 한번 정진을 열심히 해봅시다. 공부하지 않고는 헤어날 수 없고, 참선하지 않고는 안 됩니다. 과거의 역대 선지식이나 부처님도 인행 시에 이 나고 죽는 생사에서 헤어날 일이 있다면 그 몸을 아끼지 않고 수 만 번 버렸습니다. 어떤 경로든 간에 밥 한 그릇을 남에게 준다든지, 무거운 등짐을 대신 져준다든지, 또 글 모르는 사람에게 편지를 읽어준다든지, 이러한 작은 일로부터 생사대사를 해결하기 위해서 수도 없이 몸을 던졌습니다.

그런데 중생들은 몸으로 마음으로 열심히 일을 했으면 거기에 대한 대가를 받고자 하고, 돈이 많고 생활이 안정되면 명예나 권력을 잡고자 합니다. 이러한 데에 목적을 두고 수도 없이 목숨을 겁니다. 중생들이 이런 허망한 것에 목숨을 걸고 도전하는 것은 어떠한 공덕이나 깨달음의 길이나 성불의 길이 아닙니다. 도둑놈이 남의 집에 들어가서 돈 몇 푼 때문에 사람을 죽이면 그 대가가 뭐겠습니까? 살인죄로 감옥 가는 것밖에 없습니다. 그런데 그 사람에게는 당장의 돈 한 푼이 중요하기 때문에, 그것을 가지려는 일념으로 살인죄를 저질렀으니 그로 인해 그의 인생은 망가지는 것입니다.

돈 많은 사람들이 더러 저한테 찾아와서 물어봅니다.

"지역사회에서 국회의원에 나서라고 그러는데 어쩌면 좋겠습니까? 나서면 국회의원에 당선이 되겠습니까?"

"내가 점쟁이가 아니니 나는 모르지요. 그건 본인이 알아서 할 일이지요."

"한번 시험 삼아 돈 10억 버릴 생각 하고 나서 보겠습니다. 안 되면 그만이고."

그러고는 나서는데, 나서면 떨어집니다. 떨어져도 표가 아주 적게 나와서 떨어지면 접어야겠다는 마음을 먹겠지만, 당선자와 표 차이가 조금 나면서 차점으로 떨어지면 '아, 이번에 그 점을 관심을 가지고 신경 썼어야 되는데, 그것을 소홀히 해서 내가 떨어졌구나. 다음에는 내가 이런 점을 보완하면 틀림없이 당선이 된다'는 생각이 안 끊어진다고 합니다. 그 몇 표 차이로 떨어진 것 때문에 밤잠을 못 잡니다. 그래서 그 다음에는 더 집착을 해서 또 나서게 됩니다.

또 요사이 젊은이들은 남녀지간에 잘못된 생각인 줄도 모르고 몸과 마음을 옮기고 있습니다. 부모와 선생님의 가르침이 미약하고, 우리 존재의 가치성을 너무 모르기 때문에 그렇게 합니다.

"당신 아들을 절에 보내서 입산수도하게 스님 시켜요." 그러면 다시는 절에 안 옵니다. 오래전에 서울에 어느 교수님이 제 법문을 듣고 이런 말을 했습니다.

"스님, 훌륭한 큰 선지식 도인이 나오면 만인의 스승이요 하늘세계와 인간에게도 등불이요 스승인데, 그러한 인재를 하나 배출한다는 것이 얼마나 중요하겠습니까? 이 혼탁한 세상을 제도하려면 그런 스승이 필요한데, 스님 법문 듣고 곰곰이 생각해보고 원력을 세웠습니다."

"무슨 원력을 세웠습니까?"

"제가 아들 하나만 낳고 말려고 그랬는데 아들 하나 더 낳으려고 합니다."

"그래요? 아들 하나 더 낳아서 뭐 하려고 그럽니까?"

"스님 말씀 들어보면, 인간으로 태어나서 해야 할 일이 훌륭한 선지식이 되어 만인의 정신적인 지주가 되는 것인데, 제가 결혼해서 사니 머리 깎을 수는 없고, 아들을 하나 더 낳으면 틀림없이 스님께 바치겠습니다."

그렇게 약속을 단단히 하였습니다.

그래서 내가 "교수님 대단하십니다. 원력이 훌륭하십니다. 제가 다시 보겠습니다." 했습니다.

그러고는 자주 오고 그랬는데, 정말로 부인이 임신을 했습니다. "딸 낳으면 어떻게 하느냐?"고 하니까. "아, 이렇게까지 원력을 세웠는데 딸이 나오겠습니까?" 하였습니다. 그뒤 정말 아들을 낳았는데 아들이 참 또랑또랑해 보였습니다. 아들 낳고 한두 번 정도 아기를 안고 왔는데, "그만 내가 키울 테니 절에다 맡겨 놓으십시오." 하니까 "아 예…" 하는데 대답이 시원치가 않습니다. 그 다음에 혼자 와서 하는 말이 “저는 애를 절에 바쳤으면 하는데 집사람이 안 된다고 합니다. 어떻게 해야 될지 모르겠습니다.”라고 하더니 안 옵니다.

이게 무엇입니까? 마음 하나가, 아기 낳기 전과 낳은 후가 그렇게 다르니 이것이 중생심입니다. 정말로 처음에 마음먹었던 대로, 훌륭한 원력대로, 만인의 큰 등불이 될 수 있는 아들을 둔다면 이 세상에서 그보다 큰 영광이 어디 있겠습니까? 부처님을 낳은 마야부인은 얼마나 대단합니까? 여러분이 아시다시피 한 나라가 부강하고 잘 되는 것도 인재가 많이 나와야 됩니다.

부처님까지는 아니더라도 아라한과를 증득할 만한 그런 인물이 이 나라 곳곳에서 많이 배출되었다면 감히 어느 나라가 이 나라를 넘겨보고 무시하겠습니까? 세계대회나 회담에 우리나라의 인물이 대표로 나갔다고 합시다. 여러 나라 사람들보다도 지혜가 월등히 높고, 안목이 그 사람들보다 월등히 높다면 어떻게 무시를 하겠습니까? 그런데 그런 회담장에 나가면 그 나라 사람보다도 모자라기 때문에 무시당할 수밖에 없고 발전이 안 되는 것입니다. 그러니까 인재가 이 세상에서 중요하다는 것입니다. 자기의 어떤 욕구로 자기의 편의를 이루고자 하는 것이 아니라 그런 것을 떠나야 한다는 것을 말하는 것입니다.

속세에서는 베푼 것의 대가를 받으려고 합니다. ‘이생에서 나쁜 짓 안 하고 베푼 것이 있으니까, 죽어서 지옥은 안 가고 천상에는 가겠지’ 하는 생각을 가지고 있습니다. 우리 중생들이 어떠한 것을 이루고자 하는 목적의 대상은 부처님과 법과 스님과 계와 보시와 하늘(天)입니다.

그런데 여기에는 뭐라고 했습니까? 이와 같은 여섯 가지 생각 자체가 없는 것이 즉 진여眞如이고 이것이 참으로 진실한 생각(眞念)이라고 했습니다.

이 세상 사람은 '나는 박사가 되겠다', '나는 의사가 되겠다', '나는 학자가 되겠다', '정치가가 되겠다', '공무원이 되겠다'고 합니다. 그러한 계급 중에서도 더 큰 계급이 천상천하에 부처님입니다. 부처님보다 높은 것은 없습니다. 그런데 부처가 되고자 구하는 것, 법을 구하는 것, 공부하는 스님을 구하는 것, 계, 보시, 하늘. 이와 같은 여섯 가지가 없어서 의지함이 없어야 한다는 것입니다.

이 세상은 다 의지하고 삽니다. 당장에 여기 와서 참선한다고 하는 사람 자체도 속으로는 무엇을 바라는 것이 있습니다. 오직 성불하고자 하는 목적으로 하는 사람은 아무런 대가성도 일체 다른 것이 없습니다. 그 사람한테 "아이고 그냥 그렇게 있지 말고 사회에 나오면 장관 자리 하나 줄 테니까 나오시오." 하면 "나는 성불 외에 어떠한 것도 받지 않고 하지도 않는다."며 그런 것은 헌신짝처럼 버린단 말입니다. 또 대통령 자리, 누구나 다 좋아하지만 그런 것도 헌신짝처럼 버립니다.

절에서 도를 닦는 스님도 열심히 공부하다가 망상이 날 때가 있습니다. 다른 사람이 묵화 치는 것을 본다든지, 글을 쓰는 것을 보면 기가 막히게 좋아서, "야 붓글씨 한번 써봐야겠다. 저거 참 좋은데. 내가 한 폭 써서 누구 주고 하면 참 글씨 잘 쓴다는 소리 들을 것이고 묵화도 하나 쳐서 주면 좋아하잖아." 그러고는 몇 년 동안 안 보입니다. 어디 가서 뭐 하나 하면, 붓 들고 앉아서 달마상 그리고, 묵화 치고, 글씨 쓰고 합니다. "참선하다가 뭐 하는 짓이냐?"고 하면 "나는 이거나 해야겠습니다." 하는 겁니다. 그렇게 몇 년 하다가는 전시회를 엽니다. 그러면서 돈이 좀 생기면 세속에 물들어 이상한 빵모자 하나 쓰고 나타납니다. 참 희한합니다. 부처 되겠다고 참선하던 사람이 예술인처럼 빵모자를 쓰고 머리 기르고 수염도 기릅니다.

절에 다니는 신도님들도 가만히 보면 이유가 돈 아니면 사람 때문입니다. "스님, 제가 참선을 하면 다 잘된다고 그래서 참선을 해봤더니 자꾸 집에 일이 생겨서 참선도 못하겠고, 고민이 많이 생기는데 당장 눈앞에 일이 안 됩니다." 참선을 하면 사업이 잘되어야 할 텐데, 사업하는 게 안 된다는 것입니다. 사업에 위기가 오니 남편으로 보면 거지가 되나 안 되나 하는 생사가 달려 있는 문제인데, 부인은 부처 되겠다고 턱 앉아 있으니까 남편이 짜증을 냅니다.

대전에 서른 무렵부터 참선을 했던 사람이 있었습니다. 남편은 공무원인데 큰스님 법문하는 것을 들었답니다. 남편이 "들어보니 이 최상승 공부를 하지 않고는 안 되겠는데, 이 세상에 태어나서 이 공부를 못하고 한세상 헛되게 살아가 버리면 무슨 가치가 있겠느냐? 우리 둘 중 한 사람은 해야겠는데 나는 공무원이라 못 가겠고, 당신이 가서 한 철 공부하고 오소." 그러고는 자기 차에 보살을 태워서 짐 보따리 싸서 인천 용화사에 내려놓고 "공부 한 철 잘 하고 오소." 그러고는 본인이 밥을 해먹어 가며 출근을 했습니다. 그러다 부인이 한 철 공부하고 오자 묻습니다.

"요번에는 뭐 깨달은 것 있소?"

"아이고 깨달은 것은 없이 힘은 드는데 이 공부해 보니까, 이것밖에 없다는 것은 확신이 듭니다. 점점 망상이 제거가 되고 내 마음에 안정을 얻게 됩니다."

"아, 그것만이라도 큰 결실을 얻은 거네."

그러던 남편이 정년퇴임할 때가 안 되었는데 퇴임하게 되고, 몸이 아파서 나이 육십서넛에 죽었습니다. 그래서 부인이 경봉 스님을 찾아갔습니다. 인천 용화사 전강 스님은 돌아가셔서 물을 곳도 없고. 경봉 스님한테 가서 말했습니다.

"아이고 스님, 왜 이리 고통이 많은지 참선을 하는데 힘듭니다."

"뭐가 그래 힘드노?"

"영감이 오래 살아야 되는데 그렇게 되었고, 아들이 나이 사십에 가게에 앉았다가 며느리한테 좀 춥다고 잠바 가져오라고 해서 며느리가 잠바 가지고 가니까 그 사이에 의자에 앉은 채로 죽었습니다."

이게 도대체 뭔지 고민이 되어서 물었다는 겁니다. 참선을 하면 일이 잘될 줄 알았는데 일이 꼬이고, 참선하는 마음이 흔들리니 어떻게 해야 되느냐고 묻는 겁니다.

경봉 스님이 "부처님은 성불하고자 해서 왕의 자리를 하루아침에 헌신짝처럼 버렸다. 그리고 과거 전생에도 원력을 세우기를, 내가 성불하고자 하는 데 있어 내 자식과 부인까지도 헌납보시를 하겠다고 했다. 어느 것도 자기는 바라는 것이 없었는데 오직 깨달아 성불하는 데 있어서는 요만큼도 물러나지 않았다. 그래서 부처님은 깨달아서 무상의 정각을 이루었다. 보살도 마찬가지다. 이 깨달음의 길에서는 어떠한 괴로움, 어떠한 장애나 유혹이 있더라도 거기에 떨어지지 말아야 된다."고 했습니다.

일제 시대에 스님들을, 일본이고 영국이고 종단의 종비생으로 유학을 보냈습니다. 절의 스님 중에서 인재가 많이 나와야 사회의 정신적인 지주가 되고 중생을 구제할 수 있다 해서, 노장스님들이 들판에 나가서 이삭을 주워서 탁발 동냥한 돈으로 절의 많은 스님들을 유학을 보냈습니다. 그런데 유학 갔던 이 스님들이 절로 돌아와야 되는데 한 사람도 안 돌아오고 다 환속해서 장가를 가버렸습니다. 그 중에서 인물이 많았습니다. 최범술 같은 이는 국회의원을 여러 번 했고 법학자인데 재판만 했다 하면 이 사람을 능가할 사람이 없었습니다. 전부 장관이니, 국회의원이니 하는 계급에 떨어져서 생사의 일대사를 해결해서 중생을 구제해야 한다는 원대한 이 자리를 버렸습니다. 그러니 안 되는 것입니다.

절에 오는 신도님도 참선하면서 온갖 생각을 다 냅니다. 참선하면 재수 대통해서 사업이 잘 되고, 하던 일도 잘 되어야 하는데 참선하는데도 왜 안 되나, 이럽니다.

절에 안 보던 보살이 자주 오길래 "어떻게 자주 오느냐?" 하면

"스님 이상하지요."

"뭐가?"

"전에는 사업이 잘 안 되서 영감이 짜증을 많이 냈는데, 제가 여기 와서 참선을 했더니 사업이 잘 됩니다. 참선이 참 희한한 일입니다. 그러니 제가 아무리 멀어도 와야지요."

그 비밀을 제가 깨줬습니다.

"그렇게 삿된 생각으로 참선해 들어가면 어떻게 합니까? 저에게도 책임이 있습니다."

그랬더니 그 다음부터 안 옵니다. 알고 보니까 집에서 열심히 기도하면 되는 걸 가지고 몰랐다 하는 식으로 생각이 딴 방향으로 흘러간단 말입니다. 그러니까 선방에 공부하러 오는 많은 사람이 다 계급에 떨어집니다. 계급에 떨어지지 않고 진정 어떠한 고초가 오고 힘든 일이 닥치더라도 마음이 전전긍긍해서 고민하지 않고 "이 깨달음의 원대한 일대사를 해결하는 포부는 절대 꺾이지 않는다." 하고 공부를 하는 그 사람은 크게 깨닫는 무상대각자가 된다고 했습니다. 그런데 절을 가지고 있는 스님도 어떻게 하면 돈 많은 절 하나 맡아서 해보나 하고 머리를 싸매지, 어떻게 하면 생사 일대사를 해결할까 하는 것은 생각 안 합니다.

초연히 모든 것을 버리고 "이 화두 하나가 생명이다. 대통령 자리 준다고? 턱도 없는 소리하지 마라."라고 호통을 친다면 그건 수행자로서의 자질을 갖춘 것입니다. 그런데 "스님, 총무원장 하십시오.", "종정 하십시오.", "본사 주지 하십시오." 하면 대부분 계급에 떨어집니다. 그런 계급에 떨어지는 것은 순간적으로 누리고 마는 것입니다. 그러다가 거꾸로 뒤집어 떨어지면 어떻게 될지도 모르는 그런 자리를 좋다고 탐합니다. 우리 중생들은 그런 것을 바르게 판단하는 중심을 바로 세우지 못하고, 생명을 무가치한 데에 걸면서 아무것도 아닌 허망한 인생을 살아갑니다.

대주 선사는 "너는 부처 되려고 구하는 것 자체도 안 된다. 그 생각도 없어야 된다. 법을 의지하는 생각도 없어야 한다. 계를 지킨다거나 베푼다거나 베풀어서 하늘에 태어난다거나 하는 생각도 없어야 한다."라고 확실하게 말씀하셨습니다.

이런 여섯 가지 생각 자체가 구하는 욕심이 있다는 소리고 구하는 대상이 있다는 것입니다. 구하는 대상이 있으면 중생이라는 소리입니다. 어린아이가 어머니 품에서 자라나듯이 그 어머니 품을 의지해야만 사는 것과 같이, 어느 대상을 두고 의지한다는 것입니다. 대상에 의지하고 있는 너는 아직 아니다. 무엇을 구하는 대상이 있는 한은 너는 일대사를 해결한 사람도 아니고 네 자신이 깨달은 선지식도 성자도 아니다. 때가 묻은 중생이라는 것입니다.

이러한 여섯 가지 생각이 똑 떨어져서 없어졌을 때 비로소 하나의 둥근 달이 구름 하나 없는 푸른 하늘에 둥실 떠서 그대로 환히 비치는 것입니다. 우리 중생들이 계급에 떨어져 구하는 욕심에서 몰록 벗어날 때, 여러 중생들의 참된 진리라는 마음 자체가 달과 같이 드러나게 되고 그것을 '무의자無依者'라, 의지할 곳이 없다고 합니다. 밝은 달이 무한한 빛을 발산하듯이 때 없이 진실한 그 마음이 온 천하를 비치고 덮는다는 소리입니다. 그 자리가 바로 부처입니다. 부처가 다른 것이 아니라 그걸 부처라고 하는 것입니다.

여러분이 공부를 하는 데 있어 원력이라는 중심을 어디다 둬야 되는지도 모른 채, 참선하는 것을 삿된 계급에 떨어지는 것에 비교하려고 하니 이것을 참선이라고 할 수 있습니까? 그러니까 부처를 구하고, 법을 구하고, 스님을 구하고, 계를 구하고, 베풀려고 하고, 하늘에 가는, 여섯 가지 생각을 몰록 벗어나야 한다고 아주 철저히 제거한 것입니다. 생각 자체와 모든 중생이 가진 것을 철저히 제거해서 완전히 버리고 방하착하라는 것입니다. 여러분은 '놓아라'고 하면 무엇을 놓으라고 하는 것인지 모르겠다고 합니다.

대구의 어느 불자님이 불자회 회장으로 참선공부도 하고 경도 많이 압니다. 옆에 친구가 와서 괴롭다고 하니까 "아, 이 사람아, 방하착해." 합니다. 말은 좋지만 방하착이 말로 하듯이 그렇게 놓을 수 있다면 얼마나 좋겠습니까? 중생들은 놓지 않고 지독하게 쥐고 있으려고만 합니다. 지금까지 말한 중생들이 구하는 그 좋지 못한 생각을 지독하게 쥐고 있는데 다른 것이 잡힙니까? 놓아야 천하를 손에 쥐든지 말든지 하는데 조그마한 것을 지독하게 쥐고 있으니 안 됩니다. 그러니 "한 생각 턱 놓아라. 네 생각을 뒤집어엎어 버려라. 쉬어라. 쉬어야 된다." 하는데 쉬는 것이 쉬운 것이 아닙니다. 삼사십 년 참선한 사람보다 한 생각 쉬는 그 사람이 몇 겁은 뛰어넘은 사람입니다. 한 생각 쉬지 못해서 참선하는 것입니다. 그런데 참선할수록 신경질을 많이 내는 사람이 있고 욕심이 자꾸 늘어나고 아상도 늘어나는 사람이 있습니다. 선방에 일 년 이 년 십 년 다니는 것이 뭐 대단한 것이라고 한 생각 쉬지도 못한 사람이 참선한 연수가 많은 것을 가지고 아상만 키워 시비를 합니다. 진정 쉬었다고 하는 사람은 다릅니다. 단지 있다면, 오직 깨달음 이것뿐! 내 자신을 깨닫지 않고는 영원성은 없습니다. 여섯 가지 생각조차도 없어야 참생각입니다.

중생이 가지고 있는 계급에 떨어지는 사소한 모든 생각을 턱 하니 놓고 쉴 줄 알며, 화두를 챙길 줄 알고, 공부하여 본래의 진여자성 자리로 돌아갈 줄 안다면 놓고 쉬어져서, 상대성도, 나고 죽는 생사심도, 나고 죽는 생사의 고통도 없어지고 일체의 고통도 벗어나기 때문에 32상 금색신(金色三十二相)을 얻는다는 것입니다. 부처님의 상호를 32상 금색신이라고 합니다. 아침에 해가 뜰 때, 불그스레한 서기가 타오를 때, 부처님 몸이 그와 같이 발산하고, 뒤에는 해와 같은 둥그런 후광이 있습니다. 그것은 누구나 있는데 중생은 덮여 있어서 안 됩니다. 팔지, 십지 이상만 들어가면 후광이 나타난답니다. 실제로 후광이 드러납니다. 그것이 부처님의 32상 80종호로서 대광명을 놓는다는 것입니다. 대광명을 놓으려면 해나 달이 구름 한 점 없는 속에 중천에 떠 있어야 됩니다. 그와 같이 여러분의 생각이 정리가 되고 놓고 쉬어져서 진여자성의 본래면목 자리를 회복하면 대광명을 놓게 됩니다.

육념은 부처님과 부처님이 말씀하신 진리인 법, 공부를 청정하게 해서 부처님과 같이 공부에 대한 것을 깨닫고 수행을 하는 스님, 보시, 계를 지키는 것, 그리고 인간이 가장 가고자 하는 천상세계를 생각하는 것을 말합니다. 보통 도에 대한 공부를 바로 하지 않는 사람들은 거의가 속세에서 생활하다가 살면서 좋은 일, 착한 일을 해서 죽으면 천당, 극락에 가겠지 하고 막연히 생각하고 삽니다. 도를 알고 내 자신을 깨닫고 견성성불하는 것은 안중에 없습니다.

그런데 천상을 가더라도 거기는 완전한 곳이 아닙니다. 타락을 하는 곳이고 윤회를 하는 곳입니다. 그래서 천상에 가는 것을 좋아하지 말라고 했습니다. 여기서 말하는 것은 천상이라는 곳 역시 갈 곳이 못 되는 곳이고 목표로 삼아서는 안 되는 곳이고 의지해서도 안 됩니다. 부처님을 이 세상에서 가장 높은 분이라고 표현할 때 천중천이라고 합니다. "가장 높은 부처님에게도 의지한 바가 없다." 이것을 '사고무의四顧無依'라고 하는데 동서남북 우주 대천세계를 다 보고 의지하는 곳이 없다는 것이 중요한 것입니다. 의지할 곳이 있다면 그것은 공부해서 정말 깨달은 완전한 견성성불이 아닙니다. 『금강경』에도 '가장 고고(孤高)하다', '외롭게 높다'고 했습니다. 완전히 공부해서 깨달아 더 공부할 것이 없는 완전한 인격자를 의지할 곳이 없는 무의자라고 합니다. 그 외의 사람은 다 의지할 곳이 있습니다. 깨닫지 못한 중생들이나 아라한과를 증득한 사람이나 사과나 십지를 증득한 사람이나 대각을 하기 이전의 분들은 대각에 의지해 있다는 말입니다.

이 공부를 해가지고 완전히 깨달은 사람은 육념이 없습니다. 그것이 진념이고 무념입니다. 무념의 법에 머물러서 금색 32상을 얻어서 대광명을 놓습니다.

이 세상에 살생하고 도둑질하고 거짓말하지 않는 계행을 벗어난 사람이 몇 명이나 되겠습니까? 그러나 그 계를 지켜야 됩니다. 계를 지키는 것이 최상의 복을 짓는 것입니다. 또 보시도 그렇습니다. 받을 필요도 없는 것이고 줄 필요도 없습니다. 왜? 대천세계가 너나없이 다 부자인데 누가 누구에게 뭘 베풉니까? 또 천상에 갈 것이 뭐가 있습니까? 자기가 앉아 있는 자리가 제일 좋은데 천상을 구하고 극락을 구할 것이 뭐 있느냐는 말입니다.

그런 자리를 무념이라고 하고 진념이라고 합니다. 놋쇠가 섞이지 않은 순수한 황금이고 푸른 하늘에 달이 둥실 드러나서 만상을 비추는 것과 같습니다. 그렇게 된 그 사람이 부처님입니다. 몸에서 광명이 나오고, 뒤에는 후광이 있고 32상의 몸을 갖추어서 대광명을 놓습니다.

모두 비춘다는 말입니다. 전깃불이나 해는 나무가 있으면 음지가 져서 빛이 들지 못하고 손바닥으로만 가려도 빛이 통과하지 못하는데 공부해서 자신의 마음을 바로 깨달은 사람은 32상 금색신을 갖춰서 대광명을 항상 놓습니다. 한 곳도 빠짐없이 삼천대천세계를 전부 다 비추는데 음지가 없습니다.

여승餘乘이란 도를 공부하는 데 있어 대승, 소승 이런 여러 가지 승을 말합니다. 육념을 벗어나면 바로 깨달아서 부처님과 다를 바가 없다고 말했는데, 그 외의 다른 여승餘乘, 즉 소승 사과, 성문, 연각, 독각, 삼성, 십지 이런 것 가지고는 이 자리를 모르고 미치지 못합니다.

"무념을 얻은 사람은 안이비설신의 육근이 물든 바가 없기 때문에 자연히 모든 부처님의 지견에 얻어들어간다."라고 했습니다.

세상 사람들은 보는 대로 듣는 대로 물이 듭니다. 자꾸 마음속에 쌓아 놓고 망상이 일어나고 보는 대로 끄달리게 되는데, 이런 육근에 물드는 바가 없는 것이 진념이고 무념이라는 것입니다. 무념이라고 하여 생각 자체가 없음을 말하는 것이 아닙니다. 무념이란 일체 중생이 가지고 있는 생멸심이 없다는 말입니다. 중생이 가지고 있는 육근의 때 묻은 생각이 있는 것은 무념이라고 할 수 없습니다. 물들 것이 없으므로 자연히 모든 부처님의 지견에 들어가게 됩니다.

불장佛藏이라고 할 때는 바로 부처님을 가지고 있다고도 하고, 또한 법을 그대로 가지고 쓰는 사람이라는 말도 됩니다. 곧, 능히 일체 부처님이고 일체의 법입니다. 어느 한 사람이 가지고 있는 한정된 것이 아니라 일체가 법 아닌 것이 없고, 부처 아닌 것이 없다는 말입니다.

부처님께서 말씀하신 경전이 어디 다른 데서 나온 것이 아니라 무념에서부터 나왔다는 말입니다. 그러기 전에는 경이라는 말을 붙일 수 없습니다. 중생이 아무리 책을 지어본들 경이라고 할 수는 없습니다. 경이라고 이름 붙이는 것은 부처님처럼 깨달은 각자覺者가 무념의 세계에서 무념 그대로 드러내서 말씀하신 것을 말합니다.

불지견佛知見이라고 하는 것도 그렇고 모든 것이 무념無念을 좇아서 세우는 것입니다.

"머무름이 없는 근본을 좇아서 모든 법을 세운다(從無住本 立一切法)."

머무르지 않는다는 것이 참 중요한데 머무름이 없다는 것은 『금강경』에 있는 응무소주이생기심應無所住而生其心과 같은 맥락입니다.

"머무른 바가 없이 그 마음을 낸다."라고 했을 때 머무른 바가 없다는 것이 무엇입니까?

'무념을 낸다'고 하면, 무념을 내는 그것이 바로 머무르는 것입니다. 견성성불했다는 것은 머무른 바가 없다는 것을 알아야 됩니다. 육조 스님은 머무른 바가 없다는 거기서 깨달아 견성을 했습니다. 말이 '응무소주 이생기심'이지, 실제로 그 당처를 깨달아 가지고 머무른 바가 없이 마음을 낸다는 것은 깨닫지 못한 사람은 이 말을 못합니다. 확실히 깨달아서 눈이 열린 사람이 아니면 '응무소주 이생기심'이라는 말이 나올 수가 없습니다.

육조 스님이 무슨 물건이 이렇게 왔느냐고 했을 때, 남악회양 스님은 8년 동안 죽어라고 머물러 본 것입니다. 남악회양 선사는 죽을 만큼 애써서 깨달았습니다. 남악회양 선사가 경에 대한 것, 속세에 대한 것들을 모른 것 없이 환히 다 알지만, 육조 스님한테 간 이유는 한번 해보려고 간 것입니다. 육조 스님이 물으면 주먹을 내밀 것이고, 할을 할 것이고, 어떻게 하면 마음이 옵니다 할 것이고, 그렇게 수백 가지 생각을 가지고 있었던 것입니다. 그렇게 단단히 준비를 하고 들어갔는데 "무슨 물건이 이렇게 왔느냐?" 하는 이 소리에 회양 선사가 캄캄해지면서 전후좌우 재단이라, 앞뒤가 딱 끊어지면서 도무지 입을 뗄 수가 없었습니다. 뭐라고 한마디 해야 되는데 안 되는 것입니다. 뭐라고 한들 육조 스님한테는 안 됩니다. 뭐라고 한마디 하거나 손을 든다거나 해도 안 되고, 소리를 지르고, 눈을 껌벅거리고, 눈썹을 치켜 올려도 전혀 통하질 않습니다. 그건 도깨비짓이라 이래도 저래도 통하지 않고, 안 된단 말입니다.

딱 끊어지면서 그냥 그대로 의심이 불길같이 일어나는 것입니다.

"무엇이냐?"

그래서 8년 동안을 앉아서 공부한 뒤에 깨달았습니다. 그렇게 깨달았기 때문에 '응무소주 이생기심'이라는 것을 확실하게 아는 것입니다. '응무소주 이생기심'이 이론으로 되는 것이 아니고 아는 것으로 되는 것도 아닙니다.

"머무름이 없는 것을 좇는 것을 근본을 삼고 일체법을 세운다."라고 했습니다.

둥근 거울을 비유하자면, 거울 속을 들여다보니 아무 모양이 없지만 능히 만 가지 모양을 나타낸다는 말입니다.

이 도리를 가리켜서 바로 말씀하신 것이 1,700공안입니다.

여러분은 '조사가 무無라고 하고, 뜰 앞에 잣나무라고 하고, 하나는 어디로 돌아갔느냐? 하고 말한 것은 중생을 가르치기 위해서 일부러 방편으로 하신 말씀이며 이것을 화두라고 하는구나' 하고 생각하는데 모르는 소리입니다. 역대 조사가 그렇게 한 일이 없습니다. 역대 조사는 대명천지에 티끌만큼의 가식도 거짓말도 방편도 쓰지 않고, 묻는 그 사람에게 명명백백하게 바로 대답해 주었습니다. 바로 이야기해 준 것을 후래 학자들이 모르고, 계합契合이 안 된 것입니다. 계합이 되는 사람은 그 자리에서 바로 해결이 됩니다.

그때 당시에 달장이라는 사람은 "개에게도 불성이 있습니까, 없습니까?"라는 물음에 대해 "없다."라는 조주 선사의 말씀을 듣고 바로 뒤집어져서 해결이 되었습니다.

부처님은 경에서 다 불성이 있다고 했는데, 조주 늙은이는 없다고 하니 기가 막힙니다. 삼 년이고 십 년이 지나도 '왜 없다고 했는가?' 하는 것이 해결이 안 됩니다. 왜 그러냐 하면 처음에는 신信이 모자라고 내 마음의 심천深淺이 공부하는 거기에 이르지 못해서 그렇습니다. 철저한 믿음이 있는 사람은 80~90%가 이루어졌습니다. 마지막 1%가 남았을 때 언하에 대오하는 것인데, 본래부터 부처님처럼 할 것이 없다고 하면 1%, 2% 나눌 필요조차도 없는 것입니다

공자 당시에 온백설이라는 사람이 있었는데 두 분 다 천하에 도가 높으신 분입니다. 공자는 많은 사람을 교화하려고 매일같이 다니는데, 제자들이 많았습니다. 공자가 걸어갈 때는 햇빛을 가리기 위해 제자들이 좌우에서 일산을 양쪽에 받쳐 드는데 온백설은 일생을 혼자 다닙니다. 교화하려고 하지 않고, 가르치려고 하는 것도 없습니다. 사람을 만나도 평소에 하는 대로 자연스럽게 하기 때문에 사람들이 특

별하다고 느끼는 것이 없었습니다. 우는 데 가면 같이 울고, 웃는 데 가면 같이 웃고, 중생들하고 똑같이 생활을 했습니다. 공자처럼 도를 나타내거나 하는 별다른 것이 있어야 사람들이 모여드는데 이 양반은 전혀 그런 것이 없었습니다. 안회가 처음에는 온백설을 스승으로 모시다가, 나중에는 공자에게 갔습니다. 공자는 온백설이 보통 비범한 사람은 아니라고 생각했지만 본 적은 없었습니다. 어느 날 대낮에 공자가 양쪽에 일산을 받쳐 들고 가는데, 앞에서 온백설이 오고 있었습니다. 안회가 말했습니다.

"스승님께서는 저기 오는 분이 누구인지 아십니까?"

"누구냐?"

"저분이 온백설입니다."

"그런가?"

외길이라 마주치지 않을 수가 없었습니다. 뒤에 따라가던 제자들은 오늘 당대의 두 성인이 만나니 기상천외한 말이 오고갈 것이다 싶어 가슴이 떨렸습니다. 두 성인이 만나면 멋진 말이 전광석화와 같이 오고갈 것이라고 기대를 하고 마주쳤는데, 공자는 일산을 손으로 제치고 갔고, 온백설은 그냥 앞만 보고 지나갔습니다. 참 싱겁고 이상한 일이었습니다. 분명, 공자는 평소에 온백설을 한 번 만나봤으면 하고 제자들한테 이야기를 했는데 아무 말도 없이 지나갔습니다. 제자가 물었지요.

"평소에 온백설을 보기 원하시더니 오늘이 좋은 기회였는데 어째 한 말씀 안 하시고 지나가십니까?"

"군자는 목격이도존目擊而道存이니라."

즉 눈 마주치는 데에서 다 되었다는 것입니다. 부처님 경전이나 조사어록에 나오듯이, 영산회상에서 부처님이 연꽃을 들었고 가섭은

미소를 지은 것과 같은 것입니다. 사람들은 이것에 대해 평가를 합니다. 일산을 제친 공자가 잘한 것이냐, 아무 말 없이 앞만 보고 간 온백설이 잘한 것이냐, 누가 도가 높으냐 하지만 공자는 '군자는 눈 한 번 마주쳤을 때 벌써 주고받았다. 다 거량했다. 다 건네서 마쳤다. 구태여 새삼스럽게, 번거롭게 말을 건넬 것이 있겠느냐 이런 저런 말을 하는 것은 우매한 사람이나 하는 짓이지 그럴 필요가 없다'는 것입니다.

그러나 말로 하기 이전에, 눈을 척 보고 눈썹을 치켜뜨고 봤을 때에, 밀밀히 다 전해줬다는데 이것은 방망이를 맞을 소리입니다. '말하기 전에 미리 다 알았다. 눈 마주치기 전에 벌써 다 알았다'는 그것조차도 인정 안 하는 것이 조사문중입니다.

선방에 가니까 조실스님이 저한테 묻기를 "일생 동안 공자는 중생을 제도한다고 많이 다녔고, 온백설은 일생 혼자 다녔는데 그럼 어느 분이 중생을 많이 교화했느냐?", "공자는 일산을 왜 제쳤느냐?" 하고 또 묻습니다.

생각해 볼 필요가 있는 말입니다. 공부를 해서 마음의 깊은 도리를 알면, 높은 차원 그대로 주고받고 하는 것이 멋진 것입니다. 여기서는 그런 것조차 모조리 쓸어버리고, 단지 머무른 바 없는 것을 좇아서 근본을 삼고, 일체 법을 거기에서 세우는 것입니다. 또 밝은 거울에 비유해서, 거울에는 모양이 없으나 능히 일체 모양을 나타낸다고 했습니다.

그런데 이렇게 일산을 제쳤고 한 사람은 앞만 보고 갔는데 그분들이 과연 한 점 티 없이 허물 잡힐 것이 없이 뚝 떨어지게 멋진 것이냐? 그렇지 않으면 여기에도 허물이 있느냐? 두 사람의 행위가 어떤 것이냐? 공부했다면 한번 평가를 내려보라는 것입니다. 무조건 그 말이 좋다고 그 말을 좇아서 "야 대단하고 훌륭하다." 하면서 거기에 흠뻑 빠져 머무르면 중생의 곤궁한 신세를 면치 못합니다. "허물이 없다." 했을 때도 어쩔 도리가 없이 빠져서 허우적거리고 헤쳐 나가지 못합니다. 두 사람이 어떤 사람이냐? 어떤 식으로 모양을 나타냈느냐? 참 중요한 것입니다. 그런데 밝은 거울처럼 되어 있다면 어디에 걸리겠습니까? 일체 모든 만상을 나타내는데 배우는 사람이 마음으로써 무념을 삼는 고로 분명히 척척 해결이 다 됩니다.

"배우는 사람의 마음이 물듦이 없는 까닭에 망념이 나지 않는다(學人 爲心無染故 妄念不生)."라고 했습니다.

물드는 것이 없어야 됩니다. 물드는 것이 있으면 머무르는 것입니다. 그런데 머무름이 없다 하는 이것은 또한 무엇인지를 확실히 알아야 합니다. 무념이라는 것은 그냥 생각으로, 상식으로, 이치로 알아서 되는 것이 아니고, 확실히 깨달아 알아야 합니다. 또 머무름이 없는 무주, 무념, 무심이 다 똑같습니다.

이런 말이 어디에서 나왔느냐 할 때 근본적으로 해결이 되어야 합니다. 단지 '이놈이 무엇인고?' 할 때, '부처입니다' 해도 때리고 '마음입니다' 해도 때리고 '일체 물질이 아닙니까?' 해도 때립니다. 마음도, 부처도, 물질도 아닙니다. 그러면 '아무것도 아니지 않습니까?' 해도 때립니다. '그러면 가만히 있어야 되겠네요?' 해도 때립니다. 여기서 어쩌겠어요? 손을 든다면, '이 미친 짓하고 있네, 벙어리 놀음하지 마라' 하면서 때립니다. 일어나서 절하고 주먹을 들면 '말도 할 줄 모르는 벙어리 놀음한다'고 때립니다.

여기서는 천하의 신이 있다고 하더라도 박살이 나니 십만 팔천 리나 도망을 가야 됩니다. 얼씬했다가는 맞으니 어찌해야 되겠습니까?

미국에 가보면, 참선을 잘못 가르쳐서 이것도 아니고 저것도 아닙니다. 그러면 이것도 저것도 아니면 아무것도 아닙니까? 그것도 아닙니다. 그러면 도대체 어떻게 해야 됩니까? 거기서 공부를 해서 실제로 깨달아 알아야 되는데, 거기서 "아, 이리 한번 치거나, 소리를 한번 질러라." 그렇게 가르칩니다. 미국에서 그렇게 공부 배운 사람들이 나한테 많이 두드려 맞았습니다. 그런데 그 사람들이 지금은, 그때 와서 때려준 그 스님 정말 자기를 잘 때려주었다고 한답니다.

덕산 스님 같은 분은 일생 동안 살림살이가 방망이입니다. 누가 들어와서 말 하려고 하면 방망이로 때리고, 말을 해야 때리는 것이 아니라 들어와서 절만 해도 때리고, 들어와서 한마디 물으려고 하면 때려서 덕산 방 앞에는 죽은 송장이 산더미만큼 쌓였다고 합니다. 오는 사람마다 맞아서 죽었다는 말입니다. 입만 들썩 하면 때리고, 거량하려고 하면 때리는데 여기서 어떻게 덕산의 방을 면할 것인지 공부하는 사람은 그걸 잘 생각해 봐야 됩니다.

"거울이라는 것 자체는 밝고 밝다."라는 말은 마음을 거울에 비유해서 한 말인데 이런 말을 들은 사람들은 거울을 생각하고 거울에 집착합니다. '아, 거울은 밝지', '모든 것을 나타내 보이지' 하고 생각하면서, 누가 무슨 말을 하면 '이 마음은 거울과 같소. 다 나타내 보입니다' 하고 쓰는 사람이 있습니다. 그런 사람들에게 과거에 설봉 스님 같은 분은 그랬습니다.

"거울이 다 깨어져서 없어졌으니, 너는 무엇을 가지고 비추겠느냐?"

들은 것을 생각으로만 이해하고 실제로 체득하지 못한 사람들은 설봉 스님의 질문에 그만 콱 막혀 어떻게 할 도리를 찾지 못합니다.

그러니까 처처에 우리는 자꾸 따라가서 머무르게 됩니다. 공부가 된 것 같지만 생활에 부딪히다 보면 조그만 것 가지고 서로가 이해타산하고 시비를 합니다. 원래 공부가 된 사람한테는 이런 시비가 없습니다. 망념이 일어나지 않습니다. 생각에 '이것이다. 이런 것이다', '이런 도리다. 이렇게 알았다' 하면 틀린 것입니다. 거기서 머물러 있는 것입니다.

"몰록 깨닫는다고 하는 것은 이 생을 여의지 않고 곧 해탈을 얻음이다(頓悟者 不離此生 卽得解脫)."라고 했습니다.

공부를 하는 모든 수행자의 목적은 깨달아 성불하는 것인데, 성불하는 목적을 놓고 걸어가는 그 길이 천차만별입니다. 그중에서 어떠한 길이 가장 신속하고 정확하게 깨달아서 성불하는 것이냐 할 때 돈오頓悟라고 했습니다. 돈오라고 하는 것은 몰록 깨닫는다는 뜻입니다. 이 공부는 글귀 한마디에 바로 깨달아서 부처님이 깨달은 자리와 조금도 다를 바 없이 바로 깨닫게 되는 것입니다. 설사 언하에 깨닫지 못하더라도 이삼일 아니면 일주일, 석 달, 3년 동안 이 문제에 대하여 깊이 생각하고 생각한 끝에 깨닫게 되는 것입니다. 역대 선지식들은 깨달음을 말하면서 항상 10년을 기한으로 했습니다. 아무리 늦어도 10년 동안 애써 노력하면 바로 부처님이 깨달은 그 자리를 바로 깨달아 성불한다는 것입니다.

그런데 다른 여타 수행은 돈오를 하는 것이 아니라, 엄청난 세월을 헤매도 바로 깨닫는 이 공부로 들어가기가 힘이 듭니다. 그러나 돈오하는 여기는 잘못된 길로 가는 것이 아니라 정확하고 신속하게 부처님이 깨달은 그 자리를 바로 깨닫는 것이라고 되어 있습니다.

몰록 깨닫는다고 하는 것은, 이 몸이 죽고 난 뒤에 미래겁을 닦아서 불지에 올라간다고 하는 것이 아니라 이 생을 여의지 않고 바로 해탈을 얻는다는 것입니다. 선종의 바로 깨달아 들어가는 길은 이 생을 여의지 않고 해탈을 얻습니다.

"어떤 것이 조사입니까?" 하고 물으니 "요 위에 오줌, 똥을 싼다."라고 답하고, "어떤 것이 여래냐?" 하니까 "갓을 쓰고 말을 타고 사모관대를 하고 장가가고 시집간다."라고 했습니다. 우리들이 현재 똑같이 부처님이고 똑같은 성품을 가지고 있는데 단지 아직 미성숙하다는 말입니다. 그 점을 당생에 바로 깨달아 성불할 수 있다는 것을 말하는 것입니다. 사자獅子가 처음 났을 때 바로 사자라, 돈오를 닦는 자 또한 이와 같다고 했습니다. 우리는 똑같은 부처님인데, 단지 철이 나지 않았다는 것입니다. 열심히 수행하면 당생에 된다는 것입니다.

닦는다는 것은, 화두를 챙기고 열심히 공부하면 바로 부처님의 지위에 들어가는 것이지 성문이나 연각이나 사과(四果: 수다함, 사다함, 아나함, 아라한)를 증득하는 것, 삼현십지로 등각 묘각으로 무수겁을 닦아서 올라가는 것이 아닙니다. 단번에 부처님이 깨달으신 대각 자리 그 자리를 깨닫는 것입니다. 그것이 돈오입니다. 우리들이 화두를 챙기는 것이 그 길로 가는 것인 만큼 이 화두를 챙기는 것 자체가 큰 복이라고 생각해야 됩니다. 그렇지 않고 선지식 잘못 만나 성문, 연각, 사과, 삼현십지, 십신, 십주, 십행, 십회향, 십지를 닦아서 이루려면 수 겁이 걸린다는 것입니다.

십주를 닦으려면 수 겁이 걸립니다. 십주라고 하는 것을 『화엄경』에서 보면 참 대단합니다. 그 자리는 우리들이 생각할 수 없는 자리입니다. 십회향은 말할 것도 없고. 삼현이라는 현인의 자리도 대단합니다. 십회향이 끝나고 나면 초지, 이지로부터 시작해서 십지에 들어가야 비로소 성인의 세계에 오르는 것입니다. 여러분이 성인으로 명칭을 받으려면 십지 가운데 삼지 이상으로 올라가야 됩니다. 그렇게 닦아서 가려면 무량 아승지겁을 닦아야 됩니다. 무량 아승지겁을 닦아서, 백골이 가루가 되기를 수도 없이 닦아야 올라가는 것입니다.

그렇게 무량겁을 닦아야 할 길을, 여기서는 단박에 해 마치는 것입니다. 화두를 참구해서 한 생각 깨달으면, 수십 겁이 필요하지 않을 뿐만 아니라 이십 년, 삼십 년도 필요가 없습니다. 화두 참구는 대근기의 사람은 일주일이면 충분하고, 소근기의 사람은 석 달이면 충분합니다. 그것보다 둔한 사람은 삼 년이면 충분하며, 더욱 둔한 사람은 6년이고, 더 둔한 사람은 10년이면 충분합니다. 10년 화두하면 어떠한 일이 있어도 공부를 마친다는 것입니다. 무량 아승지겁을 닦아야 부처가 되는 자리를 10년 만에 해 마친다고 하니까, 얼마나 정확하고 신속한 공부입니까?

그런데 화두라는 것은 깨치게 하기 위해서, 조사스님들이 엉뚱한 소리를 해놨구나 하고 생각하는데 그것이 아닙니다. 조사스님들은 자기가 깨달은 그 분상을 그대로 밖으로 토해내서 바로 가르쳐 준 것입니다. 물으니까 바로 가르쳐 준 것일 뿐입니다. 마치 대학생이 초등학생 수준에 맞추어서 말을 해준 것이 아니라 자기는 그대로 한마디 했는데 단지 듣는 사람이 알아듣지 못할 뿐입니다. 조사스님이 일부러 "무無"라고 하고, "뜰 앞에 잣나무"라고 했느냐 하면, 그렇지 않습니다. 전에도 스님들이 이야기하는 것을 보면 화두는 방편이라고 하는데, 그것은 몰라서 하는 소립니다. 화두는 방편이 아닙니다. 조사스님은 한 치의 오차도 없이 바로 일러줍니다. 부처님은 근기에 따라서 비유를 들면서 이르지만, 조사스님은 액면 그대로 몽땅 드러내서 직설적으로 바로 일러주는 것입니다. 여러분이 그 언하에 바로 깨달으면 되는데 그것이 안 되니까 무슨 말인지 잘 모릅니다. 무라고 할 때 척 하니 해결이 되면 그만입니다.

부처님은 다 불성이 있다고 했는데 왜 조주 스님은 "없다."라고 했는지 그분의 의지가 뭐냐? 그분이 부처님을 반대해서 말한 뜻이 있을 것입니다. 그것을 척 하니 알아들으면 다 되는 것입니다. 바로 가르쳐줬는데도 어두운 중생들이 그걸 못 알아듣습니다. 한 치 앞은 보지만, 자기 눈앞의 눈썹은 너무 가까워서 보지 못한다는 것입니다. 이 한마디가 깨달을 수 있는 소리입니다. 그런데 또 아! 가까운 것은 못 보는구나. 이렇게 말로 알아듣고 맙니다. 그러면 안 됩니다. "무~" 하고 끌어안고서는 씨름을 하고, 이 몸뚱이 잡고 다니는 이놈이 무엇인가 하고 앉아서 졸고 있습니다. 경허 스님처럼 눈을 부릅뜨고, 칼을 받쳐 놓고, 생사를 걸고 하면 일주일이고 석 달 안에 해 마칠 수가 있는데 느슨하게 앉아서 그냥 참선하면 좋다고 하니까 해본다는 식입니다. 졸고 앉았으니까 조는 병까지 들고, 또 고요한 데 취하는 병까지 들고, 이것도 저것도 아니면 스트레스가 쌓여서 신경이 날카로워지니 참 기가 막힙니다. 그러니까 본인 자신이 눈을 부릅뜨고 칼을 세우고 한번 이 생명을 바쳐보라는 것입니다. 이 시대에 부처님의 가르침을 만나서, 또 선지식의 가르침을 만나서 공부하지 못하면, 인생을 어떻게 바꾸겠습니까? 그건 자기 자신에게 달렸습니다.

화두를 깨치면 바로 부처님 자리(佛位)에 들어갑니다. 이것이 돈오입니다. 대나무가 봄이 되면 죽순이 나오는데 큰 것은 팔뚝만 합니다. 어느 효자가 어머니가 겨울에 죽순이 먹고 싶다고 하니까 대밭에 매일 가서, 죽순 나오라고 빌었답니다. 그 추운 겨울에 죽순이 쑥 나와서 해드렸다고 합니다. 일체가 모두 마음이라는 말입니다.

대나무의 죽순이 쑥 올라온 것이나 대나무가 굵어져서 있는 것이나, 대나무는 대나무지 다를 것이 없습니다. 그러니까 우리들이 부처님과 다를 바가 없다는 것입니다.

돈오라는 것이 참 중요한 것입니다. "조사가 서쪽에서 온 뜻이 어떤 것입니까?" 하니 조주 스님 같은 분은 "뜰 앞에 잣나무니라."라고 했습니다. 여기서 뜰 앞에 잣나무라는 것을 척 하니 알아들으면 됩니다. 그런데 용아 스님이 취미 화상한테 가서 "조사가 서쪽에서 온 뜻이나 한번 일러주시오." 했더니 취미 화상이 깔고 앉는 선판(판자로 짜서 앉아서 참선하는 것)을 가지고 내리쳤습니다. 용아 스님이 "스님이 때리긴 때렸지만 조사가 서쪽에서 온 뜻을 일러주지는 못했습니다."라고 말하니까, "너는 나와 인연이 없으니 가라."라고 했습니다.

다시 임제 선사한테 갔습니다. 임제 스님은 누구나 오면 할을 했는데, 할 한 번 하면 그 누구든지 할 하는 그 말에 깨닫게 된다고 했습니다. 임제 스님한테 가서 "조사가 서쪽에서 온 뜻을 일러주시오." 하니까 임제 스님이 하는 말이 "네가 깔고 있는 방석을 가져오너라." 가져가니까 임제 스님이 그것을 가지고 후려쳤단 말입니다.

"스님도 날 때리긴 때렸지만 조사가 서쪽에서 온 뜻을 어떻게 할 수는 없을 것입니다."

여기서 정말로 근기가 익었다면 단박에 해결이 됩니다. 그런데 해결이 안 되는 것은 모든 사람이 평소에 항상 밥 먹고 옷 입고 하는 중에 "너, 잠잤나?" "잠잤다." "밥 먹었나?" "밥 먹었다." 모든 그대로가 "뜰 앞에 잣나무"라 하는 소리나 "선판을 가져오너라." "방석 가져오너라." 하는 것과 별 다를 것이 있느냐 하면 다르지 않습니다. 단지 거기서 바로 보고 깨닫느냐 못 깨닫느냐가 문제입니다. 사람들이 잘못된 생각에 사로잡혀서 엉뚱한 생각을 해서 그렇지 바로 깨닫기만 하면 됩니다.

마음이 공한 자리가 중생과 부처가 다릅니까? 그렇지는 않습니다. 우리나 부처님이나 공한 그 자리는 다를 것이 없습니다.

그러니까 아상, 인상, 중생상, 수자상의 사상이 몰록 끊어지고 망념 일체가 몰록 쉬어져서 제해졌다면 필경에 공적한 그 자리가 부처와 우리가 다르겠습니까? 똑같습니다. 그래서 '범부요 곧 성인(卽凡卽聖)'이라고 합니다.

이 생의 이 몸을 버리고 다음 생에 공부한다느니, 이 몸을 버리고 마음이나 성품이 따로 있어서 그걸 깨닫는다고 생각하면 안 됩니다. 돈오를 닦는 사람(修頓悟者)은 이 몸을 여의지 않고 욕계, 색계, 무색계 삼계三界를 뛰어납니다.

세간을 무너뜨려 없애치우고 세간을 벗어나는 것이 아니라, 세간을 무너뜨리지 않고 세간을 벗어나고, 번뇌를 버리지 않고 열반에 들어간다(不壞世間而超世間 不捨煩惱而入涅槃)고 했습니다. 여러분은 번뇌망상을 끊어서 없애고 보리를 구하려고 하면 안 됩니다. 망상을 없애려고 하는 것은 마치 큰 돌을 잔디밭에 놓으면 잔디가 바위에 눌려 위로는 올라오지 못하니까 바위 옆으로 삐져나오는 것과 같습니다. 그래서 망상을 안 일으키려고 하지 말고, 망상을 끊으려고도 애쓰지 말라는 소리입니다. 단지 "무엇인고?" 하는 화두의정만 잡들여 나가면 자동으로 순화되어 갑니다. 망상번뇌가 스스로 쉬어져서 없어집니다. 망상번뇌가 나중에 알고 보니까 보리입니다. 망상을 제하고 우리가 깨달으려고 하는 것도 아니고, 이 몸을 버리고 깨달으려고 하는 것도 아니고, 이 세간을 무너뜨리고 세간을 뛰어나는 것도 아니고, 번뇌를 버리고 열반에 들어가는 것도 아니라는 말입니다.

돈오를 닦지 않는 사람은 들의 여우(野狐)에 비유합니다. 여우 그놈이 앞만 보고 가면 되는데, 사람이 따라가면 한 열 발자국 가다가 힐끔 힐끔 뒤를 돌아보고 앉아 있다가 사람이 따라가면 또 도망갑니다. 여우가 의심이 많다는 얘깁니다. 그러니까 사자가 되어야지 여우가 되어서는 안 됩니다. 돈오를 닦는 자는 사자고, 돈오를 닦지 않는 자는 여우라는 것인데, 여우가 사자를 아무리 따라간다고 해도 여우가 사자로 변하지는 않습니다. 그러니까 들에 있는 여우가 사자를 쫓아간다고 해도 사자가 되지는 못합니다.

"진여의 성품은 실로 공空한 것입니까? 실로 공하지 않는 것(不空)입니까? 만약 공하지 않다고 말하면 곧 이것은 상相이 있는 것이며, 만약 공이라고 말하면 그것은 곧 단멸斷滅이니 일체의 중생이 마땅히 무엇을 의지하여 닦아야 해탈을 얻겠습니까?" 하고 다시 묻는 데 대해 "진여의 성품은 공이면서 또한 공이 아니다. 어째서 그러한가? 진여의 묘체는 모양도 없고, 또한 상이 없어서 가히 얻지 못하니, 이를 일러 공이라고 한다. 그러나 공해서 모양이 없는 체 가운데 항하사의 용用을 만족하게 갖추어서 곧 일에 응하지 아니하는 것이 없으므로 이를 이름하여 또한 불공不空이라고 한다."라고 답합니다.

'일체가 모두 공했다'고 할 때, 이 몸을 없애고 공했다고 하는 것이 아니고 이 몸 이대로 공이라는 말입니다. 우리가 가지고 있는 성품 자체도 공이라, 공이라는 것은 모양이 없다는 것인데 그렇다고 해서 아주 없는 것으로 끊어졌느냐 하면 그렇지는 않습니다. 거기서는 무한한 묘용을 굴립니다. 쓸 때에 만 가지 것이 다 거기서 나오게 되고, 나오게 될 때는 불공이라고 합니다.

오리나 닭이 걸어 다니는데 사람이 잡으려고 쫓아가면, 급하면 날아갑니다. 오리나 닭이 걸어간다고 해서 영원히 걸어간다고 단정적으로 말을 못하고, 날아간다고 해서 나는 물건이라고 단정적으로 말을 못한다는 것입니다. 걸어가지만 날아가는 성질을 가지고 있습니다.

이 몸뚱이 그대로 가지고 있지만 이 몸뚱이가 이것이라고 단정적으로 말할 수는 없습니다. 이 몸뚱이에 공한 진여자성 자리가 포함되어 있다는 말입니다. 걸어 다닌다고 해서 영원히 걸어 다닌다고 할 수도 없고, 날아다닌다고 영원히 날아다닌다고 할 수도 없습니다. 걸어 다닐 때에 날아다니는 성질이 포함되어 있습니다. 그러면 저것은 날아가는 것도 아니요, 걸어가는 것도 아니지 않느냐? 그러면 날아가는 것도 아니요, 걸어가는 것도 아닌 저것은 뭐냐?

어떤 분의 강의를 들어보면 그것은 바로 중도라고 했습니다. 이것이 자칫 잘못하여 두 가지를 배제한 가운데 중도를 내세우면 이것도 하나의 큰 허물이 됩니다. 중도라고 하는 규정을 세워 놓으면 그것은 허물이라는 것입니다. 왜 그러냐 하면, 중도라는 것은 중도라는 성격이 별도로 만들어져서 이것도 아니고 저것도 아닌 걸로 생각하면 안 된다는 것입니다. 걸어간다 할 때 걸어가는 그것이 바로 중도이며 날아가면 날아가는 것 자체가 중도입니다. 이것저것 배제하고 걸어가는 것도 날아가는 것도 아닙니다. 그러면 뭐냐? 그것은 중도라고 말해야지 하면, 그것도 큰 허물을 짊어지게 되므로 그것은 아닙니다.

이것도 저것도 아닐 때는 뭐라고 합니까?

여기서 중도라고 하면 방망이를 맞습니다. 역대 부처님이 중도라고 말한 적은 없습니다. 단지 부처님이 팔정도나 12인연법을 설한 속에, 중도라는 말이 드러내서 규정짓지 아니하는 속에 은연중 내포되어 있습니다. 부처님이 때에 따라서는 이렇게도 저렇게도 말하면서 그 모든 것을 판가름해 나갈 때, 중中이라고 하는 것을 풍겼을 뿐이지 그러면서도 또한 중이 아니라고 발을 쑥 뺐습니다. 그러면 이것도 저것도 아니고 중도도 아니다.

"그러면 뭐냐?"

함허 스님 서문에 "천지를 덮고 천지를 만들어내고, 이 세상에 빠르기로 하면 더 빠를 것이 없고 더 견줄 것이 없다." 그러면 이것이 있는 것이요, 공한 것이요? 하니까 "나는 알지 못한다." 그랬습니다. 중도다, 대답하면 될 것을 '나는 알지 못한다'고 했습니다. 이것은 제대로 안 사람이기 때문에 한 소리입니다. 제대로 알아봤기 때문에 그 소리를 하지, 제대로 알지 못하면 그런 소리를 못합니다.

달마 스님이 양무제를 만났을 때 나를 대하는 자는 누구인가? 하니까 '불식不識입니다. 나는 알지 못합니다'라고 했습니다. '나는 중도입니다' 하면 될 것인데, 그 중도라는 말을 절대 하면 안 됩니다. 『금강경』에 중도라는 말이 어디 있습니까? 반야바라밀이 반야바라밀이 아니라 그 이름이 반야바라밀일 뿐이니라, 여기서 부처님의 확실한 의지를 간파해서 알아버리면 그 사람은 좋습니다. 술과 고기 먹고 안 먹고, 그런 것을 따지고 계행을 따지고 할 자리가 아닙니다. 그런데 말로만 듣지 공부를 제대로 안 하니까 안 되는 것입니다.

『육조단경』에서 육조 스님도 "알지 못한다."라고 했습니다. 요사이 책깨나 보고 뭘 물으면 "모릅니다." "알지 못합니다." 하고 대답을 하는데, 그런 사람이 "알지 못합니다." 하고 대답하는 그 소리하고 달마 스님이 "알지 못합니다." 하고 대답한 것은 천지 차이입니다. 말로 배우고 말로 익혀 알음알이로 조금 알아서 "이것도 저것도 아니고, 중도도 아니다. 뭐냐?" 할 때 "불식입니다."라고 말한다고 해서 그 사람이 제대로 대답을 한 것이냐? 그건 아닙니다. 이 문제는 확실하게 자신이 공부를 해서 알아야 됩니다. 유구무언입니다. 본인이 체험을 해서 확실히 알면, 역대 조사스님이 한 말을 확실하게 알 수가 있습니다.

공(空)이라고 하는 것은 진여자성 자리요, 진여자성 자리가 들고 일어나서 묘용을 써서 밖으로 드러내니까 공이 아니라고 하는데, 저는 반대로 이야기했습니다. 드러내서 쓰는 이것도 공입니다. 막 드러내서 쓰는 이것도 공이고 진여자성입니다. 여러분이 볼 때는 드러내서 쓰는 것은 묘용이니까 묘용이라고 생각합니다. 과거에 무술하는 사람이 스승한테 다 배웠는데 어디 가서 고수하고 붙어보니까 한 수가 꺾입니다. 그래서 혼자 연구를 해서 한 수를 더 만들어서 스승이 알지 못하는 묘용을 굴려서 상대방을 제압하듯이, 스승이 가르쳐 준다고 해서 말로 하는 것은 한계가 있습니다.

그 다음에는 본인이 해결해야 할 일입니다. 이것을 교과서대로 이야기하면 '공이라고 하는 것은 진여자성이요 불공이라고 하는 것은 묘용이다. 밖으로 수천만 가지 모양을 드러내서 쓰고, 산하대지가 밖으로 드러나고 천태만상이 생기고 하는 이것은, 묘용이니까 불공이다'라고 하는데 반대로 '천태만상으로 일어나서 보이는 이것이 진여자성이고 또한 진여자성 자리가 묘용이다'라고 그렇게 말할 수도 있습니다.

"이 법을 어떤 것이라고 한정지어 규정하지 말라. 만약 규정 지을 수 없는 것을 어떤 것이라고 하면 벌써 거리가 멀다."라는 것입니다. 금덩어리는 귀걸이도 아니고, 목걸이도 아니고, 코걸이도 아니고, 자동차 부속으로 들어가는 것도 아니고, 어디에 들어가는 것도 아니지만, 이 금덩어리는 귀걸이, 코걸이, 목걸이, 자동차 부속에까지 온갖 모양을 다 만든다는 것입니다.

그러니까 우리들이 가지고 쓰는 이 진여자성 자리는 부처도 아니고 물건도 아니고 중생도 망상도 아닙니다. 그런데 망상에 반연되면 망상이 일어나고, 선한 반연이 생기면 선한 것이 나오고, 여러 수천만 가지가 여기서 다 나옵니다. 물이라고 하는 것도 어느 누구의 소유가 아닙니다. 그 물이 뱀의 물이 아닌데 뱀이 먹으면 뱀 물이라고 이름이 붙고, 소가 먹으면 소가 먹은 물이라고 합니다. 그렇게 온갖 이름이 다 붙지만, 진정 물 자체에는 그런 것이 없다는 말입니다. 진여자성에는 그런 것이 전혀 없는데, 밖으로 드러내어 반연해서 쓸 때 천태만상이 드러나서 나옵니다. '공의 차원은 진여자성이다. 진여자성은 일체가 없는 것이다. 없는데 묘용을 쓰다 보니 여러 수천 가지가 나오는구나', '아, 그것은 불공이다' 이렇게 입력을 해놓고는 어디 가서도 그렇게 말합니다.

저는 반대로 말합니다. "그렇지 않다. 병자가 먹은 밥그릇이나, 건강한 사람이 먹은 밥그릇이나, 먹은 그 자체 그것이 진여자성이고 또 진여자성이라고 하는 모양이 없는 그 자체가 바로 묘용이다." 어느 것 하나로 딱 규정해서 지어 놓을 수가 없습니다. 이것도 저것도 싹 쓸어버리고, 물의 본연의 자세로 돌아갔을 때 뭐라고 하느냐 했을 때, '그것은 깨끗한 물이 아닙니까?' 하면 이건 벌써 상대가 있는 것입니다.

그러면 상대가 끊어졌을 때에 뭐라고 해야 되겠습니까?

"하나를 알면 곧 천 가지가 따라서 해결되고, 하나를 미혹하면 곧 만 가지가 함께 미혹되는 것이다. 만약 어떤 사람이 하나를 지키면 만사를 다 마치니 이것이 도를 깨닫는 묘함이다."라고 한 것은 이를테면 화두 '이뭣고' 하나만 해결해 버리면 다 된다는 말입니다. "이 몸뚱이 끌고 다니는 이놈이 무엇인고?" 하고 그놈만 해결해 버리면 다 됩니다. 그러나 그놈이 무엇인지 모르고 미했기 때문에 만 가지가 다 미혹하다는 말입니다.

정말로 상대가 끊어진 자리를 뭐라고 해야 되느냐 할 때 중도실상이라고 한다든지, 무슨 소리를 붙이면 방망이를 맞습니다. 그러면 여기에서 어떻게 해야 됩니까? 이거 하나 해결 못하면 일생 밥 먹고 살았다 할 것이 없는 것입니다. 일생 헛다리 짚고 살았지, 실제로 근본적인 일은 모르고 사는 것입니다. 가치 없는 인생을 사는 것이니 깊이 생각해봐야 됩니다.

이때를 당하여 유마 거사는 묵연默然하시고 부처님은 양구良久를 하셨습니다.

"경에 이르되 '삼라와 만상이 한 법이 인을 친 바이니라(森羅及萬像 一法之所印).' 하였으니 어떻게 해서 한 법 가운데에서 여러 가지 견해를 내는가? 이와 같이 공업을 말미암아 행함이 근본이 된다."라고 했습니다.

과학자는 어떤 물체를 분석해서 들어가고, 어떤 상대성이 있을 때 분석해서 연구하는 것인데 지금 과학자들은 더 이상 연구할 것이 없다는 것입니다. 극소의 미립자까지 분석해서 없애고 나면 대상이 없어집니다. 어떤 대상이 있어야 연구를 하지, 대상이 없어지고 나면 해야 할 것이 끊어집니다. 지금 이 시대가 그렇게 되어 있습니다. 과학자들이 비로소 공부할 수 있는 첫걸음을 내디딜 때가 왔습니다.

상대가 끊어져서 연구할 것이 없어질 때, 없어진 것을 긍정하는 이놈을 돌이켜 볼 때가 왔다는 것입니다. 긍정하는 이놈은 무엇이냐? 그놈은 있는 것이냐, 없는 것이냐? 이럴 때 어떻게 하겠습니까? 이제는 그렇게 머리를 돌이킬 때가 왔다고 봅니다. 이 몸 끌고 다니는 이것이 무엇이냐? 왜 불성이 없다고 했느냐? 이렇게 그놈을 바로 척 알아차려서 해결해 버리면 되는데 중생은 업이 두터워서 그것이 해결이 안 됩니다.

지금 스위스에서 과학자들이 쿼크라는 입자가 나온 당처를 다시 분석해 보는 연구를 하고 있습니다. 힉스라는 사람이 쿼크라는 입자가 한곳에서 나왔는데 어째서 각각 질량이 다른지 그 이면에 무언가 조종하는 놈이 있을 것이라 생각하고 27km나 되는 가속기를 만들어 놓고 연구하는 중에 있다고 합니다. 그것을 발견하면 그 입자가 만유본원이라고 단정할 것이라고 하는데 이것을 불교의 진공묘유와 같은 원리라고 생각한다면 그것은 너무 성급한 판단을 한 것이라 생각합니다.

불교의 진공묘유眞空妙有라는 것은 오관, 즉 안이비설신眼耳鼻舌身으로 볼 수 있는 것이 아니라 일념一念의 깊은 대적삼매大寂三昧 속에서 관하는 자만이 스스로 지득知得하는 것입니다. 아무리 과학이 발전해도 우리 사람이 참된 자성自性 즉, 마음을 잡아 끌어내어서 분석할 수 있다면 모르겠으나 그렇게 할 수 없다고 봅니다. 만약 마음을 밖으로 끌어내어서 육안으로 볼 수 있게 분석한다면 나쁜 마음은 파괴 소멸시키고 좋은 마음만 다시 넣어줄 수 있습니다. 이 세상에 악한 마음을 전부 제거하고 순수한 불성만 넣어주어 마음이 깨끗해져서 부처님과 조사스님처럼 다름이 없게 된다면 참선공부, 기도, 신을 믿는 어느 것도 해야 할 필요가 없을 것입니다. 그러나 그것은 불가능합니다. 이것은 마음수행을 통해서만이 성취할 수 있는 길입니다. 과학과 불성과 진공묘유가 같다고 하는 착각과 혼돈을 하여 잘못 판단하지 말기를 바랍니다.

"만약 마음을 항복降心받지 아니하고 글을 의지해서 증득하고자 하면 옳은 것이 있지 않다."라고 했습니다.

글이나 문자, 알음알이나 지식에 의지해서 크게 증득하려고 하면 증득할 것이 없다는 말입니다. 이 세상에서 우리가 힘으로 되고 많이 아는 것으로 된다면 무슨 걱정이 있겠습니까? 글 많이 아는 사람이 방장도 하고 조실도 하면 되지만 이 법을 가르치는 도리는 글로도 말로도 되는 것이 아니고 힘으로 되는 것도 아닙니다. 왜 안 되느냐? 첫째 우리들이 자신의 마음을 항복받지 못해서입니다. 자기 자신의 마음부터 항복받아야 되는데 자기 마음조차 항복받지 못하는 사람이 어떻게 세상 사람들에게 좋은 본보기가 되겠습니까? 자기 자신의 마음만 항복받을 줄 알면 그 사람은 천하인에게 백두산 천지 못이 끝없이 솟아나듯이 끊임없이 맑은 물을 이 세상에 보급해 줄 수 있습니다. 그러나 지식이라고 하는 것은 담아 놓는 것도 한계가 있어서 그것 팔아먹고 나면 그 다음에 새로운 게 있어야지 누가 그 소리 또 듣고 싶어 하겠습니까? 담아 놓는 한계가 있는 것은 썩은 것이라 그릇에 담아 놓은 물은 부패됩니다. 그러나 백두산 천지 못은 매일매일 새롭게 솟아나 썩지를 않습니다. 그러나 우리 중생들이 가지고 있는 이 생각은 고여 있어서 썩은 것이라, 썩은 생각을 가지고 무엇을 하려고 하면 안 됩니다.

모든 것이 무너져버린, 정말로 내 마음 깊숙한 본래의 천진바탕, 천진무구하고 진실한 그 마음이 본래면목 아니겠습니까? 그 본래면목이 드러나면 매일 매일이 새롭고 보는 사람마다 좋습니다.

구지 선사는 일생 동안 말 안 하고 누가 와서 불법을 물으면 손가락만 들어 보였습니다. 어떤 것이 잘 살아가는 도리입니까? 해도 손가락만 보이고, 어떻게 해야 마음을 너그럽게 쓸 수 있습니까? 물어도 손가락만 들어 보이고. 백 가지 천 가지를 물어도 손가락만 보이는 것입니다. 그래도 일생 동안 사람이 많이 찾아옵니다. 그러나 자기 마음을 항복받지 못한 사람이 손가락을 들면 웃기고 있네 하는 생각이 먼저 일어납니다.

우리가 성질이 나고 화가 나면, 그걸 이겨내지 못하는데 일어나는 성질을 이겨내는 것을 항복받는다고 합니다. 천군만마를 거느리고 적군을 물리쳤다고 하는 장수라도, 자기 마음 하나를 이겨내지 못하면 무슨 장수이겠습니까? 그 사람보다 자기 마음 하나 이겨낸 사람이 몇 천 배 나은 장수입니다. 자신의 마음이 중요합니다. 자기의 마음을 항복받지 아니하고, 문자를 의지하고, 아는 것을 의지하고, 지식 상식 이런 것 가지고 큰 자격을 얻은 것처럼 증득했다고 취한다면 옳지 않습니다.

본래 부처라고 하는 것을 우리가 확실히 깨달아 증득해야 됩니다. 본래 부처라고 한다고 부처냐? 그것이 아닙니다. 생각으로 공했다고 한다고 공해진 것이 아니듯이, 확실하게 공을 증득하고 확실하게 깨달음을 증득한 사람은 일체 의심할 것이 없어 어떤 문제를 내놓아도 확실한 대답을 내놓을 수 있고, 일체 걸리지 않습니다. 그러나 사량분별 계교로써 알려고 한다면 점점 더 안 됩니다. 열심히 노력해서 자기의 본래 이 자리를 확실히 증득한 사람은, 어디에도 걸리지 않고 항상 맑은 청풍을 떨치며 가는 곳마다 밝은 달을 비춥니다.

"노력하고 노력하라. 세밀하고 세밀하게 살펴보라(努力努力 細細審之)."라고 당부하고 있습니다.

5분 10분만이라도 앉아 있으면 별별 망상이 다 일어납니다. 그 원인은 바로 자신에게 있습니다. 보이지 않는 한 무더기가 탁 하니 굳어져 있습니다. 그놈이 풀어져서 무너져야 되는데 그놈이 바로 뭐냐는 것입니다. 좋지 못한 중생의 잘못된 견해, 육근 육진에 때 묻은 잘못된 생각, 이놈이 주관이 되어서 서 있다는 말입니다. 중생들이 가진 것 중에 올바른 생각이 하나도 없습니다. 자기 자신이 가진 생각에 정말로 옳은 것이 있는가 앉아서 생각해 보십시오. 시시콜콜한 썩은 냄새 풍기는 놈만 있지 별수가 없습니다.

"다만 무슨 일이 나에게 올 때 받지 아니하여 일체처에 무심하니 이와 같은 것을 얻은 사람은 곧 열반에 들어가서 무생법인을 증득한다. 이것을 이름하여 둘이 아닌 법문이라 하며, 또한 이름하여 다툼이 없다고 하고, 또한 이름하여 일행삼매라고 한다(只是事來不受 一切處無心 得如是者 卽入涅槃 證無生法忍 亦名不二法門 亦名無諍 亦名一行三昧)."라고 말씀하신 바와 같이, 일체처에 무심해서 다만 모든 곳에 마음이 없어야 됩니다. 다만 모든 일이 나에게 올 때 받지를 아니하고 일체처에 무심해야 합니다. 허공에 손이 지나가도 허공은 자취가 없습니다. 허공이 무얼 담아 놓겠습니까? 우리 마음이 일체 담는 것이 없고 담아 놓으면 안 된다는 것입니다. 10년 전의 것도 생각하고 어제 것도 생각하는 그건 지나가는 망상에 매달려 있는 것인데, 그것이 없어야 됩니다. 없는 그 마음을 바로 알면 없어지는데, 이것이 바로 열반에 들어가는 것입니다.

무생법인이라고 하는 것은 일체 모든 것을 확실히 증득했다고 하는 지혜를 말합니다.

기도를 할 때, 아무런 망상도 없이 졸음도 없이 30분이나 1시간 동안 깨끗한 마음으로 잘 되어가는 경우가 있습니다. 그것을 정이라 하고 염불삼매에 들어갔다고 하는 것입니다. 참선하다가도, 1시간 동안 아무것도 몰랐지만 졸음도 없고 깨끗한 마음으로 정신은 초롱초롱하고 성성한 오직 그것 "무엇인가?"만이 있습니다. 그것을 삼매의 정에 들어갔다고 합니다.

그러나 여기서 대주 선사가 말하는 삼매는 1시간, 30분 들어갔다 나갔다 하는 그런 삼매를 이야기하는 것이 아닙니다. 이것은 완전히 깨달아서 '무심, 무생법인을 증득한 사람, 깨달아서 일체 번뇌망상이 없고, 두 가지 견해가 없고, 모든 것이 일체 없는 속에서 깨달은 본래 진여자성의 마음자리 그것 하나뿐이다' 하는 그런 차원에서 그 마음을 일상생활 온통 그대로 쓰는 삼매입니다. 이 삼매는 변화하는 삼매가 아니라 깨달음의 세계에서 깨달은 그 자체가 영원한 삼매입니다. 밥 먹고, 옷 입고, 똥 싸고, 일하는 일상생활 그대로가 삼매라는 것인데 그것을 일행삼매라고 합니다.

"필경에 청정하여 아상과 인상이 없는 까닭(畢竟淸淨 無我人故)"에 그럴 수 있습니다. 필경에는 깨끗해서 아상, 인상이 없다는 것입니다. '나라는 것도 없고 사람이라는 것도 없다. 나도 없고 사람도 없기 때문에 사랑한다거나 미워한다는 것을 일으키지 아니한다'는 것입니다.

그런데 이것을 '사람도 나도 모두 없어져야, 미워하는 것도 사랑하는 것도 일으키지 아니한다'라고 하면 안 됩니다. 여기서는 우리 중생들이 가지고 있는 생각을 말하는 것입니다. 나라는 중생의 주견主見은 잘못된 사고방식입니다. '우리는 사람이다. 사람이 제일이지' 하고 다른 여타 물건을 차별하는 잘못된 사고의 근본적인 잘못된 생각을 부수어 없애라는 것입니다. 사람이 싹 없어지고, 나라는 것이 없어진 다음에 어떻게 되는 것이 아니라, 사람과 나라는 존재는 그대로 두되, 거기에 생각 하나가 정리가 되어야 합니다. 중생들이 가지고 있는 '나'라는 생각, '나는 법을 알았다'라고 하는 생각, '나는 자격이 있다', '나는 높은 지위에 있다' 하는 생각이 있으면 안 됩니다. 자기보다 낮은 사람은 누르고 깔보고 무시하는 그런 '나'라는 잘못된 생각, 사람이 제일이라는 차별된 생각, 이런 잘못된 사고방식이 무너져야 된다는 것입니다. 그런 생각이 무너진 사람은 미워하는 사람이나 사랑하는 사람이 따로 있는 것이 아니라, 밉고 곱고 하는 것 없이 모두 다 좋아합니다.

"미워하고 사랑하는 마음을 일으키지 않는 것(不起愛憎)이 두 가지 성품이 공(二性空)한 것이며, 이것이 보는 바가 없음(無所見)이요 곧 이것이 진여의 얻을 것이 없는 변론(眞如無得之辯)"입니다. 진여 자리에는 얻을 것이 없습니다. 얻을 것이 있으면 안 됩니다. 이 자리에서 '나는 깨달은 것이 있다', '나는 안 것이 있다' 하면 틀렸습니다. 전혀 얻을 것이 없습니다.

대주 선사는 이 논論을 불신하는 사람에게는 전해줘서는 안 된다고 말씀하십니다. 오직 견해가 같고 행함이 같은(同見同行) 사람, 성실한 신심이 있어서 감히 어떠한 데 임해도 물러나지 아니하는 사람에게 설해 주어야 합니다. 대주 선사가 이 논을 지은 것은 인연 있는 사람을 위한 것이지 명리를 구하는 것이 아닙니다.

"다만 모든 부처님이 설한 바 천 가지 경전과 만 가지 논은 오직 중생이 미혹한 까닭에 마음과 행동이 같지 아니하므로 삿된 것을 따라서 이에 대응하여 설하였기 때문에 곧 차별이 있는 것이다(只爲衆生迷故 心行不同 隨邪應說 卽有差別)."라고 말씀하십니다.

중생들이 미해서 아는 것이 천차만별이라, 한마디 하면 척 알아들어서 행하고, 한마디 아래서 깨달아 해결되면 좋은데, 그렇게 안 됩니다. 그러니까 그 미둔한 사람을 위해서 차별된 여러 가지 말을 하게 되는 것입니다. 결국은 우리가 공부해서 마음을 깨달아 자기 자신의 마음을 알면 살아가는 것이 쉽고 좋습니다. 어떤 것에도 걸리지 않고, 나날이 편하고 좋습니다. 그러나 마음을 깨닫지 못하고 자기 자신을 알지 못하면 그렇지 않습니다.

청원행사 같은 이는 육조 스님에게 인가를 받고 인적이 없는 깊은 산속에 혼자 들어가서 10년을 지내고 20년을 지내도 사람 하나 찾아오지 않았습니다. '아! 내가 여기서 기다리면 혹시나 나에게 법을 물으러 오는 사람이 있지 않을까? 많은 사람이 찾아오지 않을까? 이렇게 생각을 했는데 10년 20년을 지내도 사람 하나 찾아오지 않으니까 내가 여기 있어봐야 아무 소용이 없구나, 내가 뜻한 바 이 법을 많은 사람에게 전해주려고 했더니 여기는 인연이 없는 모양이구나, 내가 또 많은 사람에게 베풀어줄 만한 법의 인연이 안 되는가 보다' 하고는 떠나려고 보따리를 싸놓고 밤에 한숨 자고 일어났는데 밖에서 웬 백발노인이 찾아와서 말하였습니다.

"큰스님 계십니까? 저는 이 산을 지키는 산신입니다. 큰스님께서 여기에 오셔서 오랫동안 계셨는데 사람 하나 찾아오지 않고 혼자 때를 기다리고 계시면서 고생을 하셨습니다. 그런데 한 삼 일만 더 참아보십시오. 그러면 반드시 좋은 일이 있을 것입니다."

그 산신이 한 이야기를 듣고 삼 일을 더 참았습니다. 그런데 그 이튿날 나라의 황제가 지나가는데, 그 동네 사람들이 이 산에는 10년 20년이 되어도 산을 안 떠나고 혼자서 있는 분이 있다고 하니까, 아 그런 분이 있다면 대단히 도가 높은 분일 텐데 그런 어른을 나라의 스승으로 모신다면 그보다 더 큰 행복이 있겠느냐 하고는 황제가 찾아갑니다. 그때부터 청원행사 스님이 불사를 해서 엄청난 큰 절이 되고 대중들이 수도 없이 모였습니다. 지금도 중국에는 그 터가 남아 있습니다.

위산 선사도 굉장한 도인이고 선지식입니다. 황벽 스님 밑에 위산 스님이 공양주를 하고 있다가 대위산으로 갔습니다. 그런데 대위산에서 오랫동안 고생을 하면서 조그만 집을 짓고 또 세월이 흐르면 조그만 집을 짓고 하면서 집이 늘어나고 대중도 하나둘 늘어서 나중에는 총림이 되었습니다.

중국의 유명한 비구니스님으로 유철마劉鐵磨와 말산末山 스님이 있습니다. 유철마라는 비구니스님은 공부를 해서 안목이 있는 것으로 평이 났는데 대위산의 위산 선사를 찾아갔습니다. 그러자 위산 스님이 "이 늙은 암소 오느냐?"라고 합니다. 유철마가 한방 맞은 겁니다.

대응해서 한마디 해야 되는데 위산 스님을 이렇게 유도해 봅니다.

"큰스님, 오대산에 굉장히 큰 재를 지내는 법회가 열린답니다. 거기에 가시겠습니까, 안 가시겠습니까?" 위산 스님이 '나는 안 간다'고 하면 안 간다고 책할 것이고 '간다'고 하면 큰스님이 재 지내는데 뭐 하러 가느냐 할 것이고. 그렇게 한번 유도를 해 보았습니다. 대단합니다. 그럴 때 여러분은 어떻게 하겠습니까?

위산 스님이 두 팔을 벌리고 방에 드러누우니까, 유철마는 선 채로 돌아서서 가버렸습니다. 이런 것이 법의 차원에서 주고받는 것이 아주 멋지게 잘 이루어진다는 것입니다.

그런데 제가 볼 때는 이것 가지고는 안 됩니다. 제가 그 당시 있었다면, 그렇게 안 하고 한 번 더 결말을 보았어야 될 것이라고 생각합니다. 아주 공부가 되어서 무심의 차원에서 깨달은 안목이 있다면 무슨 걸릴 것이 있겠습니까? 그런 분에게 무슨 차별이 있겠습니까?

"구경해탈의 이치를 논할진댄 다만 일이 옴에 받지를 아니하며,

일체처에 무심하여 영원히 고요하여 허공과 같아서 필경에는 청정하여 자연히 해탈할 것이니라. 너는 헛된 이름을 구하지 마라. 입으로 진여를 설하면서 마음이 마치 원숭이와 같아서는 안 된다."라고 하신 대주 선사의 말씀처럼 말로 깨달았다, 생각으로 깨달았다, 사량분별해서 알았다, 그런 식으로 알아가지고는 소용없습니다. 이건 그런 것이 아니라, 본래 할 것이 없다 하면 할 것이 없다는 데에 집착한 사람입니다. 그 생각이 있다면 벌써 거리가 십만 팔천 리로 먼 것입니다.

어느 수좌가 왔길래 "뭐냐?" 하고 물으니, 합장하고 빙 돕니다.

"어디서 왔느냐?" 하니까

"오고 간 바가 없습니다."

이렇게 말하더군요.

"오고 간 바가 없으면 뭐가 이리 와서 말을 하느냐?"

"말하는 것도 본래 없는 것입니다."

"자꾸 없다 없다고 하는데 뭐가 자꾸 이러느냐?"

그러니까 합장을 하더니 한 바퀴 빙 돌고 난 후 서 있길래 말했습니다.

"그래 너는 이후로 나가서는 누구든지 묻거든 휭 돌고 그래라. 네 절에 돌아가거든 '밥 먹었는가?' 하면 휭 돌거라. 또 '어디 갑니까?' 그래도 휭 돌아라. 일생 너는 그렇게 해라."

그랬더니 가만히 서 있다가 이러더군요.

"스님 제가 잘못되었습니다. 공부하다가 한 생각이 돌아서 왔는데 좀 가르쳐 주십시오."

그래서 다시 말했습니다.

"지금은 어디서 왔느냐?"

"온 것이 없는데요?"

"온 것이 없으면 그럼 가. 여기 나한테 있지 말고."

"물어볼 것이 좀 있어서…"

"온 것이 없는데 뭘 물을 게 있어, 가야지."

그러니까 아무 말 안 하고 가만히 있습니다.

"그래 너는 일생 그러고 살아. 그러고 살아야지 어떻게 하나. 안 되지. 똑바로 이야기를 해. 왜 자꾸 거짓말을 하고 다녀. 그 전부 거짓말이고 미친 짓이지. 다른 사람들이 보면 너를 돌은 놈이라고 하지 누가 너를 사람으로 인정하겠어. 똑바로 이야기를 해. 그래 지금은 어디서 왔느냐?"

"아, 화엄사에서 왔습니다."

"진작에 그렇게 해야지. 그것이 그렇게 힘들어? 네가 엉뚱한 생각을 하고 있으니까 그렇지. 그 짓하고 돌아다니면 누가 너를 인정하겠어. 처음부터 화엄사에서 왔다고 해. 그런데 화엄사 어디에 사느냐?"

"대중처소에서 살다가, 토굴에서 살다가 그랬습니다."

"그렇지. 그렇게 말을 해야지. 자꾸 빙빙 돌아가면 되겠어? 그래서 어쨌느냐?"

"무無 자를 하는데 나가도 전혀 보이는 것이 없고, 들어와도 전혀 보이는 것이 없어요. 뭐가 보여야 될 텐데 전혀 보이는 것이 없으니까, 이게 무슨 경계인지 알 수가 없어서 스님께 여쭈어 보려고 왔습니다. 가르쳐 주십시오."

"너는 누구한테 화두를 탔고 누구한테 지도를 받았느냐?"

"진제 스님한테 화두를 타서 공부하는 중입니다."

"그러면 너한테 화두를 준 그 사람이 책임자여. 그 사람이 책임을 지고 너를 가르쳐 주게 되어 있어. 그런데 네가 나에게 이렇게 하는 것은 잘못된 것이지. 진제 스님한테 가서 다시 물어서 문제를 해결해라."

"그런데 화두 줄 때는 쉬운데 그 다음에 갈 때는 만나기가 많이 힘듭니다."

"이놈아, 그건 말이 안 되지. 네가 정말 이 공부를 해결해야 되고 시급하다면 삼 일 아니라 일주일이라도 진제 스님 방문 앞에 가서 엎드리고 있어야지. 그러면 언젠가는 나오고 들어갈 것이 아니냐. 이런 바보 같은 놈이 있어? 그런 마음이 없으면 너는 공부 못해. 옛날부터 이 화두를 준 사람이 책임이 있고, 거기서 네가 일이 해결이 다 안 되고, 그 스님이 해결을 못해 준다면 '다른 스님한테 해결하러 가겠습니다' 하고 나한테 오면 내가 책임지고 해줄 수가 있어. 그런데 거기서 네가 결말도 안 보고 나에게 와서, 내가 뭐라고 이야기해주면 진제 스님이 들으면 나를 미친놈이라고 그래. 내가 욕을 얻어먹어. 그러니 너는 이 길로 바로 진제 스님한테 가서 물어라. 물어서 빨리 해결하도록 하라."

"저는 그런 말은 못 들어봤습니다. 그렇게 해야 한다는 법도도 몰랐습니다. 잘 알겠습니다. 며칠이 되건 간에 스님 만나서 해결하도록 하겠습니다."

"시급하니 빨리 가거라." 그랬습니다.

이 공부는 화두를 준 사람이 책임자입니다. 또 책임져야 됩니다. 화두는 아무나 주는 것이 아닙니다. 자기가 깨닫지도 못하고, 자기도 화두 들고 공부하는 사람이 화두 주면 큰일 납니다. 자기의 일이 해결된 사람만이 사람을 가르치고 뭘 주는 것입니다. 그래서 한때 금봉 스님, 박고봉 스님, 강고봉 스님, 혼해 스님, 동산 스님, 효봉 스님, 금오 스님, 혜암 스님 이런 큰스님들 있을 때 보면 "어디서 왔느냐?" 묻고, "어디 회상에서 왔습니다." 하면 "너는 누구에게 공부 지도를 받았느냐?" 하고 꼭 물었습니다. "수덕사에서 왔습니다." 하면 "수덕사에서 누구의 지도를 받았느냐?" "혜암 스님한테서 지도받았습니다." "그래? 그러면 의심나는 것이 있으면 그 스님에게 가서 묻고 바로 배워라." 당장 쫓아내요. 잠도 안 재워요. "너 이 길로 빨리 가거라." 호되게 꾸짖고서는 얼른 쫓아버립니다.

그때 당시 큰스님들은 "어디에서도 가르침을 받은 것이 없고 스님에게 공부를 배우러 왔습니다." 하면 가르쳐 줬습니다. 가르쳐 주는데 단박에 가르쳐 주는 것이 아니고, 갖은 일을 다 시키고 잘못한 것이 없는데도 "저 천하에 죽일 놈, 저 소대가리 같은 놈, 저 대가리 가지고 뭘 하려고 그러나." 하면서 한 달이고 두 달이고 볶고 볶아서 3일도 안 돼서 도망가는 사람이 있고, 일주일도 안 돼서 도망가는 사람도 있고 별별 사람이 다 있었습니다. "큰스님이라고 해서 왔더니 말도 되지 않는 욕을 하지 않나, 때리지를 않나? 생전 처음 보겠네." 하고 달아나는 놈도 있고 가면서 뒤를 획 돌아보는 놈도 있고, 아주 이상하다고 하는 사람도 있습니다.

그러나 안 가고 두 달이고 석 달이고 배기는 사람, 그 사람은 큰스님들이 공부를 가르쳐 줍니다. 처음부터 공부하는 것을 가르쳐 주지는 않습니다. 매양 다리 주물러라 뭐해라 말도 못할 고생을 다 시키고 궂은일에 시달리고 시달린 뒤에야 비로소 글귀 하나를 가르쳐 줍니다. 그러니 그 한마디가 기가 막히게 중하고, 달고 이 세상에 그보다 더 좋은 것이 없습니다. 그런데 하기 싫은 사람 와서 들으라고 하면, 억지로 와서 들어봐야 들은 건지, 안 들은 건지, 멍멍하니 아무것도 없습니다. 그러니까 큰스님들이 안 해주는 것입니다.

그런데 저는 듣기 싫어하는 사람 오라고 해서 자꾸 해줍니다. 해

주고 나도 남는 것이 없지만 '그래도 여기 오는 사람들이 조금은 나아지겠지, 이 각박한 세상에 그렇게라도 안 해주면 어떻게 하나. 그래도 해줘야지' 하고 합니다. 그런데 지식으로나 말로 알았다, 깨달았다고 해서 됩니까? 그건 마치 원숭이 놀음과 같습니다.

내 자신의 마음 다루는 공부를 안 하고 그냥 살아서는 안 됩니다. 일생 살아야, 이 세상은 허망한 것이고 그것이 근본은 아닙니다. 그러나 밥 먹고 옷 입고 세상살이하는 것을 버려서는 안 됩니다. 그건 하되 그것이 제일목적이라고 생각하지 말라는 것입니다. 태어나면 사는 날까지 이 목숨 먹여 살리는 것은 누구나 할 수 있습니다. 일해서 월급 타면 그것으로 먹고 잠자고 하는 것은 누구나 다 하는데 그건 사는 것이 아닙니다. 근본이 아닙니다. 내 마음이 무엇인가를 밝혀야 정말 알찬 인생을 잘 살아갈 수 있습니다. 노력하고 노력해야 됩니다.

"중생은 스스로 자기를 제도해야 하니 부처는 능히 너를 제도하지 못한다(衆生而自度 佛不能度)."라고 했습니다.

부처님이 다 제도해 주고 신이 제도해 줄 것 같으면 중생살이가 어려울 게 없습니다. 신이 뭘 해주고 부처님이 해주는 것으로 그렇게 착각해서는 안 됩니다. 다만 부처님은 가는 길을 가르쳐 줄 뿐이라, 가르쳐 주는 길로 가면 너는 반드시 된다고 하셨습니다. 무슨 물건 넣어주듯이 해주면 좋은데 깨닫게 해줄 수는 없습니다.

그것은 뭐와 같으냐? 밀감 하나를 까먹어도 내가 까먹어야 맛을 알고 배가 부른 것이지요. 한 사람 깨달아서 다른 사람까지 깨닫게 해줄 수 있다면 한 사람만 깨달으면 다 되지 않겠습니까? 그러나 깨닫는 문제는 남에게 전해줄 수도 만들어줄 수도 없습니다. 둘이 한 일은 둘만이 알지, 어찌 다른 사람이 알겠습니까? 산에 가서 경치 좋은 것을 보면 자기만이 알지, 구경한 것을 남에게 쏙 뽑아서 넣어줄 수 없는 것 아니겠습니까? 그러니 부처님도 능히 제도해 주지 못합니다.

부처님이 중생을 다 제도한다면 뭐하러 중생들이 유랑생사 하겠습니까? 자꾸 중간에 무엇을 알았다고 망상하지 말고 부지런히 애써서 정진해 들어가야 합니다. 주먹 들고 휘 돌고 하는 사람은 이상한 생각이 든 사람입니다. 왜 그런 이상한 짓을 합니까? 그건 병이 든 것입니다.

우리 현실의 생활하는 것과 똑같이 이대로 "밥 먹었느냐?" 하면 "밥 먹었습니다." 해야지 "먹은 바가 없습니다." 하니 기가 찹니다. 그런 짓을 왜 하느냐는 말입니다. "밥 먹었습니다."라고 해도 허물이 없습니다. "어디서 왔느냐?" 물으면 "직지사에서 왔습니다."라고 대답하면 큰 허물이나 되는 줄 알고 그걸 분별해서 망설입니다. 경전이나 조사어록에도 '온 바도 없고, 간 바도 없다'고 했으니까 그놈을 들이대야 되겠다 하고 그걸 머릿속에 넣었다가 "온 바도 간 바도 없습니다." 이렇게 하는데 그게 병든 사람입니다. 병이 없는 사람이 왜 그런 짓을 해서 갑자기 병이 듭니까?

"마땅히 알라, 중생이 스스로 자기를 제도하는 것이지 부처님이 능히 제도해 주지 못한다. 그러하니 노력하고 노력할 것이로다. 스스로 닦을 뿐 부처님의 힘을 절대 의지하지 마라. 경에 이르되 '법을 구하는 자는 부처님에게 집착해서 절대 구하지 말라'고 하였다."라고 했습니다.

많은 분들과 이야기를 해보면, 신도도 그렇고 스님도 그렇고 생각이 다 다릅니다. 왜 그런가 하면, 확실한 본인 자신이 판단하는 안목이 없기 때문에 이렇게 저렇게 생각이 갈리는 것입니다. 절에 공부를 하러 오는 분이, 참으로 내 자신의 인생관을 해결해 보려는 철두철미한 확신을 가지고 간절한 마음으로 발심해서 공부하려고 하지 않고, 대다수는 이 공부를 하게 되면 내가 하는 사업이 잘될 것이고, 또 내가 가정적으로 어려운 일이 잘 풀릴 것이고 하는 자기 자신의 개인적인 이익을 보고자 하는 욕망, 욕심을 가지고 오는 분이 많습니다.

그런 분이 있는가 하면 내 자신의 힘이 없기 때문에 부처님의 가피를 입어서 공부를 해가야겠다, 부처님의 가피가 절대적으로 필요하겠다고 해서 주야장창 법당에 가서 지장보살, 관세음보살, 아미타불, 석가모니불을 무수히 염불하면서 기도하는 분도 많고. 또 능엄대다라니를 하는 분도 있고, 옴마니반메훔이나 능엄주나 준제주진언을 하는 분도 있는가 하면, 하루에 절을 3천 배, 1만 배씩 참회기도를 하는 분도 있습니다.

과거에 용성 큰스님께서도 처음에 절에 들어와서 3년을 신묘장구대다라니 주력을 했습니다. 3년을 하는데 그냥 대충하는 것이 아니라 생명을 걸고 했습니다. 가을에 벼가 누렇게 익은 황금벌판을 지나면서 신묘장구대다라니 주력을 하는데, 정신을 차려서 보니까 근 백 리를 왔는데도 잠깐 사이라, 어떻게 온 줄을 몰랐답니다. 그래서 계속 주력을 하면서 한참을 가는데 천지가 다 무너지면서 시방세계가 아무것도 없고 오직 붉은 자색의 광명 세계만 꽉 차 있더란 것입니다. 그 속에서 자기 자신이 감당할 수 없는 마음의 희열이 넘쳐서 춤을 추고 그랬는데, 용성 스님이 처음에 수월 스님을 찾아갔습니다. 수월이란 이름을 쓰는 스님이 많은데, 의성 고운사의 수월 스님이 공부를 많이 한 도인이라고 해서 찾아갔습니다. 그 수월 스님은 돌아가시고 나서도 사리가 하나도 안 나왔습니다. 요새는 스님이 돌아가고 나면 사리가 나와야 큰스님으로 입증이 된다고 합니다. 사리가 안 나오면 이 공부 안 했다, 이상하다고 합니다. 그런데 그런 것이 중생들의 잘못된 생각입니다. 큰스님이라는 존재가 사리의 유무와 관계가 있는 것이 아닙니다. 수월 스님이 열반한 뒤에 사리가 안 나오니까 오는 사람들마다 천하의 도인이라고 하면서 사리 하나도 안 나왔는데 무슨 큰 도인이냐고 해서 상좌들도 말을 못했습니다. 그것이 고민이 되어서 수월 스님 진영을 모신 영각에 가서 눈물을 흘리며 "스님, 스님께서는 어떻게 수행을 하셨길래 도인이라고 하시면서도 사리가 하나도 안 나와서, 오는 사람들에게 우리가 볶이니 이 일을 어찌하면 좋겠습니까?" 하고 한탄하였답니다. 그런데 그렇게 실컷 울면서 기도하고 나니까, 바닥에 사리가 수북하게 쌓여 있더라는 겁니다. 그래서 그 사리를 긁어 담아서 오는 사람들에게 사리가 이렇게 쏟아졌다고 하니까 "야, 참 도인이다. 돌아간 뒤에도 사리가 쏟아졌으니 이거 대단하다."라고 했답니다.

제가 상주 남장사에 있을 때 구담 스님이라고 있었는데, 일생을 옴마니반메훔 진언을 했습니다. 나는 그때 갓 계 받고 행자 신세를 면하고 원주를 맡아보고 있었습니다. 어디서 노장스님이 왔는데 눈에서 광채가 나고 큰소리를 치더군요. '야, 대단한 스님이 왔구나' 하면서 주지스님에게 안내를 했지요. "여기 살려고 왔다."고 하니까 위에 영산전 좋은 방을 하나 내어드리라고 합니다. 추운 겨울에도 방에 불을 안 때고 짚을 넣어 광목을 꿰매서 두껍게 해서 밑에다 깔고 뒤에는 짚으로 방석처럼 벽에다 놓고, 항상 앉아 있고 생전 눕지를 않습니다. 그런데 계속 뭐라고 중얼거리고 있습니다. 아침에 도량석을 할 사람이 있는데도 나와서 기다리고 있다가 옴마니반메훔 소리를 크게 지르며 도량을 돕니다.

그런데 어느 날 밤중에 벼락 치는 소리가 나기에 왜 저러나 하고 말았는데 아침에 떡 나오더니 "아, 참 기가 막힌 소식이 있었다." 하십니다.

"무슨 소식이 있었습니까?"

"밤 12시에 옴마니반메훔 대적삼매에 들어갔는데 천지가 무너지면서 일지광명을 타고 문수보살이 화현해서 오더니 '네가 이제 공부가 바야흐로 무르익었구나. 너에게 한 게송을 전해줄 것이니 받아라.' 하면서 게송을 일러주더라."

그래서 내가 스님 방에 가니까 "이놈, 꿇어앉으라. 내가 견성했다."라고 합니다.

"아이고 그렇습니까?" 하고는 일어나서 절을 한 번 했습니다.

"어떻게 견성하셨습니까?"

"이놈이 참 모르네. 이놈아, 내가 문수보살을 친견했어. 여기 일러준 것을 적어놨잖아. 봐."

깨달았다는 것입니다.

"아! 그러십니까?" 하고는 밑에 가서 주지스님한테 "구담 큰스님이 밤중에 문수보살을 친견하고 천지가 광명이 났다고 합니다."라고 전했지요.

구담 스님은 "천지가 광명이 났는데 밑에 큰절에서는 못 봤냐? 이놈의 새끼들 밥 처먹고 문수보살이 나타나고 천지광명이 열리는 것도 못보고 잠만 처자고 있다."고 야단합니다. 주지스님도 공부를 많이 한 분인데 "이거 알아?" 하고 막 들이대니까 어떻게 할 수 없는가 말을 못합니다. 그러더니 그 다음부터는 주지스님이 구담 스님을 큰스님으로 모셨습니다. 그러고 나서 주지스님이 극락전 낙성식을 하는데 정철우 스님을 법사스님으로 청했습니다.

정철우 스님은 19살에 동화사 조실을 했으니 얼마나 대단한 분입니까? 경허 스님 밑에 혜월 스님, 혜월 스님 밑에는 운봉 스님이고, 운봉 스님 밑에는 향곡 스님이고, 향곡 스님 밑에는 진제 스님입니다. 정철우 스님이 그 혜월 스님의 법제자입니다. 일찍 혜각이 터져서 큰 소리를 치니까 누가 감히 상대할 사람이 없습니다. 그래서 19살에 동화사 조실로 추대되었습니다.

그 정철우 스님을 법사로 초청했는데 구담 스님이 "아, 내가 도인인데 정철우 그 대처승을 법문하라고 청하다니 말이 돼?" 하면서 막 소리를 질러댔습니다. 그러자 주지스님이 "그래도 철우 스님이 법문을 잘해서 청했는데, 그러면 스님께서 정철우 스님 오거든 한번 혼을 내십시오. 혼을 내서 쫓아버리고 스님이 법문을 하면 되지 않습니까?" 하였습니다.

철우 스님이 법문하러 와서 법당에 앉아 있는데, 구담 스님이 "대처승이 되어서 알지도 못하면서 법문하려 하느냐"고 소리를 지르며 "천하에 내가 제일인데 철우 네가 뭘 알길래." 하니까 철우 스님이 가만히 있더군요. 그러더니 "구담 스님이 깨달아서 도인이라면 법문을 한번 해 보십시오." 하니 구담 스님이 법상에 올라갔습니다. 올라가 주장자를 잡더니 신들린 것처럼 막 떠는 겁니다. 뭐라고 말은 해야 되겠는데 말을 못합니다. 철우 스님은 딱 앉아서 가만히 쳐다보고 있습니다. 막 떨더니 그만 굳어서 눈만 뜨고 앉아 있으니 철우 스님이 갑자기 "왁" 하고 소리를 지르면서, "저 도둑놈 끌어내라." 그러니까 구담 스님이 얼른 내려옵니다. 철우 스님이 법상에 올라가더니만 주장자를 딱딱 치더니 "역대 제불조사도 감히 여기에 이르러서 입을 붙이지 못하거늘 그대들이 어찌 이 자리에 있어서 함부로 입을 붙이겠느냐? 나도 붙이지 못하노라. 그러면 어찌 하겠느냐? 너희들이 나를 구해다오." 이런단 말입니다. 구담 스님 네가 아는 것이 있으면 한마디 해보라는 뜻입니다. 말도 못하고 꼼짝도 못하고 고양이 앞의 쥐라. 이것이 참으로 중요한 것입니다.

공부한다는 처사가 한 분 있어서 서울에 갔더니 스님 잘 오셨다고 그러더니 한 군데 갈 데가 있다고 합니다. 차茶를 놓고 장사하는 집으로 3년 동안 능엄주진언을 했는데 성철 스님한테 수기를 받았다는 겁니다. 수기를 받아서 일체 모든 것을 모르는 것 없이 환히 다 알고, 사람이 들어오면 차 놓고 장사하다가도 단번에 그 사람이 풍기는 기운을 느낀답니다. 공부 안 한 사람은 탁한 기운이 나오는데, 그러면 그 사람하고 차도 한잔 하기 싫고 찻잔도 안 팔고 그냥 가라고 한답니다. 공부를 해서 좋은 기운이 풍기는 사람을 보면 들어와서 차도 한잔 하고, 얘기도 하고 가라고 한답니다. 저를 보고 거기를 가자고 합니다.

차를 타고 가면서 "스님, 그 보살이 공부를 많이 했다는데 한번 보세요." 하길래 가서 얘기를 들어보니까, 본인이 죽을병이 들어서 능엄주를 했는데 능엄주 삼매 중에 병원에서도 고치지 못하던 몸에서 새카만 먹물 같은 것이 발끝으로 손끝으로 빠져나가더라는 겁니다. 머리끝이며 온갖 구멍에서 까만 물이 다 빠져나간 뒤로는 몸도 안 아프고 얼굴도 본색으로 돌아오고 그래서 열심히 하는데, 어느 날 능엄삼매에서 성철 스님이 나타났답니다. 성철 스님이 능엄주진언을 많이 하라고 해서 했었는데, 그 성철 스님이 나타나서 머리에 마정수기를 해주면서 "네가 이제 능엄신주의 신력을 입었으므로 너에게 수기를 해주노라." 하더니 불명을 주면서 "너는 이 이름을 써라."라고 했답니다. 그때부터는 어쨌든지 뭘 보면 환히 아는 것이 나타나고, 사람이 오면 저건 전생에 짐승인지 소인지 개인지 다 알고, 나쁜 기운 있는 사람이 오면 그것도 다 아는 겁니다. 큰스님들을 찾아다니면서 거량을 해보니까 큰스님들이 공부 많이 했다.고 모두 칭찬을 해주더랍니다. 그러면서 "스님이 보기에는 어떻습니까?" 하고 저에게 물어봅니다.

제가 내놓은 찻잔을 들고 "봤어?" 하니 "예." 찻잔을 놓으면서 "그래 이게 있나, 없나?" 물었습니다. 약하게 물어본 겁니다. 요 정도는 공부가 어느 정도 기초가 되었나 안 되었나를 물어보는 것입니다. 그런데 가만히 있더라구요. 그 기세등등하던 사람이 그만 떨면서 말을 못하고 고개를 숙이길래 한 대 후려 때리면서 "말해!" 하니까 "아이고, 스님 잘 모르겠습니다." "이런 숭악한 마구니. 부처를 비방하고 조사를 비방하는 마구니. 이런 것은 천 명을 죽여도 살생죄도 안 범한다고 그랬어. 죽여야 된다." 하고 막 때렸습니다. "아이고, 스님 잘못했습니다. 어떻게 된 게 캄캄하니 하나도 안 보입니다." 하더군요. 이것이 왜 그러냐 하면 그 사람은 거기 주저앉아 그것이나 팔아먹고 있었던 겁니다. 대다수 진언이나 염불하는 사람, 또 관법하는 사람도 아는 것이 나타납니다. 진언을 많이 하는 사람은 입에서 그럴듯한 게송이 나옵니다. 시시한 게송이 나오는 게 아니라 누가 보면 기가 막히게 좋은 게송이 술술술 나옵니다.

그런데 어쨌든 "이뭣고" 화두한 사람이 턱 하니 앉으면 희한하게도 거기서는 그만 떱니다. 이 화두 참선한 사람이 화두 챙기고 화두의심을 관하고 앉아 있으면 속수무책이라 그만 무너져 흔적조차 없어집니다. 그래서 저는 그런 경험을 많이 해봤기 때문에 자신 있게 "이뭣고" 화두를 하라는 것입니다. 자기 나름대로 마음이 뭔가? 일하는 것이 뭔가? 도가 뭔가? 이런 식으로 해서 도가 뭔가 하는 것을 알음알이로 가지고 있는 사람에게 정안을 가지고 들이대면 그만 절벽입니다. 콱 틀어 박혀서 10년 20년 한 것이 허사가 됩니다. 이런 공부는 결국에 가서는 한계점에 도달하여 주저앉아 버립니다.

관법이나 염불이나 주력이나 진언을 하여 업장 소멸이 안 되는 것은 아닙니다. 그런데 업장이 소멸되는 동시에 팔식 경계에 들어가서 나오는 알음알이 속에 스스로 집을 짓고 들어가게 됩니다. 스승이 없으면 100% 속게 되어 있습니다. 그 희열, 기쁨으로 인해 넘치는 것과 보이는 것과 모든 곳에서 자기가 감당할 수 없는 데에 이르는데 어떻게 할 것이냐 이것입니다. 속수무책이라, 그것 가지고 살게 됩니다. 그러니까 공부하는 참 선지식을 만나야, 비로소 그놈을 부수고 본래 아무것도 없는 데로 돌아가는 것입니다. 과연 이놈이 무엇인가? 하고 공부를 해야 됩니다. 요새는 책을 많이 보고 나름대로 사량분별을 많이 해가지고 답을 담아 놓고 있는데 그게 모두 소용없습니다. 전부 망상입니다.

과거에 남전 스님이 백장 스님을 찾아갔습니다. 남전 스님도 천하의 도인이고 백장 스님도 천하의 도인 아닙니까? 남전 스님이 찾아가니까 백장 스님이 묻습니다.

"아직도 부처님도 설하지 못한 그런 법문이 있을까요?"

"불시심 불시불 불시물(不是心 不是佛 不是物). 내가 말할 수 있는 것은 이것까지입니다."

부처님도 설하지 못한 신비한 글귀가 있느냐는 물음에 대해 '마음도 아니고 부처도 아니고 물건도 아닙니다'라고 대답한 것입니다.

"나는 지금 이렇게 대답했는데 스님은 어떻게 생각하십니까?"

남전 스님이 물으니 백장 스님이 그럽니다.

"부처도 조사도 그 누구도 말할 수 없다고 했거늘, 알지 못하는데 내가 어찌 뭐라고 말을 하겠소. 나는 대학자가 아니라서 모릅니다."

그러니까 남전 스님이 "그렇소. 나도 모르겠소." 했답니다.

이런 글귀를 후래의 학자들이 보고는 "아하! 여기에 가서는 모른다고 하는 것이 답이구나." 이렇게 담아 놓고 있으니 기가 찹니다. 내가 더러 떠본다고 "뭐냐?" 하고 물어보면 "모릅니다." 이렇게 대답합니다.

이 두 분이 말한 이것도 일봉으로 쳐서 자기의 안목이 분명히 나올 수 있어야 됩니다. 이 두 분이 한 말이 좋다고 해서, 이걸 끌어안고 다니면서 여기서는 이렇게 말하는 것이 맞다고 이야기를 한다면, 그건 천리만리 어긋난 것입니다. 거기서 일봉으로 쳐서 자기의 안목이 툭 튀어나와야 되는데 왜 그런 말에 속습니까? 두 도인이 말했다고 해서 좋은 말인 줄 알고 그놈을 끌고 다니면서 누가 물으면 '모릅니다', '알 수 없습니다' 이렇게 대답하는데, 그것은 아닙니다. 그분들이라고 해서 완벽하게 했느냐? 그렇지는 않습니다.

흔히 마을에 있는 보살님이나 거사님에게 다른 종교를 믿는 사람들이 "불교는 자기 스스로 공부해서 해탈하는 것 아닙니까? 고생스럽게 할 것이 뭐가 있습니까?" 그러면 말을 못합니다. 여러분은 뭐라고 하겠습니까?

어느 부모가 애 둘을 키웠는데 큰아들은 못 먹고 가난하게 살 때 낳아서 갖은 고생을 하면서 어렸을 때부터 나뭇짐을 지웠고 또 밥을 못 먹어서 남의 집에 밥을 빌러가고 하면서도 아들에 대한 교육은 철저히 했습니다. 나중에 형편이 풀려서 먹고 살 만할 때 낳은 둘째 아들은 별 고생을 안 하고 고등교육에다 대학교육까지 잘 배웠습니다. 큰아들은 초등학교, 중학교 겨우 나왔는데 나중에 부모가 죽고 난 뒤에 두 사람이 살아가는 모양을 보니까 갖은 고생을 해서 그 인생살이를 겪은 큰아들은 어떠한 어려운 일이 닥쳐도 좌절하거나 불안하거나 거기서 헤매는 일이 없이 다 해결하는 겁니다. 그런데 곱게 잘 자란 동생은 무슨 일만 생기면 형한테 쫓아와서는 "형 어떡해. 이거 큰일 났어. 해결이 안 돼." 한답니다. 동생이 와서 부탁하면 형이 마지못해서 해주는데 그러고 나면 또 다시 찾아오고, '나 인제 못해줘' 하면 죽는다니, 어떻게 하겠습니까? 동생이 능히 해야 할 일을 형이 하고, 동생이 잘못 저질러 놓은 것을 형이 해결해 준다고 하면 형도 똑같이 나쁜 방향으로 가는 겁니다. 나쁜 짓 한 것은 벌을 받아야 되는데 요새 돈 많은 부모는 자식이 영창에 들어간다고 하면 어떻게 해서든 돈을 써서라도 꺼내 주려고 하는데, 그 생각이 틀렸다는 겁니다. 그렇게 해서 자기도 똑같이 죄업을 짓는 것입니다.

그와 같이 우리가 불보살의 가피를 입어서 무엇을 한다거나 욕심을 취하기 위해서 기도를 자꾸 해서 뭐가 얻어졌다면 부처님도 업 짓는 일밖에 안 하는 것입니다. 부처님이 주다가 안 줘버리면 그때는 죽을 것 아니겠습니까? 부모님께 의지해서 이것이 해결될 일이 아닙니다. 만족하게 해결할 수 있는 길은 스스로 철저히 화두를 챙겨 나를 깨닫는 것입니다. 그 사람이 바로 이 세상에 우뚝 서있는 하늘, 땅을 뛰어난 사람입니다. 그러니까 우리들이 철저하게 공부해서 자신을 제도해야지, 어떠한 것에도 의지해서 힘을 빌리려고 해서는 안 됩니다. 경에 이르되 "법을 구하는 자는 부처님에게 집착해서도 구하지 말라."고 했습니다.

第
三
十
九

일대사를 마치지 못하는 고통

문 | 내세 중에 잡된 도를 배우는 무리가 많이 있을 것인데 어떻게 같이 머물러야 하겠습니까?

답 | 다만 마음의 빛을 온화하게 하면서 그 업은 함께 하지 마라. 같은 장소에 있으나 그 사람과 함께 머무르지 마라. 경에 이르되 "흐름을 따르나 성품은 항상하다."라고 하였으니 다만 이와 같이 도를 배우는 사람은 스스로 일대사인연 해탈의 일을 위해야 한다. 함께 배우지 못한 사람을 가벼이 여기지 말라. 배우는 사람을 부처님같이 공경하라. 자기의 덕을 높이지도 말고, 다른 사람의 능력을 질투하지도 말며 스스로 자기의 행동을 자세히 살피되, 다른 사람의 허물을 들춰내지 말지니라. 일체 모든 곳에 걸리는 것이 없어서 자연히 쾌락하리라. 거듭 게송을 설하여 말하리라.

인욕하는 것이 제일의 도라
먼저 모름지기 아상, 인상을 제거하라.
일이 옴에 받을 것이 없어야
참으로 보리를 깨달은 사람이 된다.

『금강경』에 이르되 "보살은 나(我)도 없고 법(法)이라는 것도 없기 때문에, 여래가 이름하여 말하기를 참보살이라고 했다." 또 이르되 "취하지도 버리지도 않는다." "영원히 생사를 끊어서 일체처에 무심하니 이것을 이름하여 모든 부처님의 아들이라고 한다."라고 하였다. 『열반경』에 이르되 "여래께서는 열반을 증득하셨기 때문에 영원히 생사가 끊어졌다."라고 하고 게송을 설하였다.

내 지금의 뜻이 크게 좋아서
다른 사람이 나를 욕하고 꾸짖을 때도 고뇌가 없네.
말이 없으며, 시비를 논하지도 아니한다.
열반과 생사가 둘이 아니고 하나라.
자기 집의 본지풍광을 깨달아 알면
본래부터 푸르고 검은 것이 있을 것이 없다.
세상 사람들은 일체의 망상분별을 깨달아 요달하지 못하네.
말세 범부에게 한 말 붙이노니
마음 가운데 고초(복잡한 풀 덩어리)를 제거해서 없애라.
내 지금의 뜻이 크고 넓어서
말하지 아니해도 일이 없어서 마음이 편안하다.
조용히 스스로 마음대로 해탈을 해서
동이나 서로 가되 쉬워서 어렵지 않다.

종일토록 말이 없이 적막해서
생각 생각이 항상 이치를 향하여 보는 사람이라.
자연히 소요자재하여 항상 도를 보고 있으니
생사에 전혀 관계를 받지 아니한다.
내가 지금 뜻이 크게 기특해서
모든 세상에서 속임 당하고 침해 당하지 않는다.
세상의 모든 영화는 다 헛된 속임수이니
떨어진 옷과 거친 밥으로 주린 배를 채운다.
길에서 만나는 세상 사람은 나를 보고 게으르다고 하고
세상 사람들이 모두 나를 어리석다고 말한다.
겉으로는 세상 모든 것이 질린 듯이 암둔하나
마음속에는 밝기가 유리와 같고
묵묵히 라훌라의 밀행과 계합하니
너희 범부들이 알 바가 아니다.

내가 너희들이 참해탈의 이치를 알아서 밝히지 못할까 두려워서 다시 너희들에게 이러한 말을 전해주노라.

問 於來世中 多有雜學之徒 云何共住

答 但和其光 不同其業 同處不同住 經云 隨流而性常也 只如學道者 自爲大事因緣解脫之事 倶勿輕未學 敬學如佛 不高其德 不疾彼能 自察於行 不擧他過 於一切處 悉無妨礙 自然快樂也 重說偈云

忍辱第一道
先須除我人
事來無所受

卽眞菩提身

金剛經云 菩薩無我法者 如來說名眞是菩薩 又云 不取卽不捨 永斷於生死 一切處無心 卽名諸佛子 涅槃經云 如來證涅槃 永斷於生死

偈曰

我今意況大好 他人罵時無惱

無言不說是非 涅槃生死同道

識達自家本宗 猶來無有靑草

一切妄想分別 將知世人不了

寄言凡夫末代 除卻心中藁草

我今意況大寬 不語無事心安

從容自在解脫 東西去易不難

終日無言寂寞 念念向理思看

自然逍遙見道 生死定不相干

我今意況大奇 不向世上侵欺

榮華總是虛誑 弊衣麤食充飢

道逢世人懶語 世人咸說我癡

外現瞠瞠暗鈍 心中明若瑠璃

黙契羅睺密行 非汝凡夫所知

吾恐汝等 不會了眞解脫理 再示汝等

◉

내세來世는 미래만을 말하는 것이 아닙니다. 내세라는 개념에는 두 가지의 뜻이 있습니다. 이미 온 시대와 장차 다가올 시대를 가리킵니다. 그러므로 내세는 오늘 이 시대를 말하기도 하고 앞으로 다가올 시대를 말하기도 합니다.

"지금은 잡도(雜學之徒)들이 치성할 때입니다. 잡도를 하는 사람들이 무수히 많습니다. 이 잡도들 속에서 나는 어떻게 머물러야 하겠습니까?" 하고 물었습니다.

이에 대해 "다만 마음의 빛을 온화하게 하면서 그 업은 함께 하지 마라. 같은 장소에 있으나 그 사람과 함께 머무르지 마라."라고 답한 것은 그 속에 살면서 잡도를 하지 말라는 소리입니다. 그 속에 살면서 온화한 마음을 쓰면서 잘 대해주되 절대 그 사람 하는 도를, 하는 업을 익히지는 말라는 것입니다.

"경에 이르되 '흐름을 따르나 성품은 항상하다(隨流而性常也)'고 하였으니 다만 이와 같이 도를 배우는 사람은 스스로 일대사인연 해탈의 일(一大事因緣解脫之事)을 위해야 한다."라고 했습니다. 즉, 잡도 속에 들어가 있다고 해서 공부하는 이것이 변하지 않습니다. 잡도 속에 있어도 절대 잡도에 섞이지 않으면서 나고 죽는 생사를 해탈해서 정말 인간으로 태어나서 해야 할 일을 다 해 마쳤다는 것입니다. 우리가 이 일대사인연을 해 마치지 않고는 태어나서 우리가 할일을 못하고 가기 때문에 '아이고, 아이고' 하고 곡하는 것입니다.

동산양개 선사가 어느 학인에게 물었습니다.

"너는 이 세상에서 뭐가 가장 고통스럽다고 생각하느냐?"

"지옥 고통이 가장 고통스럽습니다."

"이 사람아, 자네는 어떻게 고통도 모르고 사느냐?"

"지옥 고통 밖에 어떤 고통이 또 있습니까?"

"있지."

"무엇이 제일의 고통입니까?"

"이 세상에 사람으로 태어나서 일대사를 다 마치지 못하는 것이 제일 고통이니라."

일대사가 뭡니까? 나고 죽는 생로병사. 이 일을 해결하는 것은 깨달아야만 됩니다. 깨달아서 일대사인연을 해결하지 못한 이 고통이 가장 큽니다.

"함께 배우지 못한 사람을 가벼이 여기지 말라(俱勿輕未學)."라고 했습니다.

자기보다 공부 못한 사람들을 경솔히 여기거나 업신여기면 그 사람은 공부한 사람이 아닙니다. 공부를 많이 한 사람은 스스로 겸손해지고 마음이 넓어집니다. 옆에 있는 사람들이 자꾸 그 사람 마음 쓰는 것이 좋다고 다 좋아합니다. 그런데 공부하는 사람이 사람 차별이나 하고 요것조것 가리는 마음을 쓰면 얼마나 우스운 꼴이 되겠습니까? 그건 공부하나마나 아무 소용이 없습니다. 공부를 하면 한 만큼의 현실성이 있어야 되고 생산적인 것이 되어야 합니다. 그런데 생산적인 것이 아니고 매일 바윗돌처럼 앉아 있다가 누가 무슨 말을 하면 성질을 내어서, 옆 사람의 심장을 송곳으로 찌르는 것처럼 뒤집어 놓으면 그것은 공부도 아니고 아무것도 아닙니다. 이 한마디 글귀, 이 법문에서 자기 인생을 단박에 뒤집으라는 것입니다. 한 생각 자기 인생을 확 뒤집으면 되는데 왜 그것을 못 뒤집고 무수겁을 가지고 이놈을 쥐고 있느냐는 것입니다. 그것을 못 하고 앉아서 화두 참선한다는 소린데, 원래 화두를 든다는 것은 없습니다. 말이 화두를 든다는 것인데 화두가 뭐 있어야 들지 화두를 어떻게 듭니까?

속세에서 인생의 시련을 겪고 겪은 사람은 돈에 대해서 구애가 없고 명예에 대한 것도 구애가 없고 사회에서 사는 모든 것에서 구하지를 않습니다. 시련을 겪고 겪어서 인생이 무엇인지 간절히 알고 싶어 할 때, 이 한 글귀를 들으면 확 하니 밝은 대천지 광명 같은 것을 느끼는 겁니다. 대천지 광명을 보듯이 그만 시원하게 뚫리는 겁니다. 그만 한 생각에 인생이 뒤집어지는 겁니다. 법을 구하는 생각이 그렇게 간절해야 됩니다.

향곡 스님 제자 가운데 도오 스님이라고 있었는데 그분이 중학교 선생으로 있다가 그만두고 늦게 출가했습니다. 그런데 그분 형이 아주 명물인데, 그분 형은 금봉 스님과 같은 선상에서 너니 나니 했습니다. 금봉 스님이 대선사이고 해인사 조실을 했던 분인데, 형하고 그분하고 절친한 사이인데다 도오 스님 형이 공부를 많이 했습니다. 형이 공부를 시키려고 동생인 도오 스님께 묻습니다.

"이게 뭐냐?"

"그게 컵이지요."

"아니다."

"그러면 컵이 아니라고 해야 맞습니까?"

"아니다."

"그러면 뭐라고 해야 됩니까?"

그러면 냅다 귀싸대기를 때리면서 "이놈아, 그건 네가 해결해!" 하고 방문을 잠그고는 "네가 해결해야 문 열어주지 안 열어줘. 야, 이놈아 똥이나 처먹어라. 아무것도 모르는 놈이 글귀나 안다고 학생들한테 큰소리치겠지? 너 자신도 모르는 놈이 학생들 앞에서 가르친다고? 너 죄 지어, 이놈아."

아침에 방에 넣어놓고는 점심 때 쯤 와서는 "해결했나?" 하고 묻습니다. 방에 앉아서 맞기는 맞았고 억울하고 분하니까 "해결했어!"

하고 문을 박차고 나오면서 또 뭐라고 하고 그랬습니다.

그런데 하루는 금봉 스님과 자기 형님이 방에서 "전쟁이 나서 앞으로 사람이 많이 죽는데 총탄이 쏟아져도 '무無' 이거만 하면 산다. '어째서 없다고 했나?' 이거만 하면 총탄이 쏟아지는 속에서도 산다." 그러는 겁니다.

그 뒤 6 · 25전쟁이 나서 피난을 가는데 '아, 이거 죽겠구나. 어떻게 해야 살지?' 이러다가 '아! 그때 참 무無 하면 산다고 했지.' 그래서 "무, 무, 왜 없다고 했나?" 하는데 그렇게 잘 되더랍니다. 총탄이 막 날아오는 속에서 살아야 되겠다는 급박한 생각이 나는데 이걸 하면 산다고 하니까, 그렇게 잘 되더라는 겁니다. 그런데 한참 가다가 얼마를 갔는지 나중에 정신을 차려보니까 산골의 메밀밭인데 자기 혼자 서 있더랍니다. 식구들은 어디로 갔는지도 모르겠고, 그 많은 사람들이 총 맞아 죽었는데 자기는 메밀밭에 서서 안 죽었다는 겁니다. '참말로 내가 살았네. 무無, 무無 해서 살았네. 거짓말이 아니었구나' 하면서 더 열심히 '무' 자를 참구했답니다.

우리는 일대사인연인 해탈하는 일을 위해서 이 세상에 태어난 것입니다. 이 세상에 밥이나 먹고 그냥 사회생활하면서 일생을 마치려고 온 것이 아니라, 바로 나고 죽는 생사대사 생로병사에 대한 자신의 문제를 해결하기 위해서 온 것입니다. 일대사인연을 공부하는 사람은 어떠한 마음가짐을 가져야 하느냐 하는 것을 말하는 것입니다.

사회에서도 마찬가지이고 출세간의 부처님 문중에서도 마찬가지고, 내가 좀 더 많이 경륜이 있고 배운 것이 있고 아는 것이 있다고 해서 배우지 못한 사람, 처음 선방에 들어온 사람, 또 공부를 해도 깨닫지 못하는 사람, 이런 사람을 업신여기지 말아야 합니다.

오히려 “배우는 사람을 부처님같이 공경하라. 자기의 덕을 높이지도 말고, 다른 사람의 능력을 질투하지도 말며 스스로 자기의 행동을 자세히 살피되, 다른 사람의 허물을 들춰내지 마라.”라고 합니다.

사회에서도 그렇고 절에서도 그렇고, 특별히 뛰어나고 잘난 그 사람이 뭇 사람보다 뛰어나서 칭송을 받으면, 그 사람과 기쁜 마음을 함께 나누고 좋다고 하고 한마음이 되어야 합니다. 그런데 사촌이 땅 사면 배 아프다는 것과 같이 남 잘되는 꼴을 못 봅니다. 또 절에서도 마찬가지입니다. 스님들도 공부한 수행자라면 사회 사람과는 달라야 할 텐데 다른 사람을 질투하고 다른 스님 잘났다고 하면 그만 깎아내리고 중상모략을 하기도 합니다. 이러한 것이 있으면 절대 안 됩니다.

여기에 대주 선사께서 바로 낱낱이 말씀을 드리는 것입니다.

항상 내 자신 살피는 일을 철저히 해서 소 길들이듯이 나 자신을 잘 다루고 길들여 나가는 것을 철저히 하고 게을리하지 말아야 하는데, 반대로 자기는 돌아보지 않고 상대방의 허물만을 말합니다. 자기는 하늘, 땅만한 허물을 안고 있으면서도 저 사람이 뭐가 어떻고 하면서 다른 사람의 허물을 자꾸 들추어냅니다. 남의 허물을 안 보고 남을 칭찬만 해도 대단한 수행자라고 볼 수 있습니다.

고암 큰스님은 일생 동안 남의 허물을 안 봤습니다. 과거에 어느 큰스님에게 제가 경학을 배운 적이 있는데 그 스님은 천하에서 제일이라, 당신보다 더 나은 사람이 없습니다. 아무 큰스님은 어떻습니까? 하면 그 사람은 무식하다 그러고, 다른 스님은 또 어떻습니까? 하면 그 스님은 늦깎이지, 큰스님은 큰스님이지만 절에 늦게 들어왔다고 하고, 또 어떤 스님은 어떻습니까? 하면 그 스님은 힘이 좋은데 산적 같은 놈이라고 그러고 그렇게 꼭 지적을 합니다.

"그러면 누가 제일 낫습니까?" 하면 "누가 있나? 내가 제일이지." 그럽니다.

그런데 고암 큰스님은 달라요. 그때 당시에 큰스님들이 많았는데, "그 스님은 어떻습니까?" 하면, "아, 큰스님이지." 하고, "저 스님은 어떻습니까?" 하면, "그 스님은 도인이지."

그렇게 전부 도인이고 큰스님이라고 합니다. 나쁘다는 말이 일체 없습니다. 일생 동안 그랬습니다. 그러니까 반대로 고암 스님의 덕이 높아집니다. 묘합니다.

그런데 제가 다니면서 여러 큰스님 모셔봤지만 대체로 남을 칭찬하는 데 인색합니다. "그냥 괜찮다. 훌륭하지." 이러는데 말이 쉽게 안 나오고 억지로 합니다. 그러니까 척 하니 생각이 뒤집어져서 천하의 사람을 부처님으로 보고 공경하는 마음을 낼 수만 있다면, 그분은 대단히 공부한 사람입니다. 남을 잘 칭찬하고 부처님같이 볼 수 있으려면 정말로 마음 수행이 되어야 합니다. 내 자신이 수행이 되고, 사회나 절집에 사는 대중도 항상 남을 존경하고 남을 좋게 이야기해줄 수 있는 그런 사람이 되면 그 사람은 덕이 높고 수행이 되었다고 볼 수 있습니다. 그런데 당장 자기가 볼 때 자기만 못하고 형편없는 사람이면 훌륭한 분이라고 말하기는 썩 어렵습니다.

절대 다른 사람의 허물을 들춰내지 마십시오. 그런 사람은 "일체 걸릴 것이 없어서 항상 즐겁고 기쁘다."는 것입니다.

인욕하는 것이 제일의 도라.
먼저 모름지기 아상, 인상을 제거하라.
일이 옴에 받을 것이 없어야
참으로 보리를 깨달은 사람이 된다.

위 게송에서 말하는 보리를 깨달은 사람은 전혀 걸림이 없다는 소리입니다. 뭐든지 받아서 가지면 걸립니다. 전혀 담는 것이 없는 사람이 되어야 됩니다. 담으면 가지고 있고 가지고 있으면 기억을 하고 망상이 됩니다. 전혀 마음 가운데 담아 놓은 바가 없다는 소리입니다. 그래야 그 사람은 깨끗하고 허공처럼 비어 있어서 항상 깨끗한 마음을 굴리고 쓰게 됩니다. 그래서 일체가 받은 바가 없어서 일체 걸릴 것이 없습니다.

『금강경』에서 말하는 "보살은 나(我)도 없고 법法이라는 것도 없기 때문에, 여래가 이름하여 말하기를 참보살이라고 했다."라는 경지까지 공부가 되어 가면 정말 대단합니다. 그분은 천하를 덮고도 남는 그런 사람이 되는 겁니다. 실제로 그렇게 되어야 되지, 이론적으로나 생각으로 되는 것이 아닙니다. 이해로 알아서 여러분이 이 자리에서 참보살이 되어버리면 그만인데 잘 안 됩니다. 결국 깨달으면 보살입니다. 보살이 안 될 수가 없는 것입니다.

깨닫고 나면 봄바람과 같은 자비로운 마음이 천하를 덮으니까, 불쌍한 중생들을 위해서 이 몸을 아끼지 않고 그냥 던지게 됩니다. 누가 하라고 해서 하는 것이 아니라 그렇게 되어야 무유공포가 됩니다. 공포심이 있으면 남을 위해서 이 생명을 던지지 못하고 몸을 사리고 아끼는데 어떻게 하겠습니까? 내 자신이 허락이 안 되는데 남을 위해서 생명을 던지겠어요? 그건 말이 안 됩니다. 내가 이와 같이 공부가 되어서 아도 없고 법도 없는 경지를 뒤집어서 나의 본래 자리를 깨닫고 나면 그 사람은 자연히 무한대한 바다보다 큰 자비가 우주 법계에 꽉 차서 흘러넘치게 됩니다. 그 자비의 에너지 기운이 꽉 차서 넘치기 때문에 그분이 가는 곳마다 봄바람이라, 이것을 천리동풍이라고 합니다. 천리를 가도 항상 봄바람입니다.

이 사람이 싸움하는 곳에 가면 싸움이 이루어지지 않고 평정이 됩니다. 지금 남과 북이 갈라져서 싸움을 해도 그런 사람이 나타나면 남북이 화해가 됩니다. 세계의 사람들 생각이 각각 갈라져 있지만 한마음이 됩니다. 울과 담이 없어진다는 것입니다. 그런 사람이 괴로운 사람을 만나면 기쁨을 주게 되고 그런 사람이 지옥에 가면 지옥이 없어지고 그대로 불국토 연화국이 됩니다. 이런 마음을 굴리고 쓰는 그 사람은 가는 곳마다 걸림이 없고 가는 곳마다 천하가 태평해집니다. 부처님 당시에 이교도들이 부처님을 죽이려고 무서운 코끼리 떼를 풀어놨는데 그 코끼리들이 부처님을 보는 동시에 순한 양처럼 되었습니다. 왜 그렇겠어요? 그렇게 되어야 참보살입니다.

보살이라는 말이 참 좋은 것입니다.

그냥 보살이 되는 것이 아니라 문제가 있는 곳에 가면 문제가 없어지고, 또 너무 문제가 없이 태평하게만 지내는 곳에서는 문제가 또 생깁니다. 너무 좋은 데만 집착해 있으면 문제가 생기기 때문에, 거기서는 문제가 안 일어나게끔 다시 만들어 줍니다. 이러한 보살의 행은 공부해서 나 자신부터 해결이 되어야 됩니다. 밭에 풀이 많이 나면 곡식이 잘 안 되듯이 마음속에 번뇌망상의 잡초, 잘못된 사고방식, 고정관념 등 중생이 가지고 있는 견해, 식견의 테두리가 무너져야 됩니다. 무너지지 않고는 참보살이 안 됩니다. 그렇게 된 사람이 나도 없고 법도 없다는 것입니다. 우리는 지금 중생이고 깨치지를 못했으니까 부처님 진리의 법을 의지해서, 그 말을 들어야 되고 법문 듣고 배워서 공부해야 됩니다. 그렇지만 진실로 공부해서 나 자신이 정말 해결되어서 깨닫게 되면 법이라고 할 것이 없습니다. 사회도 법치국가의 법이 필요가 없는 것입니다. 모두가 행을 잘 해버리면 그 많은 법이 무슨 필요가 있겠습니까? 저등국민, 의식이 열등한 국민일수록 법이 많습니다. 그런 것 필요 없이 우리들의 마음을 바로 돌이켜보고 깨달아서 바로 되면, 그 사람이 참보살입니다.

"취하지도 버리지도 않는다(不取卽不捨)." 했는데, 어느 것은 취하고 어느 것은 버리는 것은 중생들의 분별심입니다. 어떤 사람은 좋으니까 취하고, 어떤 사람은 싫으니까 버리고 하는 것은 취사분별심을 가진다는 것입니다. 그러니까 좋고 나쁘고 미워하고 사랑하고 하는 두 가지가 몰록 없어져서 나고 죽는 생사가 끊어집니다(永斷於生死). 두 가지 취사분별심, 증애심 이런 것이 무너지지 않고는 이게 해결이 안 됩니다.

선방에서 공부하면서도 화합이 안 되고 싸움을 하고 자기한테 조금만 불리하면 시비하는, 그건 공부가 하나도 안 된 것입니다. 선방에 많이 다닌 스님, 거사님, 보살님들을 보면 마음 쓰는 것이 바늘구멍만 한데 선방 다닌 것이 무슨 소용이 있습니까? 이름은 공부한다고 하면서 밖으로 마음 쓰는 것은 옹졸한 그것을 시주밥 먹는 밥도둑놈, 밥벌레라고 합니다.

한 생각 뒤집어엎고 바로 보살이 되면 참선할 필요가 없습니다. 마음을 넉넉하게 쓰면 되는데, 그것 하나를 못해서 시비를 하고 싸움을 하고, 이럴 때 자기 자신에게 부끄럽지 않습니까?

눈앞에 봐서 시비할 생각이 일어날 때, 얼른 자신을 바로 잡아야 됩니다. 회광반조하라, 순간 포착하라, 얼른 자기 자신을 다잡으라고 했습니다. 나부터 두드려 잡으라고 그랬는데 그것을 못 잡고 한 마디 두 마디 되면 시비가 됩니다. 그런 사람이 참선한다고 앉아 있는데 그게 무슨 참선입니까? 참 자하고 선 자만 딱 놓아도 벌써 밖으로 드러나는 행이 달라져야 되는데, 그게 안 되면 비생산적이고 아무 이득이 없습니다. 20년 30년 공부했다고 하면 달라져야 하는데 전혀 달라진 것도 없고 생각하는 것은 바늘구멍만 하고, 선방에서 남하고 시비나 하고 그런 사람은 천 명 만 명 죽여도 살생죄를 범하지 않는다고 조사 스님들이 말씀하셨습니다.

이것은 말로 되는 것이 아니고 실제가 중요합니다. 실제가 중요하기 때문에 실참실오라, 실제로 맛을 보고 깨달아가며 내 자신이 점점 모든 것이 무너져서 확실히 나 자신을 깨달아야 생사가 끊어집니다.

"일체처에서 무심하다."

이 무심이 그냥 되는 것이 아닙니다. 마음이 딱 끊어져서 없는 것을 무심이라고 하는 것이 아니고, 취사분별심이 없는 것을 무심이라고 합니다. 누구는 좋고 누구는 나쁘고 시비하고 따지고 하는 모든 것이 끊어져서 없는 것을 무심이라고 합니다. 그것이 안 되었을 때는 내가 아직 멀었구나 하고 땅을 치고 울어야 합니다. 정진을 열심히 하면 나라는 존재가 아주 없어져야 되는데 그게 잘 안 됩니다. 꼭 자존심을 세우고 나라는 것을 세우는데, 이런 사람은 전혀 공부가 안 된 겁니다. 그래서 일체처에 무심하라고 했습니다.

"영원히 생사를 끊어서 일체처에 무심하니 이것을 이름하여 모든 부처님의 아들이라고 한다."

불교 신도들에게 "불자야!" 하고 부르면 "예" 하고 대답은 잘합니다. 그렇지만 진짜 불자는 어떤 사람입니까? 가정에서도 아들 낳아서 키워 보면 적자가 있듯이 참으로 내 아들이 되려면 아버지하고 똑같아야 된다는 말입니다. 아버지와 생각하는 것이 똑같고 실력을 갖추고 있고 차원이 다르지 않으면 "너는 내 아들이다." 하고 인정합니다.

그러나 아버지하고 뜻이 반대로 나가는 아들은 아들이라고 할 수 없다는 것입니다. 우리 모든 불자가 부처님의 뜻과 경지가 똑같아져야 참 불자라, 진정한 부처님의 아들입니다. 우리가 부처님의 아들이 되려면 이렇게 되어야 됩니다.

『열반경』에 이르듯이 여래께서는 열반을 증득(證涅槃)하셨기 때문에 영원히 생사가 끊어졌습니다(永斷於生死). '취사분별심' 모든 미워하고 사랑하는 중생이 가지고 있는 일체 모든 것이 다 끊어져서 일체 공포가 없습니다. 그래서 부처님은 영원한 안심입명처를 얻었습니다. 편안한 이 마음의 세계를 부처님은 바로 증득했습니다.

대주 선사가 게송으로 말합니다.

내 지금의 뜻이 크게 좋아서
다른 사람이 나를 욕하고 꾸짖을 때도 고뇌가 없네.
말이 없으며, 시비를 논하지도 아니한다.
열반과 생사가 둘이 아니고 하나라.
자기 집의 본지풍광을 깨달아 알면
본래부터 푸르고 검은 것이 있을 것이 없다.
세상 사람들은 일체의 망상분별을 깨달아 요달하지 못하네.
말세 범부에게 한 말 붙이노니
마음 가운데 고초(복잡한 풀 덩어리)를 제거해서 없애라.
내 지금의 뜻이 크고 넓어서
말하지 아니해도 일이 없어서 마음이 편안하다.
조용히 스스로 마음대로 해탈을 해서
동이나 서로 가되 쉬워서 어렵지 않다.

마음속으로 괴로운 번뇌가 전혀 없다는 것입니다. 누가 욕을 한다든지, 악담을 한다든지, 또 내가 좋지 않다고 한다든지 나를 꾸짖고 나무라고 비방을 해도 전혀 거기에서 고뇌가 없다는 것입니다. 이렇게 되어야 합니다.

마음 가운데 잡된 생각이 잡초라.

이 세상을 살아가는 것이 쉽지가 않지요? 얼마나 어렵습니까? 가정생활 하는 데도 어렵고 사회생활 하는 데도 어렵고, 이 몸뚱이 하나 거두는 것도 어렵습니다. 이 몸뚱이가 시시때때로 아팠다가 안 아팠다가 별놈의 재주를 부리고 도깨비짓을 하니, 이 몸뚱이 비위를 맞추다 보면 평생 시간 다 뺏깁니다. 그러니까 이 세상 사는 것도 어렵고, 정치도 어렵고 가정살림도 어렵고 이 몸뚱이 끌고 다니며 일생 사는 것이 어렵단 말입니다. 공부하다가 토굴에 가서 앉아 있으면 잘될 줄 알지만 그것도 해보면 어렵습니다. 그러다가 대중 처소에 오면 그것이 또 어려운데, 여기 가도 어렵고 저기 가도 어렵습니다.

그러면 어렵지 않으려면 어떻게 해야 되느냐? 아까 말했듯이 아상, 법상이 없어야 됩니다. 그러려면 우리 중생의 견해가 모조리 무너져야 되는데 우리 중생의 견해, 습성이 참 무서운 것입니다. 음식도 맛있는 것을 안 먹었을 때는 모르지만 맛있는 것을 여러 번 먹다 보면 절에서 먹는 음식이 맛이 없는데, 그게 습성입니다. 이 맛들이는 습성이 맛있는 것을 자꾸 먹다 보면 어떤 사람은 절에 와서 밥을 잘 안 먹습니다. 절에 있는 스님도 절밥이 맛이 없다고 그러는데, 벌써 다른 맛이 들었다는 표가 나는 것입니다. 익혀 놓은 습성은 잘 버리지 못합니다. 얼른 버리면 되는데 안 버립니다.

여러분들이 익혀 놓은 것이 습성인데, 그것이 금생에만 익힌 것이 아니라 과거 전생부터 익혀 놓은 것입니다. 그놈을 철통같이 끌어안고 그 습성이 주도하는 대로 따라가다 보면, 거기 휘말려 들어가서 속지 않을 수 없는 겁니다. 좋은 점을 먼저 보고 내 자신을 개혁하는 것이 아니라, 나쁜 데로 얼른 따라갑니다. 무심히 참선하고 화두 들고 가면 되는데 눈만 떴다 하면 보이니까 찰나에 따라갑니다. 그리고는 자기도 모르게 금방 속습니다.

선방에서도 화두 열심히 챙기라고 하면 말은 챙긴다고 하면서도 한 시간 졸고 앉아 있다가 문 열고 나가면 화두를 놓칩니다. 밖에 나가서 포행한다고 다니지만, 포행하면서 화두는 없어지고 이야기하기 바쁩니다. 그러니까 무진겁 이래로 익힌 습성이 무너져야 되는데, 그것이 무너지려면 정말로 죽을 고비를 넘겨야 됩니다. 여자가 아기를 낳을 때 죽을 만큼 힘들듯이, 젖 먹던 힘까지 자기 있는 힘을 다 들여서 이 화두를 철저히 지어가야 무명 잡초의 뿌리가 뽑힙니다. 그런데 자기가 지극히 아꼈기 때문에 그게 금방 뽑히지 않습니다. 철저하게 그것을 뽑아내려면 아주 놓고 철저하게 화두를 챙겨나가야 합니다. 그것이 뽑히고 나면 동으로 가나 서로 가나 어려운 것 없이 뭐든지 쉽습니다.

그렇지만 대중살림을 살아도 그렇고, 원주를 살아도 그렇고, 총무나 주지를 살아도 그렇고, 조실을 해도 그렇고, 쉽지 않습니다. 수행을 많이 해서 천하에 모르는 것이 없는 어느 큰스님이, 자기는 그 어떤 문제도 걸림이 없다고 자신을 합니다. 이분이 처음으로 총림을 맡게 되어서 마음이 부풀었습니다. 총림에는 강원, 율원, 선방이 다 갖춰져 있어서 많은 스님과 일반 사람들이 많이 모이지 않습니까? 큰스님이 열심히 당기고 나무라며 철저히 단속을 했는데 공부라는 것이 하다보면 망상이 납니다.

그때는 왜 그렇게도 관광객들이 많이 오는지, 자유당 말기에는 여자들이 짧은 치마를 입고 돌아다닙니다. 공부하던 스님들이 안 보던 거 보니까 딸려갑니다. 생각을 안 하려고 해도 선방에 앉아 있으면 화두는 어디 가고 없고 그게 떠오릅니다. 그런 것을 철저히 단속을 하면서 매질을 하고 공부를 가르치는 것이 방장인데 그것을 철저히 잘했습니다.

그런데 선방스님들이 어떤 문제가 해결이 되지 않자, 총무하고 재무를 방에다 가둬 놓고 얼마나 두드려 팼던지 큰 난리가 났습니다. 총무, 재무는 폭행한 사람들 다 잡아넣어야 된다고 하고, 제가 그때 범어사에 있었는데 대중이 규탄서명을 한다고 찾아왔습니다. 그러니 방장이 "아이고, 나는 못하겠다." 하고는 토굴로 올라가 버렸습니다.

그러면 이런 것이 쉬운 것입니까, 어려운 것입니까?

나라를 다스리는 대통령이 대임을 맡고, 한 가정의 가장으로서 가정을 다스리고, 직장에서는 부하 직원을 다스리는 이러한 모든 일에 있어서, 사통팔달의 십자거리에는 깡패도 있고 악한 사람, 선한 사람, 생각이 좁은 사람, 별별 사람이 있습니다. 내가 공부를 한 힘이 있다면, 과연 거기 들어가서 융합이 되고 합리가 되겠느냐, 섞여서도 일이 척척 해결되느냐 안 되느냐 이게 가장 중요합니다.

구곡 선사가 편양언기 선사에게 말하기를 산중 토굴에 가만히 앉아서 새가 지저귀고 토끼가 오고가는 속에서 경계가 없이 조용히 있는데도 자기는 모자란다고 했습니다.

"큰스님이 무엇이 모자랍니까?"

"내가 너처럼 나이가 50살만 되었어도 세 가지 못했던 일을 하고 싶다."

"그게 뭡니까?"

"거지, 깡패 등이 우글거리는 굴에 가서 2년이나 짧으면 1년 정도 살았으면 하는 생각이 있고, 그 다음에는 몸을 못 쓰는 장애자들 속에서 살아봤으면 싶고, 그 다음으로는 사회에서 많이 아는 사람들이 모여서 시비하고 따지기 좋아하는 속에서 좀 살아봤으면 싶다. 짚을 엮어서 만든 조그만 토굴에서 머물면서 그렇게 했으면 좋겠다. 과연 거기에서 어떻게 합리가 되고 융합이 되는가, 모든 이가 나와 한 덩어리가 되고 잘 순화가 되어서 거두어들일 수 있는가 없는가를 시험해 보고 싶다."

편양언기 선사가 "아 그렇습니까? 큰스님, 가르침 잘 받았습니다." 하고 인사하고 나서 거지굴로 갔습니다. 거지굴로 가서 지내고 사방 다니면서 다 해보지만 적응이 잘 안 되었습니다.

신라 때 원효 스님 같은 분은 다니면서 자기의 경계를 시험해 보고 점검을 해 보았습니다. 오늘날은 선방에 앉아서, 조그마한 것도 합의가 안 되어서 시비하고 따지는데, 그런 마음으로 깡패소굴에 가면 대번에 맞아 죽습니다.

어느 수좌가 공부 많이 했다고 다니니까 노장스님 두 분이 "그럼, 우리하고 만행이나 가세." 해서 구경하러 가나 보다 하고 좋다고 따라갔는데, 깡패소굴에 가서 식구로 받아달라고 하니까 깡패들이 무슨 되지도 않는 소리를 하냐며 가라고 하더랍니다. 깡패소굴에도 나름대로 법이 있는데 식구가 되려면 그 법을 지켜야 된다고 하니까 지키겠다고 약속을 했습니다. 대장이 발 씻기라고 하면 씻겨야 되고, 그 물 마시라고 하면 마셔야 되고, 도둑질도 하라고 하면 해야 되고 하라는 대로 다 해야 된답니다. 그렇게 한다고 하니까 같이 지내게 됐는데 깡패 두목의 부인을 노장스님 둘이서 돌아가면서 입을 맞추고는 삼십육계 줄행랑을 쳐버렸습니다. 어디 갔는지 흔적도 없습니다. 뒤에 남은 수좌는 자기가 안 그랬으니까 괜찮겠지 했는데 그게 착각입니다. 깡패들이 그 수좌를 얼마나 두들겨 팼는지 거품을 내뿜고 거의 죽기 일보직전입니다. 그러고는 쫓아내니까 기어 나와 가지고 똥물을 먹고 구사일생으로 살아나서 그 노장스님에게로 갔더니 "아, 왔나? 그래 견성해서 깨달았느냐? 그래 어떻더냐, 잘 되더냐? 그렇게 눈치 없는 놈이 어디 가서 밥이나 얻어먹고 살겠어?" 그랬다는 겁니다.

여러분이 마음을 어떻게 잘 쓰느냐에 따라서, 맷돌 맞듯 댓돌 맞듯, 여기 가서도 맞고 저기 가도 맞고, 이렇게 끼워도 맞고 저렇게 끼워도 맞고, 어디 가도 모가 나지 않고 다 맞아 들어가는 것입니다. 그런 사람을 도인이라고 부릅니다.

이러한 일을 하늘에 있는 제석천신이나 대범천왕이나 선신이나 불보살이 한답니다. 자기가 견성공부 다 되었다고 큰소리치고 뭐 하나 하려고 하면, 하늘의 불보살이 "네가 과연 여기서 그게 되는가 보자." 하고 일을 일으킨다는 겁니다. 불법이 사태를 만날 때가 있습니다. 조선 시대에는 배불정책으로 스님들이 복색을 가리고 도망을 다녔는데 산중에 가서도 스님 옷 입고 있지 못해 하얀 옷으로 갈아입고 나무꾼으로 살면서, 또 혼자 살면 의심받으니까 마누라도 가짜로 하나 얻어서 같이 살았습니다. 그렇게 불법이 사태를 만났을 때 불법을 핍박하는 쪽은 나쁘고 핍박 당하는 쪽은 당하는 것이라고 생각하는데 그게 아니라는 것입니다. 불보살이 일부러 그렇게 한답니다. 스님들이 배부르고 방 따뜻하고 하면 공부 안 합니다.

문경 대승사의 스님들이 바둑 두고 장기 두고 노는데 어사 박문수가 보고는 법당 옆에다 오줌을 눴답니다. 스님들이 "왜 법당 옆에 오줌을 누느냐?"고 항의하니까 박문수가 "나는 차장을 받아라, 마장을 받으라고 그래서 이곳이 차나 말이 다니는 곳인 줄 알고 오줌을 누었습니다."라고 했습니다. 박문수가 그길로 서울로 올라가서는 왕에게 이야기해서 젊은 스님들을 전부 하산시켜서 노동판에 보냈습니다. 이런 것들이 마구니가 불법을 해치려고 하는 것이 아니라 불보살이 일부러 그렇게 만들어서 무서운 채찍질을 해서 도인이 나오게 만든다는 겁니다.

오늘부터라도 자기 자신을 항상 돌이켜보고 내 마음 씀씀이가 어떤가를 매일매일 점검해 보고 "아, 내가 이 마음을 이렇게 쓰는가?" 하고 땅을 치고 반성을 해야 합니다. 남의 살림살이가 아니라 자기 자신의 살림살이란 말입니다. 참으로 자신의 살림살이를 돌이켜 살펴보면 기가 막혀서 눈물이 납니다. 그러면서 화두를 챙기고 자기 인생을 바꾸어야 됩니다.

조용히 자재하여 해탈한 자는 동으로 가나 서로 가나 어렵지 않다는 것입니다.

게송이 이어집니다.

종일토록 말이 없이 적막해서
생각 생각이 항상 이치를 향하여 보는 사람이라.
자연히 소요자재하여 항상 도를 보고 있으니
생사에 전혀 관계를 받지 아니한다.
내가 지금 뜻이 크게 기특해서
모든 세상에서 속임 당하고 침해 당하지 않는다.

세상의 모든 영화는 모두 헛된 속임수이니

내가 이제 뜻이 크게 기특해서 모든 세상에서 속임을 당하지 않고, 침해를 당하지 않습니다. 세상의 영화는 모두 속이는 것입니다. 세상의 부귀영화라는 것이 영원히 진실하냐 하면 꿈과 같고, 아침이슬과 같고, 번갯불과 같고, 또한 저녁연기와 같습니다. 부귀영화가 영원히 존재하는 것 같지만 세상에서 이름을 날리고 영화를 누리는 모든 것은 잠시 동안의 꿈과 같은 것입니다. 그것을 우리 삶의 근본이요, 영원한 가치라고 추구하면 안 됩니다. 그것은 허망할 뿐만 아니라 오래가지 못하는 유루적인 것입니다. 한계가 있는 허망한 데 집착하고 일생을 살다 보면 우리가 진정으로 해야 할 자신의 마음자리를 바로 밝혀서 깨닫는 문제를 해결하지 못하고, 세상지사의 습기, 좋지 못한 것을 익히고 가는 것밖에 안 됩니다.

영원히 평안한 안심입명처는 그 이면에 있는데 그 한 면은 잊어버리고 단면적인 세상지사의 바깥 형상에만 근본을 삼고 살았기 때문에, 우리 중생들은 진정으로 평안한 데에는 들어가 보지 못합니다. 그것을 깨닫지도 알지도 못하고 일생을 살아갑니다. 그래서 '세상지사는 정말 허망한 것이다'라고 한 것이지 세상지사를 근본적으로 떼어버리고 배격하고 그것 아닌 또 하나가 있다고 단면적으로 이야기하는 것이 아닙니다. 이 세상지사를 단면적으로 집착해서 보고 사니까 그것 아닌 참으로 영원한 안심입명처가 있는 그것을 밝혀줘서 가르쳐 주기 위함입니다.

그러니까 여기서는 현실생활 속에서 생의 진정한 가치가 있는 것이 무엇인가? 우리들이 추구하는 것이 뭣인가 할 때 안심입명처, 즉 행복을 추구하는 것인데, 우리 중생들은 잘못 알고 허망한 것을 참인 것으로 착각하고 집착하고 산다는 것입니다. 그래서 그러한 면을 일깨워 주는 것입니다. 중생들의 미몽, 그 어둡고 컴컴하고 착각하고 있는 마음을 바로 깨우쳐 주는 말입니다. 이것은 정말 헛된 것이고 속이는 것에 불과한 것이니 '헛된 줄을 바로 깨달아야 된다'라고 해도 됩니다.

"떨어진 옷과 거친 밥으로 주린 배를 채운다(幣衣麤食充飢)."

돈이 많고 재물이 많으면 색이 따릅니다. 색이 먼저 들어가지는 않습니다. 배가 고파 다 죽어가는 사람이 색을 생각할 겨를이 있습니까? 배가 부르고 좀 편안해야 색이 생각나지, 병원에 가서 오늘내일 하는 사람이 무슨 생각이 있습니까? 단지 그 사람한테는 좀 더 살고자 하는 생에 대한 집착, 애착뿐입니다. 그러니까 재색이라고 하지요. 색재라고 하지 않습니다. 재색식명수! 재물이 많으면, 저녁마다 회식하고 맛있는 것 먹고 백화점에 가서 몇 백만 원짜리 좋은 옷도 삽니다. 세상에서 부귀를 날린다는 것은 좋은 옷 입고, 부드러운 음식을 먹는 것을 말하는데 여기서는 그 반대를 말하는 것입니다. 세상의 모든 영화는 다 허망하다는 것을 깨달아서 떨어진 옷과 거친 밥으로 주린 배를 채운다는 것입니다.

"길에서 세상 사람을 만나니 나를 보고 게으르다고 한다(道逢世人懶語)."

이 사람이 누더기 옷을 걸치고 다니면서 남이 먹다 버린 것을 주워 먹고 하니까, 세상 사람들은 게으른 사람이 아닌가 하고 말할 수 있다는 것입니다.

"세상 사람이 모두 나를 어리석다고 말한다(世人咸說我癡)."

성지순례 간다고 오대산 보궁에 도착하여 차에서 내리니까, 웬 거지가 와서 돈 한푼 달라고 하는데 모두 거들떠도 안 보고 앞만 보고 갑니다. 누구 하나 거지한테 돈 많고 좋은 옷 입은 사람처럼 대해 주지 않습니다. 돈 많고 옷 잘 입고 화장해서 멋지게 꾸미면 그것이 대단한 줄 알고 좋아합니다. 옷 잘 입고 못 입고의 껍데기 차이지 사람이 잘나고 못나고 하는 게 없습니다.

어느 때 시체를 부검하는 것을 보니, 얼굴을 덮고 있는 표피를 오려서 보여주는데 표피가 얇습니다. 창호지 같은 표피를 벗겨내니까 그 반지르르 하니 좋던 얼굴이 어디 갔는지 없고 아무것도 아닙니다. '이거 사람들이 길거리에 세워놓은 마네킹 그것과 똑같구나. 잘나고 못난 것이 없구나' 하는 생각이 납니다.

부처님께서 조사선을 가르쳐 줘도 모르니까, "이 몸뚱이 지수화풍 사대로 된 몸, 살가죽 떼어내 보면 아무것도 아니다. 그 뼈가 다 삭아서 없어지고 난 뒤에 뭐가 남아 있느냐? 어떤 것이 너냐? 나라는 것이 뭐냐? 네 모습이 어떤지 관찰해 보라."라고 했습니다. 그러면 당장 생각이 달라진다는 것입니다.

그러나 그것을 분석하고 하나하나 제거해서 들어가 보지 않아도 대승적인 차원의 안목에서 보면 직관적으로 바로 그렇게 보입니다. 낮에 아지랑이가 나타나는 것이나 바다에 거품이 없다가 파도 치면 금방 일어났다가 사라지는 것과 같은 것을 허환(虛幻)이라고 하는데 모든 만상이 그렇습니다. 우리 중생들은 예쁘게 꾸미고 바르면 그것이 대단한 줄을 알고 쳐다보고 그러는데, 바르는 자신도 내가 왜 이걸 바르고 있나 생각해 보면 기가 막히겠지요. 전부 한 생각에 의해 나타나는데 그 한 생각이 일어나는 것에 따라서 여러 각도의 모양이 나타나는 것입니다. 헤어스타일도 거울을 보고 이렇게 만들었다가 저렇게 했다가 하는데, 머리가 그렇게 합니까? 이 손이 그렇게 합니까? 그 속에 희한한 생각, 그놈이 들어가서 기기묘묘한 것을 만들어내는 것입니다. 아무것도 아닌 쓸데없는 몸뚱이인데, 이 몸뚱이 가지고 사람들이 그렇게 볶는다는 것입니다.

실질적이고 생산적인 것을 해야 되는데, 그것은 비생산적인 것입니다. 우리 인생이 진정 투자해야 할 곳에 투자하지 않고 엉뚱한 곳에 투자하고 있다는 것입니다. 그냥 잘 먹고, 운동 잘하고, 일 잘하고, 건강하게 그냥 얼굴 안 터지게 씻어주면 되지 얼굴에 별짓을 다하느냐는 겁니다. 인생의 진정한 가치는 얼굴에 있는 것이 아니라 그 사람의 마음에 있습니다. 속으로는 고약한 생각을 가지고 있으면서 얼굴을 꾸며 봐야 소용이 없습니다. 누구도 그런 사람을 좋아하지 않습니다. 가짜로 꾸며서 사람을 속이는 것, 이런 속임을 하지 말라는 것입니다. 세상지사 중생 놀음의 마음, 중생이 가지고 있는 생각으로 표출되어서 모든 현실에 만들어진 것은 전부 눈속임이기 때문에 여기에 속지 않아야 합니다. 세상의 영화는 전부 허망한 것이기 때문에 속지 않아야 되는데, 전부 이 허망한 데 속고 있습니다.

그래서 이 도를 공부하는 사람은 떨어진 옷을 입고, 거친 밥을 먹으면서도 올바르게 살고 진정한 가치를 멋지게 누리고 사는데, 세상 사람들은 그것을 보고는 이상하다, 게으른 사람이다, 어리석은 사람이라고 거꾸로 보고 있는 것입니다.

"겉으로는 세상 모든 것이 질린 듯이 캄캄하니 암둔하다."

세상 사람들이 볼 때는 떨어진 옷을 입고, 험한 음식을 먹고 머리는 봉두난발을 하고 있으니 게을러서 아무것도 안 하는 것 같고 아무것도 모르는 것처럼 암둔해 보인다는 것입니다.

"마음속에는 밝기가 유리와 같다."

그런데 천하의 모든 것을 환히 거울처럼 알고 있다는 것입니다.

유리처럼 환하게 세상지사를 알고 있다는 소리입니다.

"묵묵한 데 계합해서 라훌라의 밀행과 계합한다."

밀행제일 라훌라입니다. 밀행은 남이 알 수 없는 속에 혼자 다니면서 정진을 하는 것입니다. 라훌라가 부처님의 아들인데 남이 모르게 정진을 잘 합니다. 다른 사람이 잠을 자는데도 잠자지 않고 열심히 정진을 합니다. 그리고 남이 하지 않는 궂은 일, 힘든 일을 남들이 모르게 합니다. 남의 신발이 더러워서 씻어놓고도 그걸 남이 모르게 하는 것을 밀행이라고 합니다.

"너희 범부들이 알 바가 아니니다."

중생 범부들이 이런 소식, 이런 차원을 알 바가 아니라는 것입니다. 이렇게 살아야 정말 멋지게 사는 것입니다.

"나는 너희들이 진해탈의 뜻을 알지 못할까 우려해서 다시 보여준다."라고 했습니다.

중생들은 새가 새장에 갇히듯이 굴레 속에 갇혀 살고 있습니다. 가정생활을 보면, 남편은 부인을 감시하고, 부인은 남편을 감시하고, 아들딸은 부모를 감시하고, 부모는 자식을 감시하고 서로가 그렇게 감시하고 있습니다. 꽉 잡아 매여 있는데 그런 속에서 해탈이 되느냐

하면 안 됩니다. 원증회고怨憎會苦, 원수지고 미워하고 애정을 나누고 하는 잡된 것들이 섞여 있는 그런 인생을 살고 있어서 전부 서로가 얽혀서 꼼짝도 못하는 것입니다.

옛날에 곰이 따라오는데, 안 잡아먹히려고 도망을 가다가 얼른 나무기둥 뒤로 가서 숨으니까 이 곰이 어리석어서 기둥채로 잡으려고 끌어안았습니다. 사람이 엉겁결에 곰 다리를 꽉 잡았는데 다리를 놓으면 자기가 죽으니까, 곰 다리를 잡고 있고 곰은 떼려고 애씁니다. 어떤 사람이 올라오니까 불러서는

"너 몰라서 그렇지, 이 곰의 다리를 잡고 있으니까 굉장히 좋다."

"뭐가 그렇게 좋으냐?"

"네가 하고 싶은 것이 뭐냐?"

"하고 싶은 것은 장가가서 아들 딸 놓고 잘 사는 것이지."

"그러면 이것만 잡고 있으면 된다."

"아, 그러면 내가 잡지." 하고 잡으니까

"이제 네가 해라." 하고 자기는 가버리는 겁니다.

이게 뭐냐 하면, 부모가 죽으면서 자기 인생의 오욕락을 자식한테 전해준다는 것입니다. 자기는 떠나가면서 이제 네가 이 오욕락 꽉 잡고 놓지 말고 살아라. 이것이 사바세계 중생들입니다. 이런 속박 속에서 꼼짝도 못하고 붙들려서 사는 신세에서 해탈하라는 것입니다.

第四十

깨끗한 마음

문 | 『유마경』에 이르되 "너희들이 정토를 얻고자 할 때는 그 마음을 깨끗하게 하라."라고 하니 어떤 것이 깨끗한 마음입니까?

답 | 필경에는 청정으로 깨끗함을 삼는 것이다.

문 | 어떤 것이 필경에 청정으로 깨끗함을 삼는다는 것입니까?

답 | 깨끗함도 없고, 깨끗함이 없다고 하는 것도 없는 것이 필경의 깨끗함이다.

문 | 어떤 것이 깨끗함도 없고, 깨끗함이 없음도 없는 것입니까?

답 | 일체 모든 것에 있어서 무심함이 깨끗한 것이다. 깨끗함을 얻었을 때 깨끗하다는 생각을 지어서 얻지 못함을 곧 이름하여 깨끗함이

없다고 한다. 깨끗함이 없음을 얻었을 때에도 또한 깨끗함이 없다고 하는 생각도 지어서 얻지 못하니 곧 이것이 깨끗함이 없음도 없는 것이니라.

問 維摩經云 欲得淨土 當淨其心 云何是淨心
答 以畢竟淨爲淨

問 云何是畢竟淨爲淨
答 無淨無無淨 卽是畢竟淨

問 云何是無淨無無淨
答 一切處無心 是淨 得淨之時 不得作淨想 卽名無淨也 得無淨時 亦不得作無淨想 卽是無無淨也

◉

정토淨土가 뭐겠습니까? 극락정토極樂淨土는 미워하고 시기하고 두렵고 걱정하는 일체가 없는 곳을 말합니다. 근심 걱정 고통 일체가 없는 영원히 즐거운 곳을 말합니다. 영원히 즐겁고 편안한 곳이 어디인가를 그대들이 알고자 한다면 마땅히 그 마음을 깨끗하게 하라는 것입니다.

우리들 마음 밭이 어지럽고 두렵고 복잡합니다. 부부간에도 그렇습니다. 남편이 나한테 잘하나? 다른 데 정신을 팔지 않나 하고 매일 매일 두려워합니다. 우리 자식이 커서 부모한테 보답을 해야 할 텐데 어떻게 될까, 또 직장에 가서는 좀 더 편안하고 직위가 높아지고 이름이 나고 잘되어야 될 텐데 하는 생각으로 꽉 차 있습니다. 인생 세상살이가 말로 다할 수 없는 것입니다. 그런 세상에 사는 중생들 속이 뭐가 그리 편하겠습니까? 이 세상은 하고 싶어서 하는 것이 아니라 하기 싫은 것도 자꾸만 해야 합니다. 모든 것이 고통스러운 우리 중생들의 번뇌망상의 잡초가 불꽃처럼 마음 가운데서 일어납니다. 진정한 정토는 여러분의 마음을 깨끗하게 하는 데 있습니다. 그러면 어떤 것이 정심淨心, 즉 깨끗한 마음입니까?

"필경에는 청정으로 깨끗함을 삼는 것이며, 깨끗함도 없고, 깨끗함이 없다고 하는 것도 없는 것이 필경의 깨끗함이다."라고 답하고 있습니다.

우리는 깨끗한 것이 있는 것으로 생각하는데 깨끗한 것도 없습니다. 깨끗하다고 하는 것이 없다고 하는 그것조차도 없다는 것입니다.

도오 스님이 참선을 해서 도를 통하려고 전국의 선지식을 찾아다니다가 남장사에 정철우 스님이 있다고 해서 갔습니다.

마침 그날, 철우 스님이 10월 보름 결제법문을 하는데 주장자를 땅땅 세 번 치더니 "삼세 모든 부처님과 역대 조사와 역대 성인과 두두물물 일체 만법이 오늘 이 산승의 주장자 머리에서 나왔다. 대중은 알겠는가?" 그런데 꽉 차서 법문 듣던 대중들이 쥐 죽은 듯이 가만히 있더랍니다. 그래서 슬며시 곁으로 가서는 주장자를 빼앗아 마당에 던지고는 "그래 지금은 어디서 나왔다고 할라요?" 그랬더니 철우 스님이 "아, 이런 처사가 어디서 왔느냐?" 이러면서 들어가라고 나무라더랍니다. 그러더니 법상을 내려가서 방으로 들어가서는 시자를 시켜서 오라고 해서 갔더니 묻습니다.

"지금까지 이런 처사를 못 봤는데 오늘 이상한 처사를 봤네. 그래 어디서 그렇게 하는 것을 배웠는고?"

"그걸 배워서 어찌 할 수 있습니까? 내가 돌연히 한 생각이 일어나서 한 것이지요."

"여기서 공부를 하면 어떻겠느냐?"

"공부를 하는 것도 그렇고 제가 하나 묻겠습니다."

"그래 물어보라."

"일체가 전부 없습니다."

"아주 아무것도 없는 것은 아니지."

그래서 아무 말을 안 하고 인사만 하고 나오는데

"여기 나한테 와서 공부를 해라."

"예, 알겠습니다." 하고 돌아왔습니다. 그러던 차에 봉암사 서암 스님을 만나서, 철우 스님이 도가 높으신 것 같은데 거기로 출가하고 싶다고 했습니다. 서암 스님이 그분이 훌륭하기는 하지만 대처승이라 이왕에 출가하려면 관음사 향곡 스님한테 가라고 해서 향곡 스님한테 갔답니다.

도오 스님이 향곡 스님을 찾아갔는데, 향곡 스님은 안 계시고 시자가 하는 말이 법회 법문하러 가셨는데 한 삼 일이 지나야 오실 거라고 합니다. 민가에 방을 얻어서 삼 일 있다가 올라갔더니, 점심 때 쯤인데 아직 안 왔더랍니다. 그냥 기다리니까 오후 5시 쯤 되어서 "아이고 날이 덥다." 하면서 향곡 스님이 들어오시더랍니다. 얼굴도 크고 몸이 비대하고 뚱뚱하더랍니다. 조금 있다가 선방스님들이 소참법문을 청한다고 조실스님을 모시고 방에 내려와 소참법문을 듣는데 향곡 스님이 공부하는 이런 저런 이야기 쭉 하시면서 한 시간을 마치고는 "누가 뭐 물을 것 없나?" 하는데 전체 대중이 가만히 있더랍니다.

그래서 도오 스님이 "제가 하나 묻겠습니다." 하고는 "저는 이 산곡에 향기가 꽉 차 있는가 하고 왔더니, 냄새나는 쓰레기통이 있으니 쓰레기통을 저 바다에 쓸어내 버려야겠습니다." 그러니까 스님이 아무 대꾸 없이 가만히 있는데, 옆에 있던 수좌가 쫓아오더니 "처사가 뭘 알아서 여기서 함부로 입을 열어. 되지도 않은 소리를 하고 있어. 부처님이 한 글자도 설한 바가 없다고 그랬어. 그것 한번 말해봐." 그러더랍니다. 조실스님이 있다가 "그만 치워라." 하면서 방으로 올라가고, 좀 있으니까 시자가 내려와서 "조실스님이 올라오랍니다." 합니다. 조실 방에 올라가서 절을 하고는 "지금 내가 절을 했는데 이것이 있는 겁니까, 없는 겁니까?" 물었습니다. 그런데 향곡 스님이 일체 응대를 안 하고 가만히 웃기만 하고 있다가 "나는 그런 장사는 안 한다." 그러고는 말을 안 하더랍니다.

그래서 '아, 이 양반이 대단하다고 하더니, 해보니까 별것이 없구나' 생각하고 있는데 향곡 스님이 밖으로 나가더니 풀을 뽑습니다. 곁에 서서 "풀은 왜 뽑습니까? 풀 뽑는 것도 살생 아닙니까?" 그래도 아무 말이 없고 풀만 뽑더랍니다. 한참 후에 "그래? 공부할 생각이 진실로 있으면 신信이 필요하니까 신을 가지고 공부하려면 와서 하고, 일생 그렇게 살려면 그렇게 하고 돌아다니거라." 그러시더니 동화사에 법문이 있어서 가시더랍니다.

내가 이렇게 살아서는 안 되지 하는 생각이 들어서, 대구에서 내려서 동화사를 찾아가서는 스님이 법문 마치고 계시는 방에 들어가서 절을 하니까, "그래 나를 확실히 신信해? 신하지 않으면 가."라고 하더랍니다.

"예, 스님을 신信하고 공부를 하겠습니다."

"신信한다면 법당에 가서 절하고, 나한테 와서 절해라."

그래서 부처님한테 절하고 스님한테 삼배를 하고는 무릎을 꿇고 "스님, 앞으로 가르침을 받겠습니다." 하였답니다.

"남전 스님 회상에 동당, 서당 양당이 있는데 고양이 한 마리를 두고 서로 자기 것이라고 싸움이 붙었어. 남전 스님이 고양이를 가지고 법상에 올라가서 목에 칼을 대고 일러라, 이르면 살 것이요 이르지 못하면 죽는다. 대중 가운데 한 스님이 나와서 고양이 목소리를 내면서 야옹야옹 하니까 '이르지 못했다. 너는 아직 내가 이르라는 것을 못 일렀다.' 하면서 고양이 목을 잘랐는데 나중에 조주 스님이 장에서 돌아왔는데 남전 스님이 수제자 조주 스님에게 묻기를 '오늘 이런 일이 있었다. 네가 만약 거기에 있었다면 어떻게 하겠느냐?' 하고 물으니까 조주 스님이 짚신 두 짝을 벗어서 머리에 이고 말없이 돌아서서 나갔는데 그 짚신을 이고 나간 것이 어떤 도리인고?" 하고 물었습니다.

그런데 그게 꽉 막혀서 그 동안 자기가 안다고 지껄인 소리가 하나도 떠오르지 않고 그냥 꽉 틀어 막혀서 오금도 못 떼고, 등짝에서 땀이 흘러내렸답니다.

"이놈아, 그걸 알아야 된다. 네가 이제부터 공부를 하려면 일도양단으로 딱 끊고 들어와서 공부해라. 안 그러면 네가 이거 해결할 길이 없다."

그길로 짐을 들고 관음사에 갔다는 것입니다.

도오 스님이 폐가 안 좋은 결핵환자라, 치료도 받아야 하는데 고생을 하면서 향곡 스님 밑에서 5년 동안을 있었습니다. 도오 스님이 몸이 피곤해서 자려고 12시나 1시에 누워 있으면 큰스님이 살며시 들어와서는 단번에 목을 잡아서 땅바닥에 패대기를 치면서 "이놈아, 밥 처먹고 잠을 자?" 하는 겁니다. 그렇게 몇 번 당하고 나서 12시나 1시에 오겠지 하고 일어나서 앉아 있으면, 그런 날은 안 온답니다. 계속 며칠을 버티다가 '아, 이제 안 오는구나' 하고 잠을 자려고 하면 영락없이 와서는 문을 열고 물을 확 끼얹는데 기겁하고 일어나면 귀싸대기를 때리면서 "이놈아, 밥 먹고 잠만 자? 언제 공부하나, 이놈아." 그렇게 5년을 지냈는데, 5년 만에 법문하는 글귀에서 한 생각이 뒤집어진 바가 있어서 향곡 스님한테 가서 뭐라고 했는데, 돌아가시는 바람에 마지막 매듭을 풀지 못했다고 합니다.

제가 대구 역전에서 차를 타려고 있었는데 한 10년 만에 거기서 만났습니다. 대구에 집이 있으니 가자고 해서, 가서 공부에 대한 이야기를 밤새도록 했습니다. 이튿날 제가 여기 있다고 하니까 같이 있고 싶다고 해서 한 철을 지냈습니다. 그러고는 내려갔는데 저를 보고 하는 말이 올 때마다 스님이 다르다고 하더군요. 제가 웃으면서 글쎄, 그게 내가 달라서 그런 건지 스님이 달라져서 그런 건지를 스님이 잘 생각해 봐야 될 텐데, 그걸 생각을 못하느냐고 그랬습니다. "글쎄요." 그러길래 웃으면서 그랬습니다.

"남악회양 선사가 8년 만에 깨닫고 '한물건이라고 해도 맞지 않습니다' 하는 데서 육조 스님한테서 인가를 얻은 것이 아닙니까. '닦아서 증득하는 것이 있느냐?' 하니까 '닦아서 증득하는 것이 없지는 않으나 이 자리를 물들이지는 않겠습니다' 이렇게 하는 말이 있는데 '이 말이 옳으냐? 즉 물들이지 못한다고 하는 것이 맞느냐? 물들 것이 없다고 해야 하는 것이 맞느냐?' 하고 물어봤습니다. 그 스님이 대답하기를 '깨치고 났다고 하지만 아직은 아니기 때문에 물들이지 않게끔 단속을 해나가고 잘 닦아나가야 된다'라고 말을 합니다." 하였습니다.

"그렇다면 스님하고 나는 가는 길이 다릅니다. 앞으로는 다르다고 하는 그 말이 없어지겠네요."

"그러면 스님은 어떻게 생각하십니까?" 하고 도오 스님이 물었습니다.

"물들이려야 물들일 수가 없다. 물들이지 못한다고 해야 됩니다.

만약에 물이 들고 자꾸 닦아야 된다면 그건 부처님이나 육조 스님의 근본도리는 꿈에도 못 본 것입니다."

제가 그렇게 말했더니 고개를 갸우뚱하고는 내려갔습니다.

이 깊은 도리를 열심히 공부해서 참선을 하고난 뒤에 다시 읽어보면 또 다른 면을 느낄 수 있습니다. 달리 깨닫게 되어 있습니다. 열심히 정진해서 생각의 차원이 달라지고 마음의 때가 벗겨져서 마음의 눈이 떠졌을 때에 법문을 다시 들으면 "아하" 하고 달라집니다. 그러니까 완전하게 해 마친 사람은 여기에서 더 깨치고 알고 달라져야 할 것이 없지만 우리는 아직은 안 되어 있습니다. 열심히 정진하면 여기에 대한 것이 척 하니 계합이 되는 동시에 기가 막힌 것을 느끼게 됩니다.

깨끗하다고 하는 것이 있다고 긍정하는 것이 아니라, 깨끗하다고 하는 것이 없다는 말입니다. 깨끗한 것이 없다고 하면 또 깨끗한 것이 없다고 하는 것이 남아 있습니다. 그래서 깨끗한 것이 없다고 하는 것도 없다고 싹 쓸었습니다. 그러면 어떻게 되겠습니까?

"여인의 머리 위에는 꽃을 꽂고 남자 머리 위에는 관모를 썼다."

제가 여러분에게 한마디 말씀해 드린 것입니다.

보통 우리가 깨끗하다고 하면 반대로 더러운 것이 있습니다. 이 세상 사는 데 깨끗하고 더러운 두 가지 상대적인 원리에서 떠나지 못하고 있습니다. 우리가 사는 현실에서도 목전에 좋은 것은 좋다고 하고 나쁜 것은 싫어하다 보니까, 나에게 맞지 않는 것은 싫어하고, 맞는 것은 좋아하는 취사심取捨心을 가지고 있습니다. 내가 싫어하는 것이 있다면 상대방도 싫어하는 것이 있습니다. 내가 싫어하는 것은 나는 안 하고 좋은 것을 하려고 하니까 다른 사람도 자기에게 맞고 좋은 것을 하려고 하지 나쁜 것을 하려고 하겠습니까?

이 세상이 두 가지 범주 안에서 놀아나고 있습니다. 좋고 나쁜 것을 가리다 보니까, 끊임없이 시비와 투쟁이 일어납니다. 국회의원 선거를 하면 한 사람은 어느 당이 좋다고 찍지만 다른 사람은 그 당이 싫다고 합니다. 좋고 나쁘고 깨끗하고 더러운 것, 두 가지의 상대성 원리를 가지고 살아가기 때문에 거기서 시비와 투쟁이 일어나고, 불안하고 고통스럽습니다. 그러면 이 세상의 불안하고 고통스러운 것을 어떻게 해야 벗어버릴 수 있느냐가 부처님이나 역대 조사가 말씀하신 근본 핵입니다.

이 세상 우리는 전부 고통 속에서 살고 있습니다. 스님은 계를 받았으니까 깨끗하게 계율을 지켜야 된다고 생각하고, 마을에 사는 여러분은 계를 안 받았으니까 이런 저런 나쁜 일 해도 괜찮다 그렇게 생각하지 않습니까? 스님이 잘못 하는 것이 눈앞에 부딪히면, 아 저거 나쁘다고 이렇게 생각이 들어가서 욕을 합니다.

그런데, 실제로 좋고 나쁜 두 가지의 양변을 뛰어넘어야만, 비로소 편안한 열반에 들어간다고 합니다. 열반이라고 하면 보통은 죽는 것을 생각하는데 그것이 아닙니다. 어느 것은 취하고, 어느 것은 버리고, 누구는 좋으니까 좋아하고 누구는 나쁘니까 싫어하는, 두 가지의 취사심을 버린 사람이 바로 열반에 이른 사람입니다.

두 가지의 상대성에서 뛰어난 사람은 이 세상을 살아가는 데 어디고 모 나는 것이 없습니다. 둥글어서 여기에 가도 맞고, 저기에 가도 맞아서 시비가 없어지고, 싸움하는 데 가면 싸움이 없어집니다. 이러한 사람의 삶의 태도를 물에 비유하여 말하기도 합니다.

예로부터 흔히 진리를 물에 비유하기도 하고, 마음 쓰는 것을 물에 비유하기도 하였습니다. 옛날에 일곱 사람이 목욕을 하는데 동시에 물에 대한 성질을 깨달아서 부처님께 물으니까 너는 득도했다고 했다는데 물이라고 하는 것은 더럽고 깨끗한 것 없이 다 흡수를 합니다. 물이라고 하는 자체는 작은 곳이건 큰 곳이건 다 들어가고 잘난 사람 못난 사람 할 것 없이 모든 이에게 차별 없이 가기 때문에 차별의 취사심이 끊어진 것입니다. 그러니까 우리들이 가지고 생활하는 이 마음이 실제로 무엇인가를 한번 알아봐야 되겠습니다.

"어떤 것이 깨끗함도 없고, 깨끗함이 없음도 없는 것입니까?" 하고 묻는 것에 대해 "일체 모든 것에 있어서 무심함이 깨끗한 것입니다." 하고 답합니다.

있다 없다 하는 두 가지의 양변이 없다고 했을 때, 비록 옳은 것도 그른 것도 없어서 둘 다 버렸지만 아직 둘 다 버렸다는 것이 남아 있다는 것입니다. 양변을 버렸으나 양변이 없다고 주장하는 것이 남아 있다는 말입니다. 이것은 아직 해탈한 것이 아니니 두 가지가 모두 없다고 부정한 놈마저도 쓸어서 없애라는 것입니다. 깨끗한 것이 없다고 하는 그것조차도 없습니다.

무심無心하다고 하면, 마음이 아예 없다는 것으로 알고 마음이 없다면 어떻게 하느냐 그렇게 생각하겠지만, 여기서 마음이 없다고 하는 것은 깨끗하고 더러운 것이 둘 다 없다는 것입니다. 그러면 깨끗하다고 긍정하는 것도 없고, 없다고 하는 그놈도 없다고 싹 쓸어버렸을 때는 어떤 것이냐 할 때 그것을 무심하다고 합니다. 그 당처를 무심이라고 말로 드러내서 표현하는 것이고 그 자리를 이름하여 깨끗하다고 말로 표현한다는 것입니다.

과거에 어느 스님이 지장 선사를 찾아가서 공부에 대해 이런 저런 이야기를 하다가 저녁 해거름에 객이 간다고 나오니까 지장 스님도 배웅한다고 나왔습니다. 지장 스님이 "그대가 자꾸 아는 소리를 하는데 내가 하나만 물어보겠네."

"자네 앞에 돌이 있는데 그 돌이 그대 마음 안에 있나? 마음 밖에 있나?" 하자 그 스님은 "그 돌은 제 안에 있습니다." 그러니까 지장 스님이 "그대는 어찌하여 그 무거운 돌을 마음 안에 담고 다니는가?" 거기서 객이 한 방망이 맞고 "아, 내가 공부가 덜 되었구나." 하고 다시 발심을 해서 공부하여 깨달았다고 합니다. 그럴 때 어떻게 해야 되느냐 이겁니다. 이것은 공부를 해서 자기 자신의 존재를 깨달아 안 사람은 대답이 전광석화와 같이 나오는데, 자기 자신을 해결하지 못한 사람은 어쩔 수 없는 것입니다.

"어떤 것이 부처입니까?" 할 때 대답을 하자면, 깨달으면 부처고 안 깨달으면 중생이니까 보통 "깨달아서 중도실상을 안 분이 부처지." 하면 이것은 순전히 교리적이고 말장난이고 두 가지 양변을 뛰어난 소리가 아니라 한쪽에 떨어진 것입니다. 그런데 운문 스님 같은 이는 "마른 똥막대기다."라고 했습니다. '마른 똥막대기'라는 것을 알겠어요? 이거 하나 제대로 알지 못하면 하루하루 밥 먹고 사는 것이 아깝습니다. 이런 도리를 확실히 알아야 됩니다. 거기서 어떻게 '마른 똥막대기'라는 말이 나오겠습니까?

"조사가 온 뜻이 무엇입니까?"

"판때기 이빨에 털 났느니라."

조사가 온 뜻을 물으면 '달마 스님이 중국에서 중생제도 하려고 마음의 법을 가르치려고 온 것이 조사가 온 뜻이다'라고 말을 하겠지요. 그런데 판때기 이빨에 털 났다고 대답을 하는 것은 모든 일체 중생들의 식견으로도, 도를 알았다고 하는 견해로도 미칠 수 없고 가려

볼 수 없는 그런 살아 있는 도리를 조사스님들이 턱 하니 한마디 던진 것입니다.

여기에 바로 깨끗하고 더럽고 하는 양변을 교리적으로 말하자면 이런 것 저런 것 설명하겠지만, 설명해 가지고 해결될 일이 아니라. 수천 겁을 두고 설명해 줘도 해결되는 것이 아닙니다. 상식적으로 학문적으로 듣고 난 후, 확실한 공부를 하려면 실질적으로 공부를 해서 본인 자신이 뭔가를 알아야 됩니다.

第四十一

이 몸을 끌고 다니는 것

문 | 도를 닦는 사람은 무엇으로써 증득합니까?

답 | 마지막에 증득하는 것으로 증득하는 것을 삼는다.

문 | 어떤 것이 필경에 증득함입니까?

답 | 증한 것도 없고, 증한 것이 없다고 하는 것도 없음을 이름해서 필경에 증함이라고 하는 것이다.

문 | 어떤 것이 증득함이 없음이며, 어떤 것이 증득함이 없음도 없는 것입니까?

답 | 밖으로 색과 소리 등에 물들지 아니하고, 안으로는 망령된 생각이 일어나지 아니하니 이와 같이 얻음을 이름하여 증득이라고 한다.

증득하였을 때 증득하였다는 생각을 갖지 않음을 이름하며 무증이라고 한다. 이 증득함이 없음을 얻었을 때 또한 증득함이 없다는 생각을 짓지 않음을 이름하여 증득함이 없음도 없다고 하는 것이다.

問 修道者 以何爲證
答 畢竟證爲證

問 云何是畢竟證
答 無證無無證 是名畢竟證

問 云何是無證 云何是無無證
答 於外 不染色聲等 於內 不起妄念心 得如是者 卽名爲證 得證之時 不得作證想 卽名無證也 得此無證之時 亦不得作無證想 是名無證 卽名無無證也

◉

증득證得하는 것은 실제로 대학, 대학원을 졸업하고 박사학위를 딴 사람, 그 자리를 확실히 실력을 갖추어서 완전히 통달한 사람을 증득했다고 합니다. 참선공부해서 자기의 존재를 확연히 알았다는 것을 증득했다고 하는 것입니다.

이치로, 상식으로, 논리로, 지식으로 안 것은 의리선이라고 합니다. 사량분별을 해서 알게 된 것은 선은 선이지만 의리선입니다. 의리선은 이 문중에서는 인정을 안 합니다. 그것은 오히려 병통이라고 하고 이렇게 안 것은 해오解悟라고 합니다. 오히려 그런 것이 싹 없어져서 전혀 몰라야 아주 철저하게 꿰뚫어서 나의 존재를 확실하게 알게 되는데 그렇게 안 사람을 증득했다고 합니다.

"증한 것도 없고, 증한 것이 없다고 하는 것도 없음을 이름해서 필경에 증함이라고 하는 것이다."

'없다'고 하는 것도 일중관, 즉 하나의 관문에 걸렸다고 합니다. 새가 아침에 나올 때는 날이 청명하니 좋았지만 저녁에 돌아올 때는 안개가 자욱하니 덮여서 자기 집이 어디에 있는지를 모르는 것과 같다고 했습니다. 없다고 부정하면, 없다고 부정한 것 하나가 마치 안개처럼 산을 막고 있다는 것입니다. 여러분의 생각에 뭐가 없다고 하는 것이 있으면 다 된 것이 아닙니다. 없다고 하는 것조차도 없다고 쓸어버렸을 때에 비로소 그것을 증득했다고 하는 것입니다.

'밖으로 색성에 물들지 아니한다'는 것은 도인이 되어야 되지 말로는 안 됩니다. 차타고 가면서 아가씨들 다리만 허옇게 나와도 그거 쳐다보느라고 정신이 없고, 지나가다가 남녀 둘이 앉아서 이야기만 하고 있어도 그걸 보느라고 정신이 없습니다. 각설이타령을 하는데 나도 가서 보니까 사람들이 거기에 빠져 정신이 없습니다. 그저 이런 저런 이야기 온갖 잡된 이야기하면서도, 일생 동안 살면서 한 번도 이 본분소식을 가지고 논하는 일이 없습니다. 전부 다 바깥 색 경계에 빠져서 나라는 존재를 잊어버립니다. 그런 곳에 따라가면 자기의 순수이성을 잃어버린다는 소리입니다.

밖으로 색성에 물들지 아니한다는 것은 모양에 빠지지 않고 살아가며, 또 빠졌으되 천 가지 만 가지 파도가 일어나고 태풍이 일고 세상이 어렵다고 싸움을 하고, 피가 나고 전쟁이 나는 속에서도 조금도 불안하지 않고 편안하다는 소리입니다. 그런 속에 들어가서도 공포심도 두려움도 없고 불안한 것 없이 편안할 수 있는 그 마음을 굴리는 사람은 어디고 걸리지 않고 안 되는 일이 없습니다.

그런데 대다수가 그렇게 안 되고 바깥의 경계에 끌려갑니다. 그러니까 30년 화두 들고 선방에 다녀도, 선방에서 한 철 공부하고 해제만 하면 걸망지고 돌아다니면서 온갖 데 보는 대로 빠져가지고 화두는 뒷전이 되고 또 결제가 되어서 죽비 딱딱 치면 앉아 있다가 방선하면 이런 생각 저런 생각하고 화두는 어디로 갔는가 없고, 그러면 이 일을 해 마치기가 힘듭니다.

흐름 속에서 흐름을 따라가는 이놈, 흘러가는 것을 보는 이놈, 바깥의 경계를 보는 이놈, 좋고 나쁜 것을 판단하는 이놈, 그놈이 무엇인지를 빨리 되잡아서 공부해 들어가야 합니다. 그렇게 해 들어가는 사람은 흐름을 따르되 불매不昧라, 매昧하지 않는다고 했습니다. 매하는 것은 잊어버리는 것이고 매하지 않는다는 것은 안 떨어진다, 속지 않는다는 것입니다.

내가 무엇인지를 확실히 모르니까 그놈을 돌이켜 잡아서 알아차려야 합니다. 한 생각이 나왔을 때, 한 생각은 잘 나오지만 한 생각이 나오기 이전으로 돌아올 줄은 모릅니다. 퍼뜩 보는 순간에 두드려 잡으라고 했습니다. 두드려 잡을 줄 아는 사람은 놓치지 않습니다. 나라는 존재를 잃지 않고 항상 여여합니다.

물이 한번 고이면 썩듯이 어느 한 곳에 따라가서 머물러 버리면 나라는 존재를 잊어버리게 됩니다. 밝은 성명性命 자리를 잊어버리고 거기에 속아서 헤맵니다. 물체나 바깥 경계에 속아 거기 머물러서 이러니, 저러니 하고 분별하고 별짓 다 하면서 나라는 존재는 잊고 거기에서 끝나고 맙니다. 순수이성, 밝은 성품 진성 자리를 잊어버린다는 것입니다. 잊어버리지 않으려면 어떻게 해야 되느냐? 퍼뜩 보는 순간 이놈을 얼른 돌이켜서 한번 뭣인가 보라는 것입니다.

화두공부를 열심히 해서 이놈이 무엇인가 하고 아주 철저히 챙겨서 익어지면 바깥 경계와 나, 두 가지 양변이 무너지고 없어져서 허공처럼 여여한 하나의 경계가 됩니다. 그렇게 된 사람은 바깥의 물체를 보되, 거기에 따라가더라도 속지 않고 여여함을 그대로 유지합니다.

그렇게 된 분이 관세음보살, 문수보살입니다. 이런 분들은 여여해서 지옥을 가도 관계가 없고 태풍이 몰아치는 속에서도 관계가 없습니다. 태풍이 태풍을 해칠 수 없고, 물이 물을 적실 수 없고, 불이 불을 태울 수 없듯이 둘이 아닌 여여한 경계에 들어가 버리면 거기서는 아무런 관계를 받지 않는다는 말입니다. 따라가도 관계가 없고 와도 관계가 없고 머물러도 관계가 없고 이 사람은 마음을 잊지 않고 매하지 않고 확연히 밝아서 해보다도 달보다도 밝다는 것입니다. 밝아서 모든 곳에 속지 않는 것이 두 가지 양변을 초월한 사람이고 바로 증득한 사람입니다.

그런 사람은 일체 색경계, 소리에 물들지 않아 안으로도 일체 망령된 생각이 일어나지 않고 화두가 일념으로 쭉 익어져서 일여가 됩니다. 이 몸을 끌고 다니는 것이 뭘까? 차를 운전하는 사람이 있어야 차가 가듯이 나를 부리는 놈, 요놈이 무엇인가를 철저히 챙겨서 딱 부러지게 확실히 알아버리면 뭣이 걸릴 게 있겠느냐는 말입니다.

여러분이 속세에 살면서 박사학위를 땄으면 일생 동안 박사학위 땄다는 생각을 가지고 있는데 그것을 가지고 있으면 안 됩니다.

나는 깨달았다고 하는 생각이 머릿속에 남아 있으면 그 사람은 깨달은 것이 아닙니다. 깨달아 증득해서 얻었다는 생각이 있으면 안 된다는 말입니다.

또한 증득한 것이 없다는 생각도 없어야 합니다. 우리가 다른 사람에게 무엇을 주었을 때 준 것이 없다고 생각하면 준 것이 없다는 생각이 있게 되나 전혀 그런 생각도 없다는 것입니다. 증득한 것이 없다는 생각도 지어서 얻지 못한다는 것입니다.

第四十二

활발발한 안목

문 | 어떤 것이 해탈심입니까?

답 | 해탈하는 마음이 없으며, 또한 해탈심이 없다는 것도 없으니 이를 이름하여 참해탈이라고 한다. 경에 이르되 "법도 응당히 버려야 하거늘 하물며 법 아닌 것은 어찌 말할 것이 있겠느냐?"라고 하였다. 법이라는 것은 있음이며, 비법이란 없음이다. 다만 있음과 없음을 취하지 아니하는 것 그것이 참해탈이다.

問 云何解脫心

答 無解脫心 亦無無解脫心 卽名眞解脫也 經云 法尙應捨 何況非法也 法者是有 非法是無也 但不取有無 卽眞解脫

◉

좋고 나쁘고, 괴롭고 편안하고, 더럽고 깨끗하다고 하는 두 가지 양변에서 벗어난 사람의 마음, 즉 해탈심解脫心에 대한 물음에 "해탈하는 마음이 없으며, 또한 해탈심이 없다는 것도 없으니 이를 이름하여 참해탈이라고 한다."라고 대주 선사가 답합니다.

일단 '없다'고 부정해 버렸습니다. 일어나는 것을 단번에 죽여 놓고 시작하는 것입니다. 해탈하는 마음이 없다. 참해탈한 사람이 누구냐 하면 바로 즉시 벗어난 사람을 말하는데 자신이 이렇게 되지 않았는데 어떻게 알아들을 수 있겠습니까? 이것을 바로 알아듣고 자기 자신이 척 하니 해탈한 사람이 되어야 됩니다.

이 세상에 법이라는 것이 올바로 하라, 살생하지 마라, 도둑질하지 마라, 음행하지 마라는 것입니다. 사회에도 법이 있고, 이 세상의 천태만상이 그대로 진리의 법입니다. 부처님께서 말씀하신 것은 진리의 법인데, 바깥 색경계에 빠져서 물들지 말고 네 마음을 잘 닦아라 하는 것입니다. 삼계는 모두 마음이요 만법은 유식이라, 일체 유정 무정이 모두 의식이라는 그런 것이 다 법입니다. 유가에는 유가의 법이 있고 불가에는 불가의 법이 있고 다른 종교에는 그 종교의 법이 있고 가정에는 가정의 법이 있고, 이 세상이 다 법입니다.

"법이라는 것을 버렸거늘, 하물며 법 아닌 그릇된 법은 더 말할 것이 없다."라는 것입니다.

있고 없는 양변이 있습니다. 두 가지 양변을 싹 쓸어버린 사람은 참으로 뛰어난 사람입니다. 조주 스님 같은 이는 척 하니 해냈습니다. 신발 두 짝을 머리에 이고 말없이 턱 하니 돌아나갔는데 그게 무슨 소식이겠습니까? 이런 양변에서 걸려 있을 때 자기의 안목이 나와야 됩니다.

덕산 스님이 방에 있는데 암두 스님이 가서 문을 열고, 문지방의 턱 안쪽에 한 발을 내딛고 한 발은 밖에 두고 서서 덕산 스님한테 묻습니다.

"내가 범부냐, 성인이냐?"

이거 어떻게 하겠습니까? 이럴 때에 여기서 뛰어나는 사람은 사자새끼라 하고 부처님의 아들이라 하고, 거기서 헤어나지 못하는 사람은 범부정령이라, 컴컴한 중생의 의식을 가지고 산다는 것입니다. 중생의 의식을 가지고는 그것이 해결이 안 되지만 덕산 스님은 전광석화와 같이 나왔습니다.

덕산 스님이 한마디 전광석화와 같이 소리를 질렀습니다. 암두 스님이 들어가서 절을 했습니다. 후에 동산 선사가 말하기를 "정말로 암두전활巖頭全豁 상좌가 아니면 덕산의 할을 알아듣기 어렵다."라고 했습니다. 암두 스님이 이 말을 전해 듣고 "동산 늙은이가 좋고 나쁜 것도 가려볼 줄 모르면서 함부로 그런 소리를 하느냐."라고 한마디 했습니다.

덕산 스님이 천하의 선지식으로 불리는 위산 스님을 찾아가서 절이며 선방으로 한 바퀴 빙 돌며 살피고는 가버렸습니다. 위산 스님한테 인사라도 해야 될 텐데 왜 그렇게 갔겠어요? 나가다가 "이거 너무 간단하지 않나. 내가 이걸로 끝낼 것이 아니라 한 번쯤 좀 더 가까이 가서 시도해서 점검을 해보자." 하고는 위산 스님 있는 방에 문을 열고 들어가면서 방석을 들었습니다. 그러니까 위산 스님이 얼른 불자를 들려고 해서 "악" 소리를 지르며 방석을 대던지고는 나가버렸습니다. 위산 스님이 그랬습니다. "오늘 온 수좌는 큰 상상봉 봉우리에서 천하를 호령하는 선지식일 것이다."

그게 무엇이겠습니까? 그런 것을 여러분이 볼 때는 그냥 하는 것처럼 보이겠지만, 거기에는 벌써 보이지 않는 속에 여러 차례 칼이 오고가고 한 것입니다. 간파를 다 해버린 것입니다. 간파를 다 했기 때문에 그런 태도가 나오는 것이지, 간파를 못하면 나올 수가 없습니다. 살면서 그냥 뜻 없이 사는 것보다는 인생에 대한 자기 존재의 가치가 뭔가를 확실히 알면서 살라는 말입니다. 이런 양변을 뛰어난 자 그 사람이 해탈한 사람입니다.

第四十三

어떻게 도를 얻습니까?

문 | 어떻게 도를 얻습니까?

답 | 필경에 얻음으로써 얻음을 삼는다.

문 | 어떤 것이 필경에 얻음입니까?

답 | 얻음이 없으며, 얻음이 없음도 없는 것 이것을 이름하여 필경에 얻음이라고 한다.

問　云何得道

答　以畢竟得爲得

問　云何是畢竟得

答　無得無無得 是名畢竟得也

완전히 부정해서 쓸어버리면 마지막에 가서는 할 말이 없는데, 그럼 그것이 뭡니까? 하니 이걸 가지고 이름하여 증득했다고 하고, 무심이라고 하고, 무생이라고 하는 것입니다.

어느 모임의 회장을 맡은 처사님이 공부를 많이 했는데, 그 처사님한테 모임의 회원 처사가 하소연합니다.

"아, 내가 요새 고민이 되어서 죽겠습니다."

"뭐가 그리 죽겠어?"

"집 여편네가 춤바람이 나서 웬 남자하고 사귀었는데 이걸 어떻게 해야 되나 고민하고 있습니다."

회장이 자기가 참선 좀 한다고 이렇게 답합니다.

"그게 다 허망한 것이고, 있는 것이 없는 것이고 없는 것이 있는 것이여."

"아 그게 뭡니까?"

"뭐긴 뭐야 다 없다는 거지."

"없으면 어떻게 해야 됩니까?"

"없는데 어째. 없으면 그만이지. 거기서 걱정할 것이 뭐 있어. 태평이지. 그게 해탈이여."

"아 그렇습니까. 잘 알겠습니다. 한 생각 놓겠습니다."

"그래 한 생각 놔라. 방하착하라. 쉬어라." 하고는 큰 소리를 치더랍니다.

그러다가 몇 달 뒤에 회장 얼굴이 반쪽이 되었기에 "왜 그러냐?" 고 하니까 하는 말이 "집사람이 바람이 났는데 내가 직접 닥쳐보니까 집에 가면 죽이고 싶고, 이걸 어떻게 할까 하는데, 내가 남에게 말할 때는 놔라 방하착해라 아무것도 아니라고 큰 소리치고 그랬는데 내가 안 됩니다." 하더랍니다.

말로만 배워서 하면 정작 일에 부닥쳤을 때는 아무것도 안 되기 때문에 '증득하라'는 것입니다. 실제로 수료증을 확실히 얻으라는 것입니다. 일념으로 깊이 선정을 익혀 나가야 자신이 진검이 됩니다. 배워서 쓰는 것도 다 된 것이 아닙니다. 본인 스스로는 걸립니다.

'얻을 것이 없다'고 하면 얻을 것이 없다고 하는 것이 있으니까 얻을 것이 없다고 하는 그것조차도 없다고 모조리 쓸어서 부정합니다. 이럴 때에 이름 붙이기를 필경에 얻은 것(畢竟得)이라고 합니다.

그러면 보통 '얻을 것이 없다고 하는 그것도 없다'고 하면 전부 없는 것으로 끝납니다. 아주 없는 것으로 끝내 버리면 결국에 아주 없다고 하는 단견에 떨어지게 되니까 다시 돌아서 나온 것입니다. 그것을 이름해서 얻었다고 하는 것입니다.

세상에서 얻는다고 하는 것은 유위법을 가지고 말하는 것입니다. 금덩어리가 없던 것이 하나 생기면 얻는 것이고, 돈도 없다가 많이 벌면 얻었다고 하는 것이고, 또 대학 졸업하고 박사과정 밟아서 박사학위를 취득하면 얻었다고 하고. 이 세상은 전부 그런 것을 가지고 얻었다고 합니다.

논문을 써서 철학이나 과학 물리학에 대하여 그 사람이 박사학위를 취득했다고 합시다. 나중에 다시 명석한 사람이 나와서 새로운 것을 발명해 내면, 그 사람보다 또 다른 측면에서 발명한 것이 있기 때문에 또 박사가 된단 말입니다. 그러면 완벽한 박사가 없습니다. 세상에서 박사를 딱 끝내 버리면 그것을 능가할 만한 것을 더 발명할 것이 없어야 할 텐데 그렇지 않습니다. 그것은 한계가 있고 모양이 있는 데에 놓고 연구를 한 것이라 유위법입니다.

또한 전부 분석해 보고 아무것도 없다고 했을 때 없다고 긍정하는 놈은 더 이상 분석할 것이 없다고 하는 데 가서 생각이 멈췄으니까 그 사람은 거기에 빠진 것입니다. 여기서 아무것도 없다고 하는 것은, 있고 없는 것이 없으며 없다고 하는 그놈조차도 없다는 것입니다. 있고 없는 양변을 쓸어버리고 난 뒤에 두 가지도 없다고 하는 그것도 없다고 아주 쓸어버렸단 말입니다. 쓸어버리고 난 뒤에는 '뭐냐? 일러라' 이것입니다. 여기서는 일렀습니다. 그것이 '참으로 얻었다'고 하는 것이라고 일렀습니다. 이것이 무위법입니다.

"얻을 것이 없다, 얻을 것이 없는 것도 없다는 이것을 이름해서 필경에 얻은 것이라고 하는 것이다."라고 이렇게 다시 살아 올라와서 얻었다고 합니다. 그러니까 우리 중생들이 항시 두 가지 양변의 덫에 걸려서 일생을 그걸 가지고 살아가는데 상대가 있고 내가 있고 음과 양이 있고, 옳고 그른 것이 있고, 전부 상대적인 원리의 생활 테두리 속에서 살다가 보니까 그 굴레 속에 얽매여 가지고 자유를 못 얻습니다. 그래서 이놈을 모조리 부셔버리고 쓸어버리고 난 뒤에 허공을 보니 구름이 벗어진 만 리에는 또 만 리라, 끝이 없습니다. 땅덩어리 이게 다 무너지고 없어지고 나니 발밑으로도 또한 끝이 없고 끝이 없습니다. 그리고 난 뒤에 다시 뭐냐? 하고 돌이켜보는 것입니다.

"그것이 바로 얻은 것이다. 공의 자리를 체득한 것이다."

"공의 자리를 체득하고 나니까 뭐냐?"

"공도 아니더라."

"공이 아니면 뭐냐?"

"있는 것이다."

아주 없다고 모조리 쓸어버리고 난 뒤에 다시 있다고 했습니다.

뭐가 있냐? 묘유다. 자유롭게 쓴다, 천하에 걸릴 것이 없다, 무애자재하다는 것입니다. 무애자재한 이것을 중생들이 바로 알아야 우리들이 살아가는 데 인생의 참가치를 알 뿐 아니라 살아가는 모양새가 달라집니다.

중생심의 두 가지 양변을 가지고 살아가는 것과 그놈이 무너지고 나서 다시 되살아 올라온 그 물건하고 살아가는 차원이 다릅니다. 그러나 이것은 어디까지나 교리적인 것으로 실제로 깨달아 그렇게 되어야 합니다. 그 경지에 오르지 않은 사람이 누가 와서 물어보면 이렇게 문답한다고 합시다.

"아 그거 본래 없다."

"없으면 뭐냐?"

"아주 없다."

"없는 것이 뭐냐?"

"그것이 바로 얻는 것이다."

이와 같이 말로 한다고 해서 되느냐 하면 안 됩니다. 이것은 어디까지나 알음알이이기 때문입니다. '부처님이나 조사 말씀의 핵심이 여기에 있구나'라고 이해하고, 그렇다면 내가 이렇게 되었는가를 스스로 돌이켜서 보아야 합니다. 말씀은 들었지만 견해는 아직 무너지지 않았기 때문에 그 견해를 무너뜨려야 됩니다.

암자에서 두 사람이 공부를 하는데 조주 스님이 와서 "암주 있느냐?" 하니까 암주가 아무 말 안 하고 주먹을 내밀었습니다. 조주 스님이 "여기에는 물이 얕아서 배를 대려고 했더니 안 되겠다." 하고는 위 암자로 올라갔습니다. 거기서도 "암주 있느냐?" 하니까 주먹을 내밀었습니다. "너는 능살능활이라. 능히 죽이고 능히 살리는구나. 물이 깊고 깊어서 배를 대고도 남는구나."

둘 다 주먹을 내밀었는데 어째서 다를까요?

요즘 공부를 설해서 되지도 않은 사람이 와서 주먹 내밀고, 어떤 사람은 절하고, 소리 지르고, 문을 열었다 닫았다 하고, 별짓 다 하는 사람 많습니다. 선지식이라야 사람을 바로 보고 들어가 점검해서 바로 이끌어줄 수 있지, 선지식이 아니면 둘 다 주먹을 내미는데 그게 되었는지 안 되었는지 어떻게 알겠습니까? 선지식이라야 똑같이 주먹을 내밀어도 이것은 진검이고 저것은 가검이라는 것을 안단 말입니다. 다 된 사람은, 이래도 되고 저래도 되고 다 되지만 그걸 누가 아느냐 이 말입니다.

토굴에 20년 30년 있다가 자기 혼자 조작으로 생각해서 거꾸로 알아도 알았다고 떡 하니 나와서는 도인인 체 하면, 저게 진짜 안 것인지 아닌지를 누가 바로 보고 판명을 해줘야 되는데, 그 판명을 받지 않고 혼자 생각을 지어가지고 알은 체하고 다니는 사람들이 많습니다. 공부 많이 했다고 큰소리치고, 머리도 기르고, 수염도 길게 기르고 도인인 체 합니다. 『금강경』 글귀나 꿰고, 책이나 들여다보고 아는 체를 하지 않습니까? 그걸 누가 알 수가 있습니까? 그러나 확실한 안목이 있는 선지식 앞에는 마치 해가 뜨면 별 같은 것은 빛이 죽어서 없어지듯이 참으로 이 공부는 분명하게 되어야 됩니다. 이건 공부하라고 하는 말이지, 말재주나 배우고 써 먹으라고 해주는 것이 절대 아닙니다.

「돈오입도요문론」은 논리적으로 교리적으로 파헤쳐서 설해준 것입니다. 중국에서는 선에 대한 것도 교리적으로 밝게 파헤쳐 놓은 것이 많아서 『벽암록』도 그래서 불을 살랐습니다. 지금 것은 불사르고 남은 찌꺼기를 모아서 나온 것입니다. 거기에 다 나와 있으니까, 그것을 그대로 두면 전부 입도인이 되어서 도인인 척 합니다.

조주 스님 같은 이가 턱 하니 "판때기 이빨에 털 났다." 하니 '그런 말은 여기에 없는데…' 하고 생각 안 할 수 없지요. 조사어록이고 교리에 '판때기 이빨에 털 났다'는 말이 어디 있습니까? 그걸 풀어놓은 것도 없습니다. 이것은 곧 사람을 죽이는 일입니다.

교리적으로 논리적으로 배운 것 가지고는 조주 스님의 판때기 이빨에 털 났다, 운문 스님의 변소 젓는 똥막대기라고 하는 것이 통하지를 않습니다. 무슨 소리를 해도 안 됩니다. 덕산 스님 같은 이는 누가 오기만 하면 때리고, 뭐라고 입을 덜썩이기만 해도 때리니 덕산 스님 방 안에는 천하인이 가도 다 방망이를 맞습니다. 어느 누가 가도 다 때리니 그것을 어떻게 해결하겠습니까?

또 '뜰 앞에 잣나무니라.' 그것을 어떻게 해결할 것입니까? 거기에는 이런 소리를 해도 안 맞고 저런 소리를 해도 안 맞고, 그러니까 한 마디로 다 필요가 없습니다.

여러분이 이 말을 듣고 척 하니 뒤집어져서 살림살이가 모조리 박살나서 없어져 버리고 천진바탕이 확연히 드러나서 다 되어버리면 그만 되는 것인데 이 말 들어서 되는 사람이 있겠습니까? 발심이 되어야 합니다. 이 말 들어서 해결되면 좋고 해결 안 되면 '아! 내가 이 놈을 해결해야 되겠구나' 하고 철저한 신심을 내어야 됩니다.

第四十四

이름하여 필경공

문 | 어떤 것이 필경에 공입니까?

답 | 공도 없고, 공이 없음도 없는 것을 이름하여 필경공이라고 한다.

問　云何是畢竟空

答　無空無無空 卽名畢竟空

◉

"공도 없고 공이 없다고 하는 것도 없다. 곧 이름을 필경에 공이라고 하는 것이니라(卽名畢竟空)."라고 했습니다.

여기서 만약 무엇이 공이냐 할 때, "공이라 할 것이 없는 것이 공이다.”라고 하면 안 되는 것입니다.

대주 선사는 “공이라고 할 것이 없고, 공이라고 할 것이 없다고 하는 것도 없다.”고 싹 쓸어버렸습니다. 그것을 ‘이름 붙이자면 공이다’라고 살아나왔습니다. 조사나 부처님의 핵심을 이와 같이 교리적으로 알고서 다시 공부를 열심히 해 들어가는 사람은 다른 외도에 떨어지지 않습니다.

과거에 어떤 선사는 “어떤 것이 공입니까?” 하고 물으니까 “한 마리 외로운 기러기는 땅을 차고 하늘 높이 날고, 봄날의 수양버들 가지는 바람에 한들한들 하느니라.”라고 대답했습니다.

여러분이 확실히 깨달아서 알아지면 어떤 고정적인 말에 팔리거나 속지 않고 자기의 안목이 척 하니 나옵니다. 거기에는 무위 대자유자재니까 이렇게도 쓰고 저렇게도 쓰고 쓸 수가 있습니다. 그런데, 이런 말만 배워서 쓰려고 하면 안 됩니다. 이것은 어디까지나 표본적, 이론적으로 이렇다고 하는 것을 가르쳐준 것이니까 여러분이 이 말을 듣고 공부를 해야 됩니다.

第四十五

진여의 정

문 | 어떤 것이 진여의 정(眞如定)입니까?

답 | 정이라고 할 것이 없으며, 정이라고 할 것이 없는 그것도 없는 이것을 이름하여 진여의 정이라고 한다. 경에 이르되 "정한 법이 있을 것이 없는 그것을 이름해서 아뇩다라삼먁삼보리라고 하며, 또한 정한 법이 없는 것을 여래가 가히 설했다."라고 하였다.

경에 이르되 "비록 공을 닦았으나 공으로써 증득함을 삼지 마라."고 하였으니 공을 얻었다고 하는 생각을 짓지 않는 것이 곧 이것이다. 비록 정을 닦았으나 정으로써 증득함을 삼지 아니하여 정이라고 하는 생각을 짓지 않음이 곧 이것이다. 비록 깨끗함을 얻었으나 깨끗함으로 증득함을 삼지 않으니 깨끗하다는 생각을 짓지 않음이 곧 이것이다. 만약 정을 얻고 깨끗함을 얻어서 일체 모든 곳에서 무심함을 얻었을 때에 무심함을 얻었다는 생각을 지으면 그것은 모두 망상이니 곧 속박당한 것으로 이를 해탈이라고 말하지 않는다. 만약 이와 같음을 얻었을 때 분명하게 스스로 알아서 자재를 얻었으나 이것으로 증득을 삼고자 하지 않으며, 또한 이와 같은 생각을 짓지 않으니 곧 이것을 참으로 해탈을 얻었다고 한다.

경에서 말하기를 "만약 정진한다는 마음을 일으키면 이것은 망념이니 정진이 아니니라. 만약 능히 마음이 망령되지 않으면 정진도 끝이 있을 것이 없다."라고 하였다.

問 云何是眞如定

答 無定無無定 卽名眞如定 經云 無有定法名阿耨多羅三藐三菩提 亦無定法如來可說

經云 雖修空 不以空爲證 不得作空想 卽是也 雖修定 不以定爲證 不得作定想 卽是也 雖得淨 不以淨爲證 不得作淨想 卽是也 若得定得淨 得一切處無心之時 卽作得如是想者 皆是妄想 卽被繫縛 不名解脫 若得如是之時 了了自知 得自在 卽不得將此爲證 亦不得作如是想 卽得解脫

經云 若起精進心 是妄非精進也 若能心不妄 精進無有涯

◉

우리는 화두 공부를 해 들어가면 정定에 들어간다고 하는데, 대주 선사는 "어떤 것이 참으로 여여한 정(眞如定)입니까?" 하고 묻는 것에 대해, "정이라고 할 것이 없으며, 정이라고 할 것이 없는 그것도 없는 이것을 이름하여 진여의 정이라고 한다."라고 답합니다.

여기에 이렇게 말한 의지가, 낙처가 어디에 있느냐는 것입니다. 이것은 우리 중생들이 가지고 있는 살림살이를 부셔서 없애는 겁니다. 없애치워서 정말로 우리의 본래 천진바탕에서 턱 하니 한마디를 해 준 것입니다.

"경에 이르되 '정한 법이 있을 것이 없는 그것을 이름해서 아뇩다라삼먁삼보리라고 한다.'"라고 했습니다.

어떤 분은 이것을 '정한 법을 가지고 아뇩다라삼먁삼보리라고 할 것이 없다'고 새기기도 하는데, 이것은 '정한 법이 아뇩다라삼먁삼보리라고 할 수 없다'고 하는 것에 귀결을 시킨 것입니다.

그런데 『금강경』에 주를 달아 놓은 것을 보면 그렇게 새기지 않고, 그냥 정한 법이 있을 것이 없는 그것을 이름해서 아뇩다라삼먁삼보리라고 이름을 붙여서 살려내 놨지 모조리 할 것이 없다고 귀결 지어서 새기지는 않았습니다.

『금강경』에는 부정을 하고 또 드러냈지 부정만 하지는 않았습니다. 일단 부정하고 거기에서 끝나는 것이 아니라 "이름하여 반야바라밀이라고 한다."라고 다시 살아나옵니다. 그러니까 반야바라밀이 반야바라밀이 아니라 이름해서 반야바라밀이라는 것입니다. 그와 같이 "정한 법이 있을 것이 없다. 없지만 아주 없는 것이 아니라, 그것을 이름 붙이자면 아뇩다라삼먁삼보리라고 하는 것이다."라고 다시 살려서 나오는 것으로 해야 합니다.

정한 법이 무엇입니까?

이 세상의 모든 것이 정한 법 아닙니까? 세간이나 출세간이나 할 것 없이 삼계는 유심이요 만법은 유식이라. 그러면 유심이라는 것은 뭐냐. 마음으로 모든 것을 지었다는 것입니다. 이 세상 살아가는데 삼

강오륜이니 예의도덕이니 세상의 육법전서 할 것 없이 하늘 땅 누가 다 만들었습니까? 일체 모든 것에 이름을 붙이고 법을 정해 놓은 것이 사람이 마음으로 다 지어서 만들어 놓은 것 아닙니까? 정한 법이 있을 것이 없다고 했는데 고정된 법이 어디 있습니까? 세계 각국에서 펜이라고 하는 것이 본래부터 고정되어서 정해진 것이 아니고 다 다릅니다. 그래서 무유정법이라, 각 나라마다 정한 데 따라서 다르듯이 이 세상 모든 것이 다 그렇다는 말입니다.

이 법이 본래 하나로 딱 정해진 것이 아니라 가는 데마다 모양이 다르고 생활도 나라마다 다릅니다. 샘물을 예로 들면, 물 자체는 본래 특정한 사람의 소유물이 아니기 때문에 김씨 이씨 박씨 가운데 어느 성씨의 물도 아닙니다. 그렇기 때문에 김씨가 물을 떠가지고 가면 김씨 집의 물이 되고, 박씨가 물을 떠가지고 가면 박씨 집 물이 되는 것입니다. 이처럼 물을 그릇에 담아가는 사람에 따라서 이름이 붙여질 따름이지 본래 누구의 물이라고 정한 것이 없듯이 정한 법이 본래 없습니다.

주장자라고 하는 것도 쓰기 위해서 그냥 주장자라고 이름을 붙인 것인데, “이것을 주장자가 아니라고 해야 됩니까?” 해도 맞지 않습니다. 전부 ‘아니다. 아니다’ 하면 맞을까요? 정한 법이 없기 때문에 이래도 맞지 않고 저래도 맞지 않습니다. 그러나 형식적으로 정해서, 거짓말로 정해서 쓴다는 것입니다. 알고 쓰면 이렇게 해도 맞고 저렇게 해도 맞습니다.

이 세상 어느 것도 정한 법이 없습니다. 정한 법이 없는 것. 그것이 뭐냐 할 때 이름해서 아뇩다라삼먁삼보리, 최상의 진리 법이라는 것입니다.

"경에 이르되 '비록 공을 닦았으나 공으로써 증득함을 삼지 마라' 라고 하였으니 공을 얻었다고 하는 생각을 짓지 않는 것이 곧 이것이다."라고 했습니다.

공했다고 하는 것을 증득해서 그것을 근본으로 삼아서 가지고 있는 것은 아니라는 말입니다. 공이라고 하는 것을 최고 목적으로 삼아서 하는 것은 아니라는 것입니다. 여러분들은 공했다 하니까 일체 모든 색경계가 공했구나 하고 그 말을 머릿속에 담아두고 있다가 어디 가서 누가 물으면 '모든 것이 공이다'라고 하는데, 공이라고 하는 생각을 지어서 가지고 있지 말라는 말입니다.

"비록 정을 닦았으나 정으로써 증득함을 삼지 아니하여 정이라고 하는 생각을 짓지 않음이 곧 이것이다."라고 합니다.

정이라는 생각을 가지고 있으면 그것은 정이 아닙니다. 거기에는 그런 생각이 끊어지고 없다는 것입니다.

"비록 깨끗함을 얻었으나 깨끗함으로 증득함을 삼지 않으니 깨끗하다는 생각을 짓지 않음이 곧 이것이다."

깨끗함을 얻었다는 생각을 짓지 말라는 것입니다. 나는 깨끗하다는 생각을 가지고 있으면 아니라는 것입니다. 깨끗하다는 생각도, 더럽다는 생각도 없이 두 가지 상대성의 생각이 다 떨어져서 없다고 하는 거기에 가서는 없다고 하는 것조차도 없습니다. 그때 그 자리를 깨끗하다고 할 수 있습니다. 속세에서 누가 박사학위를 따면 나는 박사다 하는 생각을 가지고 있고, 높은 벼슬을 하고 있으면 나는 높다고 하는 상을 가지고 있는데, 그런 상을 가지고 있으면 중생놀음이라, 거기에는 시시비비가 생기고 불화가 생겨납니다. 완전히 쓸어서 본래 천진바탕을 되찾아야 합니다.

'나는 무심無心을 얻었다'라는 생각을 가지고 있으면, 그 생각에 스스로 잡혀 있는 것입니다. 그러면 스스로 꼼짝 못하고 얽매여 해탈의 자유를 얻지 못함이니 무심을 얻었다는 생각조차도 안 된다는 말입니다. 그런 생각을 만약 가지고 있다면 망상입니다.

'나는 정을 얻었다. 깨끗한 것을 얻었다. 무심한 것을 얻었다'고 하는 생각을 가지고 있으면 안 된다는 소리입니다. 그것이 전혀 없어져야 됩니다. 없어졌을 때 그것을 참으로 얻었다고 할 수 있고, 그래야 분명하게 스스로 안 것입니다. 그래야 비로소 자유인입니다. 마음대로 자유자재로 기가 막히게 되는 것입니다.

"경에서 말하기를 '만약 정진한다는 마음을 일으키면 이것은 망념이니 정진이 아니니라. 만약 능히 마음이 망령되지 않으면 정진도 끝이 있을 것이 없다'고 하였다."라고 했습니다.

선방에 10년을 다녔건 20년을 다녔건 나는 선방에 다녔네 하는 수자상이 붙는다는 겁니다. 보살님들끼리도 몇 년 참선하러 다니더니 참선 안 하는 보살이 오니까, 나는 참선하는 사람인데 저 사람은 참선도 안 하는 사람이라고 그만 상을 냅니다. 염불하면 염불한다고, 참선하면 참선한다고 전부 상을 가지고 있습니다. 그러나 진짜로 공부를 해서 자기의 이 마음을 확실히 아는 사람은 그렇지 않습니다. '저 사람은 정진도 안 하고 노는구나, 나는 정진한다.' 정진한다는 생각을 가지고 일으키면 그건 벌써 망상이지 정진이 아닙니다.

과거에 귀종 선사에게 어느 수좌가 물었습니다.

"눈에 부딪히는 것마다 모든 것이 보리라고 하니 그 어떤 것입니까?”

귀종 선사가 한쪽 발을 척하니 내밀면서 “알겠느냐? 여기에 세 가지가 뜻이 원만히 갖추어져 있으니 네 마음대로 하나 골라가져 가거라.”라고 하였습니다. 그러니까 그 사람이 관청에 가서 자기를 희롱하는 스님이라고 고소를 했답니다.

중국의 간화선을 가장 두드러지게 드러낸 분이 대혜종고 선사인데, 그 스님이 그 나라 영의정의 아버지 49재에 법문을 하러 갔습니다. 대혜 스님이 법상 위에 올라가서 가만히 있다가 주장자를 들어서는 위패에다 대고 활을 당기는 시늉을 했습니다. 그리고는 다른 말이 없이 법상에서 내려왔습니다. 그러자 영의정이 ‘내 부모에게 활을 겨누는 시늉을 했으니 그것은 쏴 죽인다는 시늉이 아니겠는가?’라고 생각하고 대혜 스님을 역적으로 몰아서 외딴 섬으로 귀양을 보냈습니다. 그런데 대혜 스님이 살아 있는 법문을 잘해줘서 영의정의 부모가 천도가 잘 되었음이 밝혀지면서 10년 만에 방면이 되었습니다. 그때 비로소 그분이 유명해졌습니다. 그러니까 선사는 당장 눈앞의 죽고 사는 것을 관계치 않고 생명마저도 내놓고 바로 일러준 것입니다.

우리 중생들은 생각을 지음으로써 스스로 자기 생각의 올가미에 갇히게 되는 것입니다. 그렇다면 생각 없이 해야 된다는 말인데 어떻게 해야 되느냐가 문제입니다. 확실하게 공부를 해서 나라고 하는 존재가 어떤 것인가를 알았을 때 그 사람이 생각하는 것과 나라는 존재를 확실히 알지 못하는 사람이 생각하는 것은 서로 다릅니다.

우리 중생들은 항상 양변에서 벗어나지 못하는 생각을 가지고 생각을 짓고 있습니다. 본인이 생각을 하고 또 그 생각에 머무르고 집착하고, 끊임없이 망상 번뇌를 만드는 것입니다. 나라는 존재를 확실히 알면 두 가지의 상대적인 양변에서 뛰어나서 마음을 자유자재로 굴리고 쓰기 때문에 그런 분이 쓰는 것은 여의자재라고 합니다. 우리들이 공부를 하다가 깨달은 것이 있고 도를 얻은 것이 있다고 생각하면 그것 역시 두 가지 양변의 올가미에 머물러서 떨어지는 것입니다. 전혀 얻었다는 생각을 짓지 않을 때, 비로소 그것을 해탈이라고 하는 것입니다.

우리는 공부를 시작하는 것이 있고 마치는 것이 있고, 정진도 시작했다가 공부해서 깨달으면 정진할 것이 없는 것으로 생각하는데 그렇지 않습니다. 공부는 무한정하고 망상이 없는 그 차원에 있는 우리들의 마음 쓰는 정진 역시 무한정합니다. 영원히 끝이 없이 항상 쓴다는 것입니다.

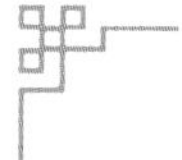

第四十六

이것도 저것도 다 아니다

문 | 어떤 것이 중도입니까?

답 | 중간도 없고 또한 양변도 없는 것을 이름하여 중도라고 하는 것이다.

문 | 어떤 것이 양변입니까?

답 | 저 마음이 있고, 이 마음이 있음 이것이 곧 양변이니라.

문 | 어떤 것을 이 마음 저 마음이라고 합니까?

답 | 밖으로 소리와 모양에 얽매이는 것을 저 마음이라고 하고, 안으로 망념을 일으키는 것을 이 마음이라고 한다. 만약 저 밖으로 모든 소리와 모양에 물들지 아니하면 곧 이름하여 저 마음이 없다고 하며,

안으로 망령된 생각을 내지 않는 것을 이름하여 이 마음이 없다고 하니 이것은 양변이 아니니다. 마음에 이미 양변이 없을 때는 중간이 또한 어디에 있겠느냐. 이와 같이 얻었음을 이름하여 중도라고 하고, 참된 여래의 도라고 한다. 여래의 도라는 것은 곧 일체를 깨달은 사람의 해탈한 경계이다.

경에 이르되 "허공은 중간도 가장자리도 없다. 모든 부처님 몸도 또한 그러하다."라고 하였다. 그리하여 일체 색이 공함은 곧 일체 모든 곳에 무심함이며, 일체처에 무심함은 일체 색의 성품이 공함이다. 두 뜻이 다름이 없으니 그것을 이름하여 색공이라고 하고 또한 색이 법이 없다고 한다. 만약 네가 일체처에서 무심을 여의면 보리, 해탈, 열반을 얻은 것이다. 적멸, 선정에서 성품을 본다고 하는 것은 아니다. 일체처에서 무심이라고 하는 것은 곧 보리, 해탈, 열반을 닦는 것이니 적멸, 선정과 육도가 모두 견성하는 곳이라. 어째서인가? 『금강경』에 이르되 "털끝만 한 법도 가히 얻을 것이 없으니 이것을 이름하여 아뇩다라삼먁삼보리라고 한다."라고 하였다.

問 云何是中道

答 無中間 亦無二邊 卽中道也

云何是二邊

答 爲有彼心有此心 卽是二邊

云何名彼心此心

答 外縛聲色 名爲彼心 內起妄念 名爲此心 若於外 不染色 卽名無彼心 內不生妄念 卽名無此心 此非二邊也 心旣無二邊 中亦何有哉 得如是者 卽名中道 眞如來道 如來道者 卽一切覺人 解脫也

經云 虛空無中邊 諸佛身亦然 然 一切色空者 卽一切處無心也 一切處無心者 卽一切色性空 二義無別 亦名色空 亦名色無法也 汝若離一切處無心 得菩提解脫涅槃 寂滅禪定見性者非也 一切處無心者 卽修菩提解脫涅槃 寂滅禪定 及至六度 皆見性處 何以故 金剛經云 無有少法可得 是名阿耨多羅三藐三菩提也

◉

있고 없는 것, 옳고 그른 것, 미워하고 좋아하는 두 가지의 양변이 아닌 중도中道 자리가 어떤 것이냐는 물음에 "중간도 없고 또한 양변도 없는 것"이라고 답하고 있습니다.

중간이라고 하는 것을 내세우면 그것 역시 중간이라는 것에 떨어져서 머무르고 맙니다. 여기서는 그것 역시 부정하는 것입니다. 옳고 그르고, 크고 작고, 있고 없고, 미워하고 좋아하는 두 가지의 양변을 모조리 제거해서 쓸어버리고 나서 이것도 저것도 아닌 중간이라고 내세우면 틀렸다는 것입니다. 양쪽에 두 가지도 쓸어버리고 중간이라는 것도 쓸어버려야 합니다. 양변도 쓸고 중간도 쓸어버린 것, 이름해서 중도라고 하는 것입니다.

우리는 다 성색에 속고 있습니다. 내가 사는 주택을 궁궐과 같이 잘 지어야겠다, 또 가정의 살림살이를 늘여야겠다, 금송아지를 갖다 놔야 되겠다, 또 정원을 멋지게 잘 꾸미고 조용한 곳에 땅을 사서 별장을 잘 지어야겠다, 전부 모양이지 성색 아닌 것이 어디 있습니까? 거기다 남보다 좀 더 젊어 보이겠다고 수술을 해서 젊어지기도 합니다. 이 세상에 살아가는 데 있어 남보다 뛰어나야겠다, 이런 모양새를 가지고 근본을 삼고 있습니다. 그리고 남한테 나쁜 소리는 듣기 싫고,

좋은 소리와 칭찬만 듣고 싶어합니다.

고정관념에 갇혀 사는 것을 저 마음이라고 하고, 안으로 망령된 생각을 일으키는 것을 이 마음이라고 합니다.

밖으로는 외형적인 모양을 두고 말했고, 안으로는 중생들이 가지고 있는 욕심입니다. 명예심, 재물욕, 남녀 간의 애정욕, 독단적이고 자기 편리 위주의 생각을 많이 가지고 있는 것을 중생이라고 하고 망념이라고 합니다. 또 옳고 그른 것을 따지고, 좋은 것을 보면 좋다고 하고 음식도 보기 좋고 맛있는 것만 찾고, 중생들이 가지고 있는 여러 가지 각도에서 옳고 그른 생각, 두 가지 양변의 생각, 망념을 가지고 있는 것, 그것을 이 마음이라고 하는 것입니다.

성색에 물들지 아니하면 저 마음이 없어지고, 안으로 망령된 생각을 내지 아니하면 곧 이 마음이 없는 것이며, 따라서 양변이 아니라는 것입니다.

"마음에 이미 양변이 없을 때는 중간이 또한 어디에 있겠느냐. 이와 같이 얻었음을 곧 이름하여 중도中道라 하고, 참된 여래의 도(眞如來道)라고 한다."라고 말하고 있습니다.

주장자를 들어 보이면서 "뭐냐?"라고 물으면 여러분은 뭐라고 하겠어요?

"주장자입니다."

"아니다."

"그러면 주장자가 아니라고 해야 맞습니까?"

"그것도 아니다."

두 가지 양변을 쓸었단 말입니다. 주장자라고 하는 것도 맞지 않고 주장자가 아니라고 하는 것도 맞지 않습니다.

"그러면 이것도 저것도 아니라고 해야 맞습니까?"

"아니다. 그것도 틀렸다"

그러면 여기서 뭐라고 해야 되겠느냐 그 말입니다.

'두 가지 양변도, 중간이라고 하는 것도 아니다. 그러면 그것이 뭐냐?' 거기서 바로 알아야 됩니다.

역대 무수한 철학자 성인이 있다고 하더라도 어느 분도 여기서 밝힌 것을 말씀하신 분은 없습니다. 도교에서는 무위자연지도無爲自然之道라고 했습니다. 인도의 바라문, 힌두교의 범아일여梵我一如 사상은 오직 절대의 신이 하나 있어서 일체 만물 속에 들어가 있다고 말했습니다. 다 내세우는 것이 있습니다.

신약성서를 보면 하늘나라에 아버지가 계신다고 합니다. 서양에서는 그 신을 중심으로 종교가 발달되었는데, 그런 종교가 발달된 서양에서 외형적인 마음의 세계를 추구해서 발전시킨 것이 과학입니다. 그러나 동양에서는 내형적인 윤리도덕이 발전했습니다. 이 땅에서 인류의 행복을 정착시키고 발전시키기 위해서, 서양에서는 과학이 발달했고 동양에서는 도덕이 발전한 것입니다. 그런데 서양 사람들은 지금 와서는 과학 가지고는 우리 인류의 완전한 행복을 정착시키지 못한다고 손을 들었습니다.

모든 종교를 놓고 보더라도 불교는 동양의 도교, 유교와도 다르고 인도의 범아일여 사상과도 다릅니다. 얼핏 보면 윤회설 같은 부분은 비슷한 점도 있습니다. 인도의 바라문교에서도 윤회사상이 그대로라, 금생에 잘하면 죽어서 천국 가고, 또 이 세상에 다시 태어나고 윤회를 한다고 합니다.

그러나 부처님이 말씀하신 것 중에서, 다른 어느 종교도 추종할 수 없는 것이 있습니다. 불교는 모든 것을 싹 쓸어 없앴습니다. 무상, 무아, 적정열반이라. 부처님은 '이것이다' 하고 내세우지 않았습니다. 그런데 하늘보다 땅보다도 크고 귀한 이것을 뭐라고 말을 해야 되니까 부득이 이름하여 '반야바라밀', 이름하여 '지혜'라고 하는 것이고, 이름하여 '각성'이라고 하는 것입니다. 부처님은 꼭 이것이다 하고 말뚝을 쳐가지고 내세우시지 않았습니다. 전부 쓸어놓고는 뭐라고 해야 할 때 "그저 이름하여 반야바라밀이고, 지혜이고, 적정열반이고, 각성이라고 하는 것이다."라고 했습니다. 다른 종교에는 그런 것이 없습니다.

"그리하여 일체 색이 공함은 곧 일체 모든 곳에 무심함이며, 일체처에 무심함은 일체 색의 성품이 공함이다."라고 말씀하십니다.

우리가 공空한 도리를 깨달아야 적정열반, 안심입명처를 바로 증득하고 무한한 지혜를 밖으로 쓸 수 있습니다. 지혜를 쓰는 것이 무엇이냐 하면 바로 무심無心입니다. 마음이 있는 사람은 어떻겠습니까? 그건 양변을 가지고 사는 사람입니다. '누구는 옳고 누구는 나쁘다' 하며 자꾸 모함하고 질투하는 것을 헤어나지 못합니다. 이 법문 들었다고 여러분의 마음이 뒤집어지면 얼마나 좋겠습니까? 마음이 뒤집어져야 되는데 안 되니까 뭔지 한번 확인을 해보자 하고, 부처님은 6년을 씨름하셨고, 달마 스님은 9년 동안 애를 쓰고, 역대 조사스님도 10년 20년 애를 썼습니다.

한 걸음 더 나아가서 "두 뜻이 다름이 없으니 그것을 이름하여 색공이라고 하고 또한 색이 법이 없다고 한다. 만약 네가 일체처에서 무심을 여의면 보리, 해탈, 열반을 얻은 것이다."라고 말씀하고 있습니다.

무심이라고 하는 것도 가지면 안 된다는 것인데, 왜 무심을 가지면 안 되겠습니까? 무심이라고 하는 것을 가지면 일중관에 막혔다고 합니다. 하나의 관關, 관이 빗장 관 자라, 대문을 닫고 빗장을 걸어버리면 못 들어가듯이 무심이라고 하는 하나의 관에 막혀서 자유가 없어집니다. 그것조차 뚝 떨어져야 된다는 말입니다. 일체처에 무심을 여의면 비로소 보리, 해탈, 열반을 얻었다고 합니다.

"적멸, 선정에서 성품을 본다고 하는 것은 아니다. 일체처에서 무심이라고 하는 것은 곧 보리, 해탈, 열반을 닦는 것이니 적멸, 선정과 육도가 모두 견성하는 곳이라. 어째서 그러한가? 『금강경』에 이르되 '털끝만 한 법도 가히 얻을 것이 없으니 이것을 이름하여 아뇩다라샴먁삼보리라고 한다'고 하였다."

다른 데 강의해 놓은 것을 보면, "적은 법을 가히 얻는 것을 이름하여 아뇩다라샴먁삼보리라고 할 것이 없다."라고 새겨놓은 데가 있습니다. 이것은 '모조리 없다'는 것에 낙착되어 있기 때문에 그렇게 새기면 곤란합니다. "적은 법도 가히 얻을 것이 없다. 그것을 이름하여 아뇩다라샴먁삼보리라고 한다."라고 해야 합니다.

여기에서 가히 얻을 것이 없다고 하는 이것은 『반야심경』의 '이무소득고以無所得故'입니다. 하나도 얻을 것이 없다고 하는 이것은 무엇을 말하는 것입니까?

이것은 공의 차원에서 하는 말입니다.

모든 것이 공해서 십이인연도 없고 고집멸도 사제법도 없습니다. 공했기 때문에 일체가 없습니다. 없는 그 당처를 보니까 아무것도 얻을 것이 없습니다.

깨끗하고 맑은 허공과 같이 이 마음의 심성 자리가 비어 있음을 말합니다. 그 차원에서는 더하고 감할 것이 없고 얻을 것이 없습니다. 그것이 곧 보리살타요 아뇩다라삼먁삼보리입니다. 아뇩다라삼먁삼보리는 우리의 깨끗한 진여자성의 자리를 말합니다. 판단하는 지혜, 일체를 쓸 때 걸림이 없이 쓰는 지혜를 가지고 있습니다. 그 자리에 뭘 더하며 뭘 얻을 것이 있겠습니까?

무량 아승지겁을 닦아야 팔지에서 십지의 보살이 되는데, 팔지 이상의 보살이 되면 음양을 자유자재로 굴리고 시방 대천세계에 걸리는 것이 없습니다. 이 몸이 있다가 죽으면 어디로 가는지, 태어나면 어디서 어떻게 있다가 태어나는지 삼세가 없이 확 뚫립니다. 팔지 이하 보살, 칠지보살까지는 갈 때는 매하지 않아서 어느 집에 가서 태어난다고 자신하고 가지만 뱃속에 들어가 태어나면 매합니다. 팔지 이상은 들어가고 나오는 출입에 자재하며, 십지 이상이면 더 말할 것도 없습니다. 그렇게 될 때까지는 무량 아승지겁을 닦아야 됩니다. 수도 없이 몸을 던지고 봉사를 하고 도를 닦아나가야 됩니다.

우리들이 무량 아승지겁은 그만두고 현생에 공부해서 마친다고 참선을 하는데, 팔지보살은 망념이 아주 없어진 것이 아니라 미세망념이 있습니다. 대각법신을 이루어야 일체가 없어집니다. 목전에 나고 죽는 생사가 무엇입니까? 한 생각 중생심 일으키는 것이 생이고 한 생각 없어지면 그것이 죽는 것입니다. 우리는 하루에 수천만 번 죽었다 살아났다 하는 생멸심을 가지고 있다는 것인데 이것이 해결이 안 되면 생사해탈을 못합니다.

제가 봉암사에 있을 때 열심히 공부에 매진했는데, 공부가 될 만하면 마장이 생겼습니다. 공부가 잘 되어갈 때 꼭 그에 상응하는 것이 일어납니다. 이 중생심이 완전히 떨어지면 관계가 없는데 중생심이 있는 한은, 화두가 잘 되어갈 때는 그에 비등한 것이 꼭 일어납니다. 거기에 속지 않아야 되는데, 사람은 반드시 속게 되어 있습니다.

그때도 공부를 열심히 하고 있는데, 옆에 있는 스님이 가당치 않은 소리를 하면서 자꾸 거량을 하고 뭘 따지고 그러는데 아무리 아니라고 해도 자기가 옳다는 겁니다. 그러거나 말거나 정진을 하고 있어야 되는데 지기 싫어가지고 발길로 찼더니만 어떻게 잘못되어서 쓰러지는 바람에 대중공사가 벌어지고 참회를 했습니다. 그리고 다시 정진한다고 이를 악물고, 밤에 잠도 안 자고 애를 쓰는데, 잠깐 눈 붙인다고 누우면 그만 새벽 예불 종치는 3시가 되었습니다.

당시 법연 스님은 도감이라, 집을 짓는 것을 감독하고 축대 쌓는 일을 하는데 낮에는 종일 일을 합니다. 그 스님은 일을 하면서도 화두를 역력히 챙깁니다. 제가 밤에 들어가서 자자고 하여 10시 되어서 분명히 같이 누웠는데 12시나 1시쯤 정진해야지 하고 일어나면 벌써 앉아 있습니다. 눕기는 같이 누웠는데 언제 일어났는지도 모릅니다. 자존심이 상해서 제가 용맹정진한다고 앉아 있으니까 아예 방을 안 들어옵니다. 그래서 어디 갔나 찾아보니까, 희양산 산봉우리 중턱쯤에 천막을 치고, 큰 절에서 정진이 12시에 끝나면 거기에 올라가서 밤을 새우고 새벽 3시 예불 종치기 전에 내려오는 겁니다. 밤중에 어두운데 어떻게 다니느냐 하니까 어느 날 자기가 천막 안에 놓아둔 큰 평상에 분명히 앉았는데 정신을 차려서 보니까 새벽 3시가 되었는데, 길거리 중간에 서 있었다고 합니다. 공부를 그렇게 지독스럽게 하시는 것을 보고 저도 눈을 부릅뜨고 공부하느라 애를 썼습니다.

망상이 일어나도 화두를 밀어붙이니까, 그 죽을 고비가 오는데 참 희한합니다. 죽을 고비를 넘기고 또 넘겨야 망상이 수그러지고 화두가 잡힙니다. 그러면 공부하기가 좀 쉬워지는데, 거기서 쉬운 줄 알고 느끼면 안 되고 애를 써서 더욱 힘을 가해야 됩니다. 그렇게 애를 쓰다가 하루는, 목욕탕에서 목욕을 하고 거울을 보는 찰나에 제가 한 생각이 뒤집어졌습니다. 망상을 없애려고 무수히 애쓴 것이 잘못되었다는 것을 알았습니다. 잔디의 풀을 깎으면 또 일어나듯이 망상은 끊임없이 일어나는 것인데 그것을 자꾸 없애려고 한 것이 잘못되었다 하는 생각을 했습니다.

알고 보니까 망상이 없습니다. 본래 망상이 망상이 아닙니다. 망상이 아닌 도리를 깨달았습니다. 홀연히 한 생각 뒤집어지는 것이 번쩍하는 전광석화와 같은 찰나입니다. 그 뒤로부터는 24시간 여여합니다. 그대로 강물이 흐르듯이 화두가 끊어지지 않습니다. 이렇게 뒤집어지는 소식이 있기 전에는 화두 들고 애쓰면 10분 20분 1시간은 가겠지만 끊어지고, 끊어졌다가 들었다가 이러니 그렇게 얼마나 씨름을 했겠습니까? 그렇게 씨름을 했기 때문에 전광석화와 같은 찰나에 뒤집어지는 시절이 다가온 것입니다. 그러고 나서 24시간 화두가 여여하게 되었습니다. 일여하다고 하고 여여하다고 하는 것은 자기 자신이 확실히 뭔가를 깨달으면 자연히 되는 것입니다. "공부하는데 망상이 자꾸 일어나서 안 됩니다."라고 해서 뭐라고 아무리 대답을 해줘도 그 사람은 이해가 안 됩니다. 철저하게 애를 써서 화두 참구하는 이것이 향상일로입니다. 가장 높은 길을 가는 공부입니다. 향상일로로 가는 이 공부를 게송으로 이렇게 설합니다.

만고의 푸른 못에 허공의 달이 뜨니
두 번 세 번 수고로이 원숭이가 달을 건진다.
萬古碧塘空界月　再三撈摝始應知

원숭이가 못 속의 달을 건지려고 물을 뜨면 달이 있고 한참 있다 보면 또 달이 있어서 자꾸 들어가서 달을 건진단 말입니다. 수도 없이 그 달을 건지고 또 건지다가 탈진해서 그 달을 건질 수가 없습니다. 그러다가 뚝에 나와서 물을 들여다보면 달은 또 거기 있습니다. 또 한 번 건져보자고 있는 힘을 다해서 달을 건지려고 하다가 고개를 들어 보니까 달이 자기 머리 위에 있더라는 것입니다. '아하 내가 속았구나' 하고 깨달아서 본래 달을 알았단 말입니다.

화두를 자꾸 챙기는 것은 물에 있는 가짜 달이 아니고 진짜 달을 줬는데도, 깨닫지 못하고 가짜인 그 놈을 끌어안고 있다는 말입니다. 화두 하나를 가지고 씨름을 하는 것입니다. 그러나 조사스님들이 화두를 주는 것은 그것을 끌어안고 있으라고 주는 것이 아닙니다. "불성이 있습니까, 없습니까?" 했을 때 "무" 한 것이 조주 스님이 그걸 끌어안고 있으라고 한 것이 아닙니다. 조주 스님은 바로 대놓고 진짜 달을 보여줬는데 상대방은 그걸 모릅니다. 모르니까 '이상하다. 왜 없다고 했을까?' 바짝 일념으로 의심하다 보면 근기가 수승한 사람은 깨닫습니다. 전생에 애쓴 사람은, 이생에 와서 그것을 생각하면 잡념이 없이 순수히 일념으로 파고 들어가서 바로 아하! 하고 깨닫게 됩니다.

그런데 이 공부 안 해본 사람은 해결이 안 됩니다. 이런 소리 저런 소리 아는 소리를 나름대로 생각으로 지어가지고 해결하려고 해도 안 되고, 무라고 하는 것을 이치로 알려고 하는 것도 안 됩니다. 이치로 미칠 것 같으면 이치로 따져서 이렇구나 저렇구나 하면 될 텐데 안 됩니다. 또 사事로도 안 됩니다. 이理와 사事로도 통하지 않는데 왜 무無라고 했을까요? 이 자리에서 해결해 버리면 여러분이 조주고 부처님인데 왜 해결이 안 되는 것입니까? 『금강경』에 적은 법도 가히 얻을 것이 없다고 했는데 그것을 여기서는 아뇩다라삼먁삼보리라고 했습니다.

"얻을 것이 없는 것이 뭡니까?"

"네가 거기에 대해서 한번 일러보라."

"그게 아뇩다라삼먁삼보리 아닙니까?"

"무슨 소리를 해, 이 자식아!" 하면서 후려 갈겼습니다.

왜 때렸겠습니까? 철저하게 화두를 해서, 자기의 망념이 정말로 뒤집어져서 망념이 망념이 아니라는 것을 참으로 알아야지 그걸 말이나 형식으로 알아서 되는 것이 아닙니다.

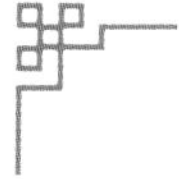

第
四
十
七

수기를 얻을 수 있는가

문 | 만약 일체 모든 행을 닦아서 구족하여 성취하면 수기를 얻습니까, 얻지 못합니까?

답 | 얻을 수 없느니라.

문 | 만약 일체의 법을 닦지 아니하고서 성취하면 수기를 얻을 수 있습니까, 없습니까?

답 | 얻을 수 없느니라.

문 | 만약 이럴 때는 마땅히 무슨 법으로써 수기를 얻을 수 있습니까?

답 | 행 있음을 쓰지도 않고 행 없음도 쓰지 않으면 곧 수기를 얻느니라. 왜냐하면 『유마경』에 이르기를 "모든 행의 성품과 모양이 모두 다

무상하다."라고 하였으며, 『열반경』에 이르기를 "부처님이 가섭에게 말씀하시되, 모든 행이 항상한 그러한 것은 없다."라고 하였느니라.

너희는 다만 일체처에 무심하면 곧 모든 행이 없으며, 또한 행이 없음도 없어서 곧 이것을 수기라 하느니라. 이른바 일체처에 무심이라는 것은 증애심이 없음이니 증애라고 말함은 좋은 일을 보고도 사랑하는 마음을 일으키지 아니함을 곧 사랑하는 마음이 없음이라 하고, 나쁜 일을 보고도 미워하는 마음을 일으키지 아니함을 미워하는 마음이 없다고 하느니라. 사랑함이 없음이란 곧 물든 마음이 없음을 이름하나니 곧 색의 성품이 공함이요, 색의 성품이 공함이란 곧 만 가지 인연이 다 끊어짐이요 만 가지 인연이 다 끊어짐은 자연 해탈이니라.

問 若有修一切諸行 具足成就 得受記否

答 不得

問 若以一切法無修 得成就 得受記否

答 不得

問 若恁麽時 當以何法而得受記

答 不以有行 亦不以無行 卽得受記 何以故 維摩經云 諸行性相 悉皆無常 涅槃經云 佛告迦葉 諸行是常 無有是處

汝但一切處無心 卽無諸行 亦無無行 卽名受記 所言一切處 無心者 無憎愛心是 言憎愛者 見好事 不起愛心 卽名無愛心也 見惡事 不起憎心 卽名無憎心也 無愛者 卽名無染心 卽是色性空也 色性空者 卽是萬緣俱絶 萬緣俱絶者 自然解脫

◉

일체 제행은 보시, 지계, 인욕, 정진, 선정, 지혜의 육도만행을 말합니다. 육도만행은 모든 중생을 위해서, 어떤 고통을 당하더라도 인욕을 하고 이 몸을 헌신해서 좋은 일을 아낌없이 다 하는 것을 말합니다. 그렇게 행하는 그 자체가 내 마음의 안정을 얻는 것이고, 선정지혜를 닦아나가는 것입니다. 최고의 진리를 닦아나가는 그 자리는 육도만행의 모든 행을 다 그대로 몸을 던져서 행하는 것을 닦는다고 합니다.

"일체 모든 행을 닦아서 구족하여 성취하여도 얻지 못하고, 일체의 법을 닦지 아니하고서 성취하여도 얻지 못하는 수기受記는 다만 행 있음을 쓰지도 않고 행 없음도 쓰지 않으면 곧 얻을 수 있다."라고 말씀하고 있습니다.

본래부터 구족되어 있는 불성佛性은 닦거나 지어서 얻어지는 것이 아닙니다. 원만 구족한 청정한 무심無心은 유무有無와 상常과 무상無常을 초월한 것이기 때문에 조작으로 수기를 얻는 것이 아니고 본래 구족되어 있는 그대로가 곧 이름하여 수기라고 말하고, 깨달은 사람에게 인가해 주는 것을 수기라 하는 것입니다.

무심無心은 증애심과 염정을 벗어났으며 공을 체득한 것입니다. 공을 체득했다는 것도 없으며 없는 것도 없는 것이 대지대용을 수용할 뿐입니다.

노력하고 노력하라

너희들이 이것을 자세히 보아서 만약 뚜렷이 밝게 알지 못할 때엔 모름지기 빨리 물을 것이요 헛되이 보내지 말지어다. 너희들이 만약 이 가르침을 의지해 닦아서 해탈하지 못한다면 내가 곧 종신토록 너희들을 위해 대지옥고를 받을 것이며, 내가 만약 너희들을 속인 사람이면 마땅히 내가 나는 곳마다 사자나 호랑이나 이리의 밥이 될 것이다. 너희가 만약 이 가르침을 의지하지 아니하고, 스스로 부지런히 닦지 아니하면 내 알 바 아니니라. 한번 사람의 몸을 잃으면 만 겁에 다시 돌이킬 수 없나니 노력하고 노력해서 모름지기 합당히 알아야 할지니라.

汝細看之 若未惺惺了時 卽須早問 勿使空度 汝等 若依此敎修 不解脫者 吳卽終身 爲汝受大地獄 吾若誑汝者 吾當所生處 爲師子虎狼所食 汝若 不依敎 自不勤修 卽不知也 一失人身 萬劫不復 努力努力 須合知爾

◉

실다운 진리의 말씀은 속이지 않는 것이니 여실히 믿고 선지식의 가르침을 받아 3년 동안 애써 보고 그래도 안 되면 6년을 하며, 그래도 안 되면 9년을 하되 그래도 되지 않으면 10년이면 반드시 이루어질 것입니다.

"이뭣고" 화두를 들고 10년 동안 애를 쓰면 반드시 마음이 뒤집어지는 것이 있어서 본래 타고난 영성의 밝은 세계를 회복하게 된다는 것입니다.

대주선사어록 강설 (상)
돈오입도요문론

2013년 5월 28일 초판 1쇄

지은이 _ 대주혜해 강설 _ 한암대원
펴낸이 _ 박상근(至弘) 주간 _ 류지호
책임편집 _ 정선경 편집 _ 오재헌 이기선 정선경 천은희
디자인 _ 김소현 제작 _ 김명환
홍보마케팅 _ 김대현 이경화 한동우 관리 _ 윤애경
펴낸곳 _ 불광출판사
110-140 서울시 종로구 수송동 46-21 3층
대표전화 02) 420-3200 • 편집부 02) 420-3300 • 팩시밀리 02) 420-3400
출판등록 제1-183호(1979.10.10) www.bulkwang.co.kr
ISBN 978-89-7479-034-9. 94220
ISBN 978-89-7479-036-3. 94220 (세트)

이 도서의 국립중앙도서관 출판시도서목록(CIP)은 서지정보유통지원시스템 홈페이지(http://seoji.nl.go.kr)와 국가자료공동목록시스템(http://nl.go.kr/kolisnet)에서 이용할 수 있습니다. (CIP 제어번호 : CIP2013006337)